2023년 개정판

아파트 리모델링 법규 해설

우리 아파트는 **재건축** 대신 **리모델링** 한다

공저 | 법무법인강산, 강경호

- 수직·수평 증축 리모델링 법규 해설서
- 리모델링조합 설립 및 운영방안 제시
- 공무원·조합관계자·소유자 필독서

▶ E-mail : 114gs@naver.com
▶ 주　　소 : 서울시 서초구 서초중앙로 119, 3층(서초동 1574-14 세연타워)
▶ 전화번호 : 02-592-6390 팩스 : 02-592-6309

파워에셋

머리글

리모델링의 장·단점

공동주택 리모델링은 재건축과 비교하여 비용·기간 등 여러 면에서 장점이 많다. 먼저 비용 측면에서 보면 노후·불량 건축물로서 재건축대상이 될 때까지 사용하기 위하여 보수·보강하는데 드는 비용 및 철거 후 새로운 건축물을 건설하는 데 드는 비용과 비교하여 리모델링 비용이 저렴할 것으로 예상되고, 기간도 재건축보다는 리모델링이 짧다. 리모델링을 함으로써 생활의 질이 개선될 수도 있다. 재건축을 할 때까지 겪어야 하는 주차장 부족, 노후 설비, 부대복리시설 부족, 보행 및 차량동선 혼재 등으로 인한 불편이 리모델링을 선택한다면 매우 적어진다.

또한 리모델링은 ①재건축초과이익환수제와 무관하고, ②조합원 지위양도 제한이 없고, ③준공 15년 이상이면 리모델링이 가능하고, ④수평·수직 증축 허용으로 일정부분 일반분양이 가능하고, ⑤종전 구조물을 그대로 유지하여 배치가 바뀌지 않으므로 동·호수 변경으로 인한 갈등이 없고, ⑥주민동의율도 75%이므로, 재건축보다 수월하다.

리모델링은 층간소음 방지 공사로 인한 압박감, 추가 증축으로 인한 쾌적성 감소라는 단점도 가지고 있다. 하지만 이런 단점에도 불구하고 건축기술의 발전으로 인하여 리모델링을 추진하는 단지는 계속 늘어날 수밖에 없다. 용적률 제한으로 재건축할 수 없는 아파트 단지들의 경우에는 리모델링 외에는 대안이 없다. 특히 용적율이 300%가 넘는 공동주택은 더욱 그렇다.

리모델링 제도개선

게다가 그동안 정부는 계속하여 제도를 개선해 오고 있다.
2013. 12. 24. 개정되어, <u>2014. 4. 25.부터 시행되는 주택법 개정사항</u>을 요약하면, 리모델링 시 세대수 증가를 기존 세대수의 10퍼센트에서 15퍼센트로 확대하고, 최대 3개 층까지 수직증축을 허용하고(제2조제15호다목), 그 이후 2020년 전까지 리모델링 동의율을 75%로 완화하고(법 제11조제3항, 령 별표4), 사업계획승인대상을 20세대 이상에서 30세대 이상으로 하고(령 제27조제1항), 법에 조합임원 결격사유(제13조), 필수적

머리글

총회결의사항(령 제20조제3항, 규칙 제7조제5항), 총회 개최 시 10% 이상 직접 출석 의무(령 제20조제4항)를 직접 규정하여 조합 운영에 대해 보완을 하였고, 전문기관의 안전성 검토기간에 대한 연장(령 제29조)을 명시적으로 허용하고 있다.

주택법이 2020. 1. 23. 아래와 같이 개정되어 즉시 시행되면서 공동주택 리모델링 사업에 숨통이 트이게 되었다. 그동안은 법의 모순 내지 미비로 인하여 세대수 증가 공동주택 리모델링은 사실상 불가하였다.

첫째, 리모델링의 허가를 신청하기 위한 동의율을 확보하여 리모델링 결의를 한 리모델링주택조합이 그 리모델링 결의에 찬성하지 아니하는 자의 주택 및 토지에 대하여 매도청구를 하는 경우에는 주택건설사업계획 승인 시 해당 주택건설대지의 소유권을 확보하지 않아도 되도록 명확히 규정하고(제21조제1항제4호 신설, 제22조제2항 및 제66조제2항),

둘째, 리모델링주택조합의 법인격과 권리변동계획에 따라 소유권이 이전되는 토지 또는 건축물에 대한 권리의 확정 등에 관하여는 「도시 및 주거환경정비법」을 준용하도록 하였다(제76조제5항 및 제6항 신설).

2020. 1. 23.「주택법」중 리모델링 분야 개정내용을 상세히 살펴본다.

① 이번 법 개정으로 인하여 공동주택리모델링조합은 법인격을 가지게 된다.
조합은 법인으로 하고, 조합은 조합설립인가를 받은 날부터 30일 이내에 주된 사무소의 소재지에서 대통령령으로 정하는 사항을 등기하는 때에 성립하고, 조합은 명칭에 "리모델링주택조합"이라는 문자를 사용하여야 한다(주택법 제76조제5항, 제6항, 도시정비법 제38조).

② 종전의 토지 또는 건축물에 설정된 각종 제한 권리가 신축건물에 이전되고, 도시개발법의 환지 개념과 보류지 체비지 개념이 도입된다.
대지 또는 건축물을 분양받을 자에게 도시정비법 제86조제2항에 따라 소유권을 이전한 경우 종전의 토지 또는 건축물에 설정된 지상권·전세권·저당권·임차권·가등기담보권·가

압류 등 등기된 권리 및 「주택임대차보호법」 제3조제1항의 요건을 갖춘 임차권은 소유권을 이전받은 대지 또는 건축물에 설정된 것으로 보고(주택법 제76조제6항, 도시정비법 제87조제1항), 제1항에 따라 취득하는 대지 또는 건축물 중 권리변동계획에 따라 구분소유자에게 소유권이 이전되는 토지 또는 건축물은 「도시개발법」 제40조에 따라 행하여진 환지로 보고(도시정비법 제87조제2항), 도시정비법 제79조제4항에 따른 보류지와 권리변동계획에 따라 구분소유자 외의 자에게 소유권이 이전되는 토지 또는 건축물은 「도시개발법」 제34조에 따른 보류지 또는 체비지로 본다(도시정비법 제87조제3항).

③ 매도청구 시기가 조합설립 시에서 행위허가 시(또는 사업계획승인 시)로 늦춰진다.
구 주택법 제22조제2항은 "제11조제1항에 따라 인가를 받아 설립된 리모델링주택조합은 그 리모델링 결의에 찬성하지 아니하는 자의 주택 및 토지에 대하여 매도청구를 할 수 있다."라고 규정하고 있었으나, 이번 개정 시에 주택법 제22조제2항은 "제1항에도 불구하고 제66조제2항에 따른 리모델링의 허가를 신청하기 위한 동의율을 확보한 경우 리모델링 결의를 한 리모델링주택조합은 그 리모델링 결의에 찬성하지 아니하는 자의 주택 및 토지에 대하여 매도청구를 할 수 있다."라고 개정되어, 이제 조합설립 후 매도청구를 하는 것이 아니라 '리모델링의 허가를 신청하기 위한 동의율을 확보한 경우'에 조합이 매도청구를 하는 것이다.

④ 사업계획승인 시 행위허가를 위한 동의율을 확보하여 매도청구를 한 경우 토지소유권을 확보하지 않아도 된다.
리모델링의 허가를 신청하기 위한 위 동의율을 확보하여 리모델링 결의를 한 리모델링주택조합이 법 제22조제2항에 따라 매도청구를 하는 경우에는 주택건설사업계획 승인 시 해당 주택건설대지의 소유권을 확보하지 않아도 된다(법 제21조제1항제4호).

국토교통부는 2023. 2. 7. 「노후계획도시 정비 및 지원에 관한 특별법」의 주요골자를 발표하면서, 리모델링의 경우에도 특별정비구역 내 세대수 추가 확보 효과를 고려하여 현행(15% 이내 증가)보다 세대수 증가(증가세대수의 구체적 범위는 시행령에서 규정)를 허용하기로 하였다.

머리글

2023. 1. 26. 주택법일부개정안(김병욱의원등 11인)에 의하면(아직 입법이 된 것이 아님을 주의), 지상권·전세권 또는 임차권의 설정 목적을 달성할 수 없는 때에는 그 권리자가 계약을 해지할 수 있고, 이렇게 계약을 해지할 수 있는 자가 가지는 전세금·보증금, 그 밖의 계약상의 금전의 반환청구권은 사업시행자에게 행사할 수 있으며, 금전의 반환청구권의 행사로 해당 금전을 지급한 사업시행자는 해당 토지등소유자에게 구상할 수 있도록 하고(법 제76조의2 신설안), 도시정비법 제86조(이전고시 등), 동법제88조(등기절차 및 권리변동의 제한)를 준용하도록 하고 있다. 이 규정은 실제 입법 여부를 지켜봐야 한다.

리모델링 시행 상황
최근에는 수직증축 리모델링도 활발하게 추진되고 있다. 수직증축 1호 단지인 송파성지아파트, 2호 단지인 대치1차현대아파트가 2차 안전성 검토를 통과하였다. 뒤이어 여러 단지들이 수직증축의 문을 두드리고 있다. 나아가 별동 및 수평증축도 활발하다. 2022년말 안양시 목련2단지 리모델링조합이 평촌신도시 최초로 행위허가를 받았고, 1기 신도시 중에서는 성남 분당 한솔5단지 등 5개 단지에 이어 총 6번째 사례이다.

대치1차현대아파트 리모델링의 수직증축이 주목받는 이유는 국내 2번째 수직증축 리모델링 단지라는 점과 더불어 국내 최초로 말뚝(Pile)기초 아파트의 수직증축 사례가 된다는 점이다. 성지아파트는 기초 형태가 지내력이다. 따라서 소규모나 나홀로 아파트들의 경우에 수직증축이 활발하게 진행될 것으로 보인다.

이처럼 활발하게 리모델링이 추진되고 있으나, 아직도 「주택법」은 「도시 및 주거환경정비법」과 달리 여러 곳에서 미흡한 규정을 두고 있어 많은 부분에서 판례나 행정청의 재량에 의존하고 있다.

그리고 인천광역시는 건축위원회에 '리모델링이 용이한 공동주택 평가(이하 리모델링 평가)' 소위원회를 구성·운영한다. 소위원회는 매회 약 12명의 위원으로 구성되는 건축위원회와 달리 평가의 주항목인 계획, 구조, 설비, 시공 등 분야별 전문가 총 7인 이내

로 구성되며, 안건이 접수될 때마다 수시로 회의를 개최한다. 소위원회 평가를 통과하면 건축위원회에서는 용적률, 높이 등이 완화된 건축계획의 심의만 받으면 된다.

쟁점들

아직도 논쟁 중인 대표적인 쟁점을 예를 들면, 조합설립시 상가동의 동의를 별도로 받아야 하는지 여부, 조합설립인가의 법적성질, 소위 매몰비용 부담 여부, 조합임원 보궐선임 기관, 리모델링 계약기간 내 미계약 시에 현금청산 여부, 환지 규정 준용에 대한 비판 등이다.

아파트리모델링 추진위원회나 조합의 임원으로 나설 때 가져야 하는 마음 자세

현행법하에서는 리모델링에서 재건축으로 변경하기 위해서는 다시 재건축조합을 설립하여 인가를 받는 길 외에는 없다. 이렇게 재건축이 추진되게 되면 그동안 리모델링조합에서 사용한 매몰비용의 부담주체가 문제된다.

규약에 특별한 규정이 없다면, 일반 조합원들은 매몰비용에 대해 부담이 없고, 돈을 빌릴 때 연대보증을 선 임원들이 부담해야 하는 것이다. 즉, 아파트리모델링 추진위원회 위원이나 조합 임원들은 리모델링사업이 좌초되면 그동안 쓴 돈을 변제해야 하는 것이다. 리모델링 좌초되지 않더라도 비대위에서 임원들을 해임하고 기존에 돈을 빌린 시공자나 정비회사등을 해임해 버리면, 역시 마찬가지로 연대보증을 한 사람들이 책임져야 하는 것이다. 아파트리모델링은 재건축과 달리 매매에 아무런 제한이 없어 일반 조합원들은 리모델링이 마음에 들지 않으면 아무 때나 집을 팔고 리모델링과 이별을 고할 수 있지만 연대보증을 한 사람들은 그럴 수도 없는 것이다.

따라서 아파트리모델링 추진위원회나 조합의 임원으로 나설 때는 이러한 매몰비용 부담의 위험을 감수하고 나서야 하는 것이다.

머리글

집필 방향

이 책은 법무법인강산이 실무를 직접 하면서 부딪친 쟁점들에 대해 판례를 위주로 서술하려고 노력하였다.

이 책은 「주택법」 및 「건축법」에 산재되어 있는 공동주택 수직·수평 증축 리모델링에 대해서 종합적인 해설을 하고 있다. 즉, 리모델링 개념, 기본계획, 조합설립방법, 조합운영방안, 시공자등 협력업체 선정방법, 안전진단문제, 사업계획승인 및 행위허가, 이주·철거·착공·일반분양·감리·사용검사, 등기, 형사처벌 등 리모델링 전반을 다루고 있다.

이 책은 2023. 4. 10.까지의 법과 판례, 법제처 해석례를 반영하고 있다. 필요한 경우 입법론도 피력하여 제도개선에 기여하고자 하였다. 아직 아파트 리모델링에 대해서는 논문과 책이 부족하여 학설은 부족한 실정이지만, 이미 나온 학설은 최대한 반영하고자 노력하였다. 한편 수직증축방법, 안전진단방법 등 건축기술 지식 부분은 저자들의 분야가 아니므로 논외로 하고 있다.

마지막으로 부족하지만 법무법인강산이 최적이라고 생각하는 조합규약안을 제시하고, 이 규약에 따라 책을 집필하였으니, 많은 토론이 있기를 기원한다.

모쪼록 이 책이 아파트 리모델링 사업을 진행함에 있어서 도움이 되기를 바란다.

한편 리모델링사업도 역시 시공자와의 도급계약이 매우 중요하다. 더 상세한 시공자 선정 시 주의사항 및 도급계약 노하우, 해제 방법 등에 대해서는 법무법인강산의 다른 책인 "재건축재개발 총회진행, 임원 선임·해임, 시공자 선정 실무" 책을 참고하면 된다.

2023. 4. 20.
저자를 대표하여 김은유 변호사 드림

차례

우리아파트는 재건축 대신 리모델링 한다

PART 1 리모델링 기본이해

1. 리모델링의 정의 …………………………………………………………… 3
2. 건축법상 리모델링(일반건축물 리모델링) ………………………………… 5
3. 리모델링의 장점 …………………………………………………………… 7
4. 리모델링 법규 연혁 ……………………………………………………… 10
5. 리모델링 추진 절차 ……………………………………………………… 17
6. 리모델링 지원센터 ……………………………………………………… 21
7. 부정행위 금지 …………………………………………………………… 22
8. 보고·검사 등 ……………………………………………………………… 23
9. 조합에 대한 지도·감독 ………………………………………………… 24

PART 2 리모델링 기본계획

1. 기본계획의 개요 ………………………………………………………… 27
2. 리모델링 기본계획 수립절차 …………………………………………… 30
3. 기본계획의 법적성격 …………………………………………………… 32

PART 3 리모델링조합의 설립준비

제1절. 리모델링사업의 사업시행자 ………………………………………… 35

1. 리모델링조합 …………………………………………………………… 35
2. 공동사업시행 …………………………………………………………… 36
3. 단독사업시행 …………………………………………………………… 38

차례

제2절. 조합설립 전 임의단체 구성 ·········· 39
1. 임의단체 ·········· 39
2. 아파트리모델링 추진위원회나 조합의 임원으로 나설 때 가져야 하는 마음 자세 ·········· 41
3. 임의단체 구성방법 ·········· 43
4. 입법론 ·········· 45

제3절. 조합설립 전 임의단체가 하여야 할 일 ·········· 48
1. 서설 ·········· 48
2. 설계자 등 선정 여부 ·········· 49
3. 조합장선출동의서, 리모델링 결의서, 상가동 동의 여부 ·········· 50
4. 조합규약 ·········· 63
5. 조합원 명부 작성 및 사업계획서 ·········· 70
6. 적용의 완화 ·········· 71
7. 창립총회 개최 ·········· 73
8. 조합설립인가신청 ·········· 78

PART 4 리모델링조합 및 사업진행

제1절. 조합설립인가 ·········· 81
1. 인가의 법적성질 ·········· 81
2. 인가의 절차 ·········· 84
3. 조합설립인가의 효력 ·········· 86
4. 조합의 법적 성격 ·········· 90

제2절. 조합원 · 92

1. 조합원의 자격 · 92
2. 의결권 및 조합원의 수 · 93
3. 조합원의 권리와 의무 · 94
4. 조합원의 임의탈퇴·제명 등 · 95
5. 조합원의 변경과 인가 · 98
6. 소위 매몰비용 부담 여부 · 99

제3절. 시공자의 선정 및 계약 · 100

1. 시공자의 지위 · 100
2. 시공자 선정 시기 제한 · 101
3. 시공자 선정방법 · 104
4. 시공자 선정 시 유의사항 · 117
5. 도급계약 시 주의사항 · 123
6. 임원 연대보증 문제 · 124
7. 마감재 전쟁을 하여야 하는 이유 · 125

제4절. 적용의 완화 요청 · 126

1. 법적 근거 · 126
2. 적용완화 요청의 시기 · 127
3. 적용완화 내용 · 129
4. 입법론 · 131

제5절. 매도청구 · 133

1. 법적근거 · 133
2. 매도청구 요건 · 137
3. 매도청구의 효과 · 151

차례

    4. 시가의 산정 ·· 152

    5. 착공 및 일반모집 허용 여부 ·· 153

    6. 보전처분의 시급성 및 명도기한 허용 ·· 154

    7. 리모델링사업 지연시 환매청구 ·· 155

    8. 매도청구 부동산상 이해관계인의 문제 ··· 156

제6절. 조합과 회계감사 및 감독 등 ·· 159

    1. 회계감사 ··· 159

    2. 감독 등 ··· 160

제7절. 조합과 정보공개 ·· 161

    1. 서설 ··· 161

    2. 법 규정 ··· 162

    3. 쟁점 ··· 166

제8절. 조합 임원·대의원 선임·해임 등 ·· 169

    1. 서론 ··· 169

    2. 결격사유 ··· 171

    3. 선임 ··· 172

    4. 변경 ··· 179

    5. 연임 ··· 180

    6. 보궐선임(총회인지? 대의원회인지?) ·· 182

    7. 해임 또는 사임 ··· 189

    8. 임기만료, 사임, 해임 임원의 업무 범위 ······································ 198

    9. 선임 또는 해임 관련 소송문제 ·· 202

제9절. 조합 총회와 예산과 결산 방법 및 협력업체 선정방법 ················ 205
  1. 서설 ·· 205
  2. 조합 총회 ·· 206
  3. 예산과 결산의 승인기관 ·· 211
  4. 준예산 제도 도입 ·· 212
  5. 업무추진비 또는 판공비 문제 ·· 213
  6. 예산안 수립 사례 ·· 214
  7. 예산은 1 회계연도 수입과 지출만 의미 ·· 216
  8. 창립총회 시 책정한 사업비 예산 ·· 217
  9. 예산으로 정한 사항외의 조합원에게 부담이 되는 계약체결 방법 ······ 218
  10. 주택법 시행규칙 제7조제5항제2호(자금의 차입과 그 방법·
      이자율 및 상환방법)가 강행규정인지 여부 ······································ 223
  11. 협력업체 선정방법 ·· 225
  12. 협력업체 계약시 주의사항 ·· 227

제10절. 대의원회 ·· 232
  1. 서론 ·· 232
  2. 대의원의 수 ·· 233
  3. 대의원의 피선임자격 ·· 235
  4. 대의원의 선임, 해임 ··· 236
  5. 대의원회의 운영 ·· 238
  6. 총회의 무산과 대의원회의 결의 갈음 ·· 244

제11절. 이사회 ·· 245
  1. 이사회 설치에 관한 규정 ·· 246
  2. 이사회 소집 및 의장, 권한 ·· 247

차례

   3. 이사회의 결의 ··· 247
   4. 감사의 이사회 출석권한 및 감사요청 ······················ 248
   5. 의사록의 작성 ··· 249

PART 5　안전진단

   1. 서설 ·· 253
   2. 1차 안전진단 ·· 257
   3. 1차 안전성 검토 ·· 260
   4. 2차 안전성 검토 ·· 261
   5. 안전성 검토결과 적정성 여부 심의 ························· 262
   6. 2차 안전진단 ·· 263
   7. 수직증축형 리모델링의 구조기준 ···························· 265

PART 6　사업계획승인 또는 행위허가

제1절. 쟁점 ·· 269
   1. 사업계획승인과 행위허가를 모두 받아야 하는지 여부 ······ 269
   2. 구분소유자 동의 여부 ··· 274
   3. 조합설립동의 시에 한꺼번에 행위허가 동의서를 받은 경우 ······ 276
   4. 사업계획승인이나 행위허가를 다툴 수 있는 자 ········· 276

제2절. 사업계획승인 ·· 277
   1. 법적성질 ·· 277
   2. 부당 결부 금지 ·· 278
   3. 대상사업 ·· 280

  4. 신청 절차 ·· 280
  5. 신청서 첨부서류 ·· 281
  6. 소유권 확보 여부 ·· 283
  7. 사업계획승인 신청기간 ·· 287
  8. 사업계획승인 통합심사 ·· 288
  9. 사업계획승인, 행위허가 시기의 조정 ·· 290
  10. 사업계획승인 사례 ··· 291

제3절. 행위허가 ·· 294
  1. 법적성질 ·· 294
  2. 구분소유자의 동의 및 동의 철회 ·· 295
  3. 동별 리모델링 행위허가 가능 조건(공용부분 변경 시 동의 조건) ····· 297
  4. 대상사업 및 신청서 첨부서류 ·· 300
  5. 소유권 확보 여부 ·· 302
  6. 행위허가신청 시 심사방법, 도시계획위원회 심의 여부 ··········· 303
  7. 행위허가의 효력, 취소, 형사처벌 ·· 304

제4절. 권리변동계획 ··· 305
  1. 의의 및 내용 ·· 305
  2. 수립시기 및 절차 ··· 307
  3. 권리변동계획 변경(부담금 확정총회) ·· 308
  4. 계약기간 내에 미계약자에 대한 현금청산 여부 ······················ 309
  5. 공용환권 ·· 312

제5절. 간선시설의 설치 ··· 314
  1. 문제의 제기 ·· 314

차례

우리아파트는 재건축 대신 리모델링 한다

    2. 설치의무자, 비용부담자, 설치시기 ………………………………… 315

    3. 학교용지부담금 …………………………………………………………… 316

PART 7   이주, 해체, 착공, 일반분양, 감리, 사용검사

    1. 이주 ………………………………………………………………………… 321

    2. 해체 ………………………………………………………………………… 324

    3. 착공 ………………………………………………………………………… 325

    4. 일반분양 입주자 모집 ………………………………………………… 327

    5. 감리 ………………………………………………………………………… 329

    6. 사용검사 ………………………………………………………………… 331

    7. 이전고시(입법안) ……………………………………………………… 332

PART 8   리모델링과 주택법위반죄

    1. 시공자 선정 관련 ……………………………………………………… 337

    2. 사업계획승인을 받지 않은 경우, 입주자모집조건 위배 공급의 경우   337

    3. 회계감사 위반, 구조기준 위반, 행위허가 받지 않은 자 ……… 337

    4. 정보공개 위반 ………………………………………………………… 338

    5. 부정행위 ………………………………………………………………… 338

    6. 보고·검사 거부·방해·기피 ……………………………………… 338

    7. 공사 중지 명령 위반 ………………………………………………… 338

〈부록〉

    법무법인강산제시 조합규약(안) ……………………………………… 341

우리아파트는 재건축 대신 리모델링 한다

PART 1

리모델링 기본이해

PART 1. 리모델링 기본 이해

1. 리모델링의 정의

제2조¹⁾(정의) 이 법에서 사용하는 용어의 뜻은 다음과 같다.

11. "주택조합"이란 많은 수의 구성원이 제15조에 따른 사업계획의 승인을 받아 주택을 마련하거나 제66조에 따라 리모델링하기 위하여 결성하는 다음 각 목의 조합을 말한다.

  다. 리모델링주택조합 : 공동주택의 소유자가 그 주택을 리모델링하기 위하여 설립한 조합

25. "리모델링"이란 제66조제1항 및 제2항에 따라 건축물의 노후화 억제 또는 기능 향상 등을 위한 다음 각 목의 어느 하나에 해당하는 행위를 말한다.

  가. 대수선(大修繕)

  나. 제49조에 따른 사용검사일(주택단지 안의 공동주택 전부에 대하여 임시사용승인을 받은 경우에는 그 임시사용승인일을 말한다) 또는 「건축법」 제22조에 따른 사용승인일부터 15년[15년 이상 20년 미만의 연수 중 특별시·광역시·특별자치시·도 또는 특별자치도(이하 "시·도"라 한다)의 조례로 정하는 경우에는 그 연수로 한다]이 경과된 공동주택을 각 세대의 주거전용면적(「건축법」 제38조에 따른 건축물대장 중 집합건축물대장의 전유부분의 면적을 말한다)의 30퍼센트 이내(세대의 주거전용면적이 85제곱미터 미만인 경우에는 40퍼센트 이내)에서 증축하는 행위. 이 경우 공동주택의 기능 향상 등을 위하여 공용부분에 대하여도 별도로 증축할 수 있다.

  다. 나목에 따른 각 세대의 증축 가능 면적을 합산한 면적의 범위에서 기존 세대수의 15퍼센트 이내에서 세대수를 증가하는 증축 행위(이하 "세대수 증가형 리모델링"이라 한다). 다만, 수직으로 증축하는 행위(이하 "수직증축형 리모델링"이라 한다)는 다음 요건을 모두 충족하는 경우로 한정한다.

   1) 최대 3개층 이하로서 대통령령으로 정하는 범위에서 증축할 것
   2) 리모델링 대상 건축물의 구조도 보유 등 대통령령으로 정하는 요건을 갖출 것

> 령 제13조(수직증축형 리모델링의 허용 요건) ① 법 제2조제25호다목1)에서 "대통령령으로 정하는 범위"란 다음 각 호의 구분에 따른 범위를 말한다.
> 1. 수직으로 증축하는 행위(이하 "수직증축형 리모델링"이라 한다)의 대상이 되는 기존 건축물의 층수가 15층 이상인 경우: 3개층
> 2. 수직증축형 리모델링의 대상이 되는 기존 건축물의 층수가 14층 이하인 경우: 2개층
>
> ② 법 제2조제25호다목2)에서 "리모델링 대상 건축물의 구조도 보유 등 대통령령으로 정하는 요건"이란 수직증축형 리모델링의 대상이 되는 기존 건축물의 신축 당시 구조도를 보유하고 있는 것을 말한다.

26. "리모델링 기본계획"이란 세대수 증가형 리모델링으로 인한 도시과밀, 이주수요 집중 등을 체계적으로 관리하기 위하여 수립하는 계획을 말한다.

증축 리모델링은 리모델링 단지별로 용적률을 정해 놓고 그 한도 내에서 리모델링 방식을 조합이 정하는 것이라고 할 수 있다. 즉, 소위 국민주택규모라고 불리는 전용면적 85㎡ 미만인 경우에는 전용면적의 40%까지 증축이 가능하지만, 국민주택규모를 초과하는 평형은 전용면적의 30%까지만 증축이 가능하다.

증축범위

○ 대상 : 준공 후 15년이 경과된 공동주택
○ 증축범위
  1) 전용면적(세대당 면적)
    - 85㎡ 미만 : 40% 이내
    - 85㎡ 이상 : 30% 이내
  2) 세대수 : 기존 세대수의 15% 이내(전용면적 증가 총면적 내에서 가능)
  3) 수직증축 : 14층 이하 2개 층, 15층 이상 3개 층 이내(단, 건축 당시 구조도 보유 필수)

이렇게 먼저 증축 가능 면적을 정하고, 그 이후 각 세대의 증축 가능 면적을 합산한 면적의 범위에서 기존 세대수의 100분의 15 이내에서 세대수를 증가하는 증축 행위를 할 수 있는 것이다. 예를 들어 어떤 단지가 66㎡형으로만 구성돼 있다면 이 아파트는 국민주택규모 이하이므로 40%로 증축이 돼 92㎡(28평)형으로 리모델링될 수 있다. 그러므로 용적률도 기존보다 40%가 증가되는 셈이다. 그런데 이때 수직증축은 할 수 없다. 허용된 면적(용적률) 증가분을 모두 조합원 각자의 면적 증가에 사용했기 때문이다. 물론 수직증축을 먼저 하고 남는 용적률을 가구 면적 증가에 활용하는 방법을 선택할 수도 있다. 즉, 용적률의 15%를 수직증축, 일반분양에 사용하고 나머지를 가구별 증축에 사용하는 방법이 그것이다.

이 책에서는 주택법상 공동주택의 리모델링에 대해서만 서술하고자 한다. 일반건축물의 리모델링은 아래 내용이면 충분하기 때문이다.

---

1) 이하 특별한 언급이 없으면 "법"은 "주택법"을 말하는 것이고, "령"은 "주택법시행령", "규칙"은 "주택법시행규칙"을 말하는 것임

2. 건축법상 리모델링(일반건축물 리모델링)

건축법상 "리모델링"이란 건축물의 노후화를 억제하거나 기능 향상 등을 위하여 <u>대수선</u> 하거나 건축물의 일부를 <u>증축 또는 개축하는</u> 행위를 말한다(건축법 제2조제1항제10호).

여기서 일부 증축을 제외한 대수선 등은 건축법 제11조에 따라 시장·군수·구청장의 허가를 받으면 언제든지 가능하다.

다만, 일부 증축하는 경우에는 사용승인을 받은 후 15년 이상이 되어 리모델링이 필요한 건축물인 경우에는 법 제42조, 제43조, 제46조, 제55조, 제56조, 제58조, 제60조, 제61조제2항에 따른 기준의 완화적용을 신청할 수가 있고(건축법 시행령 제6조제1항제6호), 다만 기능향상 등을 고려하여 국토교통부령으로 정하는 규모와 범위에서 하여야 한다(건축법 시행령 제6조제2항제2호).

즉, <u>비주거용 건축물의 리모델링의 경우 대수선은 허가를 받으면 언제든지 가능하고, 일부 증축의 경우에 건축법의 적용의 완화를 받으려면 15년이 경과되어야 하는 것이다.</u> 이때 연면적의 증가는 기존 건축물 연면적 합계의 10분의 1의 범위에서 건축위원회의 심의에서 정한 범위 이내이고(다만, 법 제5조에 따른 허가권자가 리모델링 활성화가 필요하다고 인정하여 지정·공고한 지역은 기존 건축물의 연면적 합계의 10분의 3의 범위에서 건축위원회 심의에서 정한 범위 이내일 것), 건축물의 층수 및 높이의 증가는 건축위원회 심의에서 정한 범위 이내이어야 한다(건축법 시행규칙 제2조의5).

한편 집합건물(상가)의 공용부분에 집합건물을 증축하여 전유부분을 새로 만들 경우에는 구분소유자 전원의 동의가 필요하고, 「집합건물의 소유 및 관리에 관한 법률」(이하 '집합건물법'이라 한다)의 '공용부분의 변경' 규정에 의한 전유부분의 수직증축이 허용된다고 볼 수는 없다.

대법원은 "「집합건물의 소유 및 관리에 관한 법률」 제15조제1항이 집합건물 중 공용부분의 변경에 관하여 일반적인 공유물과는 달리 관리단집회의 결의에 의하도록 정하고, 나아가 건축법이 공용부분 변경에 해당하는 건축행위에 대하여는 위 결의에 관한 서류로 대지사용권 등의 증명서류를 갈음하도록 규정한 취지는, 구분소유자의 전유부분 소유권이나 대지사용권 기타 권리관계에 별다른 변동을 일으키지 않는 공용부분의 용도 및 형상 등의 단순한 변경에 관하여는 구분소유자 전원의 동의나 대지사용권자 전원의 승낙이 없어도 관리단집회의 결의에 따르도록 함으로써 집합건물의 공용부분에 관하여 합리적이면서도 효율적인 이용관계를 설정하려는 것이다. 따라서 이와 달리 공용부분에 집합건물을 증축하여 전유부분을 새로 만듦으로써 증축된 전유부분에 관한 대지사용권의 성립 등으로 구분소유자들의 기존 전유부분에 관한 대지사용권 등에 변동을 가져오거나 구분소유자들에게 증축된 전유부분에 관한 지분을 새로이 취득하게 하고 관련 공사비용을 부담하도록 하는 것과 같이, 공용부분의 용도 및 형상의 변경이 이용관계의 단순한 변화를 넘어서 집합건물의 구조를 변경하여 구분소유자의 전유부분에 대한 소유권의 범위 및 대지사용권의 내용에 변동을 일으키는 경우에는 위 조항에서 말하는 공용부분의 변경에 해당하지 않고, 이에 대하여는 민법상 일반적인 공유물의 처분·변경과 마찬가지로 구분소유자 전원의 동의 등이 필요하다. 개정 주택법(2013. 12. 24. 법률 제12115호로 개정된 것)은 주택에 관하여 구분소유자의 다수결에 의한 '수직증축형 리모델링'을 허용하는 규정들을 신설하였는데, 이는 무분별한 주택재건축 등을 억제하고 효율적인 주거환경개선을 도모하기 위한 목적으로 일정한 절차에 따라 주택에 대한 '수직증축형 리모델링'을 특별히 허용한 것이므로, 이러한 규정이 없는 상가건물에 관하여 개정 주택법 규정들이 준용된다거나 개정 주택법 규정들에 비추어 집합건물의 소유 및 관리에 관한 법률(이하 '집합건물법'이라 한다)의 '공용부분의 변경' 규정에 의한 전유부분의 수직증축이 허용된다고 볼 수는 없다. 그리고 집합건물법에서는 관리단집회의 재건축결의에 의한 재건축절차를 허용하고 있으나, 이는 건물 건축 후 상당한 기간이 지나 건물이 훼손되거나 일부 멸실되거나 그 밖의 사정으로 건물 가격에 비하여 지나치게 많은 수리비·복구비나 관리비용이 드는 경우 또는 부근 토지의 이용 상황의 변화나 그 밖의 사정으로 건물을 재건축하면 재건축에 드는 비용에 비하여 현저하게 효용이 증가하게 되는 특별한 경우에 건물을 철거하여 대지를 구분소유권의 목적이 될 새 건물의 대지로 이용할 수 있도록 재건축절차를 허용한 것이다. 따라서 이러한 특별한 사정이 없음에도 사실상 상가 집합건물 구분소유자들의 이익을 위하여 추진되는 전유부분의 수직증축에 대하여는, 재건축절차와 달리 관리단집회의 결의만으로는 허용되지 않는다고 보더라도 불합리하다거나 집합건물법의 취지에 어긋난다고 할 수도 없다."라고 한다(대법원 2014. 9. 4. 선고 2013두25955 판결).

3. 리모델링의 장점

아파트 리모델링은 노후설비로 인한 불편 해소, 추가 공간 확보, 주차장 확보 등의 목적으로 주로 실시된다. 이러한 리모델링은 재건축과 비교하여 비용·기간측면 등에서 장점이 있다.

먼저 비용측면에서 노후불량건축물로서 재건축대상이 될 때까지 사용하기 위하여 보수·보강하는데 드는 비용 및 철거 후 새로운 건축물을 건설하는 데 드는 비용과 비교하여 리모델링 비용이 저렴할 것으로 예상되고, 재건축을 할 때까지 주차장 부족, 노후 설비, 부대복리시설 부족, 보행 및 차량동선 혼재 등으로 인한 생활의 질을 개선할 수 있고, 재건축 기간보다는 리모델링 기간이 짧다는 장점이 있다.

또한 ①재건축초과이익환수제, ②조합원 지위양도 제한이 없고, ③준공 15년 이상이면 리모델링이 가능하고, ④수평·수직 증축으로 일정부분 일반분양이 가능하고, ⑤종전 구조물을 그대로 유지하여 배치가 바뀌지 않으므로 동·호수 변경으로 인한 갈등이 없고, ⑥주민동의율도 75%라는 장점이 있다. 그리고 일반분양분이 29세대 이하이면 분양가상한제에서 제외되고,[2] 지방자치단체로부터 각종 지원을 받을 수 있는데, 이러한 점도 장점이다.

반면, 단점은 ①층간소음 방지 등으로 인하여 층고가 낮아지고, ②기존 단지 배치 및 내력벽을 유지하여야 하고, ③건폐율이 높아져 쾌적함이 떨어지고, ④일조권 문제로 증축에 한계가 있고, ⑤증축에 따른 사각지대가 발생하는 문제가 있다.

따라서 각 단지별로 리모델링과 재건축의 장·단점을 비교하여 리모델링 추진여부를 결정하여야 할 것이다.

> **[부동산교과서] 재건축 대신 리모델링?… 같은 점·다른 점은?**
> 리모델링, 재건축 시장 대안으로 부각
> 사업 연한 짧고, 재건축 부담금 없어
> 용적률 높고, 평면 설계 제약 등은 단점
>
> [이데일리 김기덕 기자] 2019. 3. 30.

---

[2] 2023. 1. 5. 국토교통부공고 제2023-3호에 의거하여 「주택법」 제58조제3항 및 5항에 따라 서울시 강남구, 서초구, 송파구, 용산구를 제외하고는 모두 분양가상한제 적용지역에서 해제되었다.

재건축이 좋을까요? 아님 리모델링이 더 나을까요? (생략)

먼저 리모델링과 재건축을 구분 지을 수 있는 가장 큰 점은 사업 기간이다. 리모델링은 준공 후 15년 이상 된 건축물을 대상으로 한다. 전면 철거 방식이 아닌 철골 보강, 설계 변경 등을 통해 기존 건물을 증·개축 하는 아파트 리모델링은 재건축 사업 연한(30년)에 비해 절반이나 짧다. 사업 시작 단계인 건축물 안전진단 조건 역시 재건축은 조건부 재건축에 속하는 D등급 혹은 E등급을 받아야 하지만 리모델링은 B등급 이상이면 사업 추진이 가능하다.

구체적으로 리모델링 사업은 '조합설립→ 안전진단→ 건축·도시계획심의→ 사업계획(행위허가) 승인→ 이주·착공→ 입주' 등으로 이뤄져 까다로운 절차를 거쳐야 하는 재건축에 비해 간소한 편이다. 리모델링은 보통 사업 시작 이후 준공 때까지 평균 5~6년이 걸린다. 이를 감안하면 2000년도 지어진 아파트가 2015년부터 리모델링을 시작하면 2020년이면 사업 완료가 가능하다는 계산이 나온다. 이는 평균 40년 가량(준공 후 30년 재건축 연한 포함) 걸리는 재건축에 비해 훨씬 빠른 편이다.

각종 규제 적용을 받지 않는다는 점도 리모델링의 장점 중 하나다. <u>리모델링은 2018년 부활한 재건축초과이익환수제를 적용받지 않아 재건축부담금이 없는 데다 조합원 지위양도 제한도 없다.</u> 또 용적률 제한(재건축 시 일반주거지역 법적상한용적률 최대 300%)이 없어 수직증축을 통해 일반분양 수익을 얻을 수 있다. 이런 점에서 리모델링 사업이 재건축을 대체하는 사업으로 부각되고 있다. 리모델링 사업은 아파트를 위로 올리는 수직증축과 각 세대를 앞뒤 혹은 옆으로 넓히는 수평증축이 있다.

만약 수직증축을 통해 사업을 추진하면 15층 이상 아파트는 최대 3개 층 수직증축, 14층 이하 아파트는 2개 층을 더 올릴 수 있다. 수평증축은 전용 85㎡ 미만은 전용면적 40% 이내, 85㎡ 이상은 전용면적 30% 이내에서 세대 면적을 넓힐 수 있다. 수평증축을 통해서는 조합원의 이익을 높이고, 수직증축을 통해서는 일반분양을 받아 사업 비용을 충당할 수 있다.

다만 리모델링이 재건축에 비해 불리한 점도 있다. <u>최대 늘릴 수 있는 가구 수가 15%</u>로 제한된다. 만약 총 300가구로 구성된 아파트를 리모델링하면 늘어날 수 있는 가구 수가 45가구에 불과한 것이다. 또 리모델링은 사업기간이 짧은 대신 사업을 추진하는 단지가 보통 용적률이 높은 경우가 많아 사업성이 좋지 않은 경우가 많다. 또 내력벽(건물의 하중을 견디기 위해 만든 벽) 철거 허용이 연기되면서 <u>자유로운 평면 설계에 한계</u>가 있다는 것도 단점으로 지적된다.

	리모델링	재건축
연한	준공 15년 이후 추진 가능	준공 30년 이후 추진 가능
용적률	용적률 제한 없음(단, 지구단위구역 제외)	법적 상한용적률 이내(최대 300%)
소요기간	리모델링 규모에 따라 다름	리모델링에 비해 사업기간이 김
건축법 완화 적용	건축선, 용적률, 건폐율, 높이제한, 공개공지확보, 조경 등 완화	완화되지 않음
기반시설기부 체납	없음	도로, 공원, 녹지 등 제공
소형임대주택 건립	없음	- 재개발은 세대수의 20% 이하(법 제10조) - 재건축은 없음, 단 용적율 완화 시는 예외(법 제54조)
초과이익환수	없음	3천만원 초과시 10∞50% 국가 환수

현재 리모델링은 수직·수평 증축 방식이 보편적인데 시장이 원하는 건 내력벽을 해체하고 재설치하는 대수선 방식이다. 다만 대수선방식은 안전성이 담보되어야 한다. 대수선 방식이 도입될 경우 위에서 본 리모델링의 장점과 결합하여 리모델링 시장은 폭발적으로 커질 수 있다고 본다.

4. 리모델링 법규 연혁

가. 2014. 4. 25. 수직증축 시행 전

개정일 (시행일)	개정법령	주요내용
'01.9.15 ('03.11.30)	건축법시행령	- 리모델링 개념 정의 - 리모델링시 적용완화 요청
'01.9.28	건축법시행규칙	- 리모델링시 증축범위 규정
'02.3.25	공동주택관리령	- 리모델링 개념 정의 및 행위허가 기준 신설
'03.5.29 ('03.11.30)	주택법 전부개정	- 주택법에 리모델링 제도 도입 - 리모델링 **주택조합제도 도입** - **행위허가 기준** 마련 - **동별 리모델링 및 전체 리모델링 모두 인정** - 리모델링 동의율 80%로 개정 - 리모델링 특례인정(대지지분 불변)
'05.7.13 ('05.7.13)	주택법 제2조	- 리모델링 용어 정의 개정 (**증축의 범위를 대통령령**으로 정함) * 공동주택의 구조적 안전과 주거환경이 열악해지는 것을 방지하기 위하여 증축을 일정범위에서 제한
'05.9.16 ('05.9.16)	주택법 시행령 제4조의2 별표 3	- 대통령령에서 **주거전용면적**의 **10분의 3** 이내 **증축 허용**함을 규정 - **필로티 구조의 인정** 및 **최상층** 상부 **증축**허용
'07.3.16 ('07.3.16)	주택법 시행령 제4조의2	- 공동주택 증축 리모델링 **허용 연한**을 **20년에서 15년으로 단축** (15년~20년 미만 기간내 조례로 규정) * 공동주택의 급수·위생설비 등의 교체와 병행하여 증축을 위한 리모델링을 할 수 없는 문제 감안
'07.7.6 ('07.7.6)	주택법 시행령 제47조	- 재건축 대상 건축물에 대한 리모델링에 동의한 입주자는 리모델링 주택조합 또는 입주자 대표회의에서 허가신청서를 제출하기 전까지 **서면**으로 그 **동의를 철회**할 수 있음
'12.1.26 ('12.7.27 시행)	주택법 제2조 등	- 85㎡ 미만의 증축범위를 30%→40%로 확대 - **세대별 증축가능 면적 범위에서 세대수 증가 허용** **(수평·별동증축, 기존 세대수의 10%)** - 공동사업주체 인정, 행위허가시 도시계획심의

10 · 우리아파트는 재건축 대신 **리모델링** 한다

나. 2014. 4. 25. 수직증축 시행[3]

- ○ 우선, **리모델링** 시 **세대수 증가** 범위가 **기존 세대수**의 10%이내에서 **15% 이내로 확대**되고,
  - **신축 당시 구조도를 보유**한 경우에는 15층 이상의 공동주택은 **최대 3개 층**, 14층 이하의 공동주택은 **최대 2개 층*** 까지 **수직증축 리모델링**이 가능해진다.
    * 같은 층수의 증축이라도 저층 아파트일수록 건축물의 구조적 부담이 큰 점을 감안
- ○ 동시에 수직증축 리모델링 시 안전성이 확보될 수 있도록 **한국시설안전공단, 건설기술연구원, 안전진단 전문기관**(시설물 안전관리에 관한 특별법)에서 허가 전, 후 2차에 걸쳐 **안전진단***을 실시하고,
    * 1차 안전진단에 참여한 '안전진단 전문기관'에 대해서는 2차 안전진단 참여를 제한(2차 안전진단 의뢰에 응하는 기관이 없는 경우는 예외)
  - **건축심의, 사업계획승인** 신청이 접수되는 경우에도 **한국시설안전공단, 건설기술연구원**에서 구조설계의 타당성 검토 등의 **구조안전성 검토**를 거치도록 하였다.
- ○ 또한, 공사감리 시 감리자는 내력벽 등 주요 구조부위의 철거 또는 보강이 필요한 경우 등에 대해서 **해당 건축물의 구조설계**를 한 **건축구조기술사의 협력**을 받되,
  - 해당 건축구조기술사가 사망·실종되거나 자격을 상실한 경우에는 **리모델링 시행자**가 추천한 **구조기술사의 협력**을 받을 수 있도록 하였다.
- ○ **세대수 증가형 리모델링**에 따른 도시과밀 및 일시 집중 문제를 최소화하기 위해 특별시·광역시·50만 이상 대도시에서는 주민공람·지방의회 의견수렴을 거쳐 10년 단위의 **리모델링 기본계획***을 수립하도록 하고,
    * 리모델링 목표·기본방향, 대상주택 현황 및 수요예측, 일시집중 방지방안, 세대수 증가에 따른 기반시설 영향검토 등 포함
  - 수립된 기본계획을 변경할 경우, **세대수 증가형 리모델링의 수요예측이 감소**하거나 10% 범위 내에서 늘어나는 경우 등은 **경미한 변경**으로 보아 **주민공람** 등의 절차를 **거치지 않도록** 하였다.
- ○ 아울러, **세대수 증가형 리모델링** 허가 시, 도시과밀 우려나 기반시설에 영향이 없도록 **20세대 이상** 세대가 증가하는 경우에는 **도시계획위원회**의 **심의**를 받도록 하였고,
  - 세대수 증가형 리모델링에 따라 주택시장 불안정 등의 우려가 있는 경우, 주택정책심의위원회 심의를 거쳐 해당 지자체의 **리모델링 기본계획 변경, 인·허가 시기조정** 등이 이루어질 수 있도록 하였다.
- ○ 리모델링 원활한 추진을 의해 **리모델링 지원센터**(시·군·구)**를 설치**할 수 있도록 하고, **국민주택 규모 이하**에 대한 **기금 지원** 근거 마련

---

[3] 국토교통부, 2013. 12. 23.자 보도자료

다. 2016. 1. 19. 전부개정

주택법 [시행 2016. 8. 12.] [법률 제13805호, 2016. 1. 19., 전부개정]
차. 공동주택 리모델링 추진과정에서 세입자의 이주 거부로 인한 사업지연을 방지하기 위하여 임대차계약 체결 당시 리모델링주택조합 설립인가를 받는 경우 등 리모델링 추진 사실을 인지할 수 있는 상태에서 임대차계약을 체결한 경우에는 「주택임대차보호법」 및 「상가건물 임대차보호법」상의 임대차의무기간을 적용받지 아니하도록 함(제76조제4항).

주택법 시행령
[시행 2016. 8. 12.] [대통령령 제27444호, 2016. 8. 11., 전부개정]
다. 리모델링 기본계획 수립 내용 완화(제80조제2항)
　수직증축 리모델링이 최대 3개 층까지만 허용되는 점을 고려하여 층수나 높이제한을 위한 도시경관 관리방안을 리모델링 기본계획 내용에서 제외함.
라. 리모델링 허가기준 완화(별표 4)
　종전에는 주택단지 전체를 리모델링하는 경우 주택단지 전체 구분소유자 및 의결권의 각 80퍼센트 이상의 동의와 각 동별 구분소유자 및 의결권의 3분의 2 이상 동의를 받도록 하던 것을, 주택단지 전체 구분소유자 및 의결권의 동의비율은 그대로 유지하되, 각 동별 구분소유자 및 의결권의 동의비율은 50퍼센트로 완화하고, 리모델링하지 아니하는 별동(別棟)의 복리시설 소유자는 동의 대상에서 제외함.

[시행 2017. 2. 13.] [대통령령 제27860호, 2017. 2. 13., 일부개정]
◇ 개정이유 및 주요내용
　공동주택 리모델링 시공자는 국토교통부장관이 정하는 경쟁입찰의 방법으로 선정하되, 2회 이상의 경쟁입찰에서 입찰자가 하나이거나 없는 경우에는 경쟁입찰의 방법으로 선정하는 것이 곤란한 경우로 보아 경쟁입찰이 아닌 방법으로 선정할 수 있도록 하고 있으나, 경쟁입찰의 방법을 국토교통부장관이 정하도록 한 데에 맞추어 경쟁입찰의 방법으로 선정하는 것이 곤란한 경우의 최저 입찰자 수를 경쟁입찰의 종류에 따라 국토교통부장관이 달리 정할 수 있도록 하는 한편, 리모델링주택조합이 주택단지 전체를 리모델링하거나 동(棟)을 리모델링하려는 경우의 동의비율을 80퍼센트에서 75퍼센트로 완화하여 리모델링 활성화를 도모하려는 것임.

[시행 2018. 6. 5.] [대통령령 제28942호, 2018. 6. 5., 일부개정]
◇ 개정이유 및 주요내용
　공동주택의 수직증축형 리모델링의 구조설계에 새로운 기술과 공법이 적용되어 구조안전 및 시공성능 검증 등 그 안전성 검토의 범위가 확대됨에 따라, 검토 의뢰를 받은 전문기관이 부득이하게 안전성 검토기간의 연장이 필요하다고 인정하는 경우에는 20일의 범위에서 그 기간을 한 차례 연장할 수 있도록 하는 한편, 안전성 검토기간을 산정할 때 서류의 보완기간과 공휴일·토요일이 제외됨을 명확하게 하려는 것임.

주택법 시행규칙

[시행 2016. 8. 12.] [국토교통부령 제353호, 2016. 8. 12., 전부개정]

◇ 개정이유 및 주요내용

<u>주택건설 사업계획승인시 리모델링 허가절차를 함께 처리할 수 있도록 사업계획승인 신청서류에 리모델링 허가 신청서류도 함께 제출하도록 하는 등</u> 현행 제도의 운영상 나타난 일부 미비점을 개선·보완하려는 것임.

[시행 2018. 5. 21.] [국토교통부령 제515호, 2018. 5. 21., 일부개정]

◇ 개정이유 및 주요내용

　공동주택의 수직증축형 리모델링의 구조설계에 신기술·신공법이 적용됨에 따라 그 시공의 안전성 등에 대한 전문적 검토가 필요한 바, 건축물의 주요 구조부 보강 공사에 <u>신기술 또는 신공법을 적용하는 경우로서</u> 전문기관의 안전성 검토결과 건축구조기술사의 협력을 받을 필요가 있다고 인정되는 경우에는 <u>해당 건축물의 감리업무 수행에 건축구조기술사의 협력을 받도록 하는 한편,</u>

라. 2020. 1. 23. 개정

■ [시행 2020. 1. 23.] [법률 제16870호, 2020. 1. 23., 일부개정]

◇ 개정이유

　현행법은 리모델링 시 해당 주택건설대지의 소유권 확보 규정이 명확하지 않는 등 관련 규정의 미비로 인하여 리모델링를 추진하는 데 어려운 부분이 있는바, 이를 보완함으로써 공동주택 리모델링이 원활하게 추진될 수 있도록 하고,

　사용검사를 받기 전 입주예정자의 사전방문 점검, 시·도지사의 공동주택 품질점검단 설치·운영 등을 통해 사용검사 전에 공동주택의 품질을 제고하는 한편,

　주택공급 신청 전에 입주자자격, 재당첨 제한 및 공급 순위 등의 정보를 신청자에게 제공함으로써 주택공급 신청 오류에 따른 당첨 취소 사례를 줄이도록 하는 등 현행 제도의 운영상 나타난 일부 미비점을 개선·보완하려는 것임.

◇ 주요내용

　마. <u>리모델링의 허가를 신청하기 위한 동의율을 확보하여 리모델링 결의를 한 리모델링주택조합이 그 리모델링 결의에 찬성하지 아니하는 자의 주택 및 토지에 대하여 매도청구를 하는 경우에는 주택건설사업계획 승인 시 해당 주택건설대지의 소유권을 확보하지 않아도 되도록 명확히 규정함</u>(제21조제1항제4호 신설, 제22조제2항 및 제66조제2항).

　카. <u>리모델링주택조합의 법인격과 권리변동계획에 따라 소유권이 이전되는 토지 또는 건축물에 대한 권리의 확정 등에 관하여는 「도시 및 주거환경정비법」을 준용하도록 함</u>(제76조제5항 및 제6항 신설).

제21조제1항에 제4호를 다음과 같이 신설한다.

4. 제66조제2항에 따라 리모델링 결의를 한 리모델링주택조합이 제22조제2항에 따라 매도청구를 하는 경우

제22조제2항 중 "제11조제1항에 따라 인가를 받아 설립된 리모델링주택조합은"을 "제1항에도 불구하고 제66조제2항에 따른 리모델링의 허가를 신청하기 위한 동의율을 확보한 경우 리모델링 결의를 한 리모델링주택조합은"으로 한다.

제76조에 제5항 및 제6항을 각각 다음과 같이 신설한다.

⑤ 리모델링주택조합의 법인격에 관하여는 「도시 및 주거환경정비법」 제38조를 준용한다. 이 경우 "정비사업조합"은 "리모델링주택조합"으로 본다.

⑥ 권리변동계획에 따라 소유권이 이전되는 토지 또는 건축물에 대한 권리의 확정 등에 관하여는 「도시 및 주거환경정비법」 제87조를 준용한다. 이 경우 "토지등소유자에게 분양하는 대지 또는 건축물"은 "권리변동계획에 따라 구분소유자에게 소유권이 이전되는 토지 또는 건축물"로, "일반에게 분양하는 대지 또는 건축물"은 "권리변동계획에 따라 구분소유자 외의 자에게 소유권이 이전되는 토지 또는 건축물"로 본다.

> **도시정비법 제87조(대지 및 건축물에 대한 권리의 확정)** ① 대지 또는 건축물을 분양받을 자에게 제86조제2항에 따라 소유권을 이전한 경우 종전의 토지 또는 건축물에 설정된 지상권·전세권·저당권·임차권·가등기담보권·가압류 등 등기된 권리 및 「주택임대차보호법」 제3조제1항의 요건을 갖춘 임차권은 소유권을 이전받은 대지 또는 건축물에 설정된 것으로 본다.
> ② 제1항에 따라 취득하는 대지 또는 건축물 중 토지등소유자에게 분양하는 대지 또는 건축물은 「도시개발법」 제40조에 따라 행하여진 환지로 본다.
> ③ 제79조제4항에 따른 보류지와 일반에게 분양하는 대지 또는 건축물은 「도시개발법」 제34조에 따른 보류지 또는 체비지로 본다.

부칙

제1조(시행일) 이 법은 공포 후 6개월이 경과한 날부터 시행한다. 다만, 제21조제1항제4호, 제22조제2항, 제55조제1항 및 제2항, 제56조, 제56조의2, 제56조의3, 제66조제2항, 제76조제5항 및 제6항, 제89조제4항 및 제100조의 개정규정은 공포한 날부터 시행하고,

> **주택법 시행령**
> [시행 2021. 2. 19.] [대통령령 제31468호, 2021. 2. 19., 일부개정]
> ◇ 주요내용
>   가. 주택조합 총회의 조합원 직접 출석에 대한 예외(제20조제5항 및 제6항 신설)
>   감염병을 예방하기 위하여 여러 사람의 집합을 제한하거나 금지하는 조치가 해당 주택건설대지가 위치한 지역에 내려진 경우 조합원이 총회 의결에 일정 비율 직접 출석해야 하는 요건의 예외를 인정하되, 전자적 방법으로 총회를 개최하여 의결권을 행사할 수 있도록 함.
> 제20조제5항부터 제9항까지를 각각 제7항부터 제11항까지로 하고, 같은 조에 제5항 및 제6항을 각각 다음과 같이 신설한다.

⑤ 제4항에도 불구하고 총회의 소집시기에 해당 주택건설대지가 위치한 특별자치시·특별자치도·시·군·구(자치구를 말하며, 이하 "시·군·구"라 한다)에 「감염병의 예방 및 관리에 관한 법률」 제49조제1항제2호에 따라 여러 사람의 집합을 제한하거나 금지하는 조치가 내려진 경우에는 전자적 방법으로 총회를 개최해야 한다. 이 경우 조합원의 의결권 행사는 「전자서명법」 제2조제2호 및 제6호의 전자서명 및 인증서(서명자의 실제 이름을 확인할 수 있는 것으로 한정한다)를 통해 본인 확인을 거쳐 전자적 방법으로 해야 한다.

⑥ 주택조합은 제5항에 따라 전자적 방법으로 총회를 개최하려는 경우 다음 각 호의 사항을 조합원에게 사전에 통지해야 한다.

1. 총회의 의결사항
2. 전자투표를 하는 방법
3. 전자투표 기간
4. 그 밖에 전자투표 실시에 필요한 기술적인 사항

주택법 시행규칙

[시행 2019. 5. 31.] [국토교통부령 제624호, 2019. 5. 31., 일부개정]

◇ 개정이유 및 주요내용

시장·군수·구청장이 수직증축형 리모델링을 허가한 후 실시하는 건축물의 구조안전성 등에 대한 안전진단 결과에 따라 구조설계의 변경이 필요한 경우 발생할 수 있는 <u>추가 비용의 분담안을 사업비의 조합원별 분담 명세를 확정하는 총회에서 함께 의결하도록</u> 함으로써 조합원이 추가적으로 분담하여야 할 비용을 미리 예측할 수 있도록 하여 조합원의 피해를 방지하고 수직증축형 리모델링이 원활하게 추진될 수 있도록 하는 등 현행 제도의 운영상 나타난 일부 미비점을 개선·보완하려는 것임.

제7조제5항제6호 중 "명세"를 "명세 확정(리모델링주택조합의 경우 법 제68조제4항에 따른 안전진단 결과에 따라 구조설계의 변경이 필요한 경우 발생할 수 있는 추가 비용의 분담안을 포함한다) 및 변경"으로 한다.

부칙

제1조(시행일) 이 규칙은 공포한 날부터 시행한다.
제2조(총회 의결사항에 관한 적용례) 제7조제5항제6호의 개정규정 중 리모델링주택조합 관련 부분은 이 규칙 시행 이후 법 제66조제1항에 따라 수직증축형 리모델링 허가를 하는 경우부터 적용한다.

[시행 2020. 6. 11.] [국토교통부령 제736호, 2020. 6. 11., 일부개정]

◇ 개정이유 및 주요내용

주택조합의 발기인 또는 임원은 원활한 사업추진과 조합원의 권리 보호를 위하여 연간 자금 운용계획 등의 서류 및 자료를 시장·군수·구청장에게 제출하도록 하는 등의 내용으로 「주택법」이 개정(법률 제16811호, 2019. 12. 10. 공포, 2020. 6. 11. 시행)됨에 따라 주택조합의 발기인 또는 임원은 직전 연도에 관한 등록사업자 및 업무대행자의 선정·변경에 관한 서류와 토지의 사용권원 및 소유권의 확보 현황 등을 매년 2월말까지 시장·군수·구청장에게 제출하도록 하려는 것임.

제11조에 제3항 및 제4항을 각각 다음과 같이 신설한다.

③ 법 제12조제3항에서 "연간 자금운용 계획 및 자금 집행 실적 등 국토교통부령으로 정하는 서류 및 자료"란 다음 각 호의 서류 및 자료를 말한다.

1. 직전 연도의 자금운용 계획 및 자금 집행 실적에 관한 자료
2. 직전 연도의 등록사업자의 선정 및 변경에 관한 서류
3. 직전 연도의 업무대행자의 선정 및 변경에 관한 서류
4. 직전 연도의 조합임원의 선임 및 해임에 관한 서류
5. 직전 연도 12월 31일을 기준으로 토지의 사용권원 및 소유권의 확보 현황에 관한 자료

④ 주택조합의 발기인 또는 임원은 제3항 각 호의 서류 및 자료를 법 제12조제3항에 따라 매년 2월말까지 시장·군수·구청장에게 제출해야 한다.

부칙

이 규칙은 2020년 6월 11일부터 시행한다.

5. 리모델링 추진 절차

가. 추진 절차

절차	주요내용	관계 법령
추진제안	• 입주자대표회의 등에서 '리모델링 제안 및 시행' 의결	
리모델링 주택조합 설립	▷ 리모델링 주택조합의 소재지를 관할하는 시장·군수 또는 구청장에게 설립 등 인가 • 인가조건 - 조합 신청시 : 소유자와 의결권의 2/3이상, 동별 과반수 동의 (단지전체) 각 동별 2/3이상 동의 (동별 리모델링 시) - 입주자대표회의 신청시 : 소유자 전원 동의 • 조합원 자격 1) 사업계획승인(건축허가)을 얻어 건설한 공동주택의 소유자 2) 복리시설을 함께 리모델링하는 경우에는 당해 복리시설의 소유자 • 조합설립인가일로부터 2년 이내에 사업계획승인(리모델링 허가) 신청	法 11조
시공자 선정	• 선정방법 : 조합총회 의결을 통하여 경쟁입찰 • 선정기준 : 국토교통부 고시에 따라 리모델링 시공자 선정	
안전진단 (1차)	▷ 구조안정성을 평가하여 수직증축 가능여부 등 증축리모델링 가능여부를 판정 • 진행절차 : 안전진단 요청(조합) → 안전진단 기관선정 및 의뢰(시장) → 안전진단 (실시계획 → 현장조사 및 결과분석 구조안전성평가) • 진단기관 : 안전진단기관(민간), 한국시설안전공단, 한국건설기술연구원 • 평가결과 모두 B등급 이상시 수직증축 가능 평가항목 중 하나가 D등급 이하인 경우 증축형 리모델링 불가 • 수직증축형의 경우 그 적정성에 대하여 1차 안전성 검토 필요 • 소요비용 : 리모델링 기금 설치 및 운영조례에 따라 시 지원 가능 • 안전진단을 시행할 경우 단위세대 내 진단 필요 → 사전에 소유자 및 임대인 동의절차 필요	法 68조
도시계획 위원회 및 건축위원 회 심의	▷ 용적률 허용범위 등 건축특례 적용범위에 대한 세부적인 사항을 결정 - 건축특례 적용대상(8개) : 용적률, 건폐율, 높이제한, 일조권, 건축선지정, 조경, 대지안의 공지, 공개공지 • 1차 안전성검토 - 구조계획상 증축범위의 적정성 등 검토 의뢰(시장)(한국 시설안전공단, 한국건설기술연구원) • 세대수 증가시 도시관리계획 및 기반시설과 부합 여부 심의(50세대 이상) • 건축법 완화 및 증축범위 심의	기본 설계

절차	주요내용	관계 법령
권리변동 계획수립	• 세대수 증가형의 경우 권리변동계획 수립 후 사업계획승인 • 권리변동계획 내용 : 대지 및 건축물의 권리변동, 비용분담, 분양계획 등 (감정평가법인등 평가 금액을 기준으로 할 수 있음)	
매도청구	• 리모델링 결의에 찬성하지 아니한 자에 대하여 매도 청구 • 진행절차 1) 조합에서 미동의 구분소유자에게 리모델링 참가 여부 서면 촉구 2) 미동의 구분소유자는 2개월 이내 회답 (회답 아니한 경우 미참가로 봄) 3) 미동의 구분소유자에게 매도 청구 (2개월 이내 미 청구시 매도청구권 소멸)	
행위허가 (30세대 이상은 사업계획 승인)	• 2차 안전성검토 - 허가설계도서상 구조안전의 적정성여부 등 검토 의뢰(시장) (1차 안전성검토 수행 전문기관) • 대상 : **행위허가**는 증가하는 세대수가 30세대 미만인 사업(내력벽 철거에 의하여 세대 합치는 행위가 아닐 것) **사업계획승인**은 증가하는 세대수가 30세대 이상인 사업 ▷ 조합 또는 입주자대표회의가 **시장·군수**의 **허가**를 받아 시행 - **전체** : 단지 전체 구분소유자 및 의결권의 **각 75% 이상 동의**와 각 동별 구분소유자 및 의결권의 **각 50% 이상 동의** - **동별** : 동별 구분소유자 및 의결권의 **각 75% 이상 동의** ☞ 50세대 이상 증가시 기반시설영향 등에 대해 별도 도시계획심의 및 **30세대 이상 증가시에는 별도 사업계획승인 절차 이행**	法 66조 令 75조 (실시 설계)
이주	• 감리자 지정 (감리의무대상) • 세대수 증가 및 매도청구 매수 주택 분양 • **분담금 확정 총회 및 이주**	
2차 안전진단	• 수직증축형 리모델링 허가가 된 경우 구조안전에 대한 상세확인 • 진단기관 : 1차 진단기관 외 안전진단 가능 기관(1차 진단을 시설안전공단 및 건설기술 연구원 실시한 경우 예외) • 소요비용 : 리모델링 기금 설치 및 운영조례에 따라 시 지원 가능	
착공신고	• 사업계획승인을 받은 날부터 5년 이내 공사착수 • 리모델링허가를 받은 날부터 2년 이내 공사착수	
사용검사	• 하자보수보증금 보증서 및 장기수선계획 수립·제출	
조합해산	• 사용검사 필증 수령 후 리모델링주택조합 해산 인가 (조합원 동의를 얻은 정산서 필요)	

나. 리모델링 평가·심의[4]

아래는 군포시가 경기도에 공동주택 리모델링 허가 관련 행정절차 이행계획을 보고한 자료이다.

평가·심의	근거	대상사업	비고
교통영향평가	도시교통정비촉진법	건축물 연면적 3.6만㎡이상	
환경영향평가	환경영향평가법	건축물 연면적 10만㎡이상	
도시·건축공동위원회 심의 등	국토계획법	도시관리계획(지구단위계획) 변경	
도시계획위원회 심의	주택법	50세대 이상 증가시	
경관위원회 심의	경관법, 조례	시장이 경관의 보전·관리 및 형성에 필요하다고 인정하는 사항	
지하안전 영향평가	지하안전법	20미터 이상 굴착공사 수반	10~20미터 굴착공사는 소규모
교육환경 영향평가	교육환경법	연면적 3/10 이상 증축해 층수가 21층이 되거나 연면적 합계 10만㎡ 이상	
재해영향평가	자연재해대책법	주택법 제15조에 따른 주택건설사업계획	
건축위원회 심의	건축법	100세대 이상의 공동주택	건축완화규정 적용가능

---

[4] 군포시 공동주택 리모델링 허가 관련 행정절차 이행계획 보고
문서번호 4020242-1332

다. 리모델링 유형[5]

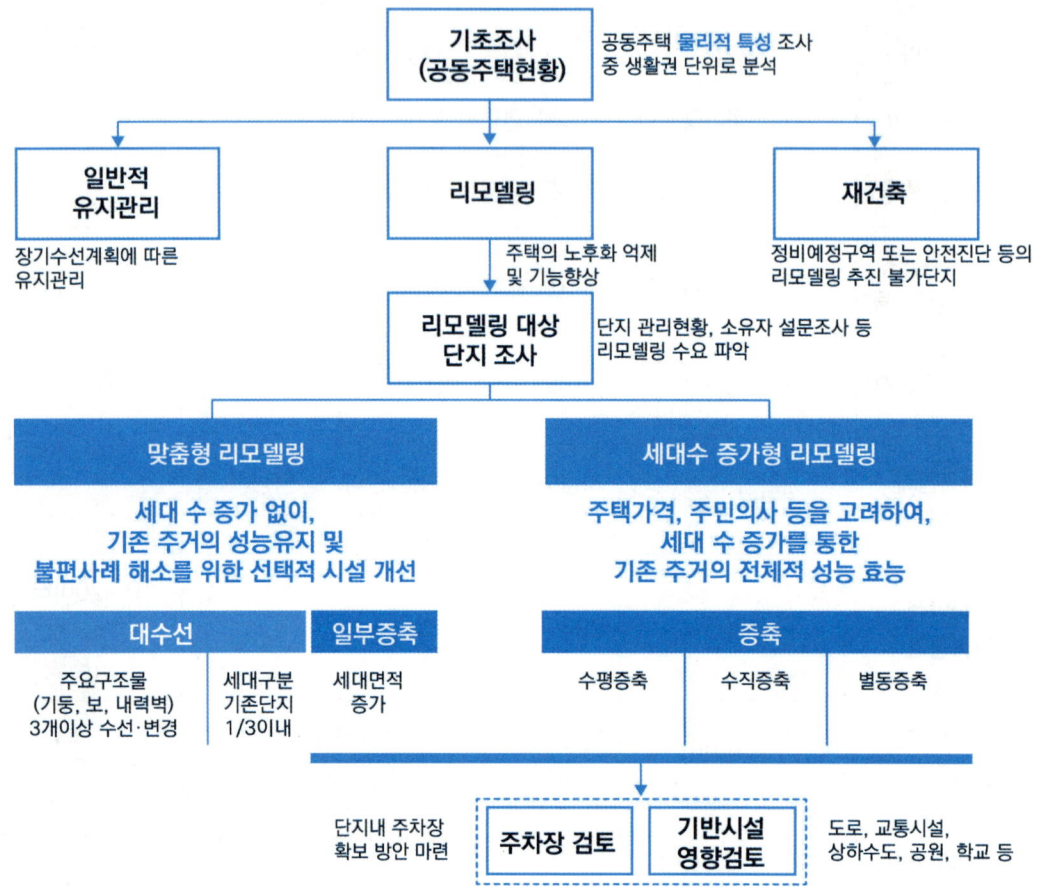

---

5) 출처 : 성남시 공동주택 정보누리 홈페이지

6. 리모델링 지원센터

시장·군수·구청장은 리모델링의 원활한 추진을 지원하기 위하여 리모델링 지원센터를 설치하여 운영할 수 있다(법 제75조제1항).

리모델링 지원센터는 다음 각 호의 업무를 수행할 수 있다(동조 제2항).
1. 리모델링주택조합 설립을 위한 업무 지원
2. 설계자 및 시공자 선정 등에 대한 지원
3. 권리변동계획 수립에 관한 지원
4. 그 밖에 지방자치단체의 조례로 정하는 사항

리모델링 지원센터의 조직, 인원 등 리모델링 지원센터의 설치·운영에 필요한 사항은 지방자치단체의 조례로 정한다(동조 제3항).

> 서울특별시 공동주택 리모델링 지원에 관한 조례
> [시행 2019. 7. 18.] [서울특별시조례 제7217호, 2019. 7. 18., 타법개정]
> 제8조(자치구 리모델링 지원센터의 설치·운영) ① 구청장은 리모델링의 원활한 추진을 지원하기 위하여 리모델링 지원센터(이하 "지원센터"라 한다)를 설치하여 운영할 수 있다.
> ② 지원센터는 다음 각 호의 업무를 수행할 수 있다.
> 1. 리모델링주택조합 설립을 위한 업무 지원
> 2. 설계자 및 시공자 선정 등에 대한 지원
> 3. 권리변동계획 수립에 관한 사항
> 4. 맞춤형 리모델링 상담 및 자문
> 5. 그 밖에 자치구 조례로 정하는 사항
> ③ 지원센터의 조직, 인원 등 지원센터의 설치·운영에 필요한 사항은 자치구 조례로 정한다.

7. 부정행위 금지

공동주택의 리모델링과 관련하여 다음 각 호의 어느 하나에 해당하는 자는 부정하게 재물 또는 재산상의 이익을 취득하거나 제공하여서는 아니 된다(법 제77조).
   1. 입주자
   2. 사용자
   3. 관리주체
   4. 입주자대표회의 또는 그 구성원
   5. 리모델링주택조합 또는 그 구성원

제77조를 위반하여 부정하게 재물 또는 재산상의 이익을 취득하거나 제공한 자는 2년 이하의 징역 또는 2천만원 이하의 벌금에 처한다. 다만, 그 위반행위로 얻은 이익의 50퍼센트에 해당하는 금액이 2천만원을 초과하는 자는 2년 이하의 징역 또는 <u>그 이익의 2배에 해당하는 금액 이하의 벌금에 처한다</u>(법 제102조제18호).

8. 보고·검사 등

국토교통부장관 또는 지방자치단체의 장은 필요하다고 인정할 때에는 이 법에 따른 인가·승인 또는 등록을 한 자에게 필요한 보고를 하게 하거나, 관계 공무원으로 하여금 사업장에 출입하여 필요한 검사를 하게 할 수 있다(법 제93조제1항).

제1항에 따른 검사를 할 때에는 <u>검사 7일 전까지 검사 일시, 검사 이유 및 검사 내용 등 검사계획을 검사를 받을 자에게 알려야 한다</u>. 다만, 긴급한 경우나 사전에 통지하면 증거인멸 등으로 검사 목적을 달성할 수 없다고 인정하는 경우에는 그러하지 아니하다(동조제2항).

제1항에 따라 검사를 하는 공무원은 그 권한을 나타내는 증표를 지니고 이를 관계인에게 내보여야 한다(동조제3항).

제93조제1항에 따른 검사 등을 거부·방해 또는 기피한 자는 1년 이하의 징역 또는 1천만원 이하의 벌금에 처한다(법 제104조제13호).

9. 조합에 대한 지도·감독

 국토교통부장관 또는 지방자치단체의 장은 사업주체 및 공동주택의 입주자·사용자·관리주체·입주자대표회의나 그 구성원 또는 리모델링주택조합이 이 법 또는 이 법에 따른 명령이나 처분을 위반한 경우에는 공사의 중지, 원상복구 또는 그 밖에 필요한 조치를 명할 수 있다(법 제94조).

 시장·군수·구청장은 주택조합 또는 주택조합의 구성원이 다음 각 호의 어느 하나에 해당하는 경우에는 주택조합의 설립인가를 취소할 수 있다(법 제14조제2항).
  1. 거짓이나 그 밖의 부정한 방법으로 설립인가를 받은 경우
  2. 제94조에 따른 명령이나 처분을 위반한 경우

 법 제94조에 따른 공사 중지, 원상복구 또는 그 밖에 필요한 조치 등의 명령을 위반한 자는 1년 이하의 징역 또는 1천만원 이하의 벌금에 처한다(법 제104조제13호).

우리아파트는 재건축 대신 리모델링 한다

PART 2

리모델링 기본계획

PART 2. 리모델링 기본계획

1. 기본계획의 개요

가. 의의

"리모델링 기본계획"이란 세대수 증가형 리모델링으로 인한 도시과밀, 이주수요 집중 등을 체계적으로 관리하기 위하여 수립하는 계획을 말한다(법 제2조제26호).

즉, 세대수 증가형 리모델링을 하기 위해서는 반드시 리모델링 기본계획이 수립되어야 하는 것이다. 리모델링 기본계획 수립 대상지역에서 세대수 증가형 리모델링을 허가하려는 시장·군수·구청장은 해당 리모델링 기본계획에 부합하는 범위에서 허가하여야 한다(법 제66조제9항).

나. 수립권자 및 대상지역

리모델링 기본계획은 세대수 증가형 리모델링에 따른 도시과밀 및 이주 수용 집중의 체계적 관리를 위해 수립하는 것으로, 원칙적으로 특별시·광역시 및 50만 이상의 대도시가 수립대상이 된다(법 제71조 제1항).

다만, 세대수 증가형 리모델링에 따른 도시과밀의 우려가 적은 경우 등 대통령령으로 정하는 경우에는 리모델링 기본계획을 수립하지 아니할 수 있다.

> 령 제80조(리모델링 기본계획의 수립 등) ① 법 제71조제1항 각 호 외의 부분 단서에서 "세대수 증가형 리모델링에 따른 도시과밀의 우려가 적은 경우 등 대통령령으로 정하는 경우"란 다음 각 호의 구분에 따른 경우를 말한다. 〈개정 2021.12.16〉
>
> 1. **특별시·광역시의 경우:** 세대수 증가형 리모델링(세대수를 증가하는 증축행위를 말한다. 이하 같다)에 따른 도시과밀이나 이주수요의 일시집중 우려가 적은 경우로서 특별시장·광역시장이 「국토의 계획 및 이용에 관한 법률」 제113조제1항에 따른 시·도도시계획위원회(이하 이 조에서 "시·도도시계획위원회"라 한다)의 심의를 거쳐 리모델링 기본계획을 수립할 필요가 없다고 인정하는 경우
>
> 2. **대도시**(「지방자치법」 제198조제1항에 따른 대도시를 말한다. 이하 이 조에서 같다): 세대수 증가형 리모델링에 따른 도시과밀이나 이주수요의 일시집중 우려가 적은 경우로서 대도시 시장의 요청으로 도지사가 시·도도시계획위원회의 심의를 거쳐 리모델링 기본계획을 수립할 필요가 없다고 인정하는 경우

그러나 <u>대도시가 아닌 시의 시장</u>은 세대수 증가형 리모델링에 따른 도시과밀이나 일시집중 등이 우려되어 <u>도지사가 리모델링 기본계획의 수립이 필요하다고 인정한 경우</u> 리모델링 기본계획을 수립하여야 한다(법 제71조제2항).

다. 수립기간 및 기본계획 내용

특별시장·광역시장 및 대도시의 시장은 관할구역에 대하여 다음 각 호의 사항을 포함한 리모델링 기본계획을 <u>10년 단위</u>로 수립하여야 한다(법 제71조제1항).
1. 계획의 목표 및 기본방향
2. 도시기본계획 등 관련 계획 검토
3. 리모델링 대상 공동주택 현황 및 세대수 증가형 리모델링 수요 예측
4. 세대수 증가에 따른 기반시설의 영향 검토
5. 일시집중 방지 등을 위한 단계별 리모델링 시행방안
6. 그 밖에 대통령령으로 정하는 사항[6]

그 외에 「리모델링기본계획 수립지침」은 ①특정지역의 기반시설 영향 검토(필요한 경우 수립), ②공동주택 저에너지·장수명화 방안(필요한 경우 수립), ③리모델링 지원방안(필요한 경우 수립)을 제시하고 있다. 계획수립권자가 필요하다고 인정하는 사항을 추가할 수 있다(지침 2-2-1). "증축형 리모델링에 따른 도시경관 관리방안"은 삭제되었다.

신속한 리모델링 기본계획 수립을 통한 수직증축 리모델링의 조기 시행을 위해 리모델링 기본계획 수립 관련 규정 및 수립지침은 개정 주택법 공포일('13.12.24.)부터 바로 시행하도록 하였고, 해당 지자체에서는 특별한 사유가 없는 한 <u>지침 시행 후 6개월 이내에 리모델링 기본계획을 수립하여야 한다</u>(구 지침 6-1).

계획의 기준연도는 계획의 수립에 착수하여 공동주택현황 등 기초조사를 시작하는 시점으로 하고, 목표연도는 기준연도로부터 10년을 기준으로 한다. 다만, 법 시행 후 최초로 수립하는 기본계획의 목표연도는 2025년으로 한다(지침 1-6-1). 기본계획은 5년마다 그 타당성 여부를 검토하여 그 결과를 반영한다(지침 1-6-2). 공동주택 현황은 법 제2조제3호에 따른 <u>공동주택(30세대 이상)</u>을 기준으로 목표연도 내에 법 제2조제25호나목에 따른 리모델링 대상이 되는 주택을 조사대상으로 한다(지침 3-3-2).

---

[6] 도시과밀 방지 등을 위한 계획적 관리와 리모델링의 원활한 추진을 지원하기 위한 사항으로서 특별시·광역시 또는 대도시의 조례로 정하는 사항을 말한다.

리모델링 기본계획 수립시에는 <u>필요시 리모델링 지원방안</u> 등을 포함할 수 있도록 하여 리모델링 활성화는 물론 노후 공동주택 거주민을 위한 실효성 있는 대책이 될 수 있도록 하였다.

2. 리모델링 기본계획 수립절차

입안 → 주민공람(공고 후 14일 이상) → 공청회(필요한 경우, 전문가·주민대표·관계기관) → 지방의회 의견청취(30일) → 관계기관 협의 → 시·도도시계획위원회 심의 → 특별시장·광역시장 이외의 시장은 도지사 승인 → 결정·고시

가. 주민공람 및 지방의회 의견 청취

특별시장·광역시장 및 대도시의 시장(제71조제2항에 따른 대도시가 아닌 시의 시장을 포함한다. 이하 이 조부터 제74조까지에서 같다)은 리모델링 기본계획을 수립하거나 변경하려면 <u>14일 이상 주민에게 공람</u>하고, <u>지방의회의 의견</u>을 들어야 한다. 이 경우 지방의회는 의견제시를 요청받은 날부터 30일 이내에 의견을 제시하여야 하며, 30일 이내에 의견을 제시하지 아니하는 경우에는 이의가 없는 것으로 본다(법 제72조 제1항).

다만, 다음 각호의 경미한 변경인 경우에는 주민공람 및 지방의회 의견청취 절차를 거치지 아니할 수 있다.
  1. 세대수 증가형 리모델링 수요 예측 결과에 따른 세대수 증가형 리모델링 수요(세대수 증가형 리모델링을 하려는 주택의 총 세대수를 말한다. 이하 이 항에서 같다)가 <u>감소하거나 10퍼센트 범위</u>에서 증가하는 경우
  2. 세대수 증가형 리모델링 수요의 변동으로 기반시설의 영향 검토나 단계별 리모델링 시행 방안이 변경되는 경우
  3. 「국토의 계획 및 이용에 관한 법률」제2조제3호에 따른 도시·군기본계획 등 관련 계획의 변경에 따라 리모델링 기본계획이 변경되는 경우

나. 협의 및 심의

특별시장·광역시장 및 대도시의 시장은 리모델링 기본계획을 수립하거나 변경하려면 관계 행정기관의 장과 협의한 후 「국토의 계획 및 이용에 관한 법률」제113조제1항에 따라 설치된 시·도도시계획위원회(이하 "시·도도시계획위원회"라 한다) 또는 시·군·구 도시계획위원회의 심의를 거쳐야 한다(법 제72조제2항).

협의를 요청받은 관계 행정기관의 장은 특별한 사유가 없으면 그 요청을 받은 날부터 30일 이내에 의견을 제시하여야 한다(법 제72조제3항).

대도시의 시장은 리모델링 기본계획을 수립하거나 변경하려면 도지사의 승인을 받아야 하며, 도지사는 기본계획을 승인하려면 시·도도시계획위원회의 심의를 거쳐야 한다(법 제72조제4항).

다. 고시

특별시장·광역시장 및 대도시의 시장은 리모델링 기본계획을 수립하거나 변경한 때에는 이를 지체없이 해당 지방자치단체의 공보에 고시하여야 한다(법 제73조제1항).

특별시장·광역시장 및 대도시의 시장은 5년마다 리모델링 기본계획의 타당성 여부를 검토하여 그 결과를 리모델링 기본계획에 반영하여야 한다(법 제73조제2항).

특별시장·광역시장 및 대도시의 시장(법 제71조제2항에 따른 대도시가 아닌 시의 시장을 포함한다)은 법 제72조제1항 및 제73조제3항에 따라 주민공람을 실시할 때에는 미리 공람의 요지 및 장소를 해당 지방자치단체의 공보 및 인터넷 홈페이지에 공고하고, 공람 장소에 관계 서류를 갖추어 두어야 한다(령 제80조제4항).

3. 기본계획의 법적성격

기본계획수립지침 1-3-1은 "기본계획은 시도 주택종합계획, 도시기본계획 등 상위계획의 내용을 수용하여 노후 공동주택의 바람직한 주거환경개선 및 관리방향을 제시하는 <u>지침적 계획의 위상과 역할</u>을 담당하며, 개별 리모델링 사업이나 관련 계획 수립은 기본계획의 내용에 적합하게 추진되어야 한다.", 동지침 2-1-1.은 "기본계획은 시도 주택종합계획의 주택 리모델링에 관한 사항, 도시기본계획의 생활권 설정 및 인구배분계획, 기반시설계획 등 상위계획을 수용하고, 도시 및 주거환경정비계획, 도시관리계획 등 관련 계획과 연계되도록 수립한다."라고 규정하고 있다.

즉, 기본계획은 「국토계획 및 이용에 관한 법률」(이하 '국토계획법'이라 함)에 의한 도시기본계획의 하위계획인 점은 분명하다. 문제는 기본계획이 행정기관의 내부적인 지침으로서 행정기관만을 구속하는 비구속적 계획인지 여부이다. 개별 리모델링 사업이나 관련 계획 수립은 기본계획의 내용에 적합하게 추진되어야 하는 것이나, 그렇다고 하여 기본계획을 구속적 계획으로 보기는 어렵다고 본다.

기본계획은 강학상 행정계획에 해당하는 것으로, 계획이 수립되는 것만으로 개인의 구체적인 권리·의무관계에 직접적인 영향을 미치지는 아니하고, 단지 리모델링사업을 장기적·종합적인 관점에서 수행해 나가기 위한 기본방침을 정한 것에 불과하기 때문에 <u>항고소송의 대상인 처분성을 인정하기는 어렵다고 본다.</u>

<u>기본계획이 도시관리계획이라는 견해도 있다.</u>[7] 생각건대, 도시관리계획은 처분성이 인정되고, 국토계획법 제2조제4호 도시관리계획의 정의에도 리모델링 기본계획이 언급되지 않은 점을 고려하면 <u>기본계획을 도시관리계획이라고 볼 수는 없다</u>고 본다.

---

[7] 법무법인 을지, 리모델링법, 2014년, 법률문화원, 64. 다만, 이 견해도 처분성을 인정하는 것은 아니라고 한다.

PART 3

리모델링조합 설립준비

PART 3. 리모델링조합 설립준비

제1절 리모델링사업의 사업시행자

1. 리모델링조합

주택법 제66조제1항은 입주자·사용자 또는 관리주체가 리모델링하는 경우를 규정하고 있고, 동조 제2항은 리모델링주택조합이나 소유자 전원의 동의를 받은 입주자대표회의가 리모델링하는 경우를 규정하고 있다.

따라서 주택법상 공동주택 리모델링의 사업시행자는 ①입주자·사용자 또는 관리주체, ②리모델링주택조합 또는 소유자 전원의 동의를 받은 입주자대표회의이다.

그러나 입주자·사용자 또는 관리주체, 입주자대표회의는 소유자 전원의 동의를 받아야만 여기에서 논하는 공동주택의 리모델링을 할 수 있는 것이므로(령 별표 4), 현실적으로는 불가하다.

결국 실무적으로 소유자 전원의 동의가 아닌 법상 동의율을 달성하면 설립되는 리모델링조합이 사업시행자로 되는 경우를 상정하고, 여기서는 이 경우만 해설하고자 한다.

2. 공동사업시행

공동사업시행은 <u>세대수를 증가하는 경우만</u> 한다.

리모델링주택조합(세대수를 증가하지 아니하는 리모델링주택조합은 제외한다)이 그 구성원의 주택을 건설하는 경우에는 등록사업자(지방자치단체·한국토지주택공사 및 지방공사를 포함한다)와 공동으로 사업을 시행할 수 있다. 이 경우 주택조합과 등록사업자를 공동사업주체로 본다(법 제5조제2항).

공동으로 주택을 건설하려는 주택조합(세대수를 늘리지 아니하는 리모델링주택조합은 제외한다)과 등록사업자, 지방자치단체, 한국토지주택공사 또는 지방공사는 다음 각 호의 요건을 모두 갖추어 <u>법 제15조에 따른 사업계획승인을 신청</u>하여야 한다(령 제16조제2항).
  1. 등록사업자와 공동으로 사업을 시행하는 경우에는 해당 등록사업자가 다음 각 목의 어느 하나에 해당하는 자일 것
    가. 제17조제1항 각 호의 요건을 모두 갖춘 자
    나. 「건설산업기본법」 제9조에 따른 건설업(건축공사업 또는 토목건축공사업만 해당한다)의 등록을 한 자
  2. <u>주택조합이 주택건설대지의 소유권을 확보하고 있을 것</u>
  3. <u>소유권을 확보한 주택건설대지가</u> 저당권·가등기담보권·가압류·전세권·지상권 등(이하 "저당권등"이라 한다)의 목적으로 되어 있는 경우에는 그 저당권등을 말소할 것. 다만, 저당권등의 권리자로부터 해당 사업의 시행에 대한 동의를 받은 경우는 예외로 한다.
  4. 토지소유자와 등록사업자 간에 다음 각 목의 사항에 대하여 법 및 이 영이 정하는 범위에서 <u>협약이 체결</u>되어 있을 것
    가. 대지 및 주택(부대시설 및 복리시설을 포함한다)의 사용·처분
    나. 사업비의 부담
    다. 공사기간
    라. 그 밖에 사업 추진에 따르는 각종 책임 등 사업 추진에 필요한 사항

리모델링주택조합과 등록사업자가 공동으로 사업을 시행(세대수 증가시만 해당)하면서 시공할 경우 등록사업자는 시공자로서의 책임뿐만 아니라 자신의 귀책사유로 사업 추진

이 불가능하게 되거나 지연됨으로 인하여 조합원에게 입힌 손해를 배상할 책임이 있다(법 제11조제4항).

이와 같이 주택조합이 조합설립인가를 받고 시공자와 공동으로 주택건설사업을 시행하기 위하여 관할관청으로부터 <u>사업계획승인을 받은 경우에는 주택조합과 시공자가 공동사업주체로서</u> 주택법령에 따라 대외적인 손해배상책임 등을 공동으로 부담하게 될 수 있고, 나아가 동업약정 관계에 의한 민법상 조합 구성원으로서 책임을 지게 될 수 있으며, 이러한 경우에는 주택조합이 조합원들에게 부담하는 고지의무를 시공자도 함께 부담한다고 볼 수 있다(대법원 2012. 4. 26. 선고 2010다8709 판결).

주택조합이 공동사업주체인 시공자를 선정한 경우 그 시공자는 공사의 <u>시공보증</u>(시공자가 공사의 계약상 의무를 이행하지 못하거나 의무이행을 하지 아니할 경우 보증기관에서 시공자를 대신하여 계약이행의무를 부담하거나 총 공사금액의 50퍼센트 이하에서 대통령령으로 정하는 비율 이상의 범위에서 주택조합이 정하는 금액[8])을 납부할 것을 보증하는 것을 말한다)을 위하여 국토교통부령으로 정하는 기관의 <u>시공보증서를 조합에 제출하여야 한다</u>(법 제14조의4제1항).

사업계획승인권자는 착공신고를 받는 경우에는 시공보증서 제출 여부를 확인하여야 한다(동조제2항).

---

[8] 총 공사금액의 30퍼센트 이상을 말한다(령 제26조의2).

3. 단독사업시행

세대수를 증가하지 않는 경우에는 리모델링조합이 단독으로 시행하고, 이때 시공자는 단순 수급인에 불과하다.

그러나 세대수를 증가하지 않는 단독시행의 경우에는 다소 논란이 있다. 즉, 주택법 제4조제1항제5호는 "5. 제11조에 따라 설립된 주택조합(제5조제2항에 따라 등록사업자와 공동으로 주택건설사업을 하는 주택조합만 해당한다)"이라고 규정하여, 공동사업시행의 경우에만 주택법 제4조에서 정한 주택건설사업등록을 하지 않아도 되기 때문이다.

이는 소규모주택법이나 도시정비법과 비교하면 차이가 있는 것이다.

> **도시정비법 제35조** ⑧ 조합이 정비사업을 시행하는 경우 「주택법」 제54조를 적용할 때에는 조합을 같은 법 제2조제10호에 따른 사업주체로 보며, <u>조합설립인가일부터 같은 법 제4조에 따른 주택건설사업 등의 등록을 한 것으로 본다.</u> 〈개정 2021. 3. 16.〉
>
> 「**빈집 및 소규모주택 정비에 관한 특례법**」 **제23조** ⑤ 조합이 가로주택정비사업 또는 소규모재건축사업을 시행하는 경우 「주택법」 제54조를 적용할 때에는 해당 조합을 같은 법 제2조제10호에 따른 사업주체로 보며, <u>조합설립인가를 받은 날에 같은 법 제4조에 따른 주택건설사업 등의 등록을 한 것으로 본다.</u>

한편 주택법 제2조제10호는 "사업주체란 제15조에 따른 주택건설사업계획 또는 대지조성사업계획의 승인을 받아 그 사업을 시행하는 다음 각 목의 자를 말한다."라고 규정하고, 라목에 "그 밖에 이 법에 따라 주택건설사업 또는 대지조성사업을 시행하는 자"라고 규정하고 있다. 따라서 법 제2조제10호라목에 의하여 리모델링사업조합도 사업주체로 인정받을 수 있으므로, 논란의 여지는 있지만, 세대수를 증가하지 않는 리모델링조합도 별도의 주택건설사업의 등록이 없어도 사업이 가능하다고 보는 견해도 있다. 령 제27조제6항제1호바목괄호부분은 "(공동사업시행의 경우만 해당하며, <u>법 제11조제1항에 따른 주택조합이 단독으로 사업을 시행하는 경우에는 제16조제1항제2호 및 제3호의 사실을 증명하는 서류를 말한다</u>)"라고 규정하여, 단독으로 시행하는 경우에도 등록사업자와의 협약을 요구하고 있으므로, 결국 단독시행은 별도 등록이 없어도 가능하다고 본다.

입법으로 정리하는 것이 타당해 보인다.

제2절 조합설립 전 임의단체 구성

1. 임의단체

리모델링하기 위하여 주택조합을 설립하려는 경우에는 특별자치시장, 특별자치도지사, 시장, 군수 또는 구청장(구청장은 자치구의 구청장을 말하며, 이하 "시장·군수·구청장"이라 한다)의 인가를 받아야 한다. 인가받은 내용을 변경하거나 주택조합을 해산하려는 경우에도 또한 같다(법 제11조제1항).

법 제11조제1항에 따라 주택조합의 설립·변경 또는 해산의 인가를 받으려는 자는 인가신청서에 ①창립총회의 회의록, ②조합장선출동의서, ③조합원 전원이 자필로 연명한 조합규약, ④조합원 명부, ⑤사업계획서, ⑥리모델링 결의서9), ⑦「건축법」제5조에 따라 건축기준의 완화적용이 결정된 경우에는 그 증명서류, ⑧해당 주택이 법 제49조에 따른 사용검사일(주택단지 안의 공동주택 전부에 대하여 같은 조에 따라 임시 사용승인을 받은 경우에는 그 임시 사용승인일을 말한다) 또는 「건축법」제22조에 따른 사용승인일부터 ㉠ 대수선인 리모델링은 10년, ㉡ 증축인 리모델링은 15년[15년 이상 20년 미만의 연수 중 특별시·광역시·특별자치시·도 또는 특별자치도(이하 "시·도"라 한다)의 조례로 정하는 경우에는 그 연수로 한다]이 지났음을 증명하는 서류를 첨부하여, 주택건설대지(리모델링주택조합의 경우에는 해당 주택의 소재지를 말한다. 이하 같다)를 관할하는 특별자치시장, 특별자치도지사, 시장, 군수 또는 구청장(구청장은 자치구의 구청장을 말하며, 이하 "시장·군수·구청장"이라 한다)에게 제출하여야 한다(령 제20조제1항).

위와 같이 리모델링조합(이하는 '조합'이라고만 한다)을 설립하려면 결의서를 징구하고, 규약을 만들고, 기타 필요한 여러 가지 행위를 하여야 하고, 이러한 행위를 누가 할 것인지가 문제 되는 것이다.

주택법이 2020. 1. 23. 개정되면서 '발기인'이라는 용어가 생겼다. 발기인은 제11조의2(주택조합의 업무대행 등), 제11조의3(조합원 모집신고 및 공개모집), 제12조(실적보

---

9) 1. 주택단지 전체를 리모델링하고자 하는 경우에는 주택단지 전체의 구분소유자와 의결권의 각 3분의 2 이상의 결의 및 각 동의 구분소유자와 의결권의 각 과반수의 결의
   2. 동을 리모델링하고자 하는 경우에는 그 동의 구분소유자 및 의결권의 각 3분의 2 이상의 결의

고 및 관련자료의 공개), 제13조(임원 결격사유), 제14조의2(주택조합의 해산), 제14조의3(회계감사), 제101조, 제102조, 제104조(벌칙), 제106조(과태료)에 각 규정되어 있다. 그러나 사견은 발기인은 리모델링조합과는 무관하고, 지역·직장주택조합에만 해당한다고 본다.

따라서 결국 주택법은 리모델링조합 설립 주체에 대해서는 아무런 규정을 두고 있지 아니하다. 그래서 현실적으로 실무상은 "추진위원회", "준비위원회" 등 여러 가지 명칭의 임의기구들이 탄생하게 되는 것이다.

여기서 임의기구라고 표현하는 것은 「도시 및 주거환경정비법」(이하 '도시정비법'이라고만 한다)에 의한 재개발·재건축조합설립추진위원회와 같이 법에 근거를 두고 설립되는 것이 아니라 법상은 설립근거가 없는 경우를 말하는 것이다.

이러한 임의기구가 규약이 있고, 단체의 실질을 갖추었다면, 법적 성격은 당연히 민법상 비법인사단이다(대법원 2009. 5. 28. 선고 2009다6523 판결).

따라서 이러한 비법인사단의 구성 요건, 임원 선임 등 문제, 운영방안, 업무범위, 자금조달, 회의에 관한 사항 등은 자율적으로 만들면 되는 것이다.

도시정비법이 제정되면서 추진위원회가 법제화되고, 이에 따른 법 규정 및 국토교통부의 운영규정 및 별표 운영규정 등이 발표되자, 이를 따라서 비록 법상 추진위원회 구성 승인을 받는 것은 아니지만 소유자들이 자율적으로 도시정비법을 차용하여 '리모델링조합설립추진위원회'를 구성하는 경우가 많이 있다. 그러나 어차피 조합설립 전 단체는 임의기구이므로, 굳이 도시정비법을 차용하여 이에 따를 필요는 없다고 본다. 오히려 이에 따를 경우 리모델링조합에는 적합하지 않은 규정들이 있어 사업시행이 어려울 수도 있으므로, 이 점 유의하여 임의기구를 만들어야 할 것이다.

사견은, 오히려 도시정비법이 제정되기 전에 재건축조합에서 많이 생겼던 임의기구를 참고하는 것이 타당하다고 본다. 도시정비법은 최근 공공관리의 적용을 받는 경우에는 아예 법상 추진위원회를 구성하지 아니하고 바로 조합설립이 가능하도록 하는 규정도 도입되어 있는 실정이다(도시정비법 제31조제4항).

2. 아파트리모델링 추진위원회나 조합의 임원으로 나설 때 가져야 하는 마음 자세

「주택법」에 의한 아파트리모델링은 「도시 및 주거환경정비법」에 의한 재건축보다 중간에 사업진행이 좌초될 위험이 크다. 특히 1기 신도시의 경우는 더 더욱 그렇다. 그 이유는 간단하다. 리모델링을 추진하다가도 재건축이 가능하거나 유리한 것으로 생각되면 언제든지 소유자들은 리모델링을 그만두고 재건축을 추진하고자 하기 때문이다.

현행법하에서는 리모델링에서 재건축으로 변경하기 위해서는 다시 재건축조합을 설립하여 인가를 받는 길 외에는 없다. 이렇게 재건축이 추진되게 되면 그동안 리모델링조합에서 사용한 매몰비용의 부담주체가 문제된다.

규약에 특별한 규정이 없다면, 일반 조합원들은 매몰비용에 대해 부담이 없고, 돈을 빌릴 때 연대보증을 선 임원들이 부담해야 하는 것이다.

즉, 아파트리모델링 추진위원회 위원이나 조합 임원들은 리모델링사업이 좌초되면 그동안 쓴 돈을 변제해야 하는 것이다. 리모델링사업이 좌초되지 않더라도 비대위에서 임원들을 해임하고 기존에 돈을 빌린 시공자나 정비회사등을 해임해 버리면, 역시 마찬가지로 연대보증을 한 사람들이 책임져야 하는 것이다.

아파트리모델링은 재건축과 달리 매매에 아무런 제한이 없어 일반 조합원들은 리모델링이 마음에 들지 않으면 아무 때나 집을 팔고 리모델링과 이별을 고할 수 있지만 연대보증을 한 사람들은 그럴 수도 없는 것이다.

따라서 아파트리모델링 추진위원회나 조합의 임원으로 나설 때는 이러한 매몰비용 부담의 위험을 감수하고 나서야 하는 것이다.

그래서 다음과 같이 하도록 권고한다.

첫째, 추진위원회와 조합을 투명하게 운영하고, 가급적이면 연대보증을 하지 않아야 할 것이고(그러나 이것은 실무적으로 쉽지 않다), 돈을 최소한만 써야 할 것이다.

둘째, 협력업체 선정은 조합을 설립하기 위해 필요 최소한 업체인 정비회사, 설계자, 변호사(변호사를 나중에 선정하는 경우가 있으나, 규약검토, 상가 동의 문제 등 미리 자문을 받아야 할 사항이 많으므로, 추진위원회 시절에 선정하는 것이 맞다)만 선정을 하여야 할 것이다. 다른 협력업체는 조합설립 후에 선정 및 계약을 하여야 할 것이다.

셋째, 이들과 계약을 체결할 때도 보수 지급시기는 시공자 선정 이후에 지급하기로 하거나, 만일 리모델링 사업이 좌초되면 보수지급은 하지 않는 조건으로 하기를 권고한다 (이렇게 하면 어떤 업체도 오지 않을 것이라고 하나, 해보기를 권고한다. 안 오면 그때 다른 대안을 마련하면 되는 것이다).

넷째, 사무실 운영비는 추진위원, 임원이나 대의원들이 갹출하여 마련하거나 조합원들에게 호소하여 자발적으로 기부하도록 유도할 필요가 있다.

다섯째, 리모델링에 대한 기본적인 사항을 공부하여야 한다. 아무것도 모르면서 추진위원이나 임원으로 나서는 것은 지양하여야 한다.

리모델링을 추진하다가 수십억원대의 매몰비용을 부담할 수도 있는 것이 추진위원이나 임원이다.

3. 임의단체 구성방법

가. 구분소유자가 직접 구성 시

(1) 구성방법

토지등소유자가 직접 구성 시에는 앞에서 본 바와 같이 법적으로 특별한 제약은 없다. 따라서 통상 실무적으로는 정비사업을 본따서 '○○리모델링조합설립추진위원회'라는 명칭을 사용하고, 규약은 정비사업에 있어서 국토교통부가 고시한 표준운영규정을 차용하여 수정·보완하여 사용하고 있는 실정이다.

거듭 말하여 임의단체는 조합설립을 추구하는 단체이므로 복잡한 조직을 구성할 이유는 없다고 본다. 추진위원회는 조합이 설립되면 그것으로 임무는 종료된다.

(2) 조합설립인가 전의 추진위원회가 행한 행위 및 재산이 인가를 받은 조합에게 승계되는지

대법원은 "계속적으로 공동의 일을 수행하여 오던 일단의 사람들이 어느 시점에 이르러 비로소 창립총회를 열어 조직체로서의 실체를 갖추었다면, 그 실체로서의 조직을 갖추기 이전부터 행한 행위나 또는 그때까지 형성한 재산은, 다른 특별한 사정이 없는 한, 모두 이 사회적 실체로서의 조직에게 귀속되는 것으로 봄이 타당하다."라고 판시하고 있다(1996. 3. 12. 선고 94다56401). 다만 위 판결은 종중에 대한 것이므로, 리모델링조합에도 그대로 적용될지는 지켜봐야 한다. 한편 최근 대법원은 임의단체(추진위원회)와 동일성을 유지한 채 발전하여 성립된 지역주택조합에 대해 소 제기 이후 창립총회를 개최한 지역주택조합의 동일성이 인정된다는 취지로 판시하였다(대법원 2021. 6. 24. 선고 2019다278433 판결).

실무상 조합규약에 승계규정을 두거나, 조합창립총회에서 추진위원회에서 행한 업무나 계약을 추인하거나 승인하고 있다. 추인이나 승인이 있게 되면 추인이나 승인된 범위 이내에서 추진위원회의 권리의무는 조합에 승계될 것이다.

나. 공공지원으로 조합설립 시

공공지원으로 조합을 설립하려고 하는 경우, 공공도 마찬가지로 복잡한 조직을 만들 필요 없이 주민의 의사를 제대로 수렴할 수 있는 조직이면 충분하다고 본다.

사견은 약 30인에서 50인 정도의 주민대표로 '공공지원○○리모델링조합설립준비위원회'를 구성하고, 주민대표는 일정 수의 추천을 받아 공공이 위촉하거나 자율적으로 선임하되, 지원자가 많을 경우 추천서를 많이 받은 자를 우선으로 할 수 있을 것이다.

공공은 초기에 준비위원회 운영계획, 준비위원회의 역할, 구성, 기타 주민의견수렴절차 등을 공고하고 추진하는 것이 타당하다. 준비위원회는 위원장과 부위원장, 간사를 두면 무방하고, 조합설립동의서를 징구하며, 최초 창립총회를 준비하면 된다. 준비위원회는 조합이 설립되면 그것으로 임무는 종료된다.

> **성남시 공공지원 제도 [성남시 공동주택 리모델링 지원에 관한 조례]**
> ○ 업무지원 : 주택단지 전체 및 각 동의 소유자와 의결권의 10% 이상 동의를 얻어 요청하는 경우
>   - 구분소유자 명부 작성과 관련한 업무지원
>   - 공공지원 신청 동의서 등 각종 우편물 발송과 관련한 업무지원
>   - 주민설명회(주민홍보) 개최와 관련한 업무지원 등
>
> ○ 공공지원 : 주택단지 전체 및 각 동의 소유자와 의결권의 1/2 이상 동의를 얻어 신청하는 사업
>   - 조합 구성 및 사업계획서 작성을 위한 용역에 드는 비용
>   - 리모델링주택조합 설립을 위한 업무 지원 등

4. 입법론

가. 조합규약 전원 연명 문제

법은 조합원 전원이 자필로 연명한 조합규약을 첨부하도록 하고 있다(령 제20조제1항).

사견은 이 조항은 즉시 개정되어야 한다고 본다. 어차피 조합을 설립하려면 ①주택단지 전체를 리모델링하고자 하는 경우에는 주택단지 전체의 구분소유자와 의결권의 각 3분의 2 이상의 결의 및 각 동의 구분소유자와 의결권의 각 과반수의 결의를 증명하는 서류, ②동을 리모델링하고자 하는 경우에는 그 동의 구분소유자 및 의결권의 각 3분의 2 이상의 결의를 증명하는 서류를 각 첨부하여야 하는데, 별도로 조합규약에 대해서 조합원 전원이 자필로 연명하라는 것은 과잉규제이자 전혀 불필요한 규제인 것이다. 이 조항을 엄격히 적용하면 조합원 1명이 규약에 대해 자필로 연명하지 아니하면 조합설립이 불가하다는 것인바, 이것이 얼마나 불합리한 것인지는 다언을 요하지 않는다. 창립총회에서 선출된 임원 정도가 연명하면 그만이라고 본다. 관계당국에 즉시 개정을 촉구한다.

이 조항으로 인하여 과거에는 조합설립 동의서에 자필로 연명하지 않고 제출하는 것에 동의한다는 규정, 창립총회에서 선출된 조합장이 대신 서명한다는 규정 등을 두고 해결하고자 하였으나, 엄밀히 말하면 이는 조합원 전원이 자필로 연명한 규약은 아니므로, 후일 조합설립인가 하자사유로 볼 수도 있는 것이다. 그리고 자필이라는 증명도 어렵다. 나아가 이 조항으로 인하여 인가관청이 조합규약 원본을 가지고 있는 불합리도 발생하고 있다. 어느 사유로 보든지 즉시 개정되어야 할 조문이다.

> **민원인 – 주택조합의 변경인가를 신청할 때에 조합원 전원이 자필로 연명한 조합규약을 첨부해야 하는지(「주택법 시행령」 제20조제2항 관련)**
> [법제처 19-0219, 2019. 7. 30., 민원인]
>
> **【질의요지】**
> 「주택법」 제11조제1항에 따라 주택조합이 설립인가를 받은 이후에 조합의 소재지가 변경되어 이를 이유로 변경인가를 신청하는 경우, 같은 법 시행령 제20조제1항제2호에 따라 제출하는 조합규약은 조합원 전원이 자필로 연명해야 하는지?
>
> **〈 질의 배경 〉**
> 민원인은 지역주택조합의 소재지 변경을 이유로 조합규약을 변경하는 경우, 이에 대한 변경인가를 신청할 때에 "조합원 전원이 자필로 연명한 조합규약"을 첨부하여야 한다는 국토교통부의 입장에 이견이 있어 법제처에 법령해석을 요청함.

【회답】

이 사안의 경우 조합규약에 조합원 전원이 자필로 연명해야 하는 것은 아닙니다.

【이유】

「주택법」제11조제1항 후단에서는 특별자치시장, 특별자치도지사, 시장, 군수 또는 구청장(구청장은 자치구의 구청장을 말하며, 이하 "시장·군수·구청장"이라 함)의 인가를 받아 설립한 주택조합이 인가받은 내용을 변경하려는 경우 시장·군수·구청장의 인가를 받도록 하고 있고, 같은 법 시행령 제20조제1항제2호에서는 주택조합의 변경인가를 신청하는 경우 제출해야 하는 첨부 서류로 "변경 내용을 증명하는 서류"를 규정하고 있을 뿐 해당 서류의 구체적인 작성 기준에 관해서는 별도로 규정하고 있지 않습니다.

따라서 주택조합이 조합규약의 내용을 변경하여 변경인가를 신청할 때 설립인가를 신청할 때와 동일하게 조합원 전원이 자필로 연명한 조합규약을 제출해야 하는지 여부를 판단하기 위해서는 관련 규정의 입법 취지와 목적, 그 제·개정 연혁, 법질서 전체와의 조화 등을 고려하는 체계적·논리적 해석방법을 추가적으로 동원해야 합니다.(각주: 대법원 2013. 1. 17. 선고 2011다83431 판결례 참조)

그런데 「주택법 시행령」 제20조제3항 및 「주택법 시행규칙」 제7조제5항에 따르면 주택조합의 조합규약 변경은 총회 의결 사항이므로 해당 조합의 총회에서 조합규약의 변경 의결을 한 때 변경되고, 「주택법」 제11조제1항 후단에 따른 주택조합 변경인가는 그 대상이 되는 기본행위인 주택조합 총회의 변경 결의에 보충하여 법률상 효력을 완성시키는 보충행위이므로,(각주: 대법원 2005. 10. 14. 선고 2005두1046 판결례 참조) 주택조합의 변경인가 신청 시 "조합원 전원이 자필로 연명한 조합규약"을 제출하도록 하는 것은 조합규약에서 정한 의결정족수에 따른 총회의 의결보다 더 엄격한 요건을 요구하는 것이어서 과도한 규제(각주: 법제처 2017. 4. 12. 회신 17-0102 해석례 참조)가 될 수 있습니다.

그리고 「주택법 시행령」 제20조제1항의 내용은 구 「주택건설촉진법 시행령」(각주: 1999. 4. 30. 대통령령 제16283호로 개정된 「주택건설촉진법 시행령」을 말함.) 제42조제1항제2호에서 주택조합의 설립인가 신청 시 제출해야 하는 첨부 서류로 "조합원 전원이 연명한 조합규약(설립인가의 경우에 한한다)"이라고 규정하여 주택조합의 설립인가를 신청할 때만 조합원 전원이 연명한 조합규약을 제출하도록 하고 있었던 내용이 이후 규정 체계만을 정비하여 현재에 이르게 되었다는 점을 고려할 때, 조합원 전원이 연명한 조합규약은 설립인가 신청 시 제출해야 하는 첨부 서류에만 해당하고 변경인가 신청 시 제출해야 하는 첨부 서류로 볼 수는 없습니다.

아울러 주택조합 설립 시에는 조합원 전원의 조합 설립에 대한 의사를 확인할 필요가 있어 주택법령에서 설립인가 신청 시 조합원 전원이 자필로 연명한 조합규약을 제출하도록 한 것으로 보인다는 점과 변경인가를 신청할 때 "조합원 전원이 자필로 연명한 조합규약"을 제출하도록 한다면 연락 또는 소재파악이 불가능하여 동의를 받을 수 없는 조합원이 있는 경우 등 변경인가 신청 자체가 불가능한 상황이 발생할 수 있다는 점도 이 사안을 해석할 때 고려해야 합니다.

나. 결의를 증명하는 서류(결의서)

법시행령 제20조제1항제1호나목(2)는 "법 제11조제3항 각 호의 결의를 증명하는 서류. 이 경우 결의서에는 별표 4 제1호나목1)부터 3)까지의 사항이 기재되어야 한다."라고 규정되어 있다.

여기서 '결의를 증명하는 서류' 또는 '결의서'는 도시정비법처럼 명백히 '조합설립동의서'로 바꾸는 것이 타당하다. 법문상으로는 마치 회의를 통하여 결의요건을 갖춘 서류가 있으면 되는 것처럼 보이기는 하나, 회의서류만을 가지고는 인가관청이 동의여부를 심사하기도 어렵기 때문에 실무적으로는 동의서를 징구하여 왔다.

즉, 리모델링조합을 설립하기 위해서 별도의 '리모델링결의'가 필요한 것은 아닌 것이다. 따라서 차제에 도시정비법처럼 명백히 '동의'로 표현을 바꾸고, 나아가 법정 동의서 양식을 입법화하는 것이 타당하다.

제3절 조합설립 전 임의단체가 하여야 할 일

1. 서설

조합설립 전 임의단체(이하 '임의단체'라고만 한다)는 향후 조합설립을 위하여 ①창립총회의 회의록, ②조합장선출동의서, ③조합원 전원이 자필로 연명한 조합규약, ④조합원 명부, ⑤사업계획서, ⑥리모델링 결의서(동의서)를 준비하여야 한다.

위에서 조합장선출동의서, 리모델링 결의서(동의서)는 통상 리모델링동의서에서 통합하여 받는다. 그리고 리모델링 동의서에는 리모델링 설계의 개요, 공사비, 조합원의 비용분담명세가 기재되어야 한다(령 제20조제1항제1호나목2)후단). 창립총회 회의록은 통상 다른 서류가 갖추어지면 창립총회를 여는 것이므로[10] 마지막에 살펴보고자 한다.

그리고 리모델링사업에서 안전진단은 조합설립 후에 1차로 받고, 이주 후에 다시 2차로 받게 되므로, 임의단체가 안전진단을 받을 필요는 없는 것이다.

---

[10] 물론 주택법상은 동의서를 동의율에 맞게 모두 징구하지 않고 창립총회를 개최할 수 있기는 하다.
반면에 도시정비법상 정비조합은 동의서를 모두 징구한 후에 창립총회를 개최하도록 하고 있다(도시정비법 시행령 제27조제1항).

2. 설계자 등 선정 여부

임의단체인 추진위원회가 설계자나 정비사업전문관리업자(이하 '정비회사'라고 한다)를 선정할 수 있는지, 있다면 그 방법은 무엇인지가 문제된다.

결론적으로 임의단체는 리모델링 설계의 개요, 공사비, 조합원의 비용분담내역 등을 준비하기 위해서 설계자나 정비회사를 먼저 선정할 수도 있다. 그 방법도 아무런 제약이 없고 규약에서 정한 바에 따르면 된다. 경쟁입찰을 하든, 수의계약을 하던 자유인 것이다. 리모델링조합에서는 시공자만이 조합에서 경쟁입찰로 선정하도록 법이 제한하고 있을 뿐이고 그 외는 아무런 제약도 없다(법 제66조제3항, 제4항). 다만, 조합설립 후에 설계자등을 선정할 경우에는 예산에 정한 바가 없다면 조합원에 부담이 되는 계약이므로 총회의 의결을 받아야 할 것이다(규칙 제7조제5항제3호).

한편 대법원은 "계속적으로 공동의 일을 수행하여 오던 일단의 사람들이 어느 시점에 이르러 비로소 창립총회를 열어 조직체로서의 실체를 갖추었다면, 그 실체로서의 조직을 갖추기 이전부터 행한 행위나 또는 그때까지 형성한 재산은, 다른 특별한 사정이 없는 한, 모두 이 사회적 실체로서의 조직에게 귀속되는 것으로 봄이 타당하다."라고 판시하여(1996. 3. 12. 선고 94다56401), 조합에서 별도의 추인이 없어도 조합에게 귀속하는 것처럼 판시하고 있고, 최근 대법원은 임의단체(추진위원회)와 동일성을 유지한 채 발전하여 성립된 지역주택조합에 대해 소 제기 이후 창립총회를 개최한 지역주택조합의 동일성이 인정된다는 취지로 판시하였다(대법원 2021. 6. 24. 선고 2019다278433 판결).

대법원 판결이 리모델링조합에도 적용될지는 추후 확인하여야 할 것이고, 분쟁을 예방하기 위해 비록 규약에 승계규정이 있더라도 조합은 기존에 추진위원회에서 선정한 업체에 대해서는 추인을 해 둘 것을 권한다.

실무상에서도 추진위원회에서 행한 업무나 계약을 추인하거나 승인하고 있다. 추인이나 승인이 있게 되면 추인이나 승인된 범위 이내에서 추진위원회의 권리·의무는 조합에 승계될 것이다.

3. 조합장선출동의서, 리모델링 결의서, 상가동 동의 여부

가. 리모델링 조합설립 동의 몇가지 문제

조합규약을 제대로 작성하고(법무법인강산 제시안 참고), 상가 동의 문제를 변호사와 함께 고민하여야 하고, 세대수 증가를 할지 여부 등도 설계자와 심도 있게 고민을 한 이후, 최종적으로 처음 리모델링사업계획에 대한 의사결정을 하여야 한다. 이러한 결정을 모두 마치고 나서야 조합설립동의서 작성 및 징구에 나서서 빠른 시간안에 동의서 징구를 마쳐야 한다.

동의서에는 날자를 써 두어야 조합설립동의율 충족에 대한 입증이 가능하다. 대법원 판결(2010두20768,20775 판결)에 따르면 서면결의의 방법에 의한 리모델링결의에 있어 리모델링결의에 대한 동의의 철회는 그 결의가 유효하게 성립하기 전까지만 이를 할 수 있다고 하기 때문이다. 아예 동의서에 동의 철회 기한에 대해 위 대법원 판결을 적시하여 두고, 조합설립동의율이 충족되면, 이를 공시하고, 각 조합원들에게 더 이상 동의철회는 불가함을 통지하는 것도 좋은 방법이다. 일부 추진위원회에서 조합설립동의와 행위허가 동의를 같이 받는데 이는 잘못이다. 행위허가는 조합설립 동의 이후 건축심의 등을 마치고 다시 받아야 할 것이다.

국토교통부에 건의한다. 아파트는 장기수선충담금을 걷고 있는데, 리모델링이나 재건축 추진비를 관리비로 별도로 걷고 이를 운영비로 쓸 수 있게 해 준다면 조합 비리는 다 사라질 것이다. 모든 비리는 운영비 조달과정에서 발생한다.

나. 동의서

(1) 임의양식

리모델링사업에는 정비사업과는 달리 별도의 법정양식이 없다. 다만 법 시행령은 동의서에 리모델링 설계의 개요, 공사비, 조합원의 비용분담명세가 기재되어야 한다고만 규정하고 있다(령 제20조제1항제1호나목2)후문). 이에 비하여 도시정비법에 의한 정비사업은 동의서 양식을 법제화하고 있다.

따라서 동의서는 임의단체가 스스로 만들어 사용할 수 있으나, 통상은 재건축조합설립 동의서를 차용하여 쓰고 있다.

(2) 필자 제시 동의서

필자가 임의로 조합설립동의서를 제시하면 부록과 같다.

(3) 비용분담명세 분쟁

한편 위 동의서에 조합원의 비용분담명세가 얼마나 구체적으로 기재되어야 하는지가 문제될 수 있다. 사실 비용분담명세를 조합설립단계에서 정확히 동의서에 기재하라고 요구하는 것은 불가능하다.

현재 매도청구는 행위허가 동의율을 확보한 이후 하도록 개정되었으므로, 행위허가 동의서에는 최대한 상세하게 비용분담명세를 기재하는 것이 타당하다.

(4) 입법론

이와 관련하여 정비사업에서, 대법원은 도시정비법에 의한 정비사업의 경우 주택재건축정비사업조합설립동의서에 의해 이루어진 사안에서, 위 표준동의서상의 기재 내용이 조합원이 부담하게 될 사업비용의 분담기준이나 사업완료 후 소유권 귀속에 관한 사항 등에 관하여 구체적으로 정하지 않은 것이어서 위법하다고 볼 수 없다고 판시하고 있는 바(대법원 2010. 4. 8. 선고 2009다10881 판결), 리모델링조합의 경우도 조속히 표준동의서를 법제화하여 시비를 미연에 방지하는 것이 타당하다고 본다.

다. 동의율

(1) 법 규정

주택을 리모델링하기 위하여 주택조합을 설립하려는 경우에는 다음 각 호의 구분에 따른 구분소유자(「집합건물의 소유 및 관리에 관한 법률」 제2조제2호에 따른 구분소유자를 말한다. 이하 같다)와 의결권(「집합건물의 소유 및 관리에 관한 법률」 제37조에 따른 의결권을 말한다. 이하 같다)의 결의를 증명하는 서류를 첨부하여 관할 시장·군수·구청장의 인가를 받아야 한다(법 제11조 제3항).

 1. 주택단지 전체를 리모델링하고자 하는 경우에는 주택단지 전체의 구분소유자와 의결권의 <u>각 3분의 2 이상의 결의 및 각 동의 구분소유자와 의결권의 각 과반수의 결의</u>
 2. 동을 리모델링하고자 하는 경우에는 그 동의 구분소유자 및 의결권의 각 3분의 2 이상의 결의

그리고 주택법은 조합원의 자격에 대해 도시정비법 제39조와 같은 상세규정을 두지

않고, 다만 동법시행령 제21조제1항제3호는 "리모델링주택조합 조합원의 경우에는 다음 각 목의 어느 하나에 해당하는 사람. 이 경우 해당 공동주택, 복리시설 또는 다목에 따른 공동주택 외의 시설의 소유권이 여러 명의 공유(共有)에 속할 때에는 그 여러 명을 대표하는 1명을 조합원으로 본다."라고만 규정하고 있다.

　가. 법 제15조에 따른 사업계획승인을 받아 건설한 공동주택의 소유자
　나. 복리시설을 함께 리모델링하는 경우에는 해당 복리시설의 소유자
　다. 「건축법」 제11조에 따른 건축허가를 받아 분양을 목적으로 건설한 공동주택의 소유자(해당 건축물에 공동주택 외의 시설이 있는 경우에는 해당 시설의 소유자를 포함한다)

따라서 공동주택 또는 복리시설의 소유권이 수인의 공유에 속하는 경우에는 <u>그 수인을 대표하는 1인을 조합원으로 보고 동의율을 산정하면 된다.</u>

그 외 문제될 수 있는 것을 살펴보면 다음과 같다.

(2) 2채 이상을 소유한 경우
사견은 리모델링은 구분소유권 숫자별로 각각 의결권을 부여하여야 한다고 본다. 즉, 구분소유권이 2개이면 의결권도 2개이다. 이는 재건축과 확연히 다른 점이다. 리모델링은 당해 주택을 그대로 소유하는 것을 전제로 하므로 재건축처럼 제한을 할 이유가 전혀 없다.

(3) 전유부분에 저당권 등이 설정된 경우
이 경우에도 저당권자 등의 동의를 받을 필요는 없다고 본다.

(4) 공유에 있어서 대표자 선정동의서 없이 관계자 1인 명의로 동의서가 제출된 경우
이 경우는 법 규정에 위배되므로 동의자로 인정하여서는 아니 된다. 공유관계에 있는 경우에는 반드시 대표자선정동의서가 있어야만 동의를 한 것으로 보아야 한다.

(5) 리모델링주택조합의 설립에 동의한 자로부터 건축물을 취득한 자
법 시행령 제20조제8항은 "리모델링주택조합 설립에 동의한 자로부터 건축물을 취득한 자는 리모델링주택조합 설립에 동의한 것으로 본다."라고 규정하고 있으므로, 별도로 동의서를 다시 받을 필요는 없다.

(6) 교회 등 총유재산

아파트나 상가를 소유한 교회가 조합의 설립 또는 후술하는 행위허가에 대하여 동의를 하는 경우에도 정관 기타 규약이 없으면 교인들 총회의 과반수 결의에 의하여야 한다(대법원 2001. 6. 15. 선고 99두5566 판결).

따라서 교회 등 총유재산의 경우 동의를 받는 경우에 정관 기타 규약에 의하되 그것이 없는 경우에는 총회의 과반수 결의에 의하여야 한다.

그런데 이와 관련하여 최근 대법원에서 매우 흥미로운 판결이 선고되었다. 즉, "정비구역 안에 토지나 건축물을 소유한 교회가 재건축조합의 설립 및 사업시행에 대하여 동의를 하는 경우에 교회 대표자의 조합설립 동의서 제출 경위, 동의서 제출 전후 교인들의 재건축 추진에 대한 의견, 동의서 제출 이후의 구체적인 정황 등 제반 사정에 비추어 교인들의 총의(總意)가 반영되어 동의가 이루어진 것으로 인정될 수 있다면 그 동의를 유효하다고 보아야 한다."라는 것이다(대법원 2014. 5. 29. 선고 2011두25876 판결). 이 판결은 리모델링에도 적용될 수 있을 것으로 보인다.

다만, 만일 아파트나 상가가 교회목사의 개인 단독소유라면 목사 개인 동의만 있으면 된다.

(7) 오픈상가의 경우

비록 집합건축물관리대장에 독립한 별개의 구분건물로 등록되어 있고, 부동산등기부상에도 구분소유권의 목적으로 등기되어 있다하더라도, 구분소유권의 객체가 될 수 없는 오픈상가의 경우에는 다수가 공유하는 것으로 보아 토지등소유자는 1인이라고 생각한다.[11]

집합건물법 제1조의2는 2003. 7. 18. 신설되었는바, 이에 따라 구분등기가 되어 있어도 법에 따른 구분소유권의 객체로서의 요건을 갖추어야 한다.

즉, 구분소유가 성립하려면 구조상 독립성과 이용상의 독립성이 모두 갖추어야 하고, 이는 성립요건일 뿐만 아니라 존속요건이기도 하므로, 구분소유로 등기되어 있어도 구조상·이용상 독립성 있다가 사후에 소멸된 경우도 마찬가지로 구분소유자 전원이 1인의 토지등소유자이다(서울행정법원 2009. 9. 25. 선고 2009구합9192호 판결).

---

[11] 대법원 2010. 1. 28. 선고 2009마1449

(8) 신탁회사에 신탁등기 된 경우 동의권자

신탁등기가 되면 대외적으로 소유권은 수탁자에게 이전되므로, 수탁자가 동의권자이다.12)

라. 상가동(복리시설)의 동의를 받아야 하는지 여부

(1) 쟁점

주택법은 도시정비법이 규정하고 있는 "각 동(복리시설의 경우에는 주택단지의 복리시설 전체를 하나의 동으로 본다)"라는 규정이 없고,

또한 **주택법시행령 제75조제1항 관련 별표4**는 리모델링 행위허가 동의비율에 대해 "리모델링주택조합의 경우 다음의 사항이 적혀 있는 결의서에 주택단지 전체를 리모델링하는 경우에는 주택단지 전체 구분소유자 및 의결권의 각 75퍼센트 이상의 동의와 각 동별 구분소유자 및 의결권의 각 50퍼센트 이상의 동의를 받아야 하며(**리모델링을 하지 않는 별동의 건축물로 입주자 공유가 아닌 복리시설 등의 소유자는 권리변동이 없는 경우에 한정하여 동의비율 산정에서 제외한다**), 동을 리모델링하는 경우에는 그 동의 구분소유자 및 의결권의 각 75퍼센트 이상의 동의를 받아야 한다."라고 규정하여,

조합설립시에는 별다른 규정이 없는 복리시설 소유자에 대한 동의가 행위허가 동의 시에는 있어, 과연 조합설립시 상가가 있는 경우 **"구분소유자와 의결권의 각 과반수의 결의"를 받아야 하는지가 쟁점이다.**

참고로 「도시 및 주거환경정비법」 제35조제3항은 "재건축사업의 추진위원회(제31조제4항에 따라 추진위원회를 구성하지 아니하는 경우에는 토지등소유자를 말한다)가 조합을 설립하려는 때에는 주택단지의 공동주택의 각 동(복리시설의 경우에는 주택단지의 복리시설 전체를 하나의 동으로 본다)별 구분소유자의 과반수 동의(공동주택의 각 동별 구분소유자가 5 이하인 경우는 제외한다)와 주택단지의 전체 구분소유자의 4분의 3 이상 및 토지면적의 4분의 3 이상의 토지소유자의 동의를 받아 제2항 각 호의 사항을 첨부하여 시장·군수등의 인가를 받아야 한다."라고 규정하고 있다.

---

12) 서울고등법원 2011. 11. 3. 선고 2011누11831, 11848 판결, 도시개발구역내 토지가 신탁된 경우 그 신탁계약에서 명시적으로 도시개발사업을 위한 조합설립에 관한 동의자를 정하고 있는 등의 특별한 사정이 없는 이상 신탁자가 아닌 등기명의자인 수탁자를 토지소유자로 보아 그로부터 조합설립에 필요한 동의를 받고 그를 기준으로 수를 산정하여야 할 것이다.

(2) 유권해석

질의사항

(1) 만일 공동주택에 별도의 건물로 상가동(복리시설)이 있는 경우, 주택법 제11조제3항제1호에 "각 동의 구분소유자와 의결권의 각 과반수의 결의"에 상가동이 포함되어, 상가 동의 구분소유자와 의결권의 각 과반수의 결의를 반드시 받아야 하는지 여부

(2) 만일 공동주택에 상가가 별동이 아니라 주상복합으로 2개동인데 각 동에 아파트 지하와 1층, 2층에 상가가 있고 그 건물 위에 아파트가 있는 경우에도, 주택법 제11조제3항제1호에 "각 동의 구분소유자와 의결권의 각 과반수의 결의"에 상가부분이 포함되어, 상가부분의 구분소유자와 의결권의 각 과반수의 결의를 반드시 받아야 하는지 여부

답변

○ 「주택법 시행령」[별표 4] '공동주택 리모델링의 허가기준'에 따르면, 리모델링 주택조합의 경우 다음의 사항이 적혀 있는 결의서에 주택단지 전체를 리모델링하는 경우에는 주택단지 전체 구분소유자 및 의결권의 각 75퍼센트 이상의 동의와 각 동별 구분소유자 및 의결권의 각 50퍼센트 이상의 동의를 받아야 하며(리모델링을 하지 않는 별동의 건축물로 입주자 공유가 아닌 복리시설 등의 소유자는 권리변동이 없는 경우에 한정하여 동의비율 산정에서 제외한다), 동을 리모델링하는 경우에는 그 동의 구분소유자 및 의결권의 각 75퍼센트 이상의 동의를 받아야 하도록 규정하고 있습니다.

1) 리모델링 설계의 개요
2) 공사비
3) 조합원의 비용분담 명세

따라서, <u>리모델링을 하지 않는 별동의 건축물로 입주자 공유가 아닌 복리시설 등의 소유자는 권리변동이 없는 경우에 한정하여 동의비율 산정에서 제외할 수 있음을</u> 알려드리며, 이와 관련한 보다 자세한 사항 및 개별 사실판단이 필요한 사항은 현지현황 및 관계법령을 자세히 알고 있는 해당지역 시장, 군수, 구청장 등 허가권자에게 문의하여 주시기 바랍니다.

추가질문이 있을 경우에는 우리 부 주택정비과(박*민, ☎044-201-3386)로 문의하여 주시기 바라며, 우리 부 법령해석은 국토교통부 홈페이지 민원마당→민원안내 「자주하는 질문(FAQ)」"에서 찾아볼 수 있으며, 관련 법령은 "국가법령정보센터(www.law.go.kr)"에서 확인 가능함을 알려드립니다. 감사합니다. 끝.

(3) 판례

▶ **서울행정법원 2020. 5. 26. 선고 2019구합65511 판결(확정)**

1. 처분의 경위

가. 서울 강남구 C에 있는 B아파트(이하 '이 사건 아파트'라 한다)는 공동주택인 아파트 2개동 232세대(D동 84세대, E동 148세대)와 부대시설 및 복리시설인 별지2 기재 일반건축물(이하 '이 사건 상가'라 한다)로 구성되어 있고, 피고 보조참가인(이하 '참가인'이라고만 한다)은 이 사건 아파트의 리모델링을 위하여 2008. 6. 25. 설립인가를 받은 리모델링주택조합이다.

나. 이 사건 아파트 부지인 서울 강남구 F 대 8,779.5㎡(이하 '이 사건 토지'라 한다) 중 지분 8,779.5분의 8,390.72는 아파트 2개동 각 세대의 대지권등기가 마쳐져 있고, 나머지 지분 8,779.5분의 388.78은 이 사건 상가의 공유자들에게 이전등기가 마쳐져 있다. 원고(선정당사자, 이하 '원고'라고만 한다)와 선정자들은 이 사건 상가와 이 사건 토지의 각 지분 일부를 소유한 사람들이다.

다. 참가인은 아파트 2개동 232세대 소유자 전원의 동의를 얻어 2017. 9. 8. 피고에게 아래와 같은 리모델링 허가 신청을 하였고, 피고는 2018. 3. 28. 이를 허가하였다(이하 '이 사건 처분'이라 하고, 이에 따른 리모델링을 '이 사건 리모델링'이라 한다).

○ 대지위치 : 강남구 C(F)
○ 대지면적 : 8,779.50㎡
○ 지역·지구 : 제3종일반주거지역, 지구단위계획구역[G택지(공동)], 절대보호구역
○ 용도 및 공사종별 : 공동주택(아파트) / 리모델링 허가
○ 리모델링 허가 내용 : 지하3층~지상16층, 공동주택 2개동(232세대) 및 부대복리시설(상가 제외)

구분	기존	리모델링후
건축면적	1,664.26㎡	2,724,459.2㎡
연면적	24,341.22㎡	44,951,177.4㎡
용적율	249.33%	355.98%
층수	지하1층/지상15층	지하3층/지상16층
세대수	아파트 2개동 232세대	아파트 2개동 232세대

나. 참가인의 설립 무효 주장에 대한 판단

1) 갑 제6호증의 기재에 의하면, 참가인에 대한 설립인가 당시 조합규약에서 그 사업시행구역을 이 사건 토지로 하고, 구청장의 허가를 받은 리모델링 사업계획 및 분담금확정계획에 따라 공동주택 및 부대, 복리시설을 리모델링한다고 정하고 있었던 사실은 인정된다.

2) 그러나 을가 제2 내지 5호증(각 가지번호 포함), 을나 제3 내지 7호증의 각 기재 및 변론 전체의 취지를 종합하면, 참가인은 설립인가를 받은 2008년경부터 부동산등기사항증명서에 나타나는 주소지로 우편물을 발송하고, 용역업체에 상가협의체 구성을 위한 주소 및 연락처 파악 업무 등을 위탁하거나 피고에게 상가 소유자들의 주소 또는 연락처에 대한 자료공개를 요청하는 등으로 이 사건 상가 소유자들의 현황 및 소재를 파악하려 하였으나 소유자들 다수의 소재불명으로 인해 이 사건 상가를 리모델링 대상에서 제외하는 내용으로 이 사건 리모델링 허가 신청을 하게 된 사실이 인정되는바, 위 인정사실에 비추어 보면, 참가인의 조합규약에서 복리시설을 리모델링 대상으로 규정하였던 것은 이 사건 상가의 리모델링 요건을 갖추어 공동주택과 함께 리모델링하는 방안을 추진하였기 때문으로 보이고, 결국 이 사건 상가 소유자들 다수의 소재를 파악하지 못하여 이를 제외하고 이 사건 리모델링 허가를 받게 된 이상 이 사건 상가 소유자들에게 조합원 자격을 인정할 수는 없는 것이므로, 이 사건 상가 소유자들을 조합원으로 참여시키지 않았다고 하여 참가인의 설립에 하자가 있다고 볼 수 없다.

3) 따라서 원고의 이 부분 주장은 이유 없다.

다. 이 사건 토지 공유자 전원의 동의 내지 승낙이 필요하다는 주장에 대한 판단

1) 구 주택법 제3조에 의하면, 주택의 건설 및 공급에 관하여 다른 법률에 특별한 규정이 있는 경우를 제외하고는 주택법이 우선하여 적용된다. 구 주택법 제66조제2항, 구 주택법 시행령 제75조제1항[별표 4]제1호(나)목은 리모델링주택조합에 대한 공동주택 리모델링 허가기준으로, ①주택단지 전체를 리모델링하는 경우에는 주택단지 전체 구분소유자 및 의결권의 각 75퍼센트 이상의 동의와 각 동별 구분소유자 및 의결권의 각 50퍼센트 이상의 동의를 받되, 리모델링을 하지 않는 별동의 건축물로 입주자 공유가 아닌 복리시설 등의 소유자는 권리변동이 없는 경우에 한정하여 동의비율 산정에서 제외하고, ②동을 리모델링하는 경우에는 그 동의 구분소유자 및 의결권의 각 75퍼센트 이상의 동의를 받을 것을 정하고 있다. 그리고 건축법 제11조제11항본문은 건축물을 건축하거나 대수선하려는 자는 해당 대지의 소유권을 확보하여야 한다고 규정하면서, 같은 항 단서 제2호에서 '건축주가 건축물의 노후화 또는 구조안전 문제 등 대통령령으로 정하는 사유로 건축물을 신축·개축·재축 및 리모델링을 하기 위하여 건축물 및 해당 대지의 공유자 수의 100분의 80 이상의 동의를 얻고 동의한 공유자의 지분 합계가 전체 지분의 100분의 80 이상인 경우'에는 그러하지 아니하다고 규정하여, 리모델링 등 일정한 건축에 대하여는 대지에 대한 소유권을 확보하지 아니하여도 공유자의 수 및 공유지분의 각 100분의 80 이상의 동의를 얻은 경우 건축허가를 받을 수 있도록 하고 있다.

위와 같은 관계 법령의 문언과 체계, 쾌적하고 살기 좋은 주거환경 조성에 필요한 주택을 건설·공급하려는 주택법의 입법목적 등에 비추어 보면, 구 주택법 제66조제2항, 구 주택법 시행령 제75조제1항[별표 4]제1호(나)목에서 리모델링주택조합이 하는 공동주택 리모델링에 대해 일정 동의비율에 의하여 허가하도록 정한 것은 건축물의 노후화 억제 또는 기능 향상 등을 위한 리모델링의 경우 <u>일반적인 공유물과는 달리 구분소유자 및 의결권의 결의에 따르도록 함으로써 합리적이면서도 효율적인 이용관계를 설정하려는 것이므로, 위 규정은 리모델링주택조합의 공동주택 리모델링 행위에 대한 특례로서 공유물에 관한 민법의 규정보다 우선하여 적용된다고 봄이 상당하다.</u>

2) 한편 구 주택법 제76조는, 집합건물법 제28조의 규약으로 달리 정한 경우가 아닌 이상, 공동주택의 소유자가 리모델링에 의하여 전유부분의 면적이 늘거나 줄어드는 경우 집합건물법 제12조 및 제20조제1항에도 불구하고 대지사용권은 변하지 않고, 리모델링에 의하여 일부 공용부분의 면적을 전유부분의 면적으로 변경한 경우 집합건물법 제12조에도 불구하고 그 소유자의 나머지 공용부분의 면적은 변하지 아니한다고 규정한다. 따라서 주택단지 전체를 리모델링하는 경우 같은 주택단지 내의 리모델링을 하지 않는 별동의 건축물인 복리시설 등의 소유자에게는 원칙적으로 권리변동이 발생하지 않으므로 구 주택법 시행령 제75조 제1항 [별표 4] 제1호 (나)목에 따라 리모델링동의비율 산정에 있어 제외되지만, 규약이나 리모델링의 내용에 따라 특별히 권리변동이 발생하는 경우 주택단지 전체 구분소유자 및 의결권의 동의비율에 산정하여야 하고, 이때 해당 복리시설 등이 집합건물이 아닌 경우에도 그 소유자의 의결권은 구 주택법 제11조제3항에서 정하는 바와 같이 집합건물법 제37조에 따라 같은 법 제12조에 규정된 지분비율, 즉 전유부분의 면적 비율에 의해 산정할 수 있으므로, <u>이 사건 토지 중 아파트 2개동의 대지권이 아닌 나머지 지분을 일반건물인 이 사건 상가 소유자들이 소유하고 있다는 사정만으로 이 사건 아파트의 리모델링에 구 주택법 제66조제2항, 구 주택법 시행령 제75조제1항[별표 4] 또는 건축법 제11조제11항제2호가 적용되지 않는다거나 집합건물의 재건축 결의에 관한 집합건물법 제47조제1항단서를 준용하여야 한다고 볼 수 없다.</u>

3) 이에 비추어 살피건대, **이 사건 상가는 입주자 공유가 아닌 복리시설로서 별동의 건축물인 사실**, 참가인이 2018. 3. 28. 이 사건 아파트 중 공동주택 2개동 및 이 사건 상가를 제외한 부대복리시설에 대해 이 사건 리모델링 허가를 받은 사실은 앞서 본 바와 같고, 구 주택법 시행령 제75조 제1항 [별표 4] 제2호 (가)목 1)에 따라 공동주택리모델링의 행위허가는 주택단지별 또는 동별로 이루어지는 점, 이 사건 아파트는 공동주택 2개동과 이 사건 상가로 구성되어 있고, 이 사건 리모델링에 따라 구분건물 2동의 수직 및 수평 증축이 이루어지며 아파트 단지 출입구의 위치가 변경되는 등 이 사건 상가를 제외한 주택단지의 전체적 형상이 변경될 것으로 보이는 점 등에 비추어 보면, 이 사건 리모델링은 복리시설인 이 사건 상가를 제외한 주택단지 전체를 리모델링하는 경우에 해당한다 할 것이다.

따라서 이 사건 리모델링 결의에 있어서는 구 주택법 시행령 제75조제1항[별표 4]제1호(나)목에 따라 특별히 권리변동이 발생하는 경우인지를 살펴 이 사건 상가 소유자들을 동의비율 산정에 포함할 것인지 정하여야 할 것인데, 이 사건 리모델링으로 인해 이 사건 상가나 이 사건 토지 지분에 대한 권리관계가 변경되지 않고 달리 이 사건 상가의 소유자들에게 권리변동이 발생한다고 인정할 만한 증거가 없다. 나아가 이 사건 리모델링으로 이 사건 상가 소유자들에 대한 권리변동이 발생한다고 보더라도, 앞서 본 바와 같이 이 사건 토지의 지분 8,779.5분의 8,390.72에 대해 아파트 2개동 232세대의 집합건물을 위한 대지권등기가 마쳐져 있고 나머지 지분 8,779.5분의388.78은 이 사건 상가 공유자들이 소유하고 있는데, 위 각 지분은 집합건물법 제12조제1항, 제2항에 따라 아파트 2개동 각 세대의 전유면적과 이 사건 상가의 소유지분별면적에 따라 산정된 것으로 보이며, 갑 제3, 4호증의 기재 및 변론 전체의 취지에 의하면 이 사건 상가 소유자들의 수가 55명인 사실을 인정할 수 있으므로, 이 사건 아파트 전체 구분소유자 287명(= 232명 + 55명) 중 아파트 2개동 232세대의 구분소유자 전원이 이 사건 리모델링에 동의함으로써 전체 구분소유자의 약 80.83%(= 232명 / 287명, 소수점 둘째 자리 이하 버림, 이하 같다), 전체 의결권의 약 95.57%(= 8,390.72 / 8,779.5)의 동의가 있었다 할 것이어서, 이 사건 상가 소유자들을 동의비율 산정에 포함하더라도 공동주택 리모델링 허가기준을 충족한다.

4) 따라서 원고의 이 부분 주장은 이유 없다.

라. 건축법 제11조제11항제2호의 토지 공유자 동의 요건을 갖추지 못하였다는 주장에 대한 판단
1) 살피건대, 구 주택법 시행령 제75조제2항, 주택법 시행규칙 제28조제2항제1호는 리모델링 허가를 신청함에 있어 건축법 시행규칙 제6조제1항 각 호의 서류 및 도서를 첨부하도록 정하고, 구 건축법 시행규칙(2018. 11. 29. 국토교통부령 제562호로 개정되기 전의 것) 제6조 제1항 제1호의4 (가), (나)목은 리모델링 등 건축법 제11조 제11항 제2호의 사유에 해당하는 경우 '건축물 및 해당 대지의 공유자 수의 100분의 80 이상의 서면동의서', '동의한 공유자의 지분 합계가 전체 지분의 100분의 80 이상임을 증명하는 서류' 등을 제출하도록 규정한다.

2) 그런데 앞서 살핀 바와 같이 이 사건 아파트 전체 구분소유자는 287명이라 할 것이고 이는 이 사건 토지의 공유자와 동일하며, 이 사건 토지의 지분 8,779.5분의 8,390.72가 아파트 2개동 232세대의 대지권에 해당하므로, 참가인은 아파트 2개동 232세대 구분소유자 전원의 동의서를 제출함으로써 이 사건 토지 전체 공유자 수의 약 80.83%, 지분 합계 약 95.57%에 대한 서면동의서를 제출하였다 할 것이다.

3) 따라서 원고의 이 부분 주장은 이유 없다.

수원지방법원 2020. 7. 2. 선고 2019구합68757 판결 [조합설립인가처분 무효확인] 확정

주문
1. 원고들의 이 사건 소를 모두 각하한다.
2. 소송비용은 보조참가로 인한 부분을 포함하여 원고들이 부담한다.

○ 한편, 이 사건 아파트단지 내에는 입주자들의 공유가 아닌 별동의 복리시설로서, ① 지하 1층, 지상 3층 규모의 집합건물인 판매시설 및 근린생활시설 용도의 59개 점포로 구성된 V동(이하 '이 사건 상가' 또는 'V동'이라고만 한다)과 ② 지하 1층, 지상 2층 규모의 W 단독 소유인 유치원 건물(이하 '이 사건 유치원' 또는 '유치원'이라 한다)도 위치하고 있으나, 추진위원회는 참가인조합의 설립을 위한 동의서를 징구할 당시 V동의 구분소유자들과 W에게는 참가인조합 설립을 위한 동의 여부를 별도로 확인하지는 아니하였다.

나) 또한 구 주택법 시행령 제38조제1항제3호는 리모델링주택조합의 경우 조합원의 자격으로 '공동주택의 소유자', '복리시설을 함께 리모델링하는 경우에는 당해 복리시설의 소유자' 또는 '건축법 제8조에 따른 건축허가를 받아 분양을 목적으로 건설한 공동주택의 소유자와 그 건축물중 공동주택 외의 시설의 소유자' 중 어느 하나에 해당할 것을 규정하고 있다. 따라서, 주택단지 내 복리시설의 구분소유자라 하더라도 당해 복리시설이 리모델링주택조합의 사업대상이 아닌 경우에는 조합원이 될 자격이 없는데, 이 사건 인가신청 당시 첨부된 참가인조합의 사업계획서 등에 의하면 이 사건 V동은 리모델링 대상인 건축물에서 제외되어 있음이 분명하므로, 원고들은 참가인조합의 설립에 대한 동의여부를 불문하고 그 조합원이 될 자격이 없다.

(다) 한편, 구 주택법 제48조제1항은 '공동주택의 소유자가 리모델링에 의하여 전유부분의 면적이 증감하는 경우에는 집합건물의 소유 및 관리에 관한 법률(이하 '집합건물법'이라 한다) 제12조 및 제20조제1항의 규정에도 불구하고 대지사용권은 변하지 아니하는 것으로 본다'고 규정하여 '공동주택 리모델링에 따른 특례' 규정을 두고 있었다. 따라서 이 사건 처분 당시를 기준으로 참가인조합의 설립으로 말미암아 원고들의 대지지분권이 침해될 여지가 있었다고 볼 수도 없다.

(라) 나아가, 원고들이 당해 복리시설을 리모델링하고자 하는 경우에는 전체 소유자의 동의를 얻어 리모델링의 행위허가를 받을 수 있도록 구 주택법 제42조제2항, 구 시행령 제47 제1항 및 [별표 3]에 별도의 규정이 마련되어 있었으므로, 공동주택구분소유자들만을 대상으로 하는 참가인조합의 설립으로 인하여 V동 구분소유자들인 원고들의 개별적·직접적·구체적인 이익이 침해되었다거나 원고들의 법률상 지위에 어떠한 불안 또는 위험이 발생하였다고 볼 수도 없다.

(마) 이처럼 구 주택법상 리모델링주택조합 관련 규정들은 주택단지 내 공동주택의 구분소유자들과 그 외 복리시설 등의 구분소유자들의 지위를 차별적으로 규정하고 있다. 이는 노후화된 주거환경의 개선을 위하여 당해 공동주택 구분소유자들의 의사를 반영하여 신속한 리모델링이 이루어져야 할 필요성은 큰 반면, 동별만으로도 진행 가능하고 증축범위가 제한되는 구 주택법상 리모델링의 특성상 단지 내 다른 구분소유자들의 권리가 침해될 가능성은 상대적으로 적기 때문에 이러한 경우에도 당해 주택의 구분소유자가 아닌 사람들에게 조합원의 지위를 부여하거나 그 의사를 동등하게 반영하는 것은 불합리하기 때문이다. 이러한 리모델링 관련 규정들의 내용 및 취지와 더불어 주택단지 내 입주자 등의 생활복리를 위하여 설치되는 공동시설으로서 복리시설의 기능 등에 비추어 보면, V동 구분소유자들이 공동주택의 리모델링주택조합의 설립에 참여하지 못함으로써 침해받는 이익은 이

사건 아파트의 구분소유자들이 V동을 포함한 주택단지 전체를 리모델링하는 것을 결의하는 경우에 한하여 반사적으로 누리게 되는 경제적·간접적인 이익에 불과하고, 리모델링주택조합 관련 규정들에 의하여 개별적·직접적·구체적으로 보호되는 법률상 이익은 아닌 것으로 봄이 상당하다.

(바) 또한 구 주택법 시행령 제47조제4항제1호는 리모델링주택조합의 설립을 위한 결의 요건보다 리모델링 행위허가를 위한 결의 요건을 가중하여 '단지 전체 구분소유자 및 의결권의 4/5 이상 동의와 각 동별 구분소유자 및 의결권의 2/3 이상의 동의' 또는 '그 동의 구분소유자 및 의결권의 각 4/5 이상의 동의'를 얻도록 달리 규정하고 있다. 원고들의 주장과 같이 현재 참가인조합이 V동 구분소유자들의 동의가 필요한 수직증축형 리모델링 등을 계획하고 있다고 하더라도 이는 실제 이러한 내용의 리모델링 행위허가신청이 이루어지는 경우에 그 허가시의 법령을 기준으로 허가 요건을 충족하고 있는지 여부를 별도로 따져보아야 할 문제이므로, 그러한 사정만으로 참가인조합의 설립을 인가한 이 사건 처분의 무효 확인을 구할 즉시 확정의 법률상 이익이 있다고 볼 수도 없다.

(3) 따라서, 원고들이 V동 구분소유자들의 지위에서 구하는 이 사건 무효확인의 소는 원고적격 또는 법률상의 이익이 없어 부적법하다.

(4) 사견

사견은 조합설립동의시에는 '리모델링을 하지 않는 별동의 건축물로 입주자 공유가 아닌 복리시설 등의 소유자는 권리변동이 없는 경우'에 한정하여 동의를 받지 않아도 되지만, 그 외에는 다음과 같은 이유로 상가동(복리시설)의 동의를 받아야 한다고 본다. 특히 주상복합아파트로서 세대수 증가형 리모델링의 경우에는 반드시 동의를 받아야 한다고 본다.

첫째, 주택법 제11조제3항제1호는 "각 동의 구분소유자와 의결권의 각 과반수의 결의"라고 표현하여, 상가동을 제외하지 않고 있는 점, 둘째, 도시정비법 제35조제3항에서 "각 동(복리시설의 경우에는 주택단지의 복리시설 전체를 하나의 동으로 본다)"라고 규정한 것 중 괄호 부분은 상가의 동의를 완화하기 위한 것일 뿐인 점, 셋째, 주택법시행령 별표4를 보면 상가동의 동의를 전제로 하고 있는 점 등을 종합하면, 상가의 동의를 받아야 한다고 본다.

물론, 위 필자 사견과는 달리 상가의 동의를 받을 필요가 없다는 위 판례가 있고, 상가의 동의가 필요 없다는 견해가 있을 수 있다고 본다.

그런데 조합설립 동의 문제는 후일 소송을 통해서 패소한다면 사업을 추진하는 근간이 흔들리므로, 가급적 상가의 동의를 받을 것을 권한다. 사실 상가 입장에서는 상가주차장 확충 외에는 리모델링의 혜택을 보기 어려운데 반대로 리모델링을 하는 동안 영업을 하지 못하는 피해를 입게 되므로, 상가를 배려할 필요는 있다고 본다.

마. 동의율 산정시기

법은 이에 대해서 아무런 규정이 없다. 그러나 정비사업에 있어서 대법원은 조합설립에 요구되는 동의율의 충족 여부를 판단하는 기준일은 '조합설립인가신청일'이지 '조합설립인가처분일'이 아니라고 하면서 인가신청일 이후 인가처분일까지 사이에 토지등소유자들의 소유관계 변동을 정족수 산정에 반영할 것은 아니라고 하는바(대법원 2014. 4. 24. 선고 2012두21437 판결), 이 법리는 리모델링조합에도 그대로 적용될 수 있다고 본다.

바. 인감날인 및 인감증명서 첨부 여부

법은 동의서에 인감증명서를 첨부하여야 한다는 규정이 없다. 그러나 인가관청이 동의여부를 심사하기 위해서는 인감증명서를 첨부할 수밖에 없다고 본다. 따라서 조합규약에 인감증명서 또는 최소한 신분증 첨부규정을 두고 인감증명서나 신분증을 첨부하는 것이 타당하다.

이 문제는 미리 인가관청과 조율하여 시행하는 것이 시행착오를 줄이는 길이다. 다만 인감증명서나 신분증을 첨부하지 않았다고 하여 조합설립인가 취소사유로 삼을 수는 없다고 본다. 따라서 인가관청은 조합설립인가신청서가 접수된 경우 동의여부가 의심스러운 경우에는 전수조사를 하더라도 확인을 하여야 할 것이다. 그렇게 하지 않고 단지 인감증명서 또는 신분증의 미첨부를 이유로 반려할 수는 없고, 후일 인가 취소사유로도 삼을 수 없다고 본다.

입법론으로는 정비사업처럼 자필서명을 하고 신분증 사본을 첨부하도록 조속한 개정이 필요하다고 본다.

사. 동의철회 및 재철회

법은 조합설립 동의 철회에 관하여 아무런 규정을 두지 않고 있고, 다만 법 시행령 제75조제3항에서 행위허가 신청과 관련하여 리모델링주택조합에서 시장·군수 또는 구청장에게 행위 허가신청서를 제출하기 전까지 서면으로 그 동의를 철회할 수 있다고만 규정하고 있다.

이에 대해 대법원은 "리모델링에 관한 유효한 결의가 있었는지의 여부는 반드시 총회에서의 결의에만 한정하여 볼 것은 아니고, 비록 총회에서의 리모델링 동의자가 그 인가에 필요한 정족수를 충족하지 못하였다고 하더라도 그 후 이를 기초로 한 리모델링 추진과정에서 구분소유자들이 리모델링에 동의하는 취지의 서면을 별도로 제출함으로써 리모델링결의 정족수를 갖추게 된다면 그 시점에서 리모델링결의로서 유효하게 성립하며, 위와 같이 <u>서면결의의 방법에 의한 리모델링결의에 있어 리모델링결의에 대한 동의의 철회는 그 결의가 유효하게 성립하기 전까지만 이를 할 수 있다고 볼 것이다.</u>"라고 판시하여(2011. 2. 10. 선고 2010두20768, 20775 판결), 동의철회의 종기는 <u>리모델링결의의 정족수를 갖추기 전까지</u>라고 한다. 이 부분도 입법으로 명확히 규정하는 것이 타당하다.

한편 사견은, 동의의 의사표시를 철회한 후 그 철회의사표시를 다시 철회하는 것도 가능하다고 본다. 이 경우도 동의 철회와 같이 인가신청서 제출 전까지만 하여야 하고, 서면으로 하여야 한다고 본다.

아. 리모델링 결의와의 관계

법 제22조제2항은 "제1항에도 불구하고 제66조제2항에 따른 리모델링의 허가를 신청하기 위한 동의율을 확보한 경우 리모델링 <u>결의</u>를 한 리모델링주택조합은 그 리모델링결의에 찬성하지 아니하는 자의 주택 및 토지에 대하여 매도청구를 할 수 있다.", 동법 시행령 제20조제1항제1호나목2)는 "법 제11조제3항 각 호의 <u>결의</u>를 증명하는 서류. 이 경우 결의서에는 별표 4 제1호나목1)부터 3)까지의 사항이 기재되어야 한다."라고 규정하여, 소위 리모델링 '<u>결의</u>'라는 단어를 쓰고 있다.

이것이 집합건물법에 의한 재건축 결의와 같은 것인지에 대해서 논란이 있으나, 이 리모델링 결의는 별도로 필요한 것이 아니라 리모델링조합설립동의서 징구 요건을 충족하면 갖추었다고 보아야 한다.

따라서 리모델링동의서 징구 외에 별도로 창립총회에서 리모델링 결의를 반드시 할 필요는 없다고 본다.[13]

---

13) 다만 실무상으로는 창립총회에서 별도로 리모델링 결의를 하고 있고, 그렇게 하기를 권고한다.

4. 조합규약

가. 조합규약의 중요성

 법은 도시정비법과 달리 아직 조합에 대해 많은 조문을 두고 있지 않다. 따라서 리모델링에 있어서 조합규약은 법을 제정하는 경우와 같다고 보고, 매우 신중하여야 한다. 조합규약의 올바른 작성이 조합 성공의 발판이다. 즉, 주택법에 없는 것은 규약이 곧 법이다.

 법 시행규칙 제7조제6항은 "국토교통부장관은 주택조합의 원활한 사업추진 및 조합원의 권리보호를 위하여 표준조합규약 및 표준공사계약서를 작성·보급할 수 있다."라고 규정하고 있으나, 국토교통부는 리모델링조합에 대해서는 아직 표준규약을 보급하지 않고 있다.

나. 조합규약에 대한 법 규정

 조합규약에는 다음 각호의 사항이 포함되어야 한다(법 시행령 제20조제2항).
  1. 조합의 명칭 및 사무소의 소재지
  2. 조합원의 자격에 관한 사항
  3. 주택건설대지의 위치 및 면적
  4. 조합원의 제명·탈퇴 및 교체에 관한 사항
  5. 조합임원의 수·업무범위(권리·의무를 포함한다)·보수·선임방법·변경 및 해임에 관한 사항
  6. 조합원의 비용부담 시기·절차 및 조합의 회계
  6의2. 조합원의 제명·탈퇴에 따른 환급금의 산정방식, 지급시기 및 절차에 관한 사항
  7. 사업의 시행시기 및 시행방법
  8. 총회의 소집절차·소집시기 및 조합원의 총회소집요구에 관한 사항
  9. 총회의 의결을 필요로 하는 사항과 그 의결정족수 및 의결절차
  10. 사업이 종결되었을 때의 청산절차, 청산금의 징수·지급방법 및 지급절차
  11. 조합비의 사용 명세와 총회 의결사항의 공개 및 조합원에 대한 통지방법
  12. 조합규약의 변경절차
  13. 그 밖에 주택조합의 사업추진 및 조합의 운영을 위하여 필요한 사항

 위 제2항제9호에도 불구하고 국토교통부령으로 정하는 사항은 반드시 총회의 의결을 거쳐야 한다(령 제20조제3항).

영 제20조제3항에서 "국토교통부령으로 정하는 사항"이란 다음 각 호의 사항을 말한다. 〈개정 2020. 7. 24.〉
  1. 조합규약(영 제20조제2항 각 호의 사항만 해당한다)의 변경
  2. 자금의 차입과 그 방법·이자율 및 상환방법
  3. 예산으로 정한 사항 외에 조합원에게 부담이 될 계약의 체결
  3의2. 법 제11조의2제1항에 따른 업무대행자(이하 "업무대행자"라 한다)의 선정·변경 및 업무대행계약의 체결
  4. 시공자의 선정·변경 및 공사계약의 체결
  5. 조합임원의 선임 및 해임
  6. 사업비의 조합원별 분담 명세 확정(리모델링주택조합의 경우 법 제68조제4항에 따른 안전진단 결과에 따라 구조설계의 변경이 필요한 경우 발생할 수 있는 추가 비용의 분담안을 포함한다) 및 변경
  7. 사업비의 세부항목별 사용계획이 포함된 예산안
  8. 조합해산의 결의 및 해산시의 회계 보고

즉, 법은 위 조문 외에는 어떠한 조문도 두고 있지 않다. 따라서 나머지는 최초 조합규약(안)은 임의단체에서 작성하고 최종적으로 창립총회에서 결의를 받아야 할 것이고, 그 이후 변경은 조합이 규약에 따라 변경하면 되는 것이다.

조합규약에 대한 법조문을 도시정비법 제40조 및 동법 시행령 제38조와 비교하면 매우 부실함을 알 수 있다. 특히 대의원회에 대한 규정이 전혀 없으나, 반드시 필요하므로, 규약에 대의원의 수, 의결방법, 선임방법 및 선임절차를 규정하여야 한다.

필자가 제시하는 조합규약(안)은 부록과 같다.

다. 소위 원시 조합규약의 작성자

사단법인을 설립하려면 2인 이상의 설립자가 규약을 작성하여 기명·날인을 하여야 한다(민법 제40조). 규약이란 실질적으로는 법인의 조직·활동에 관한 근본규칙을 말하고, 형식적으로는 그 근본규칙을 기재한 서면을 말한다.[14]

---

14) 권오복, 민법법인과 등기, 육법사, 113.

대법원은 규약은 당해 법인의 기관과 구성원에 대해서 구속력을 갖는 법규범(자치법규)이라고 한다.15)

민법은 그 수를 정하고 있지 않으나 사단의 성질상 설립자(발기인)는 반드시 복수이어야 하므로 2인 이상이어야 한다. 규약의 작성에는 설립자들이 반드시 기명·날인을 하여야 하고, 기명날인이 없는 규약은 효력이 없다. 이와 같이 2인 이상의 설립자들이 사단법인의 근본규칙을 정하는 행위인 규약의 작성이 곧 사단법인의 설립행위이고, 이 설립행위의 성질은 합동행위이다.16)

따라서 원시규약은 시간적으로 임의단체가 작성할 수밖에 없는 것이다.

라. 원시 규약 작성(성립) 시기

조합설립행위로서의 원시규약 작성행위가 어느 시점에 있는 것으로 볼 것인지가 문제된다. 다만, 조합설립행위로서의 원시규약 작성시점과 규약의 효력이 발생하여 그 규약을 가지고 사업시행을 할 수 있는 시기는 일치할 수 없는 것이다. 원시규약은 조합의 성립 이전에 작성되는 것이기 때문이다.

이에 관하여 정비사업에 관한 판결을 살펴보면, 대법원도 기존무허가건축물 소유자는 일단 조합설립당시에 토지등소유자는 되지 않으나, 조합이 설립되면 비로소 정관규정에 의하여 조합원이 되는 것이라고 하였고,17) 또한 조합설립인가처분을 받아 설립등기를 마치기 전에 개최된 창립총회에서 이루어진 결의는 주택재개발사업조합의 결의가 아니라 주민총회 또는 토지 등 소유자 총회의 결의에 불과하다고 봄이 타당하다고 하여,18) 비록 간접적으로나마 규약을 가지고 사업시행을 할 수 있는 시기는 조합설립후로 보고 있다.

따라서 여기서 조합 원시규약의 작성시기를 논의하는 실익은 추진위원회가 작성하여 효력이 발생한 규약의 각 규정, 예를 들어 선거관리규정, 임원의 자격 및 숫자, 사무소 위치 등 창립총회 이전에 필수적으로 적용되어야 하는 규정을 토대로 창립총회의 규범을 삼고자 하는데, 그 규범의 효력발생시기를 명확하게 하기 위함이다.

---

15) 대법원 1995. 12. 22. 선고 93다61567 판결
16) 곽윤직, 민법총칙(제7판), 박영사, 131. 권오복(주 7), 355.
17) 대법원 2009. 10. 29. 선고 2009두12228 판결
18) 대법원 2012. 4. 12. 선고 2010다10986 판결.

리모델링조합에 대해서는 특별한 견해를 발견할 수 없으나, 정비사업조합에 대해서는 다음과 같은 견해의 대립이 있다.

(1) 추진위원회 결의시라는 견해

추진위원회의 업무로서 초안 작성이라는 형식에 불구하고, 사실상 규약의 각 필요적 기재사항이 기재된 안이 추진위원회의 결의를 받은 때에 규약이 작성되었다고 보는 견해이다.[19][20]

(2) 규약에 대해 구분소유자의 동의요건이 충족된 때라는 견해

추진위원회가 원시규약을 작성하고 이를 토대로 구분소유자 중 법정 동의 숫자 이상이 기명·날인한 서면 동의서를 제출받은 때에 규약이 작성되었다고 볼 수 있다는 견해이다.[21][22]

(3) 사견

대법원은 "주택법 시행령 제37조제1항제1호(나)목[23]은 리모델링주택조합의 설립 또는 변경 인가를 받으려는 자가 인가신청 시에 첨부하여야 하는 서류의 하나로, 주택단지 전체를 리모델링하고자 하는 경우에는 주택단지 전체 및 각 동의 구분소유자(집합건물의 소유 및 관리에 관한 법률 제2조제2호의 규정에 의한 구분소유자를 말한다)와 의결권(집합건물의 소유 및 관리에 관한 법률 제37조의 규정에 의한 의결권을 말한다)의 각 3분의 2 이상의 결의, 동을 리모델링하고자 하는 경우에는 그 동의 구분소유자 및 의결권의 각 3분의 2 이상의 결의를 증명하는 서류를 요구하고 있는바, <u>위 규정이 요구하고 있는 리모델링에 관한 유효한 결의가 있었는지의 여부는 반드시 총회에서의 결의에만 한정하여 볼 것은 아니고, 비록 총회에서의 리모델링 동의자가 그 인가에 필요한 정족수를 충족하지 못하였다고 하더라도 그 후 이를 기초로 한 리모델링 추진 과정에서 구분소유자들이 리모델링에 동의하는 취지의 서면을 별도로 제출함으로써 리모델링결의 정족수를 갖추게 된다면 그 시점에서 리모델링결의로서 유효하게 성립하며, 위와 같</u>

---

19) 이백훈, "재개발·재건축 표준정관 해설", 도시개발아카데미(2009), 8-12.
20) 주식회사와 유한회사의 원시정관은 그 작성에 더하여 공증인의 인증을 받음으로써 효력이 발생하지만 (상법 제292조, 543조), 민법은 이와 같은 규정을 두고 있지 않기 때문에, 사단법인이나 조합의 정관에 있어 최소한 공증인의 인증이 그 효력요건은 아니며, 정관이 작성된 때에 곧 그 효력이 발생한다.
21) 이백훈, "재개발·재건축 표준정관 해설", 도시개발아카데미(2009), 8-12.
22) 서울행정법원 2010. 10. 1. 선고 2010구합26346 판결
23) 현행법은 주택법 제11조제3항

이 서면결의의 방법에 의한 리모델링결의에 있어 리모델링결의에 대한 동의의 철회는 그 결의가 유효하게 성립하기 전까지만 이를 할 수 있다고 볼 것이다. 한편 리모델링주택조합이 아직 설립인가를 받지 아니하였거나 리모델링에 동의한 자가 아직 조합원으로 포함되어 변경인가를 받기 전이라고 하더라도 조합의 규약 등에 조합원의 탈퇴를 허용하지 아니하는 규정이 있는 등의 특별한 사정이 있는 경우에는 조합원은 임의로 조합을 탈퇴할 수 없다고 할 것이다."라고 한다(대법원 2011. 2. 10. 선고 2010두20768,20775 판결).

위 대법원 판결에 의하면, 리모델링결의에 대한 동의의 철회는 그 결의가 유효하게 성립하기 전까지만 이를 할 수 있는데, 반면에 창립총회는 리모델링결의 정족수를 갖추기 전이라도 개최가 가능하다는 입장이다(「도시 및 주거환경정비법 시행령」 제27조제1항은 반드시 동의율을 갖춘 이후에만 개최가 가능하다).

사단법인의 규약의 작성에는 설립자들이 반드시 기명·날인을 하여야 하는데, 리모델링조합설립자들은 당연히 기명·날인을 할 것이고, 조합설립에 동의하는 자들은 조합설립동의서 '3. 조합규약 동의 및 자필연명 동의'란에 "본인은 조합 총회에서 의결된 조합규약에 대해 동의하며, 본 동의서에 자필·서명하여 제출함으로서「주택법 시행령」제20조에 규정된 조합규약에 대한 자필 연명을 대신하는 것에 찬성"한다는 취지로 규정하고 있으므로, 결국 기명·날인을 한 것으로 볼 수 있다.

생각건대, 규약 부칙을 "이 규약은 ○○의 조합설립인가를 받은 날부터 시행한다. 다만, 선거관리위원회 구성, 임원 자격 및 숫자, 사무소 위치 등 창립총회 개최 전에 결정하여야 하는 규정에 대해서는 리모델링조합설립추진위원회 의결시로부터 그 효력이 생긴다."라고 명확하게 규정하는게 타당하다고 본다.

마. 조합 규약 작성 시 주의하여야 할 사항

현재 실무에서 사용되는 각 조합들의 규약을 분석해 본 결과 아래와 같은 제언을 한다.

규약 변경은 대의원회에서 하는 것이 아니라 총회에서 하여야 한다.

이사 숫자를 '○인 이내'라고 규정하면, 이사 정족수를 정하기가 불가하므로, '○인 이상 ○인 이하'라고 규정하여야 한다.

주택법은 도시정비법과는 달리 해임발의 정족수에 대해 규정하고 있지 아니하므로, 해임발의 정족수를 규정하여야 한다.

주택법은 대의원의 숫자에 대해서도 도시정비법과 달리 규정하고 있지 아니하므로, 대의원 정족수를 두어야 하는데, 10인 이내로 하는 경우가 많으나, 가급적이면 도시정비법과 같이 전체 조합원의 10분의 1 이상(1,000명을 넘는 경우 100인 이상)으로 정하는 것이 타당하다고 본다.

대의원이나 임원은 일반회의 규칙상 대리 출석 불가가 원칙이다. 대법원은 "이사회는 주주총회의 경우와는 달리 원칙적으로 <u>이사 자신이 직접 출석하여 결의에 참가하여야 하며 대리인에 의한 출석은 인정되지 않고,</u> 따라서 이사가 타인에게 출석과 의결권을 위임할 수도 없는 것이니 이에 위배된 이사회의 결의는 무효이며 그 무효임을 주장하는 방법에는 아무런 제한이 없다."라고 한다(대법원 1982. 7. 13. 선고 80다2441 판결).

일부 조합에서 "시장상황, 법령개정 등 불가피한 사유로 사업이 추진되지 못하는 경우 조합의 운영 및 사업시행을 위해 조합이 시공자, 금융기관 등으로부터 조달한 차입금은 조합원들이 리모델링 전 주택 등의 의결권(집합건물의 소유 및 관리에 관한 법률 제37조에 따른 의결권을 말한다)의 비율에 따라 상환하기로 한다."라는 규정, 즉, 조합원들이 소위 매몰비용을 부담하도록 규정하고 있으나, 이는 논란의 여지는 있으나, 사견은 불필요하다고 본다. 의결권의 수에 따른다는 것도 형평에 맞지 않는다고 본다. 이러한 규정을 두지 않으면 매몰비용은 조합원들이 연대보증을 하지 않는 한 부담하지 않는다.

조합원이 의무를 이행하지 않아 조합에 손해가 발생할 경우 조합이 조합원의 재산을 강제로 환가처분을 한다고 규정하고 있는 경우가 있으나, 이는 불가하다.

조합설립에 동의하였다가 행위허가(또는 사업계획승인)에 미동의를 하여 현금청산을 할 경우 현금청산자에게 사업비를 부담하도록 하는 규정(사후적으로 규약개정을 통하는 경우 포함)을 두는 경우가 있는데, 이는 대법원에서 제동을 걸고 있다. 최근 주택재개발사업조합에서 이에 대한 대법원 판결을 소개한다.

> **대법원 2021. 4. 29. 선고 2018두48762 판결**
> 현금청산 대상자에게 정관으로 조합원 지위를 상실하기 전까지 발생한 정비사업비 중 일부를 부담하도록 하기 위해서는 정관 또는 정관에서 지정하는 방식으로 현금청산 대상자가 부담하게 될 비용

> 의 발생 근거, 분담 기준과 내역, 범위 등을 구체적으로 규정하여야 한다. 이와 달리 단순히 현금청산 대상자가 받을 현금청산금에서 사업비용 등을 공제하고 청산할 수 있다는 추상적인 정관의 조항만으로는, 조합관계에서 탈퇴할 때까지 발생한 사업비용을 부담하도록 할 수 없다.

착공 이후에 조합이 실시하는 조합원들과의 분양계약에 응하지 않을 경우 미계약자에 대해 현금으로 청산한다는 규정을 두고 있으나, 이 규정도 단점이 있다. 뒤에서 상세히 논하겠지만 사견은 이러한 규정은 둘 필요가 없다고 본다. 특히 아파트 가격 하락기에는 더더욱 그렇다. 리모델링은 정비사업과 달리 매매가 자유롭기 때문에 굳이 다시 현금청산 기회를 제공할 이유가 없다.

업무규정에서, 잘못으로 인하여 손해가 발생한 경우 이에 대해 조합임원과 직원이 연대책임을 져야 한다고 하는 경우가 있으나, 이는 과잉이다. 또한 사업비 예산도 운영비 예산과 같이 매년 총회 의결을 받아야 한다.

선거관리규정은, 선거관리위원 선출방법이 제일 중요하다. 통상 대의원회나 이사회에서 선출하도록 하는데, 대의원회나 이사회가 양도, 해임 등으로 정족수가 부족할 경우에 대비하여야 한다.

5. 조합원 명부 작성 및 사업계획서

가. 조합원 명부 작성

 조합원 명부 작성에도 특별한 양식은 제시되어 있지 않다. 따라서 나름대로 양식을 만들어 미리 인가관청과 협의하는 것이 타당하다.

 다만 법 시행규칙 [별지 제9호 서식] 제2쪽에 의하면 다음과 같이 기재하도록 하고 있으므로, 이를 참고하면 될 것이다.

조합원 현황			* 해산인가의 경우에는 적지 않습니다.	
일련번호	성명	생년월일	적격 여부	비고
			[ ]적 격 [ ]부적격	
			[ ]적 격 [ ]부적격	

나. 사업계획서

 사업계획서에는 조합주택건설예정세대수, 조합주택건설예정지의 지번·지목·등기명의자, 도시·군관리계획상의 용도, 대지 및 주변현황을 기재하여야 한다(규칙 제7조).

6. 적용의 완화

　법 시행령 제20조제1항제1호나목3)은 "「건축법」 제5조에 따라 건축기준의 완화 적용이 결정된 경우에는 그 증명서류"를 조합설립인가 신청시 구비서류로 명시하고 있다.

　건축법 제5조제1항은 "건축주, 설계자, 공사시공자 또는 공사감리자(이하 "건축관계자"라 한다)는 업무를 수행할 때 이 법을 적용하는 것이 매우 불합리하다고 인정되는 대지나 건축물로서 대통령령으로 정하는 것에 대하여는 이 법의 기준을 완화하여 적용할 것을 허가권자에게 요청할 수 있다."라고 규정하고 있다.

　건축법시행령 제6조제1항제6호는 "다음 각 목의 어느 하나에 해당하는 건축물인 경우: 법 제42조, 제43조, 제46조, 제55조, 제56조, 제58조, 제60조, 제61조제2항에 따른 기준"이라고 규정하고 있다.
　가. 허가권자가 리모델링 활성화가 필요하다고 인정하여 지정·공고한 구역(이하 "리모델링 활성화 구역"이라 한다) 안의 건축물
　나. <u>사용승인을 받은 후 15년 이상이 되어 리모델링이 필요한 건축물</u>

　<u>우리나라 건축기준은 점차 강화되어 왔으므로, 15년 이상된 공동주택에 대해서 현재의 건축기준을 적용할 경우 리모델링이 어렵기 때문에 증축 리모델링을 실시할 경우 건축기준을 완화할 필요성이 있는 것이다.</u>

　적용의 완화 요청을 받은 허가권자는 <u>건축위원회의 심의</u>를 거쳐 완화 여부와 적용 범위를 결정하고 그 결과를 신청인에게 알려야 한다(건축법 제5조제2항).

　리모델링의 경우 적용의 완화 요청을 통하여 건축기준의 완화여부 및 완화 범위가 결정되기 때문에 리모델링의 설계의 개요를 작성하기 위해서는 리모델링조합의 설립인가 신청 전에 이루어지는 것이 타당하고, 그래서 시행령 제20조제1항제1호나목3)은 "「건축법」 제5조에 따라 건축기준의 완화 적용이 결정된 경우에는 그 증명서류"를 조합설립인가 신청시 구비서류로 명시하고 있으며, 적용의 완화를 요청할 수 있는 자는 건축법 제5조에 의하면 "건축주, 설계자, 공사시공자 또는 공사감리자"이므로, 통상 리모델링의 경우 추진위원회에 의하여 선정된 설계자가 하면 되고, 이 경우 설계자는 추진위원회의 적용의 완화 신청에 대한 동의서를 첨부하는 것이 바람직할 것이라는 견해가 있다.[24]

그러나 사견은 현실적으로 현행법 하에서는 조합이 설립되기 전에는 적용의 완화 결정이 불가하다고 본다. 건축법 제5조에서 말하는 설계자, 시공자, 감리자는 건축주와 정식으로 계약을 맺은 자라고 보아야 한다. 그런데 건축주는 조합이 설립되어야 탄생한다. 따라서 조합이 설립되기 전에는 건축주와 계약을 맺은 설계자, 시공자, 감리자는 없는 것이므로, 임의단체에 불과한 추진위원회단계에서 적용의 완화를 요청한다고 하여 건축심의를 할 수는 없다고 본다. 특히 증축형 리모델링의 경우 건축심의는 매우 중요하다. 리모델링 동의를 의한 설계의 개요 작성은 리모델링 기본계획이 있으므로 이를 기초로 하면 충분하다.

국토교통부도 같은 취지로 유권해석을 하고 있다(2019. 4. 11. 주택정비과).

1. 민원요지
아파트 리모델링의 경우 「건축법」 제5조에 따른 적용의 완화 요청을 리모델링조합의 설립인가 신청 전에 추진위원회 단계에서 가능한지 아니면 리모델링조합의 설립인가를 받은 후에 조합이 신청할 수 있는지

2. 회신내용
「건축법」 제5조에 따른 적용의 완화는 건축심의위원회 심의를 거쳐 완화 여부와 적용 범위를 결정하도록 하고 있고, 「주택법」에 따른 공동주택 리모델링의 경우 리모델링조합이 설립되고 같은법 제68조에 따른 안전진단을 실시한 후 그 결과를 토대로 건축위원회 심의를 신청하고 있습니다.

따라서, 리모델링조합 설립이전에 안전진단 등 구체적인 결과없이 적용의 완화를 위한 건축위원회 심의는 현실적으로 어려울 것으로 판단됩니다.

---

24) 강신은, 전연규, "공동주택리모델링해설서", 한국도시개발연구포럼, 2004년간, 119 법무법인 을지, "리모델링법", 법률문화원, 2014년간, 112

7. 창립총회 개최

가. 창립총회 개최시기

창립총회를 개최하기 전에 조합설립에 필요한 동의율만큼 동의서를 징구해야 하는지가 문제된다.

이에 대해서 주택법 개정 전 대법원은 "리모델링주택조합의 설립 또는 변경 인가를 받으려는 자가 인가신청 시에 첨부하여야 하는 서류의 하나로 주택단지 전체를 리모델링하고자 하는 경우에는 주택단지 전체 및 각 동의 구분소유자와 의결권의 각 3분의 2이상의 결의, 동을 리모델링하고자 하는 경우에는 그 동의 구분소유자 및 의결권의 각 3분의 2 이상의 결의를 증명하는 서류를 요구하고 있는바, 위 규정이 요구하고 있는 리모델링에 관한 유효한 결의가 있었는지의 여부는 반드시 총회에서의 결의에만 한정하여 볼 것은 아니고, <u>비록 총회에서의 리모델링 동의자가 그 인가에 필요한 정족수를 충족하지 못하였다고 하더라도 그 후 이를 기초로 한 리모델링 추진과정에서 구분소유자들이 리모델링에 동의하는 취지의 서면을 별도로 제출함으로써 리모델링결의 정족수를 갖추게 된다면 그 시점에서 리모델링결의로서 유효하게 성립</u>하며, 위와 같이 서면결의의 방법에 의한 리모델링결의에 있어 리모델링결의에 대한 동의의 철회는 그 결의가 유효하게 성립하기 전까지만 이를 할 수 있다고 볼 것이다. 한편, 리모델링주택조합이 아직 설립인가를 받지 아니하였거나 리모델링에 동의한 자가 아직 조합원으로 포함되어 변경인가를 받기 전이라고 하더라도 조합의 규약 등에 조합원의 탈퇴를 허용하지 아니하는 규정이 있는 등의 특별한 사정이 있는 경우에는 조합원은 임의로 조합을 탈퇴할 수 없다고 할 것이다."라고 판시하여(2011. 2. 10. 선고 2010두20768, 20775 판결), <u>비록 동의율을 갖추지 못하였다고 하더라도 창립총회는 가능하다고 한다.</u>

실무상 구분소유자 대부분의 동의서를 징구한 상태에서 일부가 부족해도 조합설립이 임박했음을 알려 동의서를 제출하지 않은 구분소유자의 동의를 이끌어 내기 위해서 창립총회를 개최하는 경우가 많다.

이와 관련하여 정비사업은 반드시 동의율을 갖춘 후에 창립총회를 개최하여야 한다. 도시정비법 시행령 제27조제1항에 "추진위원회(법 제31조제4항 전단에 따라 추진위원회를 구성하지 아니하는 경우에는 토지등소유자를 말한다)는 법 제35조제2항부터

제4항까지의 규정에 따른 동의를 받은 후 조합설립인가를 신청하기 전에 법 제32조제3항에 따라 창립총회를 개최하여야 한다."라고 명시하고 있기 때문이다.

나. 창립총회 의안상정순서

의안상정순서를 매우 심사숙고 하여야 한다. 창립총회에서는 임원을 선출하여야 하는바, 먼저 추진위원회 업무를 정리하고, 다음 조합규약과 업무규정안을 상정하여 가결시키고, 이 가결된 규약과 업무규정으로 조합임원 및 대의원을 선출하는 것이 옳다.

그런데 실무상 어느 창립총회를 가보면 규약의 확정과 임원 및 대의원 선출을 모두 한꺼번에 의결하는 경우가 있다. 창립총회는 먼저 규약을 상정하여 의결한 후 가결선포까지 마친 후에, 통과된 규약에 의해 임원 및 대의원을 선출안건을 선관위원장이 상정하고 의결하는 것이 좋다.

<통상적인 창립총회 안건 예>

1. 추진위원회 수행업무 보고 및 비용(일체) 추인의 건
2. 리모델링 결의의 건
3. **조합규약 및 업무규정 확정의 건**
4. **임원 및 (대의원) 선출의 건**
5. 예산안 승인의 건
6. 예산으로 정한 사항 외에 조합원에 부담이 되는 계약 대의원회로 위임의 건
7. 총회 결의 사항 중 대의원회 위임의 건
8. 자금의 차입과 그 방법, 이율 및 상환방법 결의의 건

다. 의결 시 주의사항

(1) 조합설립미동의자가 창립총회에 출석할 수 있는지 여부

리모델링조합의 경우 조합설립에 찬성한 자만 조합원이 되므로, 원칙적으로는 출석권과 의결권이 없다. 다만, 조합설립동의를 이끌어 내기 위해서 창립총회에 참석시키는 것은 의장의 재량이다. 다만 어느 경우에도 의결권은 없다고 본다.

(2) 서면결의서 제출자가 직접 출석할 경우

선거관리규정에 직접 참석에 포함하되, 의결권은 주지 않고, 발언권만 주도록 하는 것이 좋다.

한편 서면결의서를 제출한 후에 대리인이 직접 출석한 경우에도 주택법 시행령 제20조제4항 및 동법 시행규칙 제7조제5항제5호에 정한 '직접 출석'에 해당한다고 봄이 타당하다(의정부지방법원 2019. 12. 11. 선고 2018가합57070 판결).

(3) 의결정족수
출석조합원은 결의 당시에 회의장에 남아 있는 사람만 해당한다.

> **대법원 2010. 4. 29. 선고 2008두5568판결**
> 도시 및 주거환경정비법 제24조에 따라 조합원 총회에서 관리처분계획의 수립을 의결하는 경우의 의결정족수를 정하는 기준이 되는 출석조합원은 당초 총회에 참석한 모든 조합원을 의미하는 것이 아니라 문제가 된 결의 당시 회의장에 남아 있던 조합원만을 의미하고, 회의 도중 스스로 회의장에서 퇴장한 조합원은 이에 포함되지 않는다(대법원 2001. 7. 27. 선고 2000다56037 판결 참조). 그리고 법인의 총회 또는 이사회 등의 의사에는 의사록을 작성하여야 하고 의사록에는 의사의 경과, 요령 및 결과 등을 기재하고 이와 같은 의사의 경과요령 및 결과 등은 의사록을 작성하지 못하였다든가 또는 이를 분실하였다는 등의 특단의 사정이 없는 한 이 의사록에 의하여서만 증명된다(대법원 1984. 5. 15. 선고 83다카1565 판결 참조).
>
> **대법원 2011. 4. 28. 선고 2010다106269 창립총회결의무효 판결.**
> ○ 도시 및 주거환경정비법 제14조 제3항에 따라 창립총회에서 조합임원을 선임하는 의결정족수의 기준이 되는 출석조합원은 당초 총회에 참석한 모든 조합원을 의미하는 것이 아니라 문제가 된 결의 당시 회의장에 남아 있던 조합원만을 의미하고, 회의 도중 스스로 회의장에서 퇴장한 조합원은 이에 포함되지 않는다(대법원 2001. 7. 27. 선고 2000다56037 판결, 대법원 2010. 4. 29. 선고 2008두5568 판결 등 참조).
> ○ 피고의 조합임원 선출결의는 다른 안건과 달리 서면결의서와 별도로 배부된 부재자투표용지에 미리 기표를 하여 제출하거나 조합원이 직접 창립총회에 출석하여 투표하는 방식으로 진행된 사실을 인정한 다음, 조합임원 선출결의와 나머지 안건에 관한 결의는 그 결의방식을 달리하는 별개의 결의이어서 의결정족수는 문제가 된 조합임원 결의를 기준으로 산정하여야 하므로, 조합원들이 다른 안건에 관한 서면결의서를 제출하였다고 하더라도 조합임원 선출투표에는 참여한 것이라고 볼 수 없다고 판단하였다.
> 원심의 위와 같은 인정과 판단은 앞에서 본 법리 및 기록에 비추어 정당하고, 거기에 상고이유에서 지적하는 바와 같은 의사정족수 산정에 관한 법리오해 및 채증법칙위반 등의 위법이 있다고 할 수 없다.
> √임원 선출을 제외한 나머지 결의에 관한 서면결의서 제출자가 196명임에도 부재자투표용지를 제출자는 180명에 불과한 바, 그 차이에 해당하는 인원은 창립총회에 참석은 하였으되 조합임원 선출결의에는 기권을 한 것으로 보아 의결정족수 계산에 산입하여야 한다는 주장을 배척한 사례

(4) 총회의 결의 방법

조합규약에서 따로 정하는 경우가 아니라면, 거수, 기립, 투표 등 찬반의 의사를 확인할 수 있는 방법이면 족하다. 그러나 규약의 위임을 받은 선거관리규정에서 따로 정하는 것이 좋다.

찬성 조합원 수를 구체적으로 집계하지 아니하였다는 것만으로 그 결의가 무효라고 볼 수는 없다. 그러나 실무적으로 문제 소지가 많으므로, 가급적 정확한 찬성과 반대 숫자를 기재하는 것이 좋다.

대법원 2006. 2. 23. 선고 2005다19552,19569 판결【구분소유권등매도청구등】

원심판결 이유에 의하면 원심은, 원고 조합의 창립총회에서 규약안을 의결함에 있어서 의장이 설명을 마친 후 거수의 결의방법을 채택하여 찬반을 물었고, 절대다수의 조합원들이 찬성에 거수하고 반대는 극소수임을 확인하고는 규약안이 의결되었음을 선포한 사실을 인정한 다음, <u>찬성 조합원 수를 구체적으로 집계하지 아니하였다는 것만으로 그 결의가 무효라고 볼 수는 없다</u>고 판단하였다. <u>조합원 총회의 결의는 조합원들이 결의사항에 대하여 찬부를 표명함으로써 행하여지는 것으로 규약 등에 별다른 규정이 없는 한 거수, 기립, 투표 등 어느 방법을 택하여도 무방하다</u> 할 것인바, 원심이 들고 있는 사정과 여기에 위와 같이 규약안의 의결을 선포하였을 때 참석한 조합원들이 박수로써 호응하였고 그에 대하여 반대하는 의사표명이 없었던 점을 더하여 보면, 위와 같은 원심의 조치는 정당한 것으로 수긍할 수 있고, 거기에 총회의 결의정족수에 관한 법리를 오해한 위법이 있다고 보이지 아니한다.

서울지방법원 2001. 11. 7. 선고 2001가합3955 판결

<u>투표방법이나 집계에 관하여 아무런 규정이 없는 경우 총회장에서 붓대롱으로 기표란에 찍는 방식으로 투표하도록 하였음에도 펜, 무인 등의 방법으로 기표한 투표용지에 대하여도 어느 기표란에 기표하였는지 의사가 분명하게 나타나 있는 이상 투표자의 의사를 존중하여 유효한 것으로 보아야 한다.</u>

라. 창립총회 회의록 작성 유의

회의록을 반드시 작성하여 의장 및 출석한 이사가 기명날인하여야 한다.

창립총회 의장은 임의단체인 추진위원장이다(임원 선출 시는 선거관리위원장이 임시의장이나, 의사록에는 추진위원장만 기명날인 하면 된다). 기명날인 거부자는 조합에 대한 업무방해죄가 성립할 수도 있으므로 굳이 거부할 이유는 없다고 본다.

재건축표준정관, 규약안 제30조(의사록의 작성 및 관리) 조합은 총회·대의원회 및 이사회의 의사록을 작성하여 청산시까지 보관하여야 하며, 그 작성기준 및 관리 등은 다음 각호와 같다. 다만, 속기사의 속기록일 경우에는 제1호의 규정을 적용하지 아니한다.

1. 의사록에는 의사의 경과, 요령 및 결과를 기재하고 의장 및 출석한 이사가 기명날인하여야 한다.
2. 의사록은 조합사무소에 비치하여 조합원이 항시 열람할 수 있도록 하여야 한다.
3. 임원 또는 대의원의 선출과 관련된 총회의 의사록을 관할 시장·군수에게 송부하고자 할 때에는 임원 또는 대의원 명부와 그 피선자격을 증명하는 서류를 첨부하여야 한다.

민법 제76조 (총회의 의사록)
① 총회의 의사에 관하여는 의사록을 작성하여야 한다.
② 의사록에는 의사의 경과, 요령 및 결과를 기재하고 의장 및 출석한 이사가 기명날인하여야 한다.
③ 이사는 의사록을 주된 사무소에 비치하여야 한다.

8. 조합설립인가신청

 리모델링하기 위하여 주택조합을 설립하려는 경우(제5항에 따른 직장주택조합의 경우는 제외한다)에는 관할 특별자치시장, 특별자치도지사, 시장, 군수 또는 구청장(구청장은 자치구의 구청장을 말하며, 이하 "시장·군수·구청장"이라 한다)의 인가를 받아야 한다(법 제11조제1항).

 법 제11조제1항에 따라 주택조합의 설립·변경 또는 해산의 인가를 받으려는 자는 신청서에 다음 각 호의 구분에 따른 서류를 첨부하여 주택건설대지(리모델링주택조합의 경우에는 해당 주택의 소재지를 말한다. 이하 같다)를 관할하는 특별자치시장, 특별자치도지사, 시장, 군수 또는 구청장(구청장은 자치구의 구청장을 말하며, 이하 "시장·군수·구청장"이라 한다)에게 제출하여야 한다(령 제20조 제1항).
   1. 창립총회 회의록
   2. 조합장선출동의서
   3. 조합원 전원이 자필로 연명(連名)한 조합규약
   4. 조합원 명부
   5. 사업계획서
   6. 법 제11조제3항 각 호의 결의를 증명하는 서류. 이 경우 결의서에는 별표 4 제1호나목1)부터 3)까지의 사항이 기재되어야 한다.
   7. 「건축법」 제5조에 따라 건축기준의 완화 적용이 결정된 경우에는 그 증명서류
   8. 해당 주택이 법 제49조에 따른 사용검사일(주택단지 안의 공동주택 전부에 대하여 같은 조에 따라 임시 사용승인을 받은 경우에는 그 임시 사용승인일을 말한다) 또는 「건축법」 제22조에 따른 사용승인일부터 다음의 구분에 따른 기간이 지났음을 증명하는 서류
      가) 대수선인 리모델링: 10년
      나) 증축인 리모델링: 법 제2조제25호나목에 따른 기간

 신청서는 별지 제9호서식에 따른다(규칙 제7조제1항).

PART 4

리모델링조합 및 사업진행

PART 4 리모델링조합 및 사업진행

제1절 조합설립인가

1. 인가의 법적성질

리모델링주택조합을 설립하려는 경우에는 관할 특별자치시장, 특별자치도지사, 시장, 군수 또는 구청장(구청장은 자치구의 구청장을 말하며, 이하 "시장·군수·구청장"이라 한다)의 인가를 받아야 한다(법 제11조 제1항).

여기서 조합설립인가신청에 대한 인가관청의 인가의 법적성질이 문제된다. 법적성질을 어떻게 보느냐에 따라 인가에 대한 쟁송이 달라지므로 매우 중요한 쟁점이다.

이에 대해 대법원은 구 주택건설촉진법에 의한 재건축조합에 대한 판결에서 "주택조합을 구성하여 그 구성원의 주택을 건설하고자 할 때 관할 시장 등의 인가를 받아야 하고, 인가받은 내용을 변경하거나 주택조합을 해산하고자 할 때에도 마찬가지로 인가를 받도록 되어 있는바, 여기서 관할 시장 등의 인가행위는 그 대상이 되는 기본행위를 보충하여 법률상 효력을 완성시키는 보충행위"(대법원 1995. 12. 12. 선고 95누7338 판결, 2000. 9. 5. 선고 99두1854 판결 등 참조)라고 판시하여(대법원 2002. 3. 11. 2002그12 결정), 인가의 법적성질을 소위 "강학상 인가"로 보았다.

일반적으로 강학상 인가라고 하면 타인간의 법률적 행위를 보충하여 그 법률적 효력을 완성시켜 주는 행정행위를 말하고, 강학상 특허란 상대방에게 직접 권리, 능력, 법적 지위, 포괄적 법률관계를 설정하는 행정행위를 의미하는 것으로 이해되고 있다.

인가의 법적성질을 강학상 인가로 보게 되면, 강학상의 '인가'에 속하는 행정처분에 있어서 인가처분 자체에 하자가 있다고 다투는 것이 아니라 기본행위에 하자가 있다 하여 그 기본행위의 효력에 관하여 다투는 경우에는 민사쟁송으로서 따로 그 기본행위의 취소 또는 무효확인 등을 구하는 것은 별론으로 하고 기본행위의 불성립 또는 무효를 내세워 바로 그에 대한 감독청의 인가처분의 취소를 구하는 것은 특단의 사정이 없는 한 소구할 법률상의 이익이 있다고 할 수 없다(대법원 1995. 12. 12. 선고 95누7338 판결). 즉, 강학상 인가로 보면, ①기본이 되는 조합설립행위에 하자가 있을 때에는 그에 대한 인가가 있다 하더라도 기본행위인 조합설립이 유효한 것으로 볼 수 없고, <u>조합설립행위가 무효이면 인가처분도 당연히 무효이고</u>, ②따라서 조합설립에 하자가 있는 경우에는 <u>민사쟁송으로서 조합설립행위의 무효확인 등을 구할 수 있고</u>, ③기본행위의 불성립 또는 무효를 내세워 바로 그에 대한 감독청의 인가처분의 취소 또는 무효확인을 소구할 법률상 이익은 없고,[25] ④다만, 기본행위인 조합설립행위는 적법 유효하나 보충행위인 인가처분에만 하자가 있는 경우에는 인가처분의 취소나 무효확인을 다툴 수 있다.

이렇게 인가를 강학상 인가로 보면 조합에 사업시행자로서의 지위가 부여되는 근거가 불분명하고, 기본행위인 조합설립결의 무효확인의 소는 제소기간의 제한이 없어 법적 안정성이 침해되고, 기본행위의 하자와 보충행위의 하자를 구별하기가 곤란하다는 비판이 제기되어 왔다.

그러자 대법원은 도시정비법에 의한 정비사업조합에 대해 <u>2009. 9. 24. 선고 2008다 60568 판결</u>로서 조합설립인가의 법적성질을 <u>강학상 인가로 보던 것을 설권적 처분</u> 즉, 특허로 보는 것으로 변경한바 있다. 설권적 처분으로 보면, 조합설립결의에 하자가 있다면 그 하자를 이유로 직접 <u>항고소송의 방법으로 조합설립인가처분의 취소 또는 무효확인</u>을 구하여야 하고, 이와는 별도로 조합설립결의 부분만을 따로 떼어내어 그 효력 유무를 다투는 확인의 소를 제기하는 것은 원고의 권리 또는 법률상의 지위에 현존하는 불안·위험을 제거하는 데에 가장 유효·적절한 수단이라 할 수 없어 특별한 사정이 없는 한 확인의 이익은 인정되지 아니한다.

법제처는 "리모델링주택조합 설립인가의 성질을 살펴보면, 이 사안과 같이 시장·군수·구청장이 「주택법」 등 관련 법령에 근거하여 행하는 주택조합설립인가처분은 단순히 사인들의 조합설립행위에 대한 보충행위로서의 성질을 갖는 것에 그치는 것이 아니라 법령상 요건을 갖출 경우 「주택법」상 리모델링을 할 수 있는 권한을 갖는 행정주체(공법인)로서의 지위를 부여하는 <u>일종의 설권적 처분의 성격을 갖는다</u>고 보아야 할 것입니다(대법원 2009. 9. 24. 선고 2008다60568 판결례 참조)."라고 유권해석을 하고 있다(법제처 11-0153, 2011. 6. 9., 국토해양부).

수원고등법원은 "리모델링주택조합은 구분소유자들이 창립총회를 개최하여 조합장을

---

[25] 다시 말하면 기본행위의 하자를 이유로 인가처분의 취소 또는 무효확인을 구할 수 없다.

선출하고 조합규약을 결의하는 등의 조직행위를 통해 설립하게 되고, <u>위 주택조합의 설립인가는 그 이후 행정청의 보충적인 행정조치에 불과</u>하다."라고 한다(수원고등법원 2022. 5. 12. 선고 2020나25648 판결).

한편, 설권적 처분은 도시정비법상의 정비조합, 도시개발법상의 도시개발조합, 시장정비조합에 한정된다는 견해가 있다.26) 그러나 이 견해는 리모델링조합에 대해 법인격을 부여하지 않고 있었던 때의 견해이다.

그런데 인가의 법적성질은 주택법의 개정으로 다시 논란이 되고 있다. 즉, 주택법은 2020. 1. 23. 개정·시행되어 제76조제5항에 "리모델링주택조합의 법인격에 관하여는 「도시 및 주거환경정비법」 제38조를 준용한다. 이 경우 "정비사업조합"은 "리모델링주택조합"으로 본다."라고 규정하여, 조합에 법인격을 부여하였다.

사견은, 리모델링조합설립인가의 법적성질은 아직도 '강학상 인가'로 보는 것이 타당하다고 본다. 법인격이 부여된 것은 사실이나, 도시정비법상 조합에 대해 설권적 처분으로 본 가장 중요한 요소인 관리처분인가가 리모델링조합에서는 근원적으로 일반분양분이 제한되어 있어 권리변동이 복잡하지 않음으로 사업시행계획승인이나 행위허가에 포함되어 있으므로, 조합설립인가를 설권적 처분으로 볼 실익이 별로 없기 때문이다.

다만, 이러한 견해는 사견에 불과하고, 법제처는 리모델링조합설립인가처분은 설권적 처분이라고 유권해석을 하고 있으므로, 리모델링조합설립인가에 대해 다투고자 하는 자는 법적성질에 대해 심각한 고민을 하고, 소송을 제기하여야 할 것이다.

참고로 대법원은 "행정소송법상 항고소송으로 제기하여야 할 사건을 민사소송으로 잘못 제기한 경우에 <u>수소법원이 그 항고소송에 대한 관할도 동시에 가지고 있다면</u>, 전심절차를 거치지 않았거나 <u>제소기간을 도과하는 등 항고소송으로서의 소송요건을 갖추지 못했음이</u> 명백하여 항고소송으로 제기되었더라도 어차피 부적법하게 되는 경우가 아닌 이상, <u>원고로 하여금 항고소송으로 소 변경을 하도록 석명권을 행사하여 행정소송법이 정하는 절차에 따라 심리·판단하여야 한다</u>."라고 한다(대법원 2020. 1. 16. 선고 2019다264700 판결). 결국 민사소송으로 제기해도 반드시 행정소송 제소기간(처분일로부터 90일 이내)을 지킬 것을 권고한다.

---

26) 노경필, 2009 변호사연수교육 건설실무(Ⅱ), 서울지방변호사회, 전게서, 91

2. 인가의 절차

 시장·군수·구청장은 해당 주택건설대지에 대한 다음 각 호의 사항을 종합적으로 검토하여 주택조합의 설립인가 여부를 결정하여야 한다. <u>이 경우 그 주택건설대지가 이미 인가를 받은 다른 주택조합의 주택건설대지와 중복되지 아니하도록 하여야 한다</u>(령 제20조제9항).
　1. 법 또는 관계 법령에 따른 건축기준 및 건축제한 등을 고려하여 해당 주택건설대지에 주택건설이 가능한지 여부
　2. 「국토의 계획 및 이용에 관한 법률」에 따라 수립되었거나 해당 주택건설사업기간에 수립될 예정인 도시·군계획(같은 법 제2조제2호에 따른 도시·군계획을 말한다)에 부합하는지 여부
　3. 이미 수립되어 있는 토지이용계획
　4. 주택건설대지 중 토지 사용에 관한 권원을 확보하지 못한 토지가 있는 경우 해당 토지의 위치가 사업계획서상의 사업시행에 지장을 줄 우려가 있는지 여부

 법제처는 정비사업이 완료되어 정비구역이 해제된 정비사업의 조합이 등기상 존속하고 있는 경우 리모델링주택조합의 설립인가가 제한되는지 여부에 대해 시장·군수·구청장은 정비사업조합이 등기상 존속하고 있다는 이유로 「주택법시행령」 제20조제9항을 적용하여 리모델링주택조합의 설립인가를 제한할 수 없다고 한다(법제처 21-0388, 2021. 9. 14., 민원인).

 또한 시장·군수 또는 구청장은 인가신청서류를 심사하여 특별한 사정이 없는 한 인가를 하여야 한다. 즉, 동의율 충족 여부, 창립총회 하자 여부 등을 심사하여 하자가 없다면 인가를 하여야 한다.

 시장·군수·구청장은 법 제11조제1항에 따라 주택조합의 설립 또는 변경을 인가하였을 때에는 별지 제10호서식의 주택조합설립인가대장에 적고, 별지 제11호서식의 인가필증을 신청인에게 발급하여야 한다(규칙 제7조 제7항). 주택조합설립인가대장은 전자적 처리가 불가능한 특별한 사유가 없으면 전자적 처리가 가능한 방법으로 작성·관리하여야 한다(규칙 제7조제9항).

 시장·군수·구청장은 법 제11조제1항에 따라 주택조합의 <u>설립인가를 한 경우 다음 각</u>

호의 사항을 해당 지방자치단체의 인터넷 홈페이지에 공고해야 한다. 이 경우 공고한 내용이 법 제11조제1항에 따른 변경인가에 따라 변경된 경우에도 또한 같다. 〈신설 2020. 7. 24., 2021. 2. 19.〉

1. 조합의 명칭 및 사무소의 소재지
2. 조합설립 인가일
3. 주택건설대지의 위치
4. 조합원 수
5. 토지의 사용권원 또는 소유권을 확보한 면적과 비율

주택법 시행령
[시행 2020. 7. 24.] [대통령령 제30864호, 2020. 7. 24., 일부개정]
◇ 주요내용
 가. 주택조합 설립인가의 세부 내용 공고(제20조제8항 신설)
   시장·군수·구청장은 주택조합의 설립인가 또는 변경인가를 한 경우 조합설립 인가일, 주택건설대지의 위치, 토지의 사용권원 또는 소유권을 확보한 면적 등을 해당 지방자치단체의 인터넷 홈페이지에 공고하도록 함.

3. 조합설립인가의 효력

가. 등기 여부

주택법은 2020. 1. 23. 개정·시행되어 제76조제5항에 "리모델링주택조합의 법인격에 관하여는「도시 및 주거환경정비법」제38조를 준용한다. 이 경우 "정비사업조합"은 "리모델링주택조합"으로 본다."라고 규정하여, 조합에 법인격을 부여하였다.

> 도시정비법 제38조(조합의 법인격 등) ① 조합은 법인으로 한다.
> ② 조합은 조합설립인가를 받은 날부터 30일 이내에 주된 사무소의 소재지에서 대통령령으로 정하는 사항을 등기하는 때에 성립한다.
> ③ 조합은 명칭에 "정비사업조합"이라는 문자를 사용하여야 한다.

따라서 리모델링조합은 조합설립인가를 받은 날부터 30일 이내에 주된 사무소의 소재지에서 대통령령으로 정하는 사항을 등기하는 때에 성립한다.

나. 사업시행자 지위 확보

리모델링주택조합(세대수를 증가하지 아니하는 리모델링주택조합은 제외한다)이 그 구성원의 주택을 건설하는 경우에는 등록사업자(지방자치단체·한국토지주택공사 및 지방공사를 포함한다)와 공동으로 사업을 시행할 수 있다. 이 경우 주택조합과 등록사업자를 공동사업주체로 본다(법 제5조).

즉, 세대수를 증가하는 경우에는 조합 단독으로는 리모델링사업을 시행할 수 없다.

조합이 공동사업주체를 누구로 선정할 지에 대해서는 아무런 제한이 없다. 따라서 통상은 선정된 시공자를 공동사업주체로 하여 사업계획승인을 신청하게 되는 것이다.

즉, 법문대로라면 조합은 시공자로 선정된 A와 공동사업주체로 사업을 시행할 수도 있고, 시공자는 A이지만 B와 공동사업주체가 될 수도 있는 것이다. 그러나 이는 법이 추구하는 바는 아니라고 보아야 한다. 선정된 시공자가 있는 경우 이 시공자와 반드시 공동사업주체로 사업을 하는 것이 법이 의도한 바라고 본다. 시공자 입장에서는 단순수급인으로서의 책임만 지고 싶을 것이나, 법은 세대수를 증가하여 일반분양을 하는 리모델링조합의 경우 공동사업주체로서 같이 책임을 지도록 한 것으로 보아야 할 것이다.

이와 관련하여 대법원은 "주택건설사업 등을 영위하는 甲주식회사와 乙재건축정비사업조합이 공동사업주체로서 기존의 연립주택을 철거하고 그 자리에 아파트를 건설하여 분양하는 내용의 시행·시공계약을 체결하고, 甲회사와 乙조합이 공동으로 매도인이 되어 丙과 아파트 분양계약을 체결한 사안에서, 위 시행·시공계약은 공동으로 재건축사업을 추진하기 위하여 甲회사와 乙조합이 상호 출자를 약정한 <u>조합계약</u>의 성격을 가지고, <u>甲회사와 乙조합의 공동 명의로 분양계약을 체결함에 따라 丙에 대한 관계에서 분양대금청구권은 甲회사와 乙조합에 공동으로 귀속된다고 보아야 하며, 위 분양계약은 甲회사와 乙조합이 시행·시공계약에 따른 공동사업주체의 지위에서 체결한 것으로서 그 분양대금 청구권은 조합체의 재산에 속한다고 할 수 있으므로 그 지급을 구하는 소송은 조합체 구성원인 甲회사와 乙조합이 공동으로 제기하여야 하는 고유필수적공동소송에 해당하므로,</u> 위 분양대금채권이 조합체의 재산인지 아니면 甲회사에 단독으로 귀속되는 재산인지를 심리한 후 조합체의 재산으로 인정되는 경우에는 乙조합을 제외하고 甲회사만에 의해 제기된 분양대금청구의 소는 부적법하다고 판단하였어야 함에도, 이에 이르지 아니한 채 甲회사의 분양대금청구를 인용한 원심판결에 심리미진의 위법이 있다."라고 판시한바 있다(대법원 2012. 11. 29. 선고 2012다44471 판결).

다. 시공자 선정

조합설립인가를 받으면 조합은 시공자를 경쟁입찰로 선정할 수 있다(법 제66조제3항, 제4항).

라. 매도청구권 행사

법 제66조제2항에 따른 리모델링의 허가를 신청하기 위한 동의율을 확보한 경우 리모델링 결의를 한 리모델링주택조합은 그 리모델링 결의에 찬성하지 아니하는 자의 주택 및 토지에 대하여 매도청구를 할 수 있다. 〈개정 2020.1.23.〉

즉, 2020. 1. 23. 법 개정으로 매도청구는 조합설립 후에 바로 하는 것이 아니라 법 제66조제2항에 따른 리모델링의 허가를 신청하기 위한 동의율을 확보한 후에 하는 것이다.

마. 사업계획승인 또는 행위허가 신청

주택조합은 설립인가를 받은 날부터 <u>2년 이내</u>에 법 제15조에 따른 사업계획승인(제27조제1항제2호에 따른 사업계획승인 대상이 아닌 리모델링[27]인 경우에는 법 제66조제2항에 따른 허가를 말한다)을 신청하여야 한다(령 제23조 제1항).

다만 2년 이내에 사업계획승인을 신청하지 못하였다고 하여 필요적 조합설립인가 취소사유는 아니다(서울행정법원 2013. 12. 17. 선고 2013구합53943 판결 피고 동작구청장).

리모델링주택조합은 시장·군수·구청장의 허가를 받아 리모델링을 할 수 있다(법 제66조 제2항).

> **국토해양부 - 설립인가를 받은 날부터 2년이 지나도록 리모델링 허가를 신청하지 아니한 경우 리모델링주택조합 설립인가의 효력 여부 등**(「주택법」 제34조 등 관련)
> [법제처 11-0153, 2011. 6. 9., 국토해양부]
>
> **【질의요지】**
> 가. 「주택법 시행령」 제40조제1항에 따르면 리모델링주택조합은 조합설립인가를 받은 날부터 2년 이내에 「주택법」 제42조제3항에 따른 리모델링 허가를 신청하여야 하는데, 2년이 지나도록 리모델링 허가를 신청하지 아니한 경우 리모델링주택조합 설립인가의 효력이 별도의 취소처분 없이 바로 상실되는지?
> 나. 리모델링주택조합이 조합설립인가를 받은 날부터 2년이 지난 후 「주택법」 제42조제3항에 따른 리모델링 허가를 신청하는 경우, 시장·군수·구청장은 2년이 지났다는 이유만으로 신청을 거부할 수 있는지?
>
> **【회답】**
> 가. 질의 가에 대하여
> 리모델링주택조합이 주택설립인가를 받은 날부터 2년이 지나도록 리모델링 허가를 신청하지 아니한 경우, <u>별도의 설립인가 취소처분이 없는 한 리모델링주택조합 설립인가가 바로 효력이 상실되는 것은 아닙니다.</u>
>
> 나. 질의 나에 대하여
> 리모델링주택조합이 조합설립인가를 받은 날부터 2년이 지난 후 「주택법」 제42조제3항에 따른 리모델링 허가를 신청한 경우, 허가요건에 적합하지 아니하다는 이유로 허가를 거부하는 것은 별론으로 하고, <u>2년이 지났다는 이유만으로 신청을 거부할 수는 없습니다.</u>
>
> **【이유】**
> 가. 질의 가에 대하여
> 먼저, 리모델링주택조합 설립인가의 성질을 살펴보면, 이 사안과 같이 시장·군수·구청장이 「주택법」 등 관련 법령에 근거하여 행하는 주택조합설립인가처분은 단순히 사인들의 조합설립행위에 대한 보충행위로서의 성질을 갖는 것에 그치는 것이 아니라 법령상 요건을 갖출 경우 「주택법」 상 리모델링을 할 수 있는 권한을 갖는 행정주체(공법인)로서의 지위를 부여하는 일종의 설권적 처분의

---

27) 30세대(리모델링의 경우에는 증가하는 세대수를 기준으로 한다).

성격을 갖는다고 보아야 할 것입니다(대법원 2009. 9. 24. 선고 2008다60568 판결례 참조).

다음으로, 이러한 행정처분의 효력이 상실되는 사유로는 일반적으로 해제조건의 성취, 종기의 도래, 취소 또는 철회된 경우 등을 들 수 있는데, 이 사안과 같이 리모델링주택조합이 「주택법 시행령」 제40조제1항에 따라 설립인가를 받은 날부터 2년 이내에 「주택법」 제42조제3항에 따른 리모델링 허가를 신청하지 아니한 것은 주택조합설립행위와 주택조합설립인가처분 자체의 하자 여부와는 관련이 없는 사항이므로, 법률에서 2년 이내에 허가를 신청하지 아니하는 경우 주택조합의 설립인가는 취소된 것으로 보거나 그 인가의 효력이 상실된다는 명시적인 규정이 있거나 설립인가처분이 취소되지 않는 한, 법령에서 정한 허가신청 기간의 경과만으로는 주택조합설립인가의 효력이 바로 상실된다고 볼 수는 없습니다.

따라서, 리모델링주택조합이 주택설립인가를 받은 날부터 2년이 지나도록 리모델링 허가를 신청하지 아니한 경우 별도의 설립인가 취소처분이 없는 한 바로 리모델링주택조합 설립인가의 효력이 상실되는 것은 아닙니다.

나. 질의 나에 대하여

먼저 「주택법 시행령」 제40조제1항에서 설립인가를 받은 날부터 2년 이내에 리모델링 허가를 신청하도록 규정한 것은 리모델링주택조합으로 하여금 신속하게 리모델링을 추진하도록 하기 위한 취지로 보이는바, 같은 법 제16조제1항은 사업계획승인을 받아야 하는 자 및 승인 신청시 제출하여야 하는 서류의 종류를 대통령령으로 위임하고 있고, 같은 법 제42조제3항은 허가를 받아 리모델링할 수 있는 자의 범위를 대통령령으로 위임하고 있는데, 사업계획승인 신청 기간 또는 리모델링 허가 신청 기간에 대해서는 법률상 별도의 위임이 없으므로, <u>일정한 기간 이내에 허가를 신청하도록 규정하고 있는 같은 법 시행령 제40조제1항은 위임명령이 아니라 법률을 집행하기 위한 집행명령으로 볼 수 있으며, 이러한 집행명령을 근거로 해서는 국민의 권리를 제한할 수 없다 할 것입니다.</u>

더구나, 「주택법」에서는 주택조합이 설립인가를 받은 날부터 2년 이내에 같은 법 제42조제3항에 따른 리모델링 허가를 신청하지 않으면 해당 권리가 소멸한다는 규정을 별도로 두고 있지 않을 뿐만 아니라, 리모델링 허가 거부 사유로도 규정하고 있지 않습니다.

따라서, 리모델링주택조합이 조합설립인가를 받은 날부터 2년이 지난 후 「주택법」 제42조제3항에 따른 리모델링 허가를 신청한 경우, 허가요건에 적합하지 아니하다는 이유로 허가를 거부하는 것은 별론으로 하고, 시장·군수·구청장은 2년이 지났다는 이유만으로 신청을 거부할 수는 없습니다.

4. 조합의 법적 성격

주택법이 2020. 1. 23. 개정 시행되면서, 조합에 법인격이 부여되었다.

주택법
[시행 2020. 1. 23.] [법률 제16870호, 2020. 1. 23., 일부개정]
[개정이유]
카. 리모델링주택조합의 법인격과 권리변동계획에 따라 소유권이 이전되는 토지 또는 건축물에 대한 권리의 확정 등에 관하여는 「도시 및 주거환경정비법」을 준용하도록 함(제76조제5항 및 제6항 신설).

제76조에 제5항 및 제6항을 각각 다음과 같이 신설한다.
⑤ 리모델링주택조합의 법인격에 관하여는 「도시 및 주거환경정비법」 제38조를 준용한다. 이 경우 "정비사업조합"은 "리모델링주택조합"으로 본다.
⑥ 권리변동계획에 따라 소유권이 이전되는 토지 또는 건축물에 대한 권리의 확정 등에 관하여는 「도시 및 주거환경정비법」 제87조를 준용한다. 이 경우 "토지등소유자에게 분양하는 대지 또는 건축물"은 "권리변동계획에 따라 구분소유자에게 소유권이 이전되는 토지 또는 건축물"로, "일반에게 분양하는 대지 또는 건축물"은 "권리변동계획에 따라 구분소유자 외의 자에게 소유권이 이전되는 토지 또는 건축물"로 본다.

부칙
제1조(시행일) 이 법은 공포 후 6개월이 경과한 날부터 시행한다. 다만, 제21조제1항제4호, 제22조제2항, 제55조제1항 및 제2항, 제56조, 제56조의2, 제56조의3, 제66조제2항, 제76조제5항 및 제6항, 제89조제4항 및 제100조의 개정규정은 공포한 날부터 시행하고,

---

그런데 주택법은 2020. 1. 23. 개정되면서 그 이전에 인가받은 조합에 대한 경과조치를 규정하지 않았다. 도시정비법이 제정되면서 아래와 같은 경과규정을 둔 것과 비교된다.

도시정비법 [시행 2003. 7. 1.] [법률 제6852호, 2002. 12. 30., 제정]
부칙 제10조 (조합의 설립에 관한 경과조치) ① 종전법률에 의하여 조합 설립의 인가를 받은 조합은 본칙 제18조제2항의 규정에 의하여 주된 사무소의 소재지에 등기함으로써 이 법에 의한 법인으로 설립된 것으로 본다. 다만, 종전법률에 의하여 설립된 법인이 아닌 조합(종전법률에 의하여 준공인가를 받은 조합을 제외한다)은 이 법 시행일부터 1월 이내에 등기하여야 한다.
② 제1항의 규정에 의하여 법인으로 보는 조합의 규약은 본칙 제20조의 규정에 의한 정관으로 본다.

이에 대한 국토교통부 유권해석은 다음과 같다.

■ 질의사항

2020. 1. 23. 전에 인가받아 활동하는 리모델링주택조합의 경우 ①법 개정에도 불구하고 계속하여 종전처럼 비법인사단으로 취급하는지, 아니면 ②법 개정일부터 자동적으로 법인격이 부여된 것으로 보아 법인으로 취급하는지, 아니면 ③법 시행 이후에 등기를 함으로써 법인격을 부여 받는지, ④이도저도 아니라면 경과규정이 없어 어떻게 하라는 것인지요?

■ 답변내용(주택정비과 2021. 2. 22.)

○ 「주택법」 제76조제5항에 따르면, 리모델링주택조합의 법인격에 관하여는 「도시 및 주거환경정비법」 제38조를 준용한다. 이 경우 "정비사업조합"은 "리모델링주택조합"으로 보도록 규정하고 있으며, 「도시 및 주거환경정비법」 제38조는 다음과 같이 규정하고 있습니다.

제38조(조합의 법인격 등)

① 조합은 법인으로 한다.

② 조합은 조합설립인가를 받은 날부터 30일 이내에 주된 사무소의 소재지에서 대통령령으로 정하는 사항을 등기하는 때에 성립한다.

③ 조합은 명칭에 "정비사업조합"이라는 문자를 사용하여야 한다.

이때, 같은 법 부칙(법률 제16870호, 2020. 1. 23.) 제1조에 따르면, 이 법은 공포 후 6개월이 경과한 날부터 시행한다. 다만, 제76조제5항의 개정규정은 공포한 날부터 시행하도록 규정하고 있습니다.

따라서, 상기 부칙에 따라 제76조제5항의 개정규정은 공포한 날부터 시행하도록 규정하고 있음을 알려드립니다.

추가질문이 있을 경우에는 우리 부 주택정비과(박경민, ☎044-201-3386)로 문의하여 주시기 바라며, 우리 부 법령 해석은 국토교통부 홈페이지 민원마당→민원안내「자주하는질문(FAQ)」에서 찾아볼 수 있으며, 관련 법령은 "국가법령정보센터(www.law.go.kr)"에서 확인 가능함을 알려드립니다. 감사합니다. 끝.

제2절 조합원

1. 조합원의 자격

조합원이란 설립인가를 받은 조합의 구성원을 말하고, 리모델링조합설립에 <u>동의한 자만이 조합원</u>이 된다.

즉, 주택법 시행령 제21조제1항제3호는 조합원은 소유자라고만 규정하고 있고, 도시정비법상의 분양신청 제도가 없고, 2020. 1. 23. 법 개정으로 리모델링의 허가를 신청하기 위한 동의율을 확보하여 리모델링 결의를 한 리모델링주택조합이 그 <u>리모델링 결의에 찬성하지 아니하는</u> 자의 주택 및 토지에 대하여 매도청구권을 행사하므로 결국 <u>소유자들 중 리모델링사업에 동의한 사람만이 조합원이 되는 것이다</u>.

법 시행령 제21조제1항제3호에 따르면 다음과 같이 규정하고 있다.
리모델링주택조합 조합원 : 다음 각 목의 어느 하나에 해당하는 사람. 이 경우 해당 공동주택, 복리시설 또는 다목에 따른 공동주택 외의 시설의 소유권이 여러 명의 공유(共有)에 속할 때에는 그 여러 명을 대표하는 1명을 조합원으로 본다.
  가. 법 제15조에 따른 사업계획승인을 받아 건설한 공동주택의 소유자
  나. 복리시설을 함께 리모델링하는 경우에는 해당 복리시설의 소유자
  다. 「건축법」제11조에 따른 건축허가를 받아 분양을 목적으로 건설한 공동주택의 소유자(해당 건축물에 공동주택 외의 시설이 있는 경우에는 해당 시설의 소유자를 포함한다)

2. 의결권 및 조합원의 수

가. 의결권

　사견은 1세대 또는 1인이 2개 이상의 주택 등을 소유하는 경우에는 그 주택 등의 수만큼 조합원으로 보고, 의결권을 인정하여야 한다고 본다.

　리모델링은 재건축과는 달리 조합원 주택에 대한 분양개념이 없고, 자신의 주택을 자신의 비용으로 리모델링하는 것이고, 법상 이를 금지하는 규정이 없으므로, 1인이 수개를 소유할 경우에는 소유한 개수만큼 의결권을 인정하는 것이 타당하다. 이 점은 규약에 명시하는 것이 타당하다.

나. 조합원의 수

　지역주택조합은 조합원이 20명 이상이어야 하나, 리모델링주택조합의 경우에는 그러하지 아니하다. 즉, 조합원 수의 제한이 없다.

3. 조합원의 권리와 의무

법은 조합원의 권리와 의무에 대해 자치 규약에 위임하고 있다.

법무법인강산 제시 규약안 제10조는 다음과 같이 규정하고 있다.

> **규약 제10조(조합원의 권리·의무)★** ① 조합원은 다음 각 호의 권리와 의무를 갖는다.
> 1. 리모델링된 아파트등에 대한 (구분)소유권
> 2. 총회의 출석권·발언권 및 의결권
> 3. 임원의 선임권과 피선임권
> 4. 대의원의 선임권과 피선임권
> 5. 리모델링 사업비, 청산금, 부과금과 이에 대한 연체료 및 지연손해금(이주지연, 계약지연, 조합원 분쟁으로 인한 지연 등을 포함한다)의 비용 납부 의무
> 6. 사업시행계획 및 권리변동계획에 의한 계약체결, 이주, 신탁등기 의무
> 7. 조합이 리모델링사업에 필요하여 요구하는 서류의 제출 의무
> 8. 그밖에 관계 법령 및 규약의 준수와 총회 등의 의결사항 준수 의무

4. 조합원의 임의탈퇴·제명 등

가. 규약안

제11조(조합원 자격의 상실 등)★ ① 조합원이 아파트등의 소유권을 양도하였을 때에는 조합원의 자격은 즉시 상실한다.
② 관련 법령 및 이 규약에서 정하는 바에 따라 조합원의 자격에 해당하지 않게 된 자의 조합원 자격은 자동 상실된다.
③ 조합원으로서 고의 또는 중대한 과실 및 의무 불이행 등으로 조합에 대하여 막대한 손해를 입힌 경우에는 총회를 개최하여 조합원 5분의 4 이상의 찬성으로 조합원을 제명할 수 있다. 이 경우 제명 전에 해당 조합원에 대해 청문등 소명기회를 부여하여야 한다. 다만, 청문등 소명기회를 부여하였음에도 이에 응하지 아니한 경우에는 소명기회를 부여한 것으로 본다.
④ 조합원은 임의로 탈퇴할 수 없다. 다만, 부득이한 사유가 발생한 경우에는 총회 의결에 따라 탈퇴할 수 있다.

※ 많은 조합원이 탈퇴하면 사실상 조합해산을 허용하는 결과인데, 이를 총회가 아닌 대의원회 의결로 하는 것은 적절하지 않다고 봄

⑤ 조합은 「주택법」 제66조제2항에 따른 리모델링결의서(행위허가동의서)를 제출하지 않은 소유자에 대해 「주택법」 제22조제2항에 의하여 매도청구를 할 수 있다.
⑥ 조합원의 제명·탈퇴에 따른 환급금의 산정방식, 지급 시기 및 절차는 제47조, 제48조 등을 준용한다.

나. 임의탈퇴 가능여부

조합원은 리모델링조합에서 임의탈퇴가 불가하다. 즉, 조합설립동의율을 갖추면 그 후에는 동의철회가 불가하므로(대법원 2011. 2. 10. 선고 2010두20768, 20775 판결), 임의로 탈퇴할 수가 없다. 리모델링주택조합의 설립에 동의한 자로부터 건축물을 취득한 자는 조합의 설립에 동의한 것으로 본다(령 제20조제6항).

대법원 2011. 2. 10. 선고 2010두20768,20775 판결 [아파트리모델링인가처분취소·주택조합변경인가취소]
주택법 시행령 제37조제1항제1호(나)목은 리모델링주택조합의 설립 또는 변경 인가를 받으려는 자가 인가신청 시에 첨부하여야 하는 서류의 하나로, 주택단지 전체를 리모델링하고자 하는 경우에는 주택단지 전체 및 각 동의 구분소유자(집합건물의 소유 및 관리에 관한 법률 제2조제2호의 규정에 의한 구분소유자를 말한다)와 의결권(집합건물의 소유 및 관리에 관한 법률 제37조의 규정에 의한 의결권을 말한다)의 각 3분의 2 이상의 결의, 동을 리모델링하고자 하는 경우에는 그 동의 구분소유자 및 의결권의 각 3분의 2 이상의 결의를 증명하는 서류를 요구하고 있는바, 위 규정이 요구하

고 있는 리모델링에 관한 유효한 결의가 있었는지의 여부는 반드시 총회에서의 결의에만 한정하여 볼 것은 아니고, 비록 총회에서의 리모델링 동의자가 그 인가에 필요한 정족수를 충족하지 못하였다고 하더라도 그 후 이를 기초로 한 리모델링 추진 과정에서 구분소유자들이 리모델링에 동의하는 취지의 서면을 별도로 제출함으로써 리모델링결의 정족수를 갖추게 된다면 그 시점에서 리모델링결의로서 유효하게 성립하며, <u>위와 같이 서면결의의 방법에 의한 리모델링결의에 있어 리모델링결의에 대한 동의의 철회는 그 결의가 유효하게 성립하기 전까지만 이를 할 수 있다고 볼 것이다.</u> 한편 리모델링주택조합이 아직 설립인가를 받지 아니하였거나 리모델링에 동의한 자가 아직 조합원으로 포함되어 변경인가를 받기 전이라고 하더라도 조합의 규약 등에 조합원의 탈퇴를 허용하지 아니하는 규정이 있는 등의 특별한 사정이 있는 경우에는 조합원은 임의로 조합을 탈퇴할 수 없다고 할 것이다.

다만, 법무법인강산 제시 규약안(이하 "규약안"이라고만 한다) 제11조제4항에 의하면 부득이한 사유가 발생한 경우 총회의 의결에 따라 탈퇴할 수 있다.

한편 법은 2016. 12. 2. 다음과 탈퇴 및 비용 환급에 관한 규정을 신설하였다.

주택법 [시행 2017. 6. 3.] [법률 제14344호, 2016. 12. 2., 일부개정]
◇ **개정이유**
주택조합 설립을 위해 조합원을 모집하고자 하는 경우 시장·군수·구청장에게 신고한 후 공개모집하고 조합 가입 신청자에게 관련 정보를 공개하도록 하며, <u>조합 탈퇴 및 비용 환급에 관한 규정을 신설하고</u>, 그 밖에 업무대행사의 업무범위 구체화, 손해배상책임 명시 및 시공 보증 의무화 등을 통하여 주택조합 운영의 투명성을 제고하고 조합원의 권익을 보호하려는 것임.

◇ **주요내용**
가. <u>조합원의 조합 탈퇴 및 환급 관련 규정을 신설함(제11조제7항부터 제9항까지)</u>

제11조제7항 본문 중 "자격기준"을 "자격기준·제명·탈퇴"로 하고, 같은 항 단서를 삭제하며, 같은 조 제8항 및 제9항을 각각 다음과 같이 한다.
⑧ 제7항에도 불구하고 조합원은 조합규약으로 정하는 바에 따라 조합에 탈퇴 의사를 알리고 탈퇴할 수 있다.
⑨ 탈퇴한 조합원(제명된 조합원을 포함한다)은 조합규약으로 정하는 바에 따라 부담한 비용의 환급을 청구할 수 있다.

그러나 위 규정은 지역주택조합을 대상으로 한 규정으로 보아야 한다. 리모델링조합에서는 먼저 조합원을 상대로 비용을 징구하지 않는다. 선해하여 리모델링조합에 대해서도 적용되는 것으로 보아도 규약에서 정하는 바에 따라 탈퇴를 하여야 하므로, 특별히 문제될 것은 없다.

다. 조합원의 제명

조합원으로서 고의 또는 중대한 과실 및 의무불이행 등으로 조합에 대하여 막대한 손해를 입힌 경우에는 총회의 의결에 따라 조합원을 제명할 수 있다. 이 경우 제명전에 해당 조합원에 대해 청문 등 소명기회를 부여하여야 하며, 청문 등 소명기회를 부여하였음에도 이에 응하지 아니한 경우에는 소명기회를 부여한 것으로 본다.

탈퇴한 조합원, 제명된 조합원은 최고가 필요 없다(인천지방법원 2008. 1. 17. 선고 2007가합12056, 2007가합12063).

5. 조합원의 변경과 인가

 법은 조합장선출동의서, <u>조합원 명부</u>, 조합원 자격이 있는 자임을 확인하는 서류를 설립인가 시 첨부하여 인가받도록 하고, 변경인가 시에는 변경의 내용을 증명하는 서류를 첨부하도록 하고 있다(령 제20조제1항). 따라서 조합원의 변경이 있는 경우 변경인가를 별도로 받아야 하는지가 문제된다.

 조합원 명부를 첨부하여 인가를 받아야 하므로, 인가를 받은 이후 조합원이 변경된 경우에는 변경인가를 받아야 한다고 본다.

 대법원은 "주택조합을 구성하여 그 구성원의 주택을 건설하고자 할 때 관할 시장 등의 인가를 받아야 하고, 인가받은 내용을 변경하거나 주택조합을 해산하고자 할 때에도 마찬가지로 인가를 받도록 되어 있는바, 여기서 관할 시장 등의 인가행위는 그 대상이 되는 기본행위를 보충하여 법률상 효력을 완성시키는 보충행위로서(대법원 1995. 12. 12. 선고 95누7338 판결, 2000. 9. 5. 선고 99두1854 판결 등 참조), 이러한 인가의 유무에 따라 기본행위의 효력이 문제되는 것은 주택건설촉진법과 관련한 공법상의 관계에서이지 주택조합과 조합원, 또는 조합원들 사이의 내부적인 사법관계에까지 영향을 미치는 것은 아니다. 그러므로 이 법 조항에 따라 설립인가를 받아야 함에도 설립인가를 받지 아니한 채 주택조합을 설립한 결과, 그 조합이 주택건설촉진법의 적용을 받지 못하게 되었다 하더라도, 이로써 그 조합의 단체로서의 실체가 변하는 것은 아니므로, 그 규약이나 정관에 따라 조합원의 자격을 취득한 조합원으로서는 인가 여부와는 관계없이 조합에 대하여 조합원의 권리를 행사할 수 있는 것이고, 마찬가지로 주택조합의 설립행위에 대하여는 인가를 받았으나 <u>조합원의 변동에 대하여는 인가를 받지 못한 경우에도 변동된 새 조합원은 인가 여부와 관계없이 조합에 대하여 조합원으로서 권리를 행사할 수 있다.</u>"라고 판시한 바 있다(대법원 2002. 3. 11. 자 2002그12 결정).

 문제는 조합임원의 변경인가 여부이다. 이에 대해서는 조합임원의 법률관계에서 논하고자 한다.

6. 소위 매몰비용 부담 여부

일부 조합에서 규약에 아래와 같은 매몰비용 부담 조항을 두는 경우가 있다.

> **제00조(경비의 부과 및 징수)** ④시장상황, 법령개정 등 불가피한 사유로 인하여 사업추진이 어려운 경우 조합의 운영 및 사업추진을 위해 조합이 시공자, 정비회사, 금융기관 등으로부터 조달한 차입금은 조합원들이 리모델링 전 의결권(「집합건물의 소유 및 관리에 관한 법률」 제37조에 따른 의결권을 말한다) 비율에 따라 상환하기로 한다.

그러나 사견은 위 조항은 두지 말아야 한다고 본다. 매몰비용은 빌려준 자들이 위험부담을 감수하여야 한다고 본다.

위 조항이 있으면 매몰비용을 조합원들이 부담할 수도 하지만, 위 조항이 없다면 조합원들이 매몰비용을 부담할 근거가 없는 것이다.

조합 임원들의 경우도 개인적으로 연대보증을 하지 않는 이상 매몰비용 부담의무는 없다.

제3절 시공자의 선정 및 계약[28]

1. 시공자의 지위

리모델링주택조합(세대수를 증가하지 아니하는 리모델링주택조합은 제외한다)이 그 구성원의 주택을 건설하는 경우에는 등록사업자(지방자치단체·한국토지주택공사 및 지방공사를 포함한다)와 공동으로 사업을 시행할 수 있다. 이 경우 주택조합과 등록사업자를 공동사업주체로 본다(법 제5조제2항).

즉, 세대수를 증가하는 리모델링의 경우에는 시공자는 정비사업에서와 같이 단순 수급인이 아니라 리모델링사업의 공동사업시행주체인 것이다. 따라서 시공자 선정 및 계약은 조합이 하는 일 중 가장 중요한 일이다.

조합과 등록사업자간에 대지 및 주택(부대시설 및 복리시설을 포함한다)의 사용·처분, 사업비의 부담, 공사기간, 그 밖에 사업 추진에 따르는 각종 책임 등 사업 추진에 필요한 사항 등에 관하여 법 및 이 영이 정하는 범위 안에서 협약이 체결되어 있어야 사업계획승인을 신청할 수 있다(령 제16조제1항제3호).

이와 같이 주택조합이 조합설립인가를 받고 시공사와 공동으로 주택건설사업을 시행하기 위하여 관할관청으로부터 사업계획승인을 받은 경우에는 주택조합과 시공사가 공동사업주체로서 주택법령에 따라 대외적인 손해배상책임 등을 공동으로 부담하게 될 수 있고 나아가 동업약정 관계에 의한 민법상 조합 구성원으로서 책임을 지게 될 수 있으며, 이러한 경우에는 주택조합이 조합원들에게 부담하는 고지의무를 시공사도 함께 부담한다고 볼 수 있다(대법원 2012. 4. 26. 선고 2010다8709 판결).

---

[28] 더 상세한 시공자 선정 시 주의사항 및 도급계약노하우, 해제 방법 등에 대해서는 법무법인강산의 다른 책인 "재건축재개발 총회진행, 임원 선임·해임, 시공자 선정 실무" 책 참고

2. 시공자 선정 시기 제한

가. 2012. 3. 16. 이전

2011. 9. 16. 법 개정(시행일은 2012. 3. 17.) 전에는 법은 리모델링조합의 시공자 선정시기와 선정방법을 명시적으로 제한하는 규정을 두고 있지 않았다. 그러나 2011. 9. 16. 개정 주택법이 시행되는 날인 2012. 3. 16. 이전이라고 하더라도 구 주택법 시행규칙 제17조제5항제4호는 "시공자의 선정·변경 및 공사계약의 체결"은 반드시 조합총회의 의결을 거쳐야 하는 사항으로 규정하고 있었다. 따라서 개정 전이라도 <u>시공자 선정은 조합총회에서 선정하여야만 하는 것이다. 물론 선정방법은 아무런 제한이 없는 것이다.</u>

그런데 이 시기에 실무적으로는 일단 리모델링조합설립추진위원회(법적단체가 아니라 임의단체임)에서 시공자를 선정한 후에 조합창립총회에서 이를 추인을 받는 형식 또는 창립총회에서 선정하는 방식을 주로 택하고 있었다.

나. 2012. 3. 17. 이후

주택법은 2011. 9. 16. 개정되면서 제42조제4항을 신설하여, "설립인가를 받은 리모델링주택조합의 총회 또는 소유자 전원의 동의를 받은 입주자대표회의에서 「건설산업기본법」 제9조에 따른 건설업자 또는 제12조제1항에 따라 건설업자로 보는 등록사업자를 시공자로 선정하여야 한다."라고 규정하고 있고, 동법 제96조제3호는 "제42조 제4항을 위반하여 리모델링주택조합이 설립인가를 받기 전에 또는 입주자대표회의가 소유자 전원의 동의를 받기 전에 시공자를 선정한 자 및 시공자로 선정된 자"에 대해 3년 이하의 징역 또는 3천만원 이하의 벌금에 처하도록 규정하고 있다. 부칙 제1조는 "<u>이 법은 공포 후 6개월이 경과한 날부터 시행한다.</u>"라고만 규정하여 별도의 경과규정을 두고 있지 않다.

즉, 주택법은 시공자 선정시기 및 그 방법을 명확히 하고자 개정되었다. 법제처 홈페이지에 게시된 개정이유를 보면 다음과 같다.

> ◇ 개정이유
> 리모델링사업을 위한 시공자 선정 시기 및 선정방법을 명확히 함으로써, 리모델링사업 시에 주민 사이에 발생하는 분쟁을 미연에 방지하는 등 현행 제도의 운영상 나타난 일부 미비점을 개선·보완하려는 것임.
> 라. 리모델링주택조합이 리모델링을 시행하는 경우에는 설립인가를, 입주자대표회의가 시행하는 경

> 우에는 소유자 전원의 동의를 받은 후에 리모델링주택조합의 총회 또는 입주자대표회의에서 건설업자 등을 시공자로 선정하도록 하되, 경쟁입찰의 방법으로 선정하도록 하고, 이를 위반한 경우에는 3년 이하의 징역 또는 3천만원 이하의 벌금에 처함(안 제42조제4항·제5항 및 제96조제3호·제4호 신설).

따라서 이 개정 규정 시행 후에는 조합설립 인가를 받기 전 단계인 추진위원회에서는 시공자를 선정하지 못하도록 하고 있는 것이며, 반드시 설립인가를 받은 조합이, 경쟁입찰에 의하여 시공자를 선정하여야 하는 것이다. 따라서 이 개정 규정이 시행 되는 2012. 3. 17. 이후에는 조합창립총회에서는 시공자를 선정하지 못하고, 창립총회 후 설립인가를 받고 난 다음 개최되는 조합총회에서 시공자를 경쟁입찰로 선정하여야 하는 것이고, 이는 강행규정이므로, 이에 위반된 것은 무효라고 보아야 한다.

한편 국토교통부는 2012. 4. 4. 「리모델링 시공자 선정기준」을 제정·고시하였는바, 위 기준 부칙 제1조는 이 기준은 고시한 날로부터 시행하고, 부칙 제2조는 "이 기준에 따른 경쟁입찰 방법의 시공자 선정은 이 기준 시행 후 최초로 제8조에 따라 입찰공고를 하는 분부터 적용한다."라는 것이다. 그리고 동기준 제5조는 "조합등이 시공자를 선정하고자 하는 경우에는 일반경쟁입찰, 제한경쟁입찰 또는 지명경쟁입찰의 방법으로 선정하여야 한다. 다만, 미응찰 등의 사유로 2회 이상 유찰된 경우에는 총회나 입주자대표회의의 의결을 거쳐 수의계약을 할 수 있다."라고 규정하고 있다.

현행법도 "설립인가를 받은 리모델링주택조합의 총회 또는 소유자 전원의 동의를 받은 입주자대표회의에서「건설산업기본법」제9조에 따른 건설사업자 또는 제7조 제1항에 따라 건설사업자로 보는 등록사업자를 시공자로 선정하여야 한다."라고 규정하고 있다(법 제66조제3항).

다. 2012. 3. 16.까지 조합설립인가를 받지 못한 경우

첫째, 리모델링조합설립추진위원회(법적단체가 아니라 임의단체임)에서 시공자를 선정한 경우, 둘째, 조합창립총회에서 이를 추인을 받은 경우, 셋째, 창립총회에서 선정한 경우, 그러나 아직 2012. 3. 16.까지 조합설립인가를 받지 못하였다면, 현재 위 3가지 경우에 해당하는 시공자 선정과 그 계약은 모두 무효이다.

따라서 2012. 3. 16.까지 조합창립총회에서 시공자를 선정(또는 추인)하고 조합설립인가를 받지 못하였다면 그 시공자 선정은 모두 강행규정에 반하여 무효인 것이다(대법원

2012. 4. 12. 선고 2009다22419 판결, 대법원 2012. 3. 29. 선고 2008다95885 판결, 대법원 2008. 6. 12. 선고 2008다6298 판결). 이러한 경우는 공사도급(가)계약도 모두 무효라고 보아야 한다.

라. 2012. 4. 4. 전까지 조합설립인가를 받고, 시공자 선정을 위해 경쟁입찰공고를 하였으나, 유찰될 경우

 위와 같은 경우에도 2012. 4. 4.[29] 후에 2회의 경쟁입찰을 실시하여야 하는지가 문제된다. 리모델링시공자선정기준 부칙 제2조는 "이 기준에 따른 경쟁입찰 방법의 시공자 선정은 이 기준 시행 후 <u>최초로</u> 제8조에 따라 입찰공고를 하는 분부터 적용한다."라고 규정하고 있으므로, 이미 인가를 받은 조합이 '최초로' 경쟁입찰을 실시한 이상, 이 경우는 동기준의 적용을 받지 않는다는 견해와 경쟁입찰을 하였다고 하더라도 시공자를 선정하지 못하여 다시 시공자 선정 공고를 하여야 하는 이상 동기준의 적용을 받는다는 견해가 있을 수 있다. 사견은 전자가 타당하다고 본다. 다만, 이 문제는 국토교통부가 동기준의 적용시기를 명확히 함으로써 해결하는 것이 최선이라고 본다.

마. 입법론

 시공자 선정시기를 조합설립 인가 후로 제한하면서 각 리모델링추진위원회로서는 자금조달문제에 직면해 있다. 따라서 정부로서는 이러한 제한을 아예 해소하던가 아니면 자금조달문제를 해결해주어야 할 것이다. 국민주택기금의 대출, 특별수선충당금의 사용허용, 공공융자 등의 제도를 조속히 도입하여야 할 것이다.

---

[29] 리모델링 시공자 선정기준 제정일

3. 시공자 선정방법

가. 경쟁입찰

시공자를 선정하는 경우에는 국토교통부장관이 정하는 경쟁입찰의 방법으로 하여야 한다. 다만, 경쟁입찰의 방법으로 시공자를 선정하는 것이 곤란하다고 인정되는 경우 등 대통령령으로 정하는 경우에는 그러하지 아니하다(법 제66조제4항, 구법 제42조 제5항).

다만, 경쟁입찰의 방법으로 2회 이상 경쟁입찰을 하였으나 입찰자의 수가 해당 경쟁입찰의 방법에서 정하는 최저 입찰자 수에 미달하여 경쟁입찰의 방법으로 시공자를 선정할 수 없게 된 경우에는 총회나 입주자대표회의의 의결을 거쳐 수의계약을 할 수 있다(령 제76조 제1항, 기준 제5조, 구령 제47조의2 제1항).

리모델링 시공자 선정기준[30] [시행 2021. 4. 16.] [국토교통부고시 제2021-327호, 2021. 4. 16., 일부개정]

1. 총회등의 조합원 직접 출석에 대한 예외 (안 제13조제7항 및 제8항)

◇ 개정 이유
  ○ 주택법 시행령 개정('21.2.19. 공포)에 따라 감염병의 확산을 방지하기 위하여 리모델링주택조합 총회등의 조합원 직접 출석 요건에 대한 예외를 인정

◇ 개정 내용
  ○ 「감염병의 예방 및 관리에 관한 법률」 제49조제1항제2호에 따라 여러 사람의 집합을 제한하거나 금지하는 조치가 내려진 경우 전자적 방법으로 총회등을 개최하도록 규정

제1장 총칙

제1조(목적) 이 기준은 「주택법」 제66조제3항 및 제4항에 따라 리모델링주택조합 또는 입주자대표회의에서 공동주택 리모델링의 시공자를 선정하는 방법에 대한 세부 기준을 정함을 목적으로 한다.

제2조(용어의 정의) 이 기준에서 사용하는 용어의 정의는 다음과 같다.
  1. "건설업자등"이란 건설산업기본법 제2조제7호에 따른 건설업자 또는 주택법 제7조제1항에 따른 건설업자로 보는 등록사업자를 말한다.
  2. "건설업자등관련자"란 건설업자등의 임·직원, 그 피고용인, 용역요원 등 건설업자등으로부터 당해 시공자 선정에 관하여 재산상 이익을 제공받거나 제공을 약속 받은 자(조합원인 경우를 포함한다)를 말한다.

제2장 시공자 선정의 원칙

제3조(기준의 적용) 이 기준으로 정하지 않은 사항은 리모델링주택조합 또는 입주자대표회의(이하 "조합등"이라 한다)의 규약이 정하는 바에 따르며, 규약으로 정하지 않은 구체적인 방법 및 절차는 대의원회의 의결에 따른다. 다만, 대의원회를 두지 않은 경우에는 총회 또는 입주자대표회의(이하 "총회등"이라 한다)의 의결에 따른다.

제4조(공정성 유지 의무) ① 리모델링 시공자 선정 입찰에 관계된 자는 입찰에 관한 업무가 자신의 재산상 이해와 관련되어 공정성을 잃지 않도록 이해 충돌의 방지에 노력하여야 한다.

② 조합등 임원은 입찰에 관한 업무를 수행함에 있어 직무의 적정성을 확보하여 조합원이나 입주자의 이익을 우선으로 성실히 직무를 수행하여야 한다.

제3장 시공자 선정의 방법

제5조(입찰의 방법) 조합등이 시공자를 선정하고자 하는 경우에는 일반경쟁입찰, 제한경쟁입찰 또는 지명경쟁입찰의 방법으로 선정하여야 한다. 다만, 미응찰 등의 사유로 2회 이상 유찰된 경우에는 총회나 입주자대표회의의 의결을 거쳐 수의계약을 할 수 있다.

제5조의2(일반경쟁에 의한 입찰) 조합등은 제5조에 따른 일반경쟁에 의한 입찰에 부쳐 2인 이상의 입찰참가 신청이 있어야 한다.〈신설 2017.2.14.〉

제6조(제한경쟁에 의한 입찰) ① 조합등은 제5조에 따른 제한경쟁에 의한 입찰에 부치고자 할 때에는 건설업자등의 자격을 시공능력평가액, 신용평가등급(회사채를 기준으로 한다), 해당 공사와 같은 종류의 공사실적, 그 밖에 조합등의 신청으로 시장·군수·구청장이 따로 인정한 것으로만 제한할 수 있으며, 3인 이상의 입찰참가 신청이 있어야 한다. 이 경우 공동참여의 경우에는 1인으로 본다.

② 제1항에 따라 자격을 제한하고자 하는 경우에는 총회등(대의원회를 구성하여 운영 중인 조합의 경우에는 대의원회를 말한다. 이하 제7조에서 같다)의 의결을 거쳐야 한다.

제7조(지명경쟁에 의한 입찰) ① 조합등은 제5조에 따른 지명경쟁에 의한 입찰에 부치고자 할 때에는 3인 이상의 입찰대상자를 지명하여야 하며, 이중 2인 이상의 입찰참가 신청이 있어야 한다.

② 제1항에 따라 지명하고자 하는 경우에는 총회등의 의결을 거쳐야 한다.

제8조(공고 등) 조합등은 시공자 선정을 위하여 입찰에 부치고자 할 때에는 현장설명회 개최일로부터 7일 전에 1회 이상 전국 또는 해당 지방을 주된 보급지역으로 하는 일간신문에 공고하여야 한다. 다만, 지명경쟁에 의한 입찰의 경우에는 현장설명회 개최일로부터 7일 전에 입찰대상자에게 내용증명우편으로 발송하여야 하며, 반송된 경우에는 반송된 다음날에 1회 이상 재발송하여야 한다.

제9조(공고 등의 내용) 제8조에 따른 공고에는 다음 각 호의 사항을 포함하여야 한다.

1. 사업계획의 개요(공사규모, 면적 등)
2. 입찰의 일시 및 장소
3. 현장설명회의 일시 및 장소
4. 입찰참가 자격에 관한 사항
5. 입찰참가에 따른 준수사항 및 위반(제12조를 위반하는 경우를 포함한다)시 자격 박탈에 관한 사항

6. 그 밖에 조합등이 정하는 사항

제10조(현장설명회) ① 조합등은 입찰일 20일 이전에 현장설명회를 개최하여야 한다.

② 제1항에 따른 현장설명에는 다음 각 호의 사항을 포함하여야 한다.

1. 설계도서(사업계획승인이나 행위허가를 받은 경우 그 내용을 포함하여야 한다)
2. 입찰서 작성방법·제출서류·접수방법 및 입찰유의사항 등
3. 건설업자등의 공동홍보방법
4. 시공자 결정방법
5. 계약에 관한 사항
6. 기타 입찰에 관하여 필요한 사항

제11조(입찰서의 접수 및 개봉) ① 조합등은 밀봉된 상태로 참여제안서를 접수하여야 한다.

② 입찰서를 개봉하고자 할 때에는 입찰서를 제출한 건설업자등의 대표(대리인을 지정한 경우 그 대리인) 각 1인과 조합등 임원, 그 밖에 이해관계인이 참여한 공개된 장소에서 개봉하여야 한다.

③ 조합등은 제1항에 따라 제출된 입찰서를 모두 총회등에 상정하여야 한다.

제12조(건설업자등의 홍보) ① 조합등은 제11조제3항에 따라 총회등에 상정될 건설업자등이 결정된 때에는 조합원(입주자대표회의의 경우에는 그 구성원을 말한다. 이하 이조에서 같다)에게 이를 즉시 통지하여야 하며, 건설업자등의 합동홍보설명회를 2회 이상 개최하여야 한다. 이 경우 조합등은 총회등에 상정하는 건설업자등이 제출한 입찰제안서에 대하여 시공능력, 공사비 등이 포함되는 객관적인 비교표를 작성하여 조합원등에게 제공하여야 한다.

② 조합등은 제1항에 따라 합동홍보설명회를 개최할 때에는 미리 일시 및 장소를 정하여 조합원등에게 이를 통지하여야 한다.

③ 건설업자등관련자는 조합원등을 상대로 개별적인 홍보(홍보관·쉼터 설치, 홍보책자 배부, 세대별 방문, 인터넷 홍보 등을 포함한다. 이하 같다)를 할 수 없으며, 홍보를 목적으로 조합원등에게 사은품 등 물품·금품·재산상의 이익을 제공하거나 제공을 약속하여서는 아니된다.

제13조(조합등의 총회 의결 등) ① 총회는 조합원 총수의 과반수 이상이 직접 참석하여 의결하여야 한다. 이 경우 규약이 정한 대리인이 참석한 때에는 직접 참여로 본다.

② 조합원은 제1항에 따른 총회 직접 참석이 어려운 경우 서면으로 의결권을 행사할 수 있으나, 제1항에 따른 직접 참석자의 수에는 포함되지 아니한다.

③ 제2항에 따른 서면의결권 행사는 조합에서 지정한 기간·시간 및 장소에서 서면결의서를 배부받아 제출하여야 한다.

④ 조합은 제3항에 따른 조합원의 서면의결권 행사를 위해 조합원 수 등을 고려하여 서면결의서 제출기간·시간 및 장소를 정하여 운영하여야 하며, 시공자 선정을 위한 총회 개최 안내시 서면결의서 제출 요령을 충분히 고지하여야 한다.

⑤ 입주자대표회의는 그 구성원의 3분의 2 이상이 참석한 경우에 의사를 진행할 수 있으며, 참석한 구성원의 과반수 찬성으로 의결한다.

⑥ 조합등은 총회등에서 시공자 선정을 위한 투표 전에 각 건설업자등별로 조합원이나 입주자대표회의 구성원에게 설명할 수 있는 기회를 부여하여야 한다.

⑦ 제1항 및 제5항에도 불구하고 총회등의 소집시기에 해당 주택건설대지가 위치한 특별자치시·

특별자치도·시·군·구에 「감염병의 예방 및 관리에 관한 법률」제49조제1항제2호에 따라 여러 사람의 집합을 제한하거나 금지하는 조치가 내려진 경우에는 전자적 방법으로 총회등을 개최해야 한다. 이 경우 조합원의 의결권 행사는 「전자서명법」 제2조제2호 및 제6호의 전자서명 및 인증서(서명자의 실제 이름을 확인할 수 있는 것으로 한정한다)를 통해 본인 확인을 거쳐 전자적 방법으로 해야 한다. 〈신설 2021.4.16.〉

⑧ 조합등은 제7항에 따라 전자적 방법으로 총회등을 개최하려는 경우 다음 각 호의 사항을 조합원 또는 입주자 대표회의 구성원에게 사전에 통지해야 한다. 〈신설 2021.4.16.〉

1. 총회등의 의결사항
2. 전자투표를 하는 방법
3. 전자투표 기간
4. 그 밖에 전자투표 실시에 필요한 기술적인 사항

제4장 계약의 체결

제14조(계약의 체결) ① 조합등은 제13조에 따라 선정된 시공자와 그 업무범위 및 관련 사업비의 부담 등 사업시행 전반에 대한 내용을 협의한 후 계약을 체결하여야 한다.

② 조합등은 제13조에 따라 선정된 시공자가 정당한 이유 없이 3월 이내에 계약을 체결하지 아니하는 경우에는 제13조에 따른 <u>총회등의 의결을 거쳐 해당 시공자 선정을 무효로 할 수 있다.</u>

(1) 제한경쟁에 의한 입찰

조합은 제한경쟁에 의한 입찰에 부치고자 할 때에는 총회등(대의원회를 구성하여 운영 중인 조합의 경우에는 대의원회를 말한다.)의 의결을 거쳐, 건설업자등의 자격을 ①시공능력평가액, ②신용평가등급(회사채를 기준으로 한다), ③해당 공사와 같은 종류의 공사실적, ④그 밖에 조합등의 신청으로 시장·군수·구청장이 따로 인정한 것으로만 제한할 수 있으며, **3인** 이상의 입찰참가 신청이 있어야 한다. 이 경우 공동참여의 경우에는 1인으로 본다(선정기준 제6조).

자격을 제한하고자 하는 경우에는 총회등(대의원회를 구성하여 운영 중인 조합의 경우에는 대의원회를 말한다. 이하 지명경쟁에서 같다)의 의결을 거쳐야 한다(기준 제6조제2항). 즉, 제한경쟁, 지명경쟁 여부는 대의원회 또는 총회 의결을 거쳐야 한다.

(2) 지명경쟁에 의한 입찰

조합은 총회등(대의원회를 구성하여 운영 중인 조합의 경우에는 대의원회를 말한다.)

---

30) 국토교통부장관은 2012. 4. 4. 국토해양부 고시 제2012- 158호로 「주택법」 제42조제4항 및 제5항에 따른 리모델링 시공자 선정기준(이하 '선정기준'이라고 한다)을 제정하여 고시한바 있다.

의 의결을 거쳐 지명경쟁에 의한 입찰에 부치고자 할 때에는 **3인** 이상의 입찰대상자를 지명하여야 하며, 이중 2인 이상의 입찰참가 신청이 있어야 한다(선정기준 제7조).

<입찰방법별 장단점 비교>

	장점	단점
일반경쟁입찰	- 2개 회사 이상 입찰참여 필요 - 많은 건설회사 참여가능 - 높은 경쟁으로 저가 입찰 - 담합가능성이 낮음 - 유찰가능성도 낮음	- 당해 사업장에 최적의 회사 선정이 어려움 - 저가 입찰로 분쟁가능성 상존 - 저가 입찰로 사업지연가능성 상존
제한경쟁입찰	- 3개 회사 이상 입찰참여 필요 - 일정 수준 이상의 회사 선정가능 - 경쟁에 따른 저가입찰 유도	- 담합가능성 높음
지명경쟁입찰	- 3개 회사 지명 후 2개 회사 이상 입찰 참여 필요 - 당해 사업장에 최적의 회사 선정가능	- 담합가능성 높음

나. 선정절차

선정기준에 의한 선정절차는 다음과 같다. ①입찰공고, ②현장설명회, ③입찰서 접수 및 개봉, ④대의원회 의결, ⑤조합원 통지 및 합동홍보설명회, ⑥총회의결, ⑦계약체결 순으로 진행한다.

조합이 이러한 절차를 이행하지 않은 경우에는 절차상 하자가 있는 것이고, 그러한 하자가 중대한 경우에는 시공자선정 결의 자체가 무효가 될 수도 있다.

한편, 시공자 선정절차에서 탈락된 건설사는 절차위반을 문제 삼아 시공자선정 절차의 중단을 구하는 소송을 제기할 수 있다. 따라서 조합은 시공자선정 절차에 하자가 발생하지 않도록 주의해야 한다.

입찰공고
1. 사업계획의 개요(공사규모, 면적 등)
2. 입찰의 일시 및 장소
3. 현장설명회의 일시 및 장소
4. 입찰참가 자격에 관한 사항
5. 입찰참가에 따른 준수사항 및 위반(홍보조건 위반하는 경우를 포함한다)시 자격 박탈에 관한 사항
6. 그 밖에 조합이 정하는 사항

*현장설명회 개최일로부터 7일 전까지 공고
*방법
 - 일반, 제한 : 전국 또는 지방 일간신문, 1회 이상
 - 지명 : 내용증명우편 발송, 반송 시 반송 익일 1회 이상 재발송

현장설명회

1. 설계도서(사업계획승인이나 행위허가를 받은 경우 그 내용을 포함하여야 함)
2. 입찰서 작성방법·제출서류·접수방법 및 입찰유의사항 등
3. 건설업자등의 공동홍보방법
4. 시공자 결정방법
5. 계약에 관한 사항
6. 기타 입찰에 관하여 필요한 사항

*입찰일 20일 이전까지 개최

입찰서 접수 및 개봉

*접수 : 밀봉된 상태에서 접수
*개봉
 - 건설업자등 대표(대리인가능) 각 1인, 조합임원, 이해관계자 참여한 공개된 장소에서 개봉

모두 총회상정
(정비사업은 대의원회 의결)

*제출된 입찰서 모두 총회에 상정하여야 함(제11조 제3항)

조합원 통지 및 합동홍보설명회 개최

*총회 상정할 건설업자 결정(모두 총회상정) 즉시 조합원에게 통지
*합동설명회 2회 이상 개최
*입찰제안서 비교표 제공하여야 함
 - 이외 건설업자등의 조합원상대 개별홍보 불가(홍보관·쉼터 설치, 홍보책자 배부, 세대별 방문, 인터넷 홍보 등을 포함한다. 이하 같다), 사은품 등의 이익제공 또는 이익제공 약속 불가

총회 의결
(집합금지 시 전자총회 가능)

*조합원 과반수 직접 참석(대리인 인정)
*투표 전 건설업자 등에게 설명기회 부여
*의결
 - 서면의결권 행사가능(직접 참석자 수 미포함)
 - 조합에서 지정한 기간·시간 및 장소에서 서면결의서를 배부받아 제출

계약 체결

*선정 후 3월 이내에 계약 미체결 시 선정 무효 가능

(1) 공고 또는 통지

현장설명회 개최일로부터 7일 전에 1회 이상 전국 또는 해당 지방을 주된 보급지역으로 하는 일간신문에 공고하여야 한다. 즉, 현장설명회 날짜를 먼저 정하고 그날로부터 7일 전에 공고를 하여야 한다. 먼저 공고를 하고 현장설명회 날짜를 정할 수는 없다. 왜냐하면 공고 시에 현장설명회의 일시·장소를 공고하여야 하기 때문이다.

7일 전이라는 기간은 민법상 계산방법에 의한다. 즉, 현장설명회 일자가 5월 20일이라고 가정하면 그 전날인 19일부터 기산하여 13일이 7일째이므로, 최소한 그 전에 공고하여야 하므로 5월 12일까지는 신문에 공고되어야 한다. 그런데 통상 신문이 조간이 많으므로 이 점 유의하여야 한다.

(2) 현장설명회

가급적 문서로 하고, 또한 속기록을 작성하여 두는 것이 좋다. 특히 홍보방법 및 제재 방안에 대해서 명확히 설명하는 것이 좋다. 뒤에서 다시 살펴보겠으나, 계약서 초안을 제시하는 것이 좋다.

(3) 대의원회 의결

일반경쟁시 1인 만이, 제한경쟁시 3인 미만이, 지명경쟁시 3인 미만이 참여한 경우는 재입찰을 하여야 한다. 다만, 다른 입찰방법으로 할 것인지는 대의원회에서 정하면 되고, 이때 의결정족수는 일반의결정족수이다.

그리고 위와 같이 입찰자가 적어서 재입찰을 하여야 할 경우 덤핑입찰을 방지하기 위해 입찰참여제안서를 개봉하지 않는 것이 좋다.

법원은 "대의원회 당일 입찰참여제안서가 제공되었다 하여 이를 곧바로 소집절차에 관한 정관규정 위반이라고 단정할 수 없다."라고 결정한바 있다(서울동부지방법원 2010카합 1903 총회개최금지가처분).

의정부지방법원은 "시공자선정을 위한 경쟁입찰방법의 결정 및 지명경쟁입찰방식으로 결정할 경우 입찰대상자의 지명은 대의원회에서 토의를 거쳐 결정되어야 할 의결사항이라 할 것이다. 그럼에도 이 사건 이사회 결의에서 경쟁입찰방법을 지명경쟁입찰방법으로 특정하고 지명업체까지 8개 회사로 특정한 이후 대의원회에 이를 상정하여 대의원들로 하여금 이에 대한 찬반의 의사만 밝히도록 한 것은 이 사건 이사회에서 경쟁입찰방법을 결정하고 입찰대상자를 지명한 것이어서 위 정비사업의 시공자 선정기준을 위반한 것이라고 할 것이다."라고 판시하였다(의정부지방법원 2011.5.18. 선고 2011카합317 시공자선정절차정지가처분).

수원지방법원은 이사회에서 입찰참여자격을 박탈한 것은 위법하며 대의원회에서 하여야 한다고 판시하였다(수원지방법원 2011.4.15. 결정 2011카합108 총회개최금지가처분).

(4) 건설업자 등의 홍보 문제

개별홍보(홍보관·쉼터 설치, 홍보책자 배부, 세대별 방문, 인터넷 홍보 등을 포함한다. 이하 같다)는 금지되어 있는데 과연 어떠한 것이 금지되는 개별홍보인지가 문제된다. 예를 들어 모델하우스를 방문하게 하는 경우, 또는 단지 안이나 밖에 개별홍보 텐트를 운영하는 경우가 문제된다. 공정성에 문제가 생길 여지가 많아 금지하는 것이 타당하다고 본다.

또한 합동홍보설명회 개최시기와 관련하여 법원은 "시공자선정기준에서 <u>합동홍보설명회의 개최시한을 총회 개최 전으로만 규정하고 있을 뿐이므로</u>" 총회 당일 날 개최하여도 무방하다고 결정한 바 있다(서울동부지방법원 2010카합1903 총회개최금지가처분).

(5) 모두 총회 상정

선정기준 제11조제3항은 "조합등은 제1항에 따라 제출된 입찰서를 모두 총회등에 상정하여야 한다."라고 규정하고 있는 반면, 동기준 제12조제1항은 "조합등은 제11조제3항에 따라 총회등에 상정될 건설업자등이 결정된 때에는 …"이라고 규정하여, 서로 모순된 듯한 규정을 하고 있다.

그러나 제11조제3항이 명백히 입찰서를 모두 총회에 상정하라고 하고 있으므로, 정비사업과는 달리 <u>리모델링사업에서는 대의원회에서 총회에 상정할 시공자를 먼저 결정하는 것이 아니다.</u> 이 점 유의하여야 한다.

(6) 총회 의결
① 시공자선정 총회의 개의정족수(직접 참석)

시공자선정 총회의 경우에는 **조합원 총수의 과반수 이상이 직접 참석**한 경우에 의사를 진행할 수 있다. 이 경우 규약이 정한 대리인이 참석한 때에는 직접 참여로 본다(기준

제13조). 즉, 총회 장소에 직접 출석한 조합원 및 대리인을 통해 출석한 조합원이 전체 조합원의 과반수가 되어야만 회의를 시작할 수 있다. 이때 서면결의서를 제출한 조합원이 아무리 많다고 하더라도 조합원 과반수가 직접 출석(대리인 출석 포함)하지 아니하는 경우에는 회의를 시작할 수 없다.

서면결의서 제출자의 직접참석자 인정 여부가 문제이다. 리모델링 시공자 선정기준은 무분별한 사전 홍보 등에 의한 조합원들의 의사 왜곡을 방지하기 위해 정비사업과 마찬가지로 조합원 과반의 직접 출석에 의한 총회에서 시공자 선정을 의결하도록 규정하고 있다.

즉, 시공자 선정 총회는 조합원 과반이 직접 출석해야 비로소 개의되는데, '서면결의서를 제출하고 총회에 직접 참석한 자의 직접 출석 여부'에 관해 정비사업 계약업무 처리기준은 서면결의서를 철회해야 비로소 직접 출석자로 인정하는 규정을 두고 있으나(제35조제2항), 리모델링 시공자 선정기준의 경우 단순히 서면결의서 제출자는 "직접 참석자의 수에는 포함되지 않는다."라고만 규정하고 있어(제13조제2항), <u>'서면결의서를 제출하고 총회에 직접 참석한 자'가 직접 참석자에 해당하는지 여부에 대해서는 명확히 규정하고 있지 않다</u>. 도시정비법과 같이 '서면결의서를 철회해야 직접 출석자로 볼 수 있다.'라는 규정이 없기 때문에 직접 참석자의 수에 서면결의서를 철회하지 않은 자도 포함된다고 보는 의견도 있을 수 있다.

그러나 리모델링 시공자 선정기준은 '서면으로 의결권을 행사한 경우 직접 참석자의 수에 포함되지 않는다.'라고 규정하고 있는바, '직접 참석자'의 '직접 참석 여부'가 문제 되는 것은 오로지 '서면결의서를 제출하고 직접 참석한 경우'만을 의미하는 것이므로 서면결의서를 제출하고 직접 참석한 경우를 모두 직접 참석자로 해석하게 된다면 위 규정을 특별히 둔 취지가 몰각되는 점 등의 사정에 비춰본다면, <u>사견은 리모델링주택조합의 시공자 선정 총회 역시 정비사업의 시공자 선정 총회와 마찬가지로 서면결의서를 제출하고 직접 출석한 자는 서면결의서를 철회한 경우에 한해 직접 참석자로 인정하여야 한다고 봄이 타당하다고 본다.</u> 한편 서면결의서를 제출한 후에 <u>대리인이 직접 출석한 경우에도</u> 주택법 시행령 제20조제4항 및 동법 시행규칙 제7조제5항제5호에 정한 '직접 출석'에 해당한다고 봄이 타당하다(의정부지방법원 2019. 12. 11. 선고 2018가합57070 판결).

한편, 조합원 총회에 상정될 안건이 시공자선정의 건 이외에 다른 안건이 있는 경우에는 각 안건별로 개의정족수가 다르다고 할 것이므로, 다른 안건에 대해 회의를 진행하는 것은 무방하다. 조합원 과반수가 직접 출석하지는 않았으나, 서면결의서를 제출한 조합원을 포함해 조합원 과반수가 출석한 경우에는 시공자선정의 건 이외의 안건에 대해서는 회의를 진행하다가 직접 출석자가 과반수에 이르렀을 때 시공자선정의 건에 대한 회의를 진행할 수 있다.

일부 조합은 개의정족수를 채우기 위해 금전을 지급하고나 전자제품 등 경품을 제공하는 사례가 있으나 이 경우 시공사선정 총회개최금지가처분을 당할 우려가 있다. 경품제공비용을 선정된 시공자에게 부담시켜도 마찬가지로 위법하다는 판단을 받을 여지가 있다. 아래 사례는 정비사업의 경우이나 리모델링에도 그대로 적용된다고 보아야 한다.

> **법원 "경품 뿌리는 재개발 총회 못연다"** 한국경제 2009-11-24
> <u>경품을 뿌리는 재개발 시공사 선정 총회를 허용할 수 없다는 법원의 첫 판단이 나왔다.</u>
> 서울북부지법은 000씨 등이 서울 상계뉴타운 상계6재개발조합을 상대로 낸 **'시공사 선정 등을 위한 임시총회 개최 금지 가처분'** 신청을 받아들였다고 24일 밝혔다.(중략)
> 재판부는 임시총회 참가율을 높이기 위해 경품을 제공키로 한 행위가 국토해양부가 정한 '정비사업의 시공자 선정 기준'과 조합 측의 입찰지침서에 위반된다고 판단했다.
> <u>조합 측은 지난 10일 임시총회 소집 통지를 하면서 참석하는 조합원에게 시가 15만원 상당의 전기압력밥솥 1대씩을 주기로 했다. 또 추첨을 통해 LCD TV 3대, 노트북 컴퓨터 2대 등의 경품을 줄 예정이었다. 여기에 사용되는 비용은 임시총회에서 선정된 시공사가 부담하는 조건이었다.</u> (중략)
> 재판부는 "금품 제공은 결국 공사비에 반영돼 조합원 분담금 증가로 이어지는 데다 금품 제공이 의사·의결 정족수 충족에 영향을 미침으로써 조합원들의 의사결정권을 침해할 수 있다"고 밝혔다.(중략)
>
> **대구고등법원 2008. 3. 13. 선고 2007노491 판결 : 상고**
> (2) 정당행위 여부
> 건설산업기본법 제38조의2의 규정이 공사수주를 목적으로 재물 또는 재산상의 이익을 공여하는 행위에 대하여 처벌을 강화하여 그 실효성을 담보함으로써 투명한 건설문화를 정착시키려는 것이 그 취지인 점, 판촉물의 지급대상이 시공자선정에 관한 투표권을 가진 재개발구역 주민들에게 한정되어 있었던 점, 이 사건 이후 제정된 도시 및 주거환경정비법 제11조 제2항에 따른 시공자선정 기준이 기념물품의 제공을 금지하고 있는 점 등에 비추어 보면, 원심판결 별지 범죄일람표 2. 기재 물건이 <u>비교적 고가가 아니더라도 단순히 회사를 홍보하기 위한 것으로 볼 수 없으므로, 이를 제공하는 행위는 사회상규에 위배된다.</u>

② 서면결의서 및 부재자투표의 문제

조합원은 시공자선정총회와 관련해 서면결의서를 제출할 수 있으나, 개의정족수와 관련해 일정한 제한이 있음은 앞에서 본 바와 같다.

시공자는 서면결의서를 징구할 수 없다고 보아야 한다. 선정기준 제13조제3항은 "서면의결권 행사는 조합에서 지정한 기간·시간 및 장소에서 서면결의서를 배부받아 제출하여야 한다.", 동조 제4항은 "조합은 제3항에 따른 조합원의 서면의결권 행사를 위해 조합원 수 등을 고려하여 서면결의서 제출기간·시간 및 장소를 정하여 운영하여야 하며, 시공자 선정을 위한 총회 개최 안내시 서면결의서 제출 요령을 충분히 고지하여야 한다."라고 규정하고 있으므로, 결국 서면결의서 징구권자는 오직 조합인 것이다. 생각건대, 시공자선정에 관한 결의에 있어서는 건설업자등 관련자가 징구한 서면결의서는 아예 효력이 없다고 보아야 한다.

서면결의서 개봉은 현장투표 완료 후에 함께 개봉하여야 한다.
가끔 서면결의서 자체를 인정하지 않는 결의를 하는 경우가 있으나, 이는 규약에 반하여 무효라고 사료한다. 물론 규약에 두면 가능할 여지는 있다고 본다.

또한 서면결의서를 인정하되 반드시 본인이 조합에 직접 제출하게 하거나, 단지 밖에 거주하는 사람만 인정하거나, 기타 제출방법에 제한을 두는 경우도 있으나, 이 또한 규약에 반한다면 무효일 가능성이 있다. 다만, 서면결의서 제출방식과 관련하여 규약에 특별한 규정이 없다면 공정하고 투명한 시공자 선정을 위해 대의원회에서 서면결의서 제출방식을 제한하는 결의를 할 수 있고, 이는 합리적 제한이라고 할 것이므로, 대의원회에서 서면결의서를 제출하고자 하는 조합원은 직접 조합이 정하는 기간내에 조합사무실에 방문하여 서면결의서를 작성 후 제출하고, 원거리에 거주하는 조합원들은 조합에 서면결의서 제출의사를 표명하면 조합이 참관인들과 함께 원거리에 거주하는 조합원을 직접 찾아가 서면결의서를 제출받기로 의결한 것은 적법하다고 볼 여지는 있다.

그리고 서면결의서 제출자가 총회 당일 직접 출석을 하여 서면결의서를 철회할 수가 없다고 대의원회의에서 결의하는 경우도 있는바, 이 또한 무효라고 사료한다.

③ 설명기회 부여
조합은 총회에서 시공자 선정을 위한 투표 전에 각 건설업자등별로 조합원들에게 설명할 수 있는 기회를 부여하여야 한다(기준 제13조 제6항).
④ 의결정족수
통상 조합 일반 의결정족수는 과반수 출석에 출석 과반수 찬성이다. 그런데 시공자가 3인 이상인 경우 과반수 득표를 하는 것이 어렵다. 따라서 조합규약에 이를 대비하여 별도의 규정 즉, 다수결에 의할 수 있다는 규정을 두는 것이 좋다.

그리고 만일 규약에 다득표 선정 조항이 없는 상황에서 3개 이상이 입찰하여 1차 투표 결과 과반수가 되지 않아 다시 결선 투표를 하는 경우 기존에 제출된 서면결의서는 사용하지 못한다. 이는 2곳을 예상하고 제출한 것이 아니기 때문이다. 따라서 <u>서면결의서를 받을 경우에는 결선투표를 염두에 두고 경우의 수를 가정하여 미리 1차 투표시, 2차 투표시 나누어 받아두면 매우 유용하다</u>.[31]

⑤ 입찰보증금 문제

시공자 선정 시에 입찰보증금을 받아 두는 데, 이러한 입찰보증금의 법적성격은 손해배상금의 예정이다(대법원 1997. 3. 28. 선고 95다48117 판결).

시공자가 입찰 후에 배신행위를 하거나 입찰무효사유 등이 발견된 경우에 대비하기 위해 몰수규정을 두는 것이 타당하다. 특히 입찰참여제안서 제출 후에 총회 개최 전에 입찰 참여를 임의로 포기하여 조합의 입찰업무를 방해한 경우에 몰수 규정을 두면 유용하다.

입찰보증금이 '무이자' 대여금이 되려면 미리 입찰지침서에 그러한 내용이 있어야 하고, 조합이 필요한 경우 용도제한을 받지 않고 임의로 사용가능하다는 점을 명시하여 두는 것이 타당하다.

⑥ 총회 비용

통상 총회비용은 선정된 시공자가 부담하게 된다. 그런데 1차 총회에서 선정된 시공자가 없거나 선정은 되었으나 여러가지 사유로 다시 선정 총회를 하게 된 경우 이전 총회 비용에 대해 어떻게 처리할 지가 문제된다.

생각건대, 이러한 경우는 다시 총회를 개최할 때 이전 총회 비용도 부담하여야 한다는 점을 명시하여 입찰공고를 하는 것이 좋다. 물론 선정된 시공자가 부정행위가 발각되어 계약이 해지되거나 입찰 무효사유가 있거나 스스로 포기하는 경우에는 선정된 시공자가 이미 납부한 입찰보증금을 몰수하는 규정을 두거나 계약을 체결하여 해결하는 경우도 있을 것이다.

---

[31] 물론 저자 제시 규약안은 3개 이상 시공자가 경합할 경우 다득표로 한다고 하여 이 문제를 원천적으로 해결하고 있다(규약 제12조 제2항).

⑦ 선정 후 3월 이내에 계약을 체결하지 않는 경우

선정된 시공자가 정당한 이유 없이 3월 이내에 계약을 체결하지 아니하는 경우에는 총회의 의결을 거쳐 해당 시공자 선정을 무효로 할 수 있다(기준 제14조제2항).

⑧ 시공자와의 계약 체결을 대의원회에 위임할 수 있는지 여부

통상 조합은 시공자는 총회에서 선정하고 구체적인 계약체결은 대의원회로 위임하는 안건을 별도로 총회에 상정한다.

실제 "시공자선정입찰지침서를 인준하고, 총회에서 선정된 시공자와의 계약서 검토 및 계약을 대의원회로 위임하여 차기 총회에서 추인 받는다."라고 기재된 안건에 대해서, 법원은 "선정된 시공자와의 계약체결은 총회에만 그 권한이 부여된 것이고, 특히 채무자 조합 정관은 계약체결 전 총회의 사전 의결을 요하고 있으므로, 대의원회에 그 체결 즉시 효력이 발생하는 본계약을 체결할 권한을 부여하는 것은 허용되지 않는다. 그러나 제2호 안건의 내용은 대의원회가 계약 내용을 협의한 후 총회에서 계약체결에 대한 결의가 이루어질 경우 대의원회에서 그에 따라 계약을 체결하도록 하는 내용으로 보이므로 명백히 도시정비법 및 정관에 위배된다고 단정하기 어렵다."라고 판시하고 있다(서울동부지방법원 2010카합1903 총회개최금지가처분).

수원지방법원은 이사회에서 입찰참여자격을 박탈한 것은 위법하며 대의원회에서 하여야 하고, "도시정비법 제24조제3항제5호, 제25 제2항, 같은 법 시행령 제35조에 의하면 시공자와의 계약체결은 대의원회에 위임할 수 없는 총회의 결의사항에 해당한다고 할 것이므로 이를 대의원회에 위임하는 '계약체결 위임의 건'의 결의 역시 위법하게 된다."라고 판시하였다(수원지방법원 2011. 4. 15. 결정 2011카합108 총회개최금지가처분).

법 시행규칙 제7조제5항제4호는 "시공자의 선정·변경 및 공사계약의 체결"은 반드시 조합총회의 의결을 거쳐야 한다고 규정하고 있으므로, 시공자와의 계약은 대의원회에 위임이 불가하다.

4. 시공자 선정 시 유의사항

가. 간담회 참가 소감

(1) 서울시 간담회 개최

서울시는 2023. 3. 22. "정비사업 공사비 등 분쟁현황 관련 관계자 및 전문가 간담회"를 개최하였다. 비록 정비사업에 관한 내용이지만 이는 리모델링에도 그대로 적용되어 소개한다.

주요지구의 시공자들의 공사비 증액 요구 현황을 파악하고, 이에 대해 조합장들과 전문가들의 의견을 듣는 자리였다.

(2) 시공자 공사비 증액 요구 현황

○ **구역
 - 착공, 입주 1개월 남은 상태
 - 시공자 1,662억원에서 2,332억원으로 670억원(40.3%) 증액 요구하면서, 이것이 관철되지 않으면 입주 키를 주지 않겠다고 함

○ **아파트
 - 이주
 - 시공자 3,233억원에서 5,320억원(58%) 증액 요구
 - 평당 474만원에서 780만원대 증액 요구

○ **아파트
 - 착공, 공사 중
 - 1조1,277억원에서 1조2,837억원(1,560억원 13.8%) 증액 요구

○ **아파트
 - 착공
 - 시공자 9,353억원에서 1조4,063억원(4,700억원 50%) 증액 요구

(3) 시공자들의 행태에 대한 조합의 지적사항

 ① 시공자는 착공 이후 물가변동을 이유로 증액을 요구하지 않기로 도급계약을 체결

하고서도, 뒤늦게 도급계약을 무시하고 물가변동 주장을 하면서, 입주를 한달 남기고 증액을 당장 해주지 않으면 입주 키를 주지 않는다.

② 시공자들은 공사비 증액을 요구하면서 무슨 이유로 얼마를 증액하여야 하는지에 대해 상세이유를 제시하지도 않고 무조건 금액으로만 증액 요구를 한다. 이는 내역입찰을 하였음에도 마찬가지이다.

③ 총액입찰이 문제이다.

④ 대안 설계 제안이 문제이다.
현재는 무상 제안, 특화 제안으로 명칭만 바꾸어 주장하나, 결국 이는 공사비 증액 요인으로 작용한다. 심지어 시공자가 무상 제안 당시 몇 번이나 무상이라고 강조하고, 심지어 공문으로 무상이라고 제공하였음에도 불구하고, 나중에 말을 바꾸어 무상 제안으로 인한 설계 변경에 따른 공사비 증액을 요구하고 있다.

⑤ 공사비 검증제도는 강제성이 없어서 실효성이 없다.

(4) 제시된 대안
① CM의 협조를 받고 있다. 도움이 된다. 미리 CM을 선정하여 입찰지침서 작성 및 시공자선정 전반을 맡기는 게 도움이 된다. 다만, CM회사도 일부 회사를 제외하고 원가관리를 할 수 있는 회사가 많지 않다. 주로 공기 관리를 하는 편인데, <u>실제는 원가 관리가 매우 중요하다</u>. 특히 시공자 선정과정에서부터 CM회사의 도움을 받는 것이 중요한데, 자금이 없어 그렇게 하지 못하는 경우가 많다.

② 입찰 전에 철저히 시공자 관련 지식을 습득하여야 할 필요가 있다.

③ 비리에 대한 처벌을 강화하여야 한다.

④ 서울시 표준도급계약서를 수정하여 주어야 한다.

⑤ 대안 설계(특화, 무상)에 대한 통제를 강화하여 달라.

⑥ 굴토 문제도 세밀히 검토하여야 한다. 굴토 하나로 600억원을 증액하여 달라고 요구하는 곳도 있다.

⑦ 조합에서 시공자 선정 전에 충분히 전문가와 함께 검토하고 조합원 교육도 실시한 이후 시공자 선정을 하여야 한다.

⑧ 입찰지침서가 중요하다.

⑨ 시공자와 조합이 상생협약 시에 서울시가 인센티브를 주는 제도를 도입하여 주기를 요청한다.

⑩ 갈등을 해결할 중재기구가 없다. 이를 만들어 주기를 요청한다.

⑪ 공사비 검증을 한국부동산원이 하면 강제성이 없어 효과가 없으므로, 감독기관인 서울시가 해야 한다. 공사비 증액도 조합설립변경인가로 제도개선을 바란다.

(5) 사견

시공자는 선정이 되면 그야말로 슈퍼 乙이다. 따라서 시공자를 선정하고 계약하는 문제는 조합의 명운이 달려 있다고 봐야 한다.

시공자는 선정 전에 문서로 약속하였던 것도 선정 이후에 뒤집는 경우가 있다. 설마 하는 생각은 제발 버리기를 바란다.

그런데 조합은 돈을 시공자로부터 빌려 쓰기 위해 너무나 조급한 마음을 가지고 너무나 준비도 소홀한 채로 시공자를 선정하는 것은 아닌지 생각해 볼 필요가 있다.

리모델링은 시공자가 토지를 구입하지 않고 그저 리모델링 공사만 하는 것이므로 리스크 제로 사업이다. 시공자 입장에서는 황금알을 낳는 거위이다. 따라서 조합들은 더 여유를 가지고 철저한 준비를 마친 이후에 시공자 선정을 하여야 한다.

선정기준도 브랜드와 총액 공사비를 위주로 하지 않아야 한다. 서울에서 시공자 선정은 어차피 미스코리아 중에서 한명을 선정하는 것과 같다. 어느 회사를 선정해도 큰 차이가 없다. 따라서 시공자가 제안하는 사업참여제안서의 실질적인 내용을 분석하여 선정하여야 한다. 이를 위해서는 미리 조합이 입찰지침서를 제대로 만들고, 이에 대한 조합원 교육을 실시하고, 정확한 비교표를 만들어 배포를 하여야 한다.

공사비 증액요인을 두루뭉술하게 제시하는 시공자, 독소조항(연대보증, 공사비 먼저 전액 충당, 입금 다음날 시공자 통장으로 자동이체, 계약 해제시 과도한 연체금리 요구)을 제시하는 시공자는 피해야 하고, 마감재를 투명하게 제시하고, 층간소음, 벽간소음 방지대책을 제대로 제시하는 시공자를 선정하여야 한다. 그러려면 조합원 교육이 반드시 필요하다.

제일 바람직한 것은 선정과 계약을 따로 하지 말고, 시공자 선정 총회에서 도급계약서도 같이 통과시키는 것이다. 그러면 시공자가 갑질을 할 틈이 없지만 그 이후에 특히 위약금 약정이 없으면 간담회에서 조합장들이 울분을 토하는 것처럼 말을 바꾸는 경우가 있다.

시공자 선정 및 계약은 가장 중요하다. 제발 여유를 가지고 철저한 준비를 거친 이후 하기를 권한다. 그리고 시공자 문제 만큼에는 모든 조합원들이 일치 단결하는 것이 부담금을 줄이는 지름길임을 잊지 않아야 할 것이다.

나. 입찰지침서 : 가장 중요한 문서

입찰지침서는 계약의 일부를 이루는 중요한 문서이다. 따라서 이것을 제대로 작성하는 것이 조합에게는 가장 중요하다.

다. 입찰지침서의 내용 및 작성방법

입찰제안서에 조합운영비 대여금을 필히 제안하도록 하고, 시공자로 선정되면 계약을 체결하기 전이라도 즉시 조합운영비를 대여하여야 하며, 이를 어길 경우 선정을 무효로 하는 조건, 총회개최일자 등에 변경여지가 있음을 명확히 고지하고 이로 인하여 일체의 이의를 제기하지 않을 것을 조건으로 부과하는 것이 좋다. 철거공사도 공사범위에 포함하여 두는 것이 좋다. 리모델링에 있어서는 부분철거를 하므로 시공자가 직접 하는 것이 타당하다.

사업계획승인 또는 행위허가 후에 공사비 확정을 위한 변경 계약 시에는 공사시방서, 공종별물량내역서 등 상세 공사비 산출내역에 관한 자료를 받아 두는 것이 좋다. 분쟁 예방 및 분쟁발생 시에 중요한 판단자료가 될 것이다.

특별한 사유 없이 계약 체결 기간을 지키지 아니하는 경우 낙찰을 무효로 하고 차순위 낙찰자와 계약을 체결하거나 다시 시공자 선정을 할 수 있다는 조항도 두는 것이 좋다.

입찰보증금 몰수 규정, 재공고 입찰시 입찰조건이 변경될 수 있다는 점, 향응이나 돈 제공 사실 적발시는 선정 전이면 경쟁입찰자격을 박탈하고, 선정 이후면 선정 취소 사유, 계약 후에는 계약 해제 사유로 삼는다는 점을 명확히 기재하여 두는 것이 타당하다. 이외에도 시공자의 계약서안, 대여금에 대한 금전소비대차계약서도 미리 제시 받아 두는 것도 고려할 만하다.

입찰자격 요건 구비일, 입찰무효사유를 명확히 기재하고, 시공자가 스스로 선정 지위 또는 계약 자격을 포기할 경우 기존 대여금 처리 방법, 임원 연대보증 여부, 계약해제 요건 등에 대해 심사숙고하여 지침서를 만들어 시공자에게 제시하여야 할 것이다.

이러한 입찰지침서 내용의 변경 권한은 총회 또는 대의원회이지 이사회가 아니다(서울동부지방법원 2010. 7. 2.자 2010카합1471 결정).

라. 시공자 선정과 계약 총회를 동시

시공자는 슈퍼 "甲"이다. 선정 후에 협상으로 조합이 유리한 계약을 하기가 어렵다.

> 하우징헤럴드 2021. 3. 18.
> **인터뷰 - 성남 OO단지 리모델링 조합장**
> "1기 신도시 첫 리모델링 사업단지
> 수직증축, 시장발전에 반드시 필요"
> ▲ 향후 추진 일정은
> = 가장 큰 과정은 리모델링 시공자와의 본계약 협상이다. 따라서 사업계획 승인 이후의 일정은 조합과 시공자 간 본계약 협의 기간에 따라 유동적일 수밖에 없다. 본계약 체결이 3개월 이내에 이뤄지게 되면, 이주는 올해 12월경이 될 것이지만, 본계약 협의가 6개월 이상 소요될 경우, 이주는 2022년 6월 쯤 진행될 것으로 내다보고 있다.

따라서 시공자 "선정 + 계약" 총회를 개최하기를 권고한다. 즉, 서울시 표준도급계약서를 기초로 기본계약서를 제공하고, 일부 조항만 시공자가 보충하도록 한 후에, 계약서안에 대해 대의원회의 심사 후 총회에 같이 상정하는 것이다.

마. 낙찰자의 지위

판례는 낙찰자의 지위와 관련하여, 낙찰자는 계약당사자와 같이 구체적인 계약상의 권리를 취득하게 되는 것이 아니라 단순히 자신이 유효한 낙찰자의 지위에 있음을 확인받아 그에 따른 계약을 체결하여 줄 것을 청구할 수 있는 권리를 취득하는 것이라거나(대법원 1994.12.2. 선고 94다41454 판결), 경쟁입찰에 참가하여 낙찰자로 결정된 업체는 입찰자에 대하여 계약의 체결을 청구할 권리가 있어 계약의 당사자인 수급인으로서의 지위를 이미 확보하고 있다고 할 것이어서, 본계약이 체결되지 않았더라도 낙찰자가 입찰자로부터 장래 지급받게 될 대금채권에 대한 압류·전부명령은 유효하다고 판시함으로써(대법원 2002.11.8. 선고 2002다7527 판결), <u>낙찰자가 입찰자에 대하여 입찰조건대로 계약을 체결할 것을 청구할 권리가 있음도 인정하고 있다.</u>

대법원은 "공사도급계약의 도급인이 될 자가 수급인을 선정하기 위해 입찰절차를 거쳐 낙찰자를 결정한 경우 입찰을 실시한 자와 낙찰자 사이에는 도급계약의 본계약체결의무를 내용으로 하는 <u>예약의 계약관계가 성립하고</u>, 어느 일방이 정당한 이유 없이 본계약의 체결을 거절하는 경우 상대방은 예약채무불이행을 이유로 한 손해배상을 청구할 수 있다. 이러한 손해배상의 범위는 원칙적으로 예약채무불이행으로 인한 통상의 손해를 한도로 하는데, 만일 입찰을 실시한 자가 정당한 이유 없이 낙찰자에 대하여 본계약의 체결을 거절하는 경우라면 낙찰자가 본계약의 체결 및 이행을 통하여 얻을 수 있었던 이익, 즉 이행이익 상실의 손해는 통상의 손해에 해당한다고 볼 것이므로 입찰을 실시한 자는 낙찰자에 대하여 이를 배상할 책임이 있다."라고 판시하고 있다(대법원 2011. 11. 10. 선고 2011다41659판결).

5. 도급계약 시 주의사항

리모델링을 추진함에 있어서 소유자들이 가장 조심하여야 할 일이 있다. 바로 공사도급계약 부분이다. 리모델링 공사계약은 신축계약과는 다른 측면이 있다. 리모델링은 공사계약이 전부라고 해도 과언이 아니다. 재건축과 달리 전면해체가 없고, 그대로 자신의 집에 다시 입주하기 때문이다.

공사비 산정의 기초가 되는 전제조건, 공법 등이 제시될 필요가 있으며, 부분해체공사가 난해하므로, 부분해체공법과 기간 등 세부적인 명시가 필요하다. 이외에도 CM회사나 전문 변호사 등의 도움을 받아 선정을 하고 공사계약서를 작성하여야 추가 부담을 막을 수 있다.

리모델링의 경우는 설계변경이 신축보다도 더 빈번한 것이 사실이다. 따라서 조합입장에서는 턴키방식(설계·시공 일괄입찰방식)을 고려해 보도록 권고한다. 정비사업과는 달리 설계자 선정에 대한 제한이 없으므로, 턴키방식이 당연히 가능하다.

아래는 대표적인 독소조항이다. 반드시 독소조항은 삭제하여야 한다.

> **제10조 (시공 보증 등)**
> ①이 계약의 이행을 보증하기 위하여 "갑"은 "갑"의 임원 전원을 연대보증인으로 세워야 하며, "을"은 도시 및 주거환경정비법 제51조에 따른 시공보증서를 "갑"에게 제출한다.
>
> **제39조 (공사비 상환 등)** ①제38조의 입금된 분양대금 등은 입금되는 일자를 기준으로 "갑"이 "을"에게 지급해야 될 전체공사금액에 달할 때까지는 입금액 전액을 공사비 변제에 우선 충당하고 잔여 금에 대해 유이자 대여금 원리금, 무이자 대여원금, 기타비용의 순서로 충당하기로 한다.
>
> **제41조 (자금관리)**
> ①분양대금 등의 수납관리는 "을"의 공사비를 충당하거나 사업추진비 등의 상환을 위하여 "갑"과 "을"의 공동명의로 계좌를 개설하여 "을"이 관리하고, "을"의 공사비 등의 정산완료 시점까지 "을"이 지정한 계좌에 입금일 익일 자동이체토록 한다.
>
> **제34조 (계약의 해제 및 해지)**
> ③제2항의 규정에 의하여 계약이 해지 된 때에는 "갑"은 "을"로부터 차입한 대여금에 반환시까지의 제17조 제3항의 연체이자율을 적용한 금액을 가산하여 "을"에게 반환하여야 하며, "갑"과 "을"은 기성부분의 공사금액을 정산한다.

그리고 위약금을 약정할 필요가 있다. 그래야만 시공자가 함부로 도급계약을 어기지 못한다. 아파트 품질은 현장소장이 좌우한다. 현장소장 추천권도 필요하다.

6. 임원 연대보증 문제

 임원이 연대보증을 할 아무런 이유가 없다. 임원이 연대보증을 하면 시공자에 끌려다니기 쉽다. 즉, 시공자가 갑질을 해도 연대보증 문제로 인하여 쉽게 도급계약 해제를 하지 못한다. 조합원들에게 꼭 알려주고 싶다. 임원들 연대보증은 정말 조합원들에게 유익한 것이 아니다.

 다만, 아직도 시공자는 연대보증을 요구하여 임원들 간 갈등요소로 작용하고 있다. 지혜로운 대처가 필요하다.

 만일 백번 양보해서 연대보증을 하더라도 다음과 같은 문구를 넣기를 권고한다.
 조합임원의 연대보증 책임은 정비구역 내 재산으로 한정하고, 임원으로 재직 시만(변경여부 불문하고) 발생하며, 조합 채무불이행시로만 한정한다(즉, 시공자의 책임으로 인한 경우는 해지되는 경우는 지지 않는다).

7. 마감재 전쟁을 하여야 하는 이유

 조합은 마감재를 지켜내야 한다. 공사비중 마감재는 무려 40%를 차지한다. 아래 보도를 보면 모델하우스 마감재 중 32%만이 실제 시공된다. 충격적이다. 마감재를 지키는 방법은 조합과 조합원들의 생각 전환과 단결에 달려 있다. 구체적인 방법은 법무법인강산이 도울 수 있다.

> ▶ **모델하우스 자재, 분양아파트 적용 주택법안 놓고 갈등**
> 건설경제 2011-02-23
> 그동안은 건설사 측의 요구로 모델하우스에 적용했던 가구 모델과 다른 제품이 실제 입주하는 아파트에 시공되거나 심할 경우 실제 아파트에는 납품되지 못하는 사례가 발생하면서 업체들이 적지 않은 피해를 입었다는 것.
> 한 업체 관계자는 "그동안 건설사는 분양카타로그에 **'모델하우스에 시공된 제품은 동일 품목이상으로 변경 가능'**이라는 문구를 집어넣음으로써 논란의 중심에서 교묘히 비켜서 있었다"며 "그러나 실제 아파트에 적용된 가구가 모델하우스에 적용된 제품과 동급 이상의 품질을 지녔다는 것을 누가 증명할 수가 있느냐"고 말했다. 그는 또 "이 같은 폐단 때문에 그동안 우리 회사의 경우 모델하우스 시공분이 본납시공까지 이어진 비율은 평균 32%밖에 되지 않았다"고 말했다.
>
> ▶ **불량철강재 건설현장에 가득 [매일경제] 2010.3.18**
> **감독소홀로 중국産 등 70%이상 품질검사 안받아**
> ▶ 법원 공사자재 빼돌린 대범한 건설사(SBS 2018. 4. 25.) 서울동부지법공사

제4절 적용의 완화 요청

1. 법적 근거

조합은 건축법을 적용하는 것이 매우 불합리하다고 인정되는 대지나 건축물로서 대통령령으로 정하는 것에 대하여는 건축법의 기준을 완화하여 적용할 것을 특별시장·광역시장·특별자치시장·특별자치도지사 또는 시장·군수·구청장(이하 "허가권자"라 한다)에게 요청할 수 있다(건축법 제5조제1항).

적용의 완화 요청을 받은 허가권자는 건축위원회의 심의를 거쳐 완화 여부와 적용 범위를 결정하고 그 결과를 신청인에게 알려야 한다(건축법 제5조제2항).

2. 적용완화 요청의 시기

법은 리모델링조합인가신청서류 중 하나로 "「건축법」제5조의 규정에 의하여 건축기준의 완화적용이 결정된 경우에는 이를 증명할 수 있는 서류"를 들고 있다(령 제20조제1항제1호나목3).

리모델링의 경우 적용의 완화 요청을 통하여 건축기준의 완화여부 및 완화 범위가 결정되기 때문에 리모델링의 설계의 개요를 작성하기 위해서는 리모델링조합의 설립인가 신청 전에 이루어지는 것이 타당하고, 그래서 시행령 제20조제1항제1호나목3)은 "「건축법」제5조에 따라 건축기준의 완화 적용이 결정된 경우에는 그 증명서류"를 조합설립인가 신청시 구비서류로 명시하고 있으며, 적용의 완화를 요청할 수 있는 자는 건축법 제5조에 의하면 "건축주, 설계자, 공사시공자 또는 공사감리자"이므로, 통상 리모델링의 경우 추진위원회에 의하여 선정된 설계자가 하면 되고, 이 경우 설계자는 추진위원회의 적용의 완화 신청에 대한 동의서를 첨부하는 것이 바람직할 것이라는 견해가 있다.32)

그러나 사견은 현실적으로 현행법 하에서는 조합이 설립되기 전에는 적용의 완화 결정이 불가하다고 본다. 건축법 제5조에서 말하는 설계자, 시공자, 감리자는 건축주와 정식으로 계약을 맺은 자라고 보아야 한다. 그런데 건축주는 조합이 설립되어야 탄생한다. 따라서 조합이 설립되기 전에는 건축주와 계약을 맺은 설계자, 시공자, 감리자는 없는 것이므로, 임의단체에 불과한 추진위원회 단계에서 적용의 완화를 요청한다고 하여 건축심의를 할 수는 없다고 본다. 특히 증축형 리모델링의 경우 건축심의는 매우 중요하다. 리모델링 동의를 의한 설계의 개요 작성은 리모델링 기본계획이 있으므로 이를 기초로 하면 충분하다.

국토교통부도 같은 취지로 유권해석을 하고 있다(2019. 4. 11. 주택정비과).

1. 민원요지

아파트 리모델링의 경우 「건축법」 제5조에 따른 적용의 완화 요청을 리모델링조합의 설립인가 신청 전에 추진위원회 단계에서 가능한지 아니면 리모델링조합의 설립인가를 받은 후에 조합이 신청할 수 있는지

---

32) 강신은, 전연규, "공동주택리모델링해설서", 한국도시개발연구포럼, 2004년간, 119 법무법인 을지, "리모델링법", 법률문화원, 2014년간, 112

2. 회신내용

「건축법」 제5조에 따른 적용의 완화는 건축심의위원회 심의를 거쳐 완화 여부와 적용 범위를 결정하도록 하고 있고,「주택법」에 따른 공동주택 리모델링의 경우 리모델링조합이 설립되고 같은법 제68조에 따른 안전진단을 실시한 후 그 결과를 토대로 건축위원회 심의를 신청하고 있습니다.

따라서, <u>리모델링조합 설립이전에 안전진단 등 구체적인 결과 없이 적용의 완화를 위한 건축위원회 심의는 현실적으로 어려울 것으로 판단됩니다.</u>

3. 적용완화 내용

 완화하여 적용하는 건축물은 사용승인을 받은 후 15년 이상이 되어 리모델링이 필요한 건축물이고, 그 기준은 건축법(이하 같다) 제42조(대지의 조경), 제43조(공개공지 등의 확보), 제46조(건축선의 지정), 제55조(건폐율), 제56조(용적률), 제58조(대지 안의 공지), 제60조(건축물의 높이 제한), 제61조제2항에 따른 기준(일조 등의 확보를 위한 건축물의 높이 제한)을 완화할 수 있다(건축법 시행령 제6조제1항).

 증축의 경우는 기존 건축물 연면적 합계의 10분의 1의 범위에서 건축위원회의 심의에서 정한 범위 이내이어야 하고(다만, 법 제5조에 따른 허가권자가 리모델링 활성화가 필요하다고 인정하여 지정·공고한 지역은 기존 건축물의 연면적 합계의 10분의 3의 범위에서 건축위원회 심의에서 정한 범위 이내일 것), 건축물의 층수 및 높이의 증가는 건축위원회 심의에서 정한 범위 이내이어야 하고, 「주택법」 제15조에 따른 사업계획승인 대상인 공동주택 세대수의 증가는 증축 가능한 연면적의 범위에서 기존 세대수의 <u>100분의 15를 상한</u>으로 건축위원회 심의에서 정한 범위 이내이어야 한다(건축법 시행규칙 제2조의5 제1호).

> "지구단위계획구역" 내에서는 해당 계획에서 그 내용을 반영한 경우 건폐율, 용적률 등의 적용 완화가 가능할 것임
> (국토해양부 도시정책팀-2527호, 06.5.17)

서울특별시 공고 제2021 – 64호
「리모델링 활성화 구역 지정 지침 및 리모델링 활성화 구역 건축위원회 심의 지침」개정 공고
제1조(목적) 「건축법 시행령」 제6조에 따른 리모델링 활성화 구역 지정에 대한 기준을 정하는 것을 목적으로 한다.
제2조(리모델링 활성화 구역) ① 리모델링 활성화 구역(이하 "구역"이라 한다)은 다음 각 호의 어느 하나에 해당하는 지역을 대상으로 한다.
 1. 기성 시가지가 낙후되어 활성화할 필요가 있는 지역
 2. 시대적 가치가 남아 있는 건축물의 보존이 필요한 지역
 3. 옛 정취 또는 스토리가 있는 골목길의 보전 또는 조성이 필요한 지역
 4. 주거환경개선사업구역(주거환경관리사업구역), 도시재생활성화지역
 5. 「도시 및 주거환경정비법」에 따른 정비(예정)구역 해제지역 등 노후저층주거지
② 구역은 「건축법」 제22조에 따라 사용승인 받은 후 15년이 경과한 건축물 동수가 전체 동수의 60% 이상이어야 한다.
③ <u>「국토의 계획 및 이용에 관한 법률」에 따라 결정·고시된 지구단위계획구역은 지구단위계획에서</u>

「건축법」 제2조제1항제10호에 따라 리모델링하는 경우에는 「건축법」에서 정한 바에 따르도록 정하였거나 예정인 구역을 대상으로 한다.

4. 리모델링 활성화 계획
   가. 건축물 보전 계획
   나. 옥상경관 및 간판정비 계획
   다. 건축물 디자인 계획
   라. 골목길 보전·정비 계획
   마. 구역 활성화 계획(공공지원 계획)
   바. 적용의 완화에 관한 사항

항 목	최대완화범위 및 완화산식
제42조 (대지의 조경)	▶ **최대완화범위: 2분의1** ▶ *법정 조경면적 × (1-완화비율)*
제43조 (공개공지 등의 확보)	적용제외
제46조 (건축선의 지정)	▶ **최대완화범위: 제한없음** (단, 제46조 제1항의 경우에 한함) ▶ *법정 소요너비 × (1-완화비율)*
제55조 (건축물의 건폐율)	▶ **최대완화범위: 제한없음** ▶ **기존건축물 건폐율 + (현행 조례 건폐율 × 완화비율)* 　　　　　　　　　　　　　**건축물대장 기준 건폐율 　　　　　　　　　　　　　**서울특별시 도시계획조례
제56조 (건축물의 용적률)	▶ **최대완화범위: 10분의3** ▶ **기존건축물 연면적 + (기존건축물연면적 × 완화비율)* 　　　　　　　　　　　　　**건축물대장 기준 연면적
제58조 (대지 안의 공지)	▶ **최대완화범위: 제한없음** ▶ *법정 이격거리 × (1-완화비율)*
제60조 (건축물의 높이 제한)	▶ **최대완화범위: 원칙적 금지** 단, 위원회에서 리모델링활성화의 필요성을 인정하는 경우 10분의1 ▶ *법정 제한높이 × (1+완화비율)*
제61조 제2항 (공동주택 채광 등 확보)	1. 인접대지 이격거리 관련 　(건축법 시행령 제86조 제3항 제1호) ▶ **최대완화범위: 2배**(단, 7층 이하 건축물에 한함) ▶ *계획건축물 높이 ≤ 인접대지 이격거리 × 법정배율 × 완화비율* 2. 대지 내 동간 이격거리 관련 ▶ **최대완화범위: 2분의1** 　1) 건축법 시행령 제86조 제3항 제2호 가목,나목 　　▶ *건축물 높이 × 조례 상 배율 × 완화비율 ≤ 계획이격거리* 　2) 건축법 시행령 제86조 제3항 제2호 다목,라목,마목 　　▶ 다목) *건축물 높이 × 시행령상 배율× 완화비율 ≤ 계획이격거리* 　　▶ 라목, 마목) *시행령 상 이격거리 × 완화비율 ≤ 계획이격거리*

※ 고려사항) 1.완화범위 결정(시 건축위원회 자문) / 2. 완화비율 확정(구 건축위원회 심의)

4. 입법론

가. 일조권 완화 관련

현재 건축법시행령 제6조제1항제6호는 '6. 사용승인을 받은 후 15년 이상이 되어 리모델링이 필요한 건축물인 경우: 법 제42조, 제43조, 제46조, 제55조, 제56조, 제58조, 제60조, 제61조제2항에 따른 기준'이라고 규정하여, 일조권 적용완화와 관련하여 사용승인을 받은 후 15년 이상이 되어 리모델링이 필요한 건축물에 대해서는 건축위원회의 심의를 거쳐 일조권 확보를 위한 건축물의 높이 제한을 완화하여 적용할 수 있었으나, 2013. 5. 31. 건축법 시행령 제6조의 개정을 통하여, 리모델링으로 인한 인접 대지 건축물의 일조권 침해를 방지하기 위하여 앞으로는 리모델링을 하는 경우에도 인접대지의 일조권 보장과 관련된 건축물의 높이 제한 기준을 적용하도록 강화하였고, 이는 현재도 그대로 유지하고 있다.

> **건축법 시행령 [시행 2013. 5. 31.] [대통령령 제24568호, 2013. 5. 31., 일부개정]**
> ◇ 주요내용
>   가. 리모델링을 하는 건축물에 대한 일조권 보장 기준 강화(안 제6조제1항제6호)
>   사용승인을 받은 후 15년 이상이 되어 리모델링이 필요한 건축물에 대해서는 건축위원회의 심의를 거쳐 일조권 확보를 위한 건축물의 높이 제한을 완화하여 적용할 수 있었으나, 리모델링으로 인한 인접 대지 건축물의 일조권 침해를 방지하기 위하여 앞으로는 리모델링을 하는 경우에도 인접 대지의 일조권 보장과 관련된 건축물의 높이 제한 기준을 적용하도록 함.
>
> 제6조제1항제6호 중 "제61조"를 "제61조제2항"으로 한다.
>   부칙
> 제1조(시행일) 이 영은 공포한 날부터 시행한다. 다만, 제6조제2항제2호다목 및 제91조의3제5항의 개정규정은 공포 후 6개월이 경과한 날부터 시행한다.
> 제2조(리모델링 대상 건축물에 대한 건축기준 완화에 관한 적용례) 제6조제1항제6호의 개정규정은 이 영 시행 후 「주택법」 제16조에 따른 사업계획의 승인 또는 법 제11조에 따른 건축허가·대수선허가를 신청(「주택법」 제16조에 따른 사업계획의 승인 또는 법 제11조에 따른 건축허가·대수선허가를 신청하기 위하여 제5조 또는 제5조의5에 따른 건축위원회에 심의를 신청한 경우를 포함한다)하거나 법 제14조에 따른 건축신고·대수선신고를 하는 경우부터 적용한다.

그러나 이는 수직증축을 허용한 취지에는 역행하는 처사이다. 즉시 개정을 통하여 건축법시행령 제61조 전체에 적용의 완화조치가 필요하도록 개정하여야 할 것이다. 즉, 건축법시행령 제6조제1항제6호를 '6. 사용승인을 받은 후 15년 이상이 되어 리모델링이 필요한 건축물인 경우: 법 제42조, 제43조, 제46조, 제55조, 제56조, 제58조, 제60조, 제61조에 따른 기준'으로 다시 개정하여야 한다.

나. 기존 건축물 특례조항 신설[33]

리모델링의 경우에도 기존 건축물 특례조항을 다음과 같이 개선할 필요가 있다.

현행	개선안
건축법시행령 제6조의2(기존의 건축물 등에 대한 특례)	건축법시행령 제6조의2(기존의 건축물 등에 대한 특례)
② 허가권자는 기존 건축물 및 대지가 법령의 제정·개정이나 제1항 각 호의 사유로 법, 이 영 또는 건축조례(이하 "법령등"이라 한다)에 부적합하더라도 다음 각 호의 어느 하나에 해당하는 경우에는 건축을 허가할 수 있다. 〈개정 2010.2.18., 2012.4.10.〉	② 허가권자는 기존 건축물 및 대지가 법령의 제정·개정이나 제1항 각 호의 사유로 법, 이 영 또는 건축조례(이하 "법령등"이라 한다)에 부적합하더라도 다음 각 호의 어느 하나에 해당하는 경우에는 건축을 허가할 수 있다. 〈개정 2010.2.18., 2012.4.10.〉
1. 기존 건축물을 <u>재축</u>하는 경우	1. 기존 건축물을 <u>재축 또는 리모델링</u>하는 경우

다. 주택건설기준 적용완화

주택건설기준 등에 관한 규정은 신축을 염두에 두고 제정된 것이므로, 리모델링에 그대로 적용하기는 어려운 측면이 있다. 따라서 리모델링의 경우에는 이를 완화할 필요가 있다.

---

[33] 이하 입법론은 사단법인 한국리모델링협회, 2013. 5. 22. 국토교통부장관에게 건의한 법규제도 개선안 참조

제5절 매도청구

★재건축사업은 조합설립 이후 매도를 하면 매수자가 아파트를 받지 못하고 무조건 현금으로 청산된다. 따라서 매도청구는 매우 중요하다.

★그러나 리모델링사업은 <u>조합설립 이후 매매에 아무런 제한이 없다</u>. 따라서 현금청산을 원하는 사람은 굳이 조합으로부터 매도청구 당하기를 기다리지 말고 제3자에게 매도를 하여 리모델링에서 벗어날 수도 있다. 즉, 매매는 시장가격으로 매매가 가능하지만 매도청구는 감정평가사에 의한 감정으로 가격을 결정하므로 굳이 조합으로부터 매도청구를 당할 필요는 없다.

1. 법적근거

가. 2020. 1. 23. 법 개정

주택법
[시행 2020. 1. 23.] [법률 제16870호, 2020. 1. 23., 일부개정]

마. 리모델링의 허가를 신청하기 위한 동의율을 확보하여 리모델링 결의를 한 리모델링주택조합이 그 리모델링 결의에 찬성하지 아니하는 자의 주택 및 토지에 대하여 매도청구를 하는 경우에는 주택건설사업계획 승인 시 해당 주택건설대지의 소유권을 확보하지 않아도 되도록 명확히 규정함(제21조제1항제4호 신설, 제22조제2항 및 제66조제2항).

제21조제1항에 제4호를 다음과 같이 신설한다.
   4. 제66조제2항에 따라 리모델링 결의를 한 리모델링주택조합이 제22조제2항에 따라 매도청구를 하는 경우
제22조제2항 중 "제11조제1항에 따라 인가를 받아 설립된 리모델링주택조합은"을 "제1항에도 불구하고 제66조제2항에 따른 리모델링의 허가를 신청하기 위한 동의율을 확보한 경우 리모델링 결의를 한 리모델링주택조합은"으로 한다.
제66조제2항 중 "경우에는"을 "기준 및 절차 등에 따라 리모델링 결의를 한"으로 한다.

개정 전	2020. 1. 23. 개정
법 제21조	법 제21조 ① 4. 제66조제2항에 따라 리모델링 결의를 한 리모델링주택조합이 제22조제2항에 따라 매도청구를 하는 경우 〈신설〉

개정 전	2020. 1. 23. 개정
법 제22조 ② 제11조제1항에 따라 인가를 받아 설립된 리모델링주택조합은 그 리모델링 결의에 찬성하지 아니하는 자의 주택 및 토지에 대하여 매도청구를 할 수 있다.	**법 제22조** ② 제1항에도 불구하고 제66조제2항에 따른 리모델링의 허가를 신청하기 위한 동의율을 확보한 경우 리모델링 결의를 한 리모델링주택조합은 그 리모델링 결의에 찬성하지 아니하는 자의 주택 및 토지에 대하여 매도청구를 할 수 있다. 〈개정 2020.1.23〉
법 제66조 ② 제1항에도 불구하고 대통령령으로 정하는 경우에는 리모델링주택조합이나 소유자 전원의 동의를 받은 입주자대표회의(「공동주택관리법」 제2조제1항제8호에 따른 입주자대표회의를 말하며, 이하 "입주자대표회의"라 한다)가 시장·군수·구청장의 허가를 받아 리모델링을 할 수 있다.	**법 제66조** ② 제1항에도 불구하고 대통령령으로 정하는 기준 및 절차 등에 따라 리모델링 결의를 한 리모델링주택조합이나 소유자 전원의 동의를 받은 입주자대표회의(「공동주택관리법」 제2조제1항제8호에 따른 입주자대표회의를 말하며, 이하 "입주자대표회의"라 한다)가 시장·군수·구청장의 허가를 받아 리모델링을 할 수 있다. 〈개정 2020. 1. 23.〉

따라서 2020. 1. 23. 전까지는 조합설립 인가 후 매도청구를 하였으나, 법 개정으로 인하여 행위허가(사업계획승인)를 신청하기 위한 동의율을 확보한 후에 매도청구를 하여야 한다. 나아가 이때는 소유권을 확보하지 않아도 된다.

나. 근거

법 제22조제2항은 "제1항에도 불구하고 제66조제2항에 따른 리모델링의 허가를 신청하기 위한 동의율을 확보한 경우 리모델링 결의를 한 리모델링주택조합은 그 리모델링 결의에 찬성하지 아니하는 자의 주택 및 토지에 대하여 매도청구를 할 수 있다.", 동조 제3항은 "제1항 및 제2항에 따른 매도청구에 관하여는 「집합건물의 소유 및 관리에 관한 법률」 제48조를 준용한다. 이 경우 구분소유권 및 대지사용권은 주택건설사업 또는 리모델링사업의 매도청구의 대상이 되는 건축물 또는 토지의 소유권과 그 밖의 권리로 본다."라고 규정하여 조합의 매도청구권을 규정하고 있다.

소유자 불명 대지를 포함시켜 리모델링의 허가를 신청하기 위한 동의률을 확보한 경우에는 소유자 불명 대지의 경우도 매도청구가 가능하다. 즉, 법 제23조제1항은 "제21조제1항제1호에 따라 사업계획승인을 받은 사업주체는 해당 주택건설대지 중 사용할 수 있는 권원을 확보하지 못한 대지의 소유자가 있는 곳을 확인하기가 현저히 곤란한 경우에는 전국적으로 배포되는 둘 이상의 일간신문에 두 차례 이상 공고하고, 공고한 날부터 30일 이상이 지났을 때에는 제22조에 따른 매도청구 대상의 대지로 본다.", 동조제2항은 "사업주체는 제1항에 따른 매도청구 대상 대지의 감정평가액에 해당하는 금액을 법원에 공탁(供託)하고 주택건설사업을 시행할 수 있다.", 동조제3항은 "제2항에 따른 대지의 감정평가액은 사업계획승인권자가 추천하는 「감정평가 및 감정평가사에 관한 법률」에 따른 감정평가법인 등 2인 이상이 평가한 금액을 산술평균하여 산정한다."라고 규정하고 있다.

즉, 사견은 소유자 불명 대지를 포함하여 행위허가 동의률만 확보하면 리모델링조합은 법 제22조의 95% 또는 80% 이상의 사용권원의 확보 여부와 무관하게 매도청구가 가능하다고 본다.34)

<u>사용검사 후 매도청구소송도 가능하다.</u>

> **제62조(사용검사 후 매도청구 등)** ① 주택(복리시설을 포함한다. 이하 이 조에서 같다)의 소유자들은 주택단지 전체 대지에 속하는 일부의 토지에 대한 소유권이전등기 말소소송 등에 따라 제49조의 사용검사(동별 사용검사를 포함한다. 이하 이 조에서 같다)를 받은 이후에 해당 토지의 소유권을 회복한 자(이하 이 조에서 "실소유자"라 한다)에게 해당 토지를 시가로 매도할 것을 청구할 수 있다.
> ② 주택의 소유자들은 대표자를 선정하여 제1항에 따른 매도청구에 관한 소송을 제기할 수 있다. 이 경우 대표자는 주택의 소유자 전체의 4분의 3 이상의 동의를 받아 선정한다.
> ③ 제2항에 따른 매도청구에 관한 소송에 대한 판결은 주택의 소유자 전체에 대하여 효력이 있다.
> ④ 제1항에 따라 매도청구를 하려는 경우에는 해당 토지의 면적이 주택단지 전체 대지 면적의 5퍼센트 미만이어야 한다.
> ⑤ 제1항에 따른 매도청구의 의사표시는 실소유자가 해당 토지 소유권을 회복한 날부터 2년 이내에 해당 실소유자에게 송달되어야 한다.
> ⑥ 주택의 소유자들은 제1항에 따른 매도청구로 인하여 발생한 비용의 전부를 사업주체에게 구상(求償)할 수 있다.

---

34) 그러나 리모델링이 아니고 법 제22조제1항에 의해 매도청구를 하는 경우에는 소유자 불명 대지를 분모에 포함시켜 95%나 80% 이상의 사용권원을 확보하여야 법 제23조가 규정하는 소유자 불명 대지에 대해 매도청구가 가능하다고 본다. 다시 설명하면 예를 들어 100필지인데, 그 중 21필지가 소유자불명 대지라고 한다면 80% 이상의 사용승낙을 받는 것이 불가하여, 매도청구가 불가하다고 본다는 것이다. 왜냐하면 법 제21조제1항에 국공유지만 확보한 것으로 보는 예외조항이 있기 때문이다. 다만 이는 사견이므로, 판례의 동향을 주시하여야 한다.

「집합건물의 소유 및 관리에 관한 법률」(이하 '집합건물법'이라 한다.) 제48조는 재건축결의에 찬성하지 아니한 구분소유자(그의 승계인을 포함한다.)에 대하여 그 결의내용에 따른 재건축에 참가 여부를 회답할 것을 서면으로 최고하고, 위 최고를 받은 구분소유자는 최고수령일로부터 2월 이내에 회답하여야 하며, 위 기간 내에 회답하지 아니한 경우 그 구분소유자는 재건축에 참가하지 아니하는 뜻을 회답한 것으로 보고, 위 회답기간만료일로부터 2월 이내에 재건축에 참가하지 아니하는 뜻을 회답한 구분소유자(그의 승계인을 포함한다.)에 대하여 구분소유권 및 대지사용권을 시가에 따라 매도할 것을 청구할 수 있다고 규정하고 있다.

2. 매도청구 요건

가. 매도청구 시기 : 행위허가 동의율을 확보한 이후로 법 개정

(1) 문제의 제기

주택법 제11조제3항은 주택조합을 설립하려는 경우에는 주택단지 전체를 리모델링하고자 하는 경우에는 <u>주택단지 전체의 구분소유자와 의결권의 각 3분의 2 이상의 결의</u> 및 각 동의 구분소유자와 의결권의 각 과반수의 결의, 동을 리모델링하고자 하는 경우에는 그 동의 구분소유자 및 의결권의 각 3분의 2 이상의 결의를 증명하는 서류를 첨부하여 관할 시장·군수·구청장의 인가를 받아야 한다.

주택법 제66조제2항은 "제1항에도 불구하고 대통령령으로 정하는 기준 및 절차 등에 따라 리모델링 결의를 한 리모델링주택조합이나 소유자 전원의 동의를 받은 입주자대표회의(「공동주택관리법」제2조제1항제8호에 따른 입주자대표회의를 말하며, 이하 "입주자대표회의"라 한다)가 시장·군수·구청장의 허가를 받아 리모델링을 할 수 있다.", 동법 시행령 제75조제1항, 별표 4는 1) 리모델링 설계의 개요, 2) 공사비, 3) 조합원의 비용 분담 명세가 적혀 있는 결의서에 주택단지 전체를 리모델링하는 경우에는 <u>주택단지 전체 구분소유자 및 의결권의 각 75퍼센트 이상의 동의</u>와 각 동별 구분소유자 및 의결권의 각 50퍼센트 이상의 동의를 받아야 하며(리모델링을 하지 않는 별동의 건축물로 입주자 공유가 아닌 복리시설 등의 소유자는 권리변동이 없는 경우에 한정하여 동의비율 산정에서 제외한다), 동을 리모델링하는 경우에는 그 동의 구분소유자 및 의결권의 각 75퍼센트 이상의 동의를 받아야 한다고 규정하고 있다.

즉, 주택법은 리모델링조합의 경우에는 조합설립 동의와 그 이후 행위허가 동의를 받도록 하고 있는 것이다.

그런데 2020. 1. 23. 개정되기 전 구 주택법 제22조제2항은 "제11조제1항에 따라 인가를 받아 설립된 리모델링주택조합은 그 <u>리모델링 결의</u>에 찬성하지 아니하는 자의 주택 및 토지에 대하여 매도청구를 할 수 있다."라고 규정하고 있었다.

그래서 <u>리모델링주택조합의 매도청구권 발생 시기는 주택법 제11조에 따라 주택조합 설립인가(전체 3분의 2 이상 및 각동 과반수의 동의확보)를 받으면 발생하는 것인지, 아니면 주택법 제66조에 의한 행위허가(전체 75% 이상 및 각동 50% 이상 동의확보)까지를 받아야 발생하는 것인지가 쟁점이 되었다.</u>

(2) 판례

이에 대해 서울행정법원은 "주택법 시행령에서 조합설립 인가 시 및 행위허가 시 각 단계마다 이 사건 결의사항이 기재된 결의서를 바탕으로 일정한 동의요건을 요구하고 있는 이유는, 리모델링사업의 경우 해당 공동주택의 구분소유자들이 주거환경의 개선을 위하여 세대 수의 증가 없이 오로지 스스로의 부담으로 대수선 또는 증축을 하는 것이어서, 다른 정비사업에 비하여 보더라도 특히 소유자들의 진정한 의사에 따라 행하여야 할 필요성이 큰 반면, 리모델링조합이 설립 인가 후 행위허가를 받기까지 상당한 시간이 소요되어 총공사비, 조합원의 비용분담내역 등 사업시행내용이 변경될 수 있다는 점을 고려하여, 조합설립인가 신청 시 뿐만 아니라 행위허가 신청시에도 구분소유자들로 하여금 상당한 비용을 부담하면서 리모델링 사업에 참가할 것인지, 시가에 의하여 구분소유권을 매도하고 리모델링에 참가하지 않을 것인지를 결의서에 나타난 정보를 바탕으로 선택하도록 함으로써 구분소유자의 진정한 의사를 바탕으로 리모델링사업이 진행되도록 하여 이로 인한 주민분쟁을 최소화하고, 리모델링 사업의 원활하고도 적정한 수행을 도모하고자 함에 있다고 할 것이다."라고 판시하였고(서울행정법원 2008. 7. 25. 선고 2007구합47626 판결),

서울고등법원도 "주택법 제18조의2제2항이 명백하게 '리모델링 결의'에 찬성하지 않는 자를 상대로 매도청구권을 행사할 수 있다고 규정하고 있는 이상 매도청구권을 행사하기 위해서는 유효한 리모델링 결의가 선행되어야 할 것인바, 그 결의는 구 주택법 시행령 제47조제4항에 따라 구분소유자 및 의결권의 4/5 이상의 동의를 얻은 리모델링 행위허가 요건으로서의 결의라고 보아야 할 것이다(만약 이와 달리 조합설립에 필요한 2/3 이상의 결의만으로도 매도청구권을 행사할 수 있다고 한다면, 리모델링조합은 설립 후 매도청구권을 행사하여 리모델링행위허가에 필요한 동의 요건을 저절로 갖출 수 있으므로 결국 4/5 이상의 동의를 받지 않아도 리모델링 행위허가를 받을 수 있게 되어, 구분소유자의 의사를 존중하기 위하여 리모델링 행위허가 요건으로 구분소유자 및 의결권의 높은 동의율을 요구하고 있는 구 주택법 시행령 제47조를 사문화시키는 결과가 된다). 따라서 리모델링주택조합의 매도청구권 행사 요건으로서 리모델링 결의가 유효해지려면, …행위허가 요건을 동의를 각 얻어야 할 것이고, … 설립인가 당시에 4/5 이상의 동의가 있었다고 하여 매도청구권 행사에 필요한 행위허가 동의요건을 충족한 것으로 볼 수는 없다 할 것이다."라고 판시하였다(서울고등법원 2009. 11. 19. 선고 2009나19460, 19477 판결[35])

---

35) 대법원 2010. 3. 25. 선고 2009다103929 판결로 확정되었고(심리불속행기각), 한편 1심에서는 원고 조합이 승소하였다(서울서부지방법원 2008. 12. 19. 선고 2006가합9606 판결).

즉, 판례는 리모델링주택조합의 경우에는 <u>행위허가 이후에나 매도청구가 가능하다고 보는 것이 타당하다</u>. 특히 행위허가를 받기 전에는 리모델링 진행여부가 불투명한 상황에서 매도청구를 하는 것은 조합입장에서도 득이 될 것이 없다.

(3) 2020. 1. 23. 법 개정

법 제66조제2항에 따른 리모델링의 허가를 신청하기 위한 동의율을 확보한 경우 리모델링 결의를 한 리모델링주택조합은 그 리모델링 결의에 찬성하지 아니하는 자의 주택 및 토지에 대하여 매도청구를 할 수 있다(법 제22조 제2항). 〈개정 2020. 1. 23.〉

즉, 2020. 1. 23. 법 개정으로 이제는 <u>행위허가를 신청하기 위한 동의율을 확보한 이후에 매도청구를 하는 것이다</u>.

> **주택법**
> [시행 2020. 1. 23.] [법률 제16870호, 2020. 1. 23., 일부개정]
> 마. 리모델링의 허가를 신청하기 위한 동의율을 확보하여 리모델링 결의를 한 리모델링주택조합이 그 리모델링 결의에 찬성하지 아니하는 자의 주택 및 토지에 대하여 매도청구를 하는 경우에는 주택건설사업계획 승인 시 해당 주택건설대지의 소유권을 확보하지 않아도 되도록 명확히 규정함(제21조제1항제4호 신설, 제22조제2항 및 제66조제2항).
>
> 제21조제1항에 제4호를 다음과 같이 신설한다.
>   4. 제66조제2항에 따라 리모델링 결의를 한 리모델링주택조합이 제22조제2항에 따라 매도청구를 하는 경우
> 제22조제2항 중 "제11조제1항에 따라 인가를 받아 설립된 리모델링주택조합은"을 "제1항에도 불구하고 제66조제2항에 따른 리모델링의 허가를 신청하기 위한 동의율을 확보한 경우 리모델링 결의를 한 리모델링주택조합은"으로 한다.
> 제66조제2항 중 "경우에는"을 "기준 및 절차 등에 따라 리모델링 결의를 한"으로 한다.

한편 법 제22조제1항은 "제21조제1항제1호에 따라 <u>사업계획승인을 받은 사업주체는</u> 다음 각 호에 따라 해당 주택건설대지 중 사용할 수 있는 권원을 확보하지 못한 대지(건축물을 포함한다. 이하 이 조 및 제23조에서 같다)의 소유자에게 그 대지를 시가(市價)로 매도할 것을 청구할 수 있다. 이 경우 매도청구 대상이 되는 대지의 소유자와 매도청구를 하기 전에 3개월 이상 협의를 하여야 한다."라고 규정하여, 마치 사업계획승인을 받은 이후에 매도청구를 하는 것처럼 보일 수도 있다.

그러나 법 제15조제2항, 령 제27조제6항제1호카목, 규칙 제12조제4항제7호에 의하

면, 사업계획승인신청서에 규칙 제28조제2항이 정한 리모델링행위허가에 필요한 서류를 제출하도록 하여, 사업계획승인 시에 리모델링행위허가를 함께 처리하도록 하고 있고, 규칙 제28조제2항제2호에 "2. 영 별표 4 제1호에 따른 입주자의 동의서 및 법 제22조에 따른 매도청구권 행사를 입증할 수 있는 서류"라고 규정하여, 결국 매도청구는 행위허가를 신청하기 위한 동의율을 확보한 이후에 지체없이 하면 될 것이다.

> **법 제15조** ② 제1항에 따라 사업계획승인을 받으려는 자는 사업계획승인신청서에 주택과 그 부대시설 및 복리시설의 배치도, 대지조성공사 설계도서 등 대통령령으로 정하는 서류를 첨부하여 사업계획승인권자에게 제출하여야 한다.
>
> **령 제27조(사업계획의 승인)** ⑥ 법 제15조제2항에서 "주택과 그 부대시설 및 복리시설의 배치도, 대지조성공사 설계도서 등 대통령령으로 정하는 서류"란 다음 각 호의 구분에 따른 서류를 말한다.
> 1. 주택건설사업계획 승인신청의 경우: 다음 각 목의 서류. 다만, 제29조에 따른 표본설계도서에 따라 사업계획승인을 신청하는 경우에는 라목의 서류는 제외한다.
>   카. 그 밖에 국토교통부령으로 정하는 서류
>
> **규칙 제12조(사업계획의 승인신청 등)** ④ 영 제27조제6항제1호카목에서 "국토교통부령으로 정하는 서류"란 다음 각 호의 서류를 말한다.
> 7. 제28조제2항 각 호의 서류(리모델링의 경우만 해당한다)
>
> **규칙 제28조(리모델링의 신청 등)** ② 영 제75조제2항에서 "국토교통부령으로 정하는 서류"란 다음 각 호의 서류를 말한다.
> 2. 영 별표 4 제1호에 따른 입주자의 동의서 및 법 제22조에 따른 매도청구권 행사를 입증할 수 있는 서류

나. 유효한 리모델링 행위허가 결의서

리모델링주택조합은 그 '행위허가'에 찬성하지 아니하는 자의 주택 및 토지에 대하여 매도청구를 할 수 있다(법 제22조제2항).

다음의 사항이 적혀 있는 결의서에 주택단지 전체를 리모델링하는 경우에는 주택단지 전체 구분소유자 및 의결권의 각 75퍼센트 이상의 동의와 각 동별 구분소유자 및 의결권의 각 50퍼센트 이상의 동의를 받아야 하며(리모델링을 하지 않는 별동의 건축물로 입주자 공유가 아닌 복리시설 등의 소유자는 권리변동이 없는 경우에 한정하여 동의비율 산정에서 제외한다), 동을 리모델링하는 경우에는 그 동의 구분소유자 및 의결권의 각 75퍼센트 이상의 동의를 받아야 한다(령 별표4).

1) 리모델링 설계의 개요
　　2) 공사비
　　3) 조합원의 비용분담 명세

　문제는 조합원의 비용분담내역이 어느 정도 기재되어야 하는지에 있다. 이에 관하여 정비사업에 있어서 대법원은 "재건축정비사업조합이 조합 설립에 동의하지 않은 자 등에 대해 매도청구권을 행사하여 그에 따른 소유권이전등기절차 이행 등을 구하는 소송을 제기한 경우 그 소송절차에서 조합 설립에 동의하지 않은 자 등이 조합설립결의에서 정한 비용분담에 관한 사항 등이 구체성을 결여하여 위법하다는 점을 근거로 매도청구권 행사의 적법성을 다툴 수 있기 위해서는, 그와 같은 사정으로 조합설립결의가 효력이 없다는 것만으로는 부족하고 나아가 그로 인해 조합설립인가처분이 적법하게 취소되었거나 그 하자가 중대·명백하여 당연무효임을 주장·입증하여야 한다. 주택재건축정비사업조합설립동의서(표준동의서)에 의해 이루어진 경우 그 표준동의서상의 기재 내용이 조합원이 부담하게 될 사업비용의 분담기준이나 사업완료 후 소유권 귀속에 관한 사항 등에 관하여 구체적으로 정하지 않은 것이어서 위법하다고 볼 수 없다."라고 판시하여(대법원 2010. 4. 8. 선고 2009다10881 판결), 표준동의서에 의한 동의율이 달성되면 더 이상 비용분담내용이 정하여지지 않았다는 이유를 가지고 조합설립인가 취소를 다툴 수 없고, 매도청구소송에서 항변으로 다툴 수 없다고 하였다.

　그러나 위 대법원 판결은 리모델링에는 그대로 적용할 수 없다고 본다. 리모델링조합은 일단 표준동의서라는 것이 아예 없다. 따라서 위 대법원 판결 이전의 대법원 판결에 따르는 것이 타당하다고 본다.

　즉, 대법원은 "집합건물의 소유 및 관리에 관한 법률 제47조제3항에 의하면 재건축의 결의를 할 때에는 건물의 철거 및 신건물의 건축에 소요되는 비용의 분담에 관한 사항과 신건물의 구분소유권의 귀속에 관한 사항을 정하여야 한다고 규정하고 있는바, 위 재건축 비용의 분담에 관한 사항은 구분소유자들로 하여금 상당한 비용을 부담하면서 재건축에 참가할 것인지, 아니면 시가에 의하여 구분소유권 등을 매도하고 재건축에 참가하지 않을 것인지를 선택하는 기준이 되는 것이므로, <u>재건축의 실행단계에서 다시 비용 분담에 관한 합의를 하지 않아도 될 정도로 그 분담액 또는 산출기준을 정하면 족하다</u>."라고 판시하고 있다(대법원 2002. 3. 15. 선고 2001다77819 판결).

서울남부지방법원 2018. 9. 20. 선고 2017가합108555 판결

다. 리모델링 결의의 유효 여부

1) 관련 법리

가) 구 주택법 제22조 제2, 3항, 집합건물법 제48조에 따른 리모델링주택조합의 매도청구권은 리모델링 결의가 유효하게 성립하여야 비로소 발생하는 것이므로, 리모델링 결의에 하자가 있어 무효인 경우에는 매도청구권을 행사할 수 없다(대법원 2000. 11. 10. 선고 2000다24061 판결 등 참조).

나) 구 주택법 시행령(2008. 11. 5. 대통령령 제21106호로 개정되기 전의 것, 이하 '개정 전 시행령'이라 한다) 제37조 제1항 제1호 나목, 제47조 제4항 제1호에서는 리모델링주택조합의 설립인가 요건으로 리모델링 설계의 개요, 공사비, 조합원의 비용 분담내역에 관한 사항이 기재된 결의가 있었음을 증명하는 서류를 제출하도록 정하고 있다. 위 결의사항 중 조합원의 비용분담내역에 관한 사항은 구분소유자들로 하여금 상당한 비용을 부담하면서 리모델링에 참가할 것인지, 아니면 시가에 의하여 구분소유권 등을 매도하고 리모델링에 참가하지 않을 것인지를 선택하게 하는 기준이 되는 것이고, 리모델링 결의의 내용 중 가장 중요하고 본질적인 부분으로서, 리모델링의 실행단계에서 다시 비용 분담에 관한 합의를 하지 않아도 될 정도로 그 분담액 또는 산출 기준을 정하여야 하고 이를 정하지 아니한 리모델링 결의는 특별한 사정이 없는 한 무효이다(대법원 2005. 4. 29. 선고 2004다7002 판결 등 참조). 이때 비용분담에 관한 사항은 적어도 리모델링 참가자가 확정될 경우에 자동적으로 그 부담비율이 결정될 정도로 리모델링 결의 단계에서 이를 정하여 놓음으로써 적어도 장차 리모델링에 참가할 경우에 리모델링 비용을 어떻게 분담할 것인지를 예측할 수 있을 만큼 비용 분담의 기준이 제시되어야 한다(대법원 2005. 7. 8. 선고 2005다21036 판결 참조).

2) 판단

앞서 인정한 사실, 앞서 든 증거에 변론 전체의 취지를 종합하여 인정할 수 있는 다음과 같은 사실 및 그로부터 추론할 수 있는 사정들을 종합하면, 이 사건 동의서 및 원고의 조합규약만으로는 이 사건 아파트에 관한 리모델링 결의 시 적어도 장차 리모델링 사업에 참가할 경우에 리모델링 비용을 어떻게 분담할 것인지 예측할 수 있을 만큼 비용분담의 기준이 피고들을 포함한 이 사건 아파트의 구분소유자들에게 제시되었다고 보기 어렵고, 달리 이를 인정할 증거를 찾을 수 없다. 이 사건 아파트에 관한 리모델링 결의는 리모델링 비용의 분담에 관한 사항이 정하여지지 않은 것으로서 무효라고 봄이 타당하다. 원고는 나머지 피고들에 대하여 매도청구권을 행사할 수 없으므로, 원고의 나머지 피고들에 대한 청구는 받아들이지 아니한다.

가) 이 사건 동의서에는 조합원의 비용분담내역에 관한 사항으로 "(1) 조합규약에 따라 경비를 부과하고 징수하며, 조합청산시 청산금을 최종 확정함, (2) 사업비는 조합원 부담금으로 충당하고, 차액이 발생할 경우 조합규약 및 리모델링 사업계획에 따라 비용 등을 균등하게 부담·배분함, (3) 시공자에 지급할 공사금액 및 사업 관련 제반비용은 조합규약 및 리모델링 사업계획의 기준에 따라 형평성의 원칙에 의거하여 공평하게 분담함"이라고 기재되어 있고, 리모델링 비용으로 "건축비용(건축연면적 평당) 약 3,000,000원, 기타 사업비용(건축연면적 평당) 약 150,000원, 사업비 합계(건축연면적 평당) 약 3,150,000원'이라고 기재되어 있다. 별도의 추가적인 자료나 설명 없이 이 사건 동의서만으로 구분소유자들의 비용분담내역을 예측하기 어렵다.

나) 이 사건 동의서에는 리모델링 공사 및 설계개요로 대지면적, 건축연면적, 용적률, 규모(아파트

16층 2개 동)가 기재되어 있기는 하나, 이 사건 동의서에 제공된 정보만으로는 구분소유자들이 리모델링 사업의 결과 자신들이 소유하게 될 개별 세대의 면적이나 가치 등을 파악하기 어렵다.

다) 이 사건 동의서에는 평당 리모델링 비용에 관한 합리적인 산출 근거도 없고, 리모델링 비용이 어떠한 기준에 의하여 조합원들에게 분담되는지, 예컨대 조합원들 소유 아파트의 전유부분의 면적 비율에 따라 배분할 것인지, 또는 각 세대, 각 동의 공사범위에 따라 분배할 것인지, 공용면적을 포함하여 최종적으로 증가된 면적에 따라 일률적으로 배분할 것인지 등에 관한 기재가 없다.

라) 원고의 조합규약은 사업비의 부과 및 징수에 관하여 "조합은 사업시행에 필요한 비용을 충당하기 위하여 조합원에게 공사비 등 리모델링 사업에 소요되는 비용(이하 '리모델링 사업비'라 한다)을 부과·징수할 수 있고, 리모델링 사업비는 총회 의결을 거쳐 부과할 수 있으며, 추후 사업시행구역 안의 제반 여건을 종합적으로 고려하여 공평하게 금액을 조정하여야 한다. 조합은 납부기한 내에 사업비를 납부하지 아니한 조합원에 대하여는 금융기관에서 적용하는 연체 금리의 범위 내에서 과태료를 부과할 수 있다"라고 규정한다. 이 사건 동의서에 원고의 조합규약을 더해 보더라도 조합원들의 분담금을 정할 구체적인 기준과 방법을 파악할 수 없다.

마) 원고는 2015년경 일반분양분 40세대를 추가하여 이 사건 아파트를 수직 증축하는 내용으로 이 사건 리모델링 사업의 내용을 변경하였다. 변경된 리모델링 사업내용을 반영한 이 사건 별도 결의서에는 조합원의 분담금 추산액을 "리모델링 후 보유할 주택의 추산 가격 – [조합원별 종전 주택의 평가 가격 × 배분율]"로 제시하고 있다. 이 사건 아파트의 구분소유자들이 이 사건 동의서나 원고의 조합규약을 통해 이 사건 리모델링 사업 내용의 변경과 이에 따른 비용분담내역의 변화를 예측하는 것은 사실상 불가능하다. 2008년 7월에 그 당시의 리모델링 사업 계획에 기초하여 이루어진 구분소유자들의 동의를 현재 추진 중인 리모델링 사업에 관한 동의로 간주할 수 없다(현재 이 사건 별도 결의서에 대한 동의율은 약 65%로, 현행 주택법령에서 정한 리모델링 허가 기준인 '구분소유자 및 의결권의 각 75% 이상의 동의' 요건을 충족하지 못한 상태이다).

바) 원고가 들고 있는 대법원 2007. 10. 11. 선고 2005다58786 판결은 구분소유자들이 제공받은 자료에 여러 가지 평당 분양단가와 예상 용적률에 따른 조합원들의 분담액이 가정적으로 예시되어 있고 조합의 정관에 분담금은 무상 분양면적과 실제 분양받은 면적에 차이가 있을 경우 그 면적에 대하여 일반분양에 적용되는 단위면적당 가격을 기준으로 환산한 금액으로 정하게 되어 있었던 사안이다. <u>서울고등법원 2009. 12. 17. 선고 2009나42569 판결 및 서울고등법원 2010. 1. 28. 선고 2009나69137 판결은 구분소유자들에게 예상 부담 금액을 '계약면적(주거전용 + 주거공용 + 기타 공용면적(서비스면적 제외) × 사업비 평당 2,670,000원(평당 공사비 2,590,000원 + 평당 조합비 80,000원)'으로 공지하였고, 각 세대별 평형 변화 및 추정 부담금액을 안내한 사안이다.</u> 위 각 사건은 이 사건과 그 구체적인 사안이 달라 그대로 적용될 수 없다(원고는 이 사건 변론종결 후에 2007. 6. 3.자 주민총회 회의자료, 2007. 12. 31.자 경과보고, 2008. 7. 28.자 창립총회 회의자료 등을 제출하면서 각 자료를 통해 구분소유자들에게 구체적인 비용분담에 대한 내용을 사전에 안내했다고 주장한다. 그러나 각 자료를 보더라도 리모델링 후 평면도 정도를 확인할 수 있을 뿐 구체적인 비용분담 내역을 파악하기 어렵다. 각 자료에 기재된 리모델링 사업 계획은 2015년경 이미 그 동일성을 인정하기 어려울 정도로 변경되었다).

다. 참가여부의 최고

(1) 최고의 당사자

최고의 주체는 조합설립인가를 받은 리모델링조합이다.

상대방은 리모델링 행위허가 결의서에 찬성하지 않은 구분소유자이다. 포괄승계인 및 특정승계인도 포함한다. 임차인 또는 전세권자는 승계인에 포함되지 않는다. 공유자는 공유자 전원에 대하여 최고하여야 한다.

탈퇴한 조합원, 제명된 조합원은 최고가 필요 없다(인천지방법원 2008. 1. 17. 선고 2007가합12056, 2007가합12063).

(2) 최고의 시기

법 제66조제2항에 따른 리모델링의 허가를 신청하기 위한 동의율을 확보한 후 '지체없이' 최고를 하여야 한다.

수원고등법원은 "집합건물법 제48조제1항에 의하면, 주택재건축조합이 조합 설립에 동의하지 않은 사람에 대하여 매도청구권을 행사하기 위해서는 먼저 그에게 재건축에 참가할 것인지 여부를 회답할 것을 지체없이 서면으로 촉구하여야 한다. 여기에서 '지체없이'는 재건축결의가 이루어진 후 즉시 촉구해야 한다는 의미가 아니라, 재건축사업의 진행 정도에 비추어 적절한 시점에 이루어져야 한다는 의미이다(대법원 2017. 6. 29. 선고 2016다276641 판결 등 참조). 앞서 본 바와 같이 원고는 2015. 9. 25. 리모델링주택조합 설립인가를, 2016. 7. 15. 조합설립변경인가를 받고 이 사건 리모델링 사업을 추진하였으며, 2018. 3.경부터 2018. 12.경까지 이 사건 2018년 서면결의서를 제출받기도 한 점 등을 고려하면, 피고에 대한 최고는 이 사건 리모델링사업의 진행 정도에 비추어 적절한 시점에 이루어진 것으로 봄이 타당하다. 따라서 피고의 위 주장은 받아들이지 않는다."라고 한다(수원고등법원 2022. 5. 12. 선고 2020나25648 판결).

'지체없이'란 귀책사유 있는 지연이 없다는 것인데 어느 정도 기간 내에 최고를 하는 것이 '지체없이' 한 것으로 볼 것인가는 최고 상대방의 이익 등을 고려하여 사회통념에 따라 판단해야 할 것이다(서울서부지방법원 2006. 12. 7. 선고 2005가합8903 판결).

(3) 적법한 최고 후 다시 최고만을 할 수 있는지 여부(소극)

최초의 최고가 적법하게 이루어지고 동 최고를 기준으로 산정한 행사기간이 도과된 후 조합인가사항 변경 동의 없이 최고만을 다시 하는 경우에는 매도청구권자의 매도청구권은 그 행사기간 내에 이를 행사하지 아니함으로써 그 효력을 상실하여 실효된 것이므로 행사기간 도과 후 새로운 최고를 하더라도 매도청구권을 행사할 수는 없다(대법원 2000. 6. 27. 선고 2000다11621 판결, 대법원 2002. 9. 24. 선고 2000다22812 판결).

(4) 최고의 방식

최고는 반드시 서면으로 하여야 한다.

한편, 실무적으로 최고는 내용증명(배달증명)우편으로 하는데 반송된 경우에는 의사표시의 효력을 발생시킬 수가 없다. 이러한 경우에는 결국 민법 제113조와 민사소송법 제195조에 의한 의사표시 공시송달 제도를 이용하면 된다.

(5) 무효인 리모델링 행위허가 결의 후 새로운 결의에 기하여 다시 매도청구를 하는 것이 가능한지 여부(적극)

대법원은 정비사업에서 새로운 조합설립인가처분의 요건을 갖춘 조합설립변경인가에 터 잡아 새로이 매도청구권을 행사하는 것도 적법하다고 한다(대법원 2013. 2. 28. 선고 2012다74816 판결).

이는 리모델링의 행위허가 결의서에도 적용될 것으로 본다.

(6) 최고에 대한 회답

최고를 받은 구분소유자는 최고 수령일로부터 2월 이내에 회답하여야 한다(회답기간 = 최고수령일+2개월 이내, 회답기간의 단축은 불가하다. 다만, 연장은 가능하다고 본다).

위 기간 내에 회답하지 아니한 경우 그 구분소유자는 재건축에 참가하지 아니하는 뜻을 회답한 것으로 본다(집합건물법 제48조제2항, 제3항).

참가한다는 취지의 회답은 반드시 서면으로 하여야 하는 것은 아니다.

수차례의 최고가 있는 경우는 최초 최고의 수령일부터 기산하고, 최고에 대해서 일단 불참을 회답하였다가 다시 이를 철회할 수 있다. 반면에 참가회답의 임의철회는 인정되지 않는다고 해석된다(재판실무편람 2006년 개정판, 64페이지).

(7) 최고의 내용

집합건물법상 리모델링 행위허가 결의에 찬성하지 아니하는 구분소유자에 대하여 매도청구권을 행사하기 위한 전제로서의 최고는 반드시 서면으로 하여야 하는바(동법 제48조제1항), 이는 최고를 받은 구분소유자가 결의의 구체적 사항을 검토하여 리모델링에 참가할지 여부를 판단하여야 하므로 최고서에는 결의사항이 구체적으로 적시되어 있어야 하나, 다만 그러한 사항들이 리모델링사업의 추진과정에서 총회의 결의나 리모델링에의 참여 권유 또는 종용 등을 통하여 최고의 대상자들에게 널리 알려지고, 소송의 변론과정에서도 주장이나 입증 등을 통하여 그 내용이 알려짐에 따라 리모델링 참가의 기회가 충분히 부여되었다면 그 참가 최고는 적법하다고 할 것이다(대법원 2005. 6. 24. 선고 2003다55455 판결).

라. 3개월간의 협의 여부

법 제22조제1항은 "제21조제1항제1호에 따라 <u>사업계획승인을 받은 사업주체</u>는 다음 각 호에 따라 해당 주택건설대지 중 사용할 수 있는 권원을 확보하지 못한 대지(건축물을 포함한다. 이하 이 조 및 제23조에서 같다)의 소유자에게 그 대지를 시가(市價)로 매도할 것을 청구할 수 있다. <u>이 경우 매도청구 대상이 되는 대지의 소유자와 매도청구를 하기 전에 3개월 이상 협의를 하여야 한다</u>."라고 규정하고 있어, 3개월 협의 의무를 리모델링의 경우도 지켜야 하는지가 문제된다.

사견은 리모델링의 경우에는 법 제22조제2항에 의해 매도청구를 하는 것이므로, 행위허가를 받는 경우는 물론 30세대 이상 증가하여 사업계획승인을 받는 경우라 하더라도 3개월 이상 협의 의무는 없다고 본다(동지 서울고등법원 2021. 5. 7. 선고 2020나2028915(본소) 판결). 법 제22조제2항은 행위허가를 신청하기 위한 동의율을 확보한 경우 매도청구가 가능하도록 하고 있으므로, 행위허가 동의율을 확보하였으면 30세대 이상이 증가하여 사업계획승인대상이 되더라도 매도청구가 가능하다고 보아야 한다. 그래야만 법이 2020. 1. 23. 개정되면서 제1항제4호를 신설하여 법 제66조제2항에 따라 리모델링 결의를 한 리모델링주택조합이 법 제22조제2항에 따라 매도청구를 하는 경우에는 사업계획승인대상이라고 하더라도 소유권을 확보하지 않아도 된다고 규정한 취지와 조화로운 해석이 가능하다. 이미 법 제22조제2항에 의해 매도청구를 하고, 이로 인해 소유권을 확보한 것으로 보고, 사업계획승인을 받았는데, 그 이후 법 제22조제1항에 의해 매도청구 이전에 3개월 이상 협의를 하여야 한다고 하면 논리적으로 설명이 불가하다.

마. 적법한 매도청구 소 제기

(1) 소 제기 기간

매도청구권은 집합건물법 제48조제2항 내지 제4항에 따라 최고수령일로부터 2월이 경과한 때로부터 2월 이내에 행사하여야 한다.

집합건물법이 위와 같이 매도청구권의 행사기간을 규정하고 있는 취지는 매도청구권이 형성권으로서 재건축 참가자 다수의 의사에 의하여 재건축에 참가하지 아니한 구분소유자의 구분소유권에 관한 매매계약의 성립을 강제하는 것이므로, 만일 위와 같이 행사기간을 제한하지 아니하면 매도청구의 상대방은 재건축 참가자 또는 매수지정자가 언제 매도청구를 할지 모르게 되어 그 법적 지위가 불안정하게 되는 등 재건축에 참가하지 아니한 구분소유권자의 권익을 부당하게 침해할 우려가 있는 점에 비추어 상대방의 정당한 법적 이익을 보호하고 아울러 재건축을 둘러싼 법률관계를 조속히 확정하기 위한 것이라고 봄이 상당하므로, 매도청구권은 행사기간 내에 이를 행사하지 아니하면 그 효력을 상실한다(대법원 2000. 6. 27. 선고 2000다11621 판결, 대법원 2002. 9. 24. 선고 2000다22812 판결, 서울고등법원 2008. 5. 15. 선고 2007나48907 판결).

(2) 소제기로 최고를 함과 동시에 매도청구권을 행사할 수 있는지

현재 대부분의 하급심 판결은 소제기와 동시에 매도청구권을 행사할 수 있다고 보고 있다.36)

하급심 판결 중에는 최고와 매도청구를 별개로 하여야 한다는 것도 있으나, 이는 극히 예외적인 것이다(수원지방법원 성남지원 2008. 12. 24. 선고 2006가단38993 판결).

다만 매도청구권이 발생하지 않은 상태에서의 소제기의 법적성질에 대하여는 3가지 견해로 나눠지고 있다.

① 최고와 동시에 매도청구권을 행사하는 조합의 의사표시에는 회답기간이 경과할 때까지 피고로부터 참가 신청이 없어 확정적으로 매도청구권이 발생하게 되는 것을 정지조건으로 하여 매도청구권을 바로 행사하겠다는 취지가 포함되어 있다고 보는 판결(수원지방법원 성남지원 2008. 12. 4. 선고 2006가단38986 판결, 대구지방법원 2008. 7. 25. 선고 2007가단6120 판결 등)

---

36) 수원지방법원 성남지원 2008. 12. 4. 선고 2006가단38986 판결

② 매도청구권은 피고가 회답기간 내에 참가할 의사표시를 하는 것을 해제조건으로 하여 발생하는 것으로 보는 판결(서울중앙지방법원 2006. 8. 25. 선고 2005가합56068 판결, 대구지방법원 2008. 1. 17. 선고 2006가단128429 판결 등)

③ 2개월의 회답기간이 경과되기 전에 매도청구권 행사의 의사표시를 한 경우에는 거기에 의사표시가 상대방에게 도달함과 동시에 구분소유권에 관한 매매계약이 성립되는 효력은 인정되지 아니한다고 하는 판결(대법원 2001. 1. 5. 선고 2000다12099판결). 이 견해에 의하면 적법한 매도청구권의 행사로 볼 수 없어 매도청구 소송은 받아들여지기 어렵다. 다만, 회답기간이 만료된 이후에 매도청구권을 행사한다는 내용으로 예비적 청구를 추가한다면 받아들여질 가능성이 있다.[37]

어느 견해를 취하든지 회답기간 내에 참가 신청이 있는 경우 매도청구권 행사의 효력이 발생하지 않는다는 점에서 차이가 없다.

다만, 회답기간이 경과하고, 최고의 상대방이 참가할 의사가 없음을 회답하여야(기간 내에 회답하지 아니한 경우 포함) 비로소 매도청구권이 발생하게 되는 것이므로, 회답기간이 경과할 때까지 참가 신청이 없어 확정적으로 매도청구권이 발생하게 되는 것을 정지조건으로 보는 견해가 타당하다고 생각된다.

> **서울고등법원 2021. 5. 7. 선고 2020나2028915(본소) 판결**
> **대법원 2022. 3. 31. 선고 2021다251554 판결**
> 주문
> 1. 이 법원에서 변경된 청구에 따라 제1심판결 중 피고에 대한 부분을 다음과 같이 변경한다.
>   가. 피고는 원고로부터 729,839,200원을 지급받음과 동시에 원고에게 별지 목록 기재 부동산에 관하여 2018. 7. 1. 매매를 원인으로 한 소유권이전등기절차를 이행하고, 위 부동산을 인도하라.
>   나. 원고의 나머지 청구를 기각한다.
> 2. 소송 총비용 중 70%는 피고가, 나머지는 원고가 각 부담한다.
> 3. 제1항 중 부동산 인도 부분은 가집행할 수 있다.
>
> 원고의 매도청구를 위한 최고 및 매도청구권 행사의 의사표시가 담긴 이 사건 소장 부본이 피고에게 송달된 날(2018. 4. 30.)로부터 2개월이 경과한 다음날인 2018. 7. 1. 이 사건 부동산에 관한 매매계약이 체결되었다.

---

[37] 부산지방법원, 판사들이 들려주는 재개발 재건축이야기, 227

(3) 소제기로 매도청구를 하는 경우 매도청구 시점 : 소장 접수 시

소장 부본은 매도청구권 행사기간을 도과한 때에 송달되더라도 무방하다고 봄이 상당하다(대법원 2003. 5. 27. 선고 2002다14532, 14549 판결, 대구지방법원 2007. 11. 21. 선고 2005가합13824 판결).

매도청구권을 행사하는 내용이 담긴 소장이 제척기간 내에 법원에 접수되었음에도 그 소장 부본이 위 기간을 도과한 후에 송달되었다는 우연한 사정(많은 수의 당사자가 있는 소송에서는 소송서류의 정리, 당사자의 확정 등에 있어 통상의 경우보다 많은 시간이 소요되어 송달서류의 발송 자체가 늦어질 수 있고, 송달불능·주소보정·재송달을 거치는 과정에서 통상의 경우보다 송달이 늦게 되는 경우도 있다)에 의하여 위 기간을 준수하지 못하였다고 보는 것은 사회·경제적으로 무용한 비용의 추가 지출을 가져오게 된다. 이 경우도 매매계약의 성립일은 소장부본 송달일로 보아야 한다(서울고등법원 2009. 12. 9. 선고 2009나13936판결).

다만, 이와 반대로 소장 부본이 2월의 매도청구권 행사기간이 경과된 후에 송달되었다고 하여 매도청구권 행사가 효력을 상실하였다고 본 하급심 판결(서울고등법원 2008. 5. 15. 선고 2007나48907 판결, 서울고등법원 2008. 5. 30. 선고 2007나50726 판결, 서울북부지방법원 2009. 1. 6. 선고 2008가합4951 판결)도 있으므로, 주의하여야 할 것이다.

(4) 매도청구권 행사기간이 도과한 경우의 구제 방안
① 새로운 최고를 하여 재차 매도청구를 할 수 있는지 여부(소극)
한번 소멸한 매도청구권은 새로운 최고로 부활하지도 않는다. 행사기간이 도과된 경우 다시 새로운 결의를 하여 이에 따른 새로운 매도청구권을 발생시키는 것은 가능하다.

② 리모델링결의에 기한 적법한 최고 후 매도청구권의 행사기간이 도과되어 그 효력을 상실한 경우에 새로운 결의를 하고 동 결의에 기하여 최고를 다시 하는 경우에 매도청구권을 행사할 수 있는지의 여부
매도청구권 행사기간 내에 매도청구권을 행사하지 아니하였다가 다시 조합원들의 동의를 얻어 결의를 한 후 최고절차를 거쳐 매도청구한 경우에, 적법한 매도청구라고 판단한 예가 다수 있다(대구지방법원 2005. 12. 21. 선고 2005가단59380 판결[38] 등).

---

[38] 항소하지 않아 확정됨

리모델링 행위허가 결의와 동일한 정족수 요건을 갖춘 경우에 재차 매도청구를 허용하지 않을 이유가 없고, 재차 매도청구를 허용한다고 하더라도 조합이 매도청구 시기를 임의로 결정함으로써 매도청구 상대방의 법적 이익을 침해할 위험은 크지 않다 할 것이므로 새로운 리모델링 행위허가 결의가 있으면 재차 매도청구를 허용함이 상당하다.

3. 매도청구의 효과

매도청구권은 형성권이기 때문에 매도청구권의 행사결과 이를 행사한 자와 상대방인 리모델링불참자 사이에 불참자의 소유권에 대해 시가에 의한 매매계약이 성립된 것으로 의제된다.

리모델링참가 여부에 대한 최고를 한 후 소제기로 매도청구를 하는 경우 매매계약의 성립시점은 매도청구의 의사표시가 담긴 소장 또는 준비서면이 상대방에게 송달된 날이다.

최고와 동시에 매도청구를 하는 경우는 최고서 송달일로부터 2개월을 경과한 다음날 매매계약의 체결이 의제된다.

4. 시가의 산정

매도청구를 하기 위해서는 시가를 지급하여야 한다. 시가는 매도청구시에 구체적으로 표시할 것은 없고, 적정한 시가에 따라 매도하라는 취지의 통지를 하면 될 것이고, 그 시가는 종국적으로는 법원이 정할 것이다.

시가란 매도청구권이 행사된 당시 리모델링으로 인하여 발생할 것으로 예상되는 개발이익이 포함된 가격을 말한다(대법원 1996. 1. 23. 선고 95다38172 판결, 헌법재판소 2010. 12. 28. 선고 2008헌마571).

시가로서 합의(통상은 현재 거래가에 이사비를 포함한 가격)가 이루어지지 아니하면 매도청구권 행사의 의사표시가 도달된 날을 기준으로 법원의 시가감정절차에 따라 결정된다.

매도청구의 피고에게는 바로 이 시가감정을 어떻게 받느냐가 매우 중요하다. 부동산의 현황과 공부상의 표시가 일치하지 않는 경우는 당연히 현황에 의한다. 사업성이 반영되어야 하고, 실제거래가격이 참작된다. 피고 즉 소유자는 소장을 받는 날, 아니 받기 전부터 미리 대응을 하여야 한다. 어찌 보면 조합이 설립되기 전부터 대응을 시작하는 것이 좋다. 처음부터 사전 준비하고, 나아가 소송에서는 감정인 선정절차부터 철저히 준비하여야 제대로 된 감정평가를 받을 수 있다. 가끔 감정평가가 나온 후에 대비한다는 생각, 2심에 가서 다시 재판하면 된다는 생각을 하는 경우가 있으나, 이는 매우 잘못이다. 대부분은 법원에서 선정한 1심 감정인의 감정평가 결과가 나오면 그것으로 끝이다. 그 후에 결과는 바뀌지 않는 경우가 대부분이다.

시가는 법원이 선임하는 감정평가사에 의해 결정된다. 통상은 원고측이 감정평가를 신청하고 있다. 그러나 피고도 공동 감정신청을 고려하여야 하고, 감정인 선정, 시가에 대한 의견을 철저히 개진하여야 한다.

5. 착공 및 일반모집 허용 여부

가. 착공 여부

법 제21조제2항은 "사업주체가 제16조제2항에 따라 신고한 후 공사를 시작하려는 경우 사업계획승인을 받은 해당 주택건설대지에 제22조 및 제23조에 따른 매도청구 대상이 되는 대지가 포함되어 있으면 해당 매도청구 대상 대지에 대하여는 그 대지의 소유자가 매도에 대하여 합의를 하거나 <u>매도청구에 관한 법원의 승소판결(확정되지 아니한 판결을 포함한다)</u>을 받은 경우에만 공사를 시작할 수 있다."라고 규정하고 있다.

이 규정은 2013. 6. 4. 법 개정으로 신설되었고, 공포 후 3개월이 경과한 날부터 시행한다. 법 제21조 제2항 괄호부분 "(판결이 확정될 것을 요하지 않는다)"는 2020. 6. 9. 개정되면서 "<u>(확정되지 아니한 판결을 포함한다)</u>"로 되었으나, 의미 차이는 없다고 본다.

나. 입주자 모집

법 제22조 및 제23에 따른 매도청구소송(이하 이 호에서 "매도청구소송"이라 한다) 대상 대지로서 다음 각 목의 어느 하나에 해당하는 경우에는 대지의 소유권을 확보하지 못하였어도 <u>착공과 동시에 입주자를 모집</u>할 수 있으며, 이 경우 사업시행자는 법 제49조에 따른 사용검사 전까지 해당 주택건설 대지의 소유권을 확보하여야 한다(주택공급에 관한 규칙 제15조제1항제1호).

  가. 매도청구소송을 제기하여 법원의 승소 판결(판결이 확정될 것을 요구하지 아니한다)을 받은 경우
  나. 소유자 확인이 곤란한 대지에 대하여 매도청구소송을 제기하고 법 제23조제2항 및 제3항에 따른 감정평가액을 공탁한 경우
  다. 사업주체가 소유권을 확보하지 못한 대지로서 법 제15조에 따라 최초로 주택건설사업계획승인을 받은 날 이후 소유권이 제3자에게 이전된 대지에 대하여 매도청구소송을 제기하고 법 제23조 제2항 및 제3항에 따른 감정평가액을 공탁한 경우

6. 보전처분의 시급성 및 명도기한 허용

가. 보전처분의 시급성

 매도청구권을 행사하는 도중 소유권이전등기가 경료 되어 소유자가 바뀌거나, 점유자가 변경되는 경우, 가등기권 설정 등의 경우에는 집행곤란의 우려가 있으므로, 반드시 부동산처분금지가처분 또는 점유이전금지가처분을 하여 두는 것이 타당하다.

나. 명도기한의 허여

 최고에 대해 리모델링에 참가하지 아니하는 뜻을 회답한 구분소유자가 건물을 명도함에 따라 생활상 현저한 곤란을 받을 우려가 있고 또한 재건축의 수행에 심한 영향이 없는 때에는 법원은 그 구분소유자의 청구에 따라 대금의 지급 또는 제공일로부터 1년을 초과하지 아니하는 범위 내에서 건물의 명도에 관하여 상당한 기간을 허여할 수 있다(집합건물법 제48조제5항).

 명도기간의 허여는 독립된 소송으로 할 수도 있고, 매도청구소송에서 항변으로도 할 수 있다. 다만, 독립으로 행사하는 경우는 그 사유가 매도청구권 행사 소송의 변론종결 후에 발생한 것이어야 한다.

 매도청구소송에서 피고가 항변으로 명도기한의 허여를 구하는 경우가 있으나 건물을 명도함에 따라 생활상 현저한 곤란을 받을 우려가 있고, 또한 리모델링의 수행에 심한 영향이 없는 것으로 인정되어야 하므로 위 항변이 인용되는 경우는 거의 없고, 인용되더라도 1개월 정도의 단기간에 그치고 있다(서울중앙지방법원 2004. 2. 11. 선고 2003가합15599 판결).

7. 리모델링사업 지연시 환매청구

 리모델링의 결의일로부터 2년이내에 건물철거의 공사가 착수되지 아니한 경우에는 구분소유권 또는 대지사용권을 매도한 자는 이 기간의 만료일부터 6월이내에 매수인이 지급한 대금에 상당한 금액을 그 구분소유권 또는 대지사용권을 가지고 있는 자에게 제공하고 이들의 권리를 매도할 것을 청구할 수 있다. 다만, 건물철거의 공사가 착수되지 아니한 것에 관하여 상당한 이유가 있는 때에는 그러하지 아니한다(집합건물법 제48조제6항).

 하급심은 집합건물법 제48조제6항에 규정된 '매도한 자'는 '매매계약의 이행을 완료한 자'가 아니라 '매매계약을 체결한 자'를 의미하는 것이라고 볼 것이라며, 조합의 매도청구에 대해 환매 항변으로 대항할 수 있다고 판시한 바 있다(대구지방법원 2007. 11. 15. 선고 2005가합12876 판결).

8. 매도청구 부동산상 이해관계인의 문제

가. 저당권자가 있는 경우

(1) 저당부동산의 취득자는 그 저당권의 피담보액 상당액까지는 매매대금의 지급을 거절할 수 있으므로 매도청구권의 행사시에도 상대방의 동시이행항변에 대해서 그 피담보채무액 상당액의 대금지급의 거절을 재항변할 수 있다.

(2) 피담보채권액이 매매대금을 넘는 경우
① 1설 : 이 경우에는 조합이 이를 인수받아 대위변제를 하더라도 구상이 어려운 실정이므로 매도청구소송에서 피고로 포함시켜 시가금액범위 내에서 합의를 유도하거나 시가금액을 지급받은 후 근저당권설정등기를 말소하라는 선이행 판결이 필요하다는 견해
② 2설 : 피담보채권액을 변제하지 않고는 근저당권 소멸청구를 할 수 없다는 견해. 이 견해에 의하면 매도청구는 실질적으로 무력해진다.[39]

생각건대, 이 문제는 입법적으로 해결하여야 한다고 본다. 예를 들어 법원이 인정한 시가만 공탁하면 매매계약은 의제하고, 나머지 문제는 배당으로 해결하는 문제를 도입할 필요가 있다고 본다.

이와 관련하여 서울북부지방법원은 "이 사건 부동산에 관하여 시가를 상회하는 액수를 채권최고액으로 한 근저당권설정등기가 경료되어 있으므로, 매도청구권을 행사하는 원고조합으로서는 위 채권최고액의 범위내인 위 각 부동산 매매대금의 지급을 거절할 수 있다 할 것이므로, 피고들은 원고 조합에게 별지목록 기재 각 부동산에 관하여 주문일자 기재 각 매매를 원인으로 한 소유권이전등기 절차를 각 이행하고, 이를 각 명도할 의무가 있다고 할 것이다."라고 판시한 것이 있다(서울북부지방법원 1997. 9. 12. 선고 97가합2904 판결).

나. 압류, 가압류가 있는 경우

이전등기 및 명도에는 지장이 없으므로 매도청구권 행사에는 지장이 없으나 매매대금에 대해서는 저당권이 있는 경우와 동일하게 보면 된다.

---

[39] 만일 근저당권을 실행하여 경매 절차가 개시되면, 조합은 반드시 입찰을 하여야 할 것이다.

다. 체납처분이 있는 경우

일반압류와 동일하게 처리한다. 처분금지 이후의 체납처분에 대해서는 체납처분우위설과 가처분우위설이 있으나, 대법원은 전원합의체판결로 가처분우위설을 채택하고 있다(대법원 1993. 2. 19. 선고 92마903 판결).

라. 임차인에 대한 명도청구

(1) 대항요건을 갖춘 경우

대항력이 있는 임차인에 대해서 명도청구를 할 수 있는지 문제가 되는데, 명도청구를 할 수 없다고 한다면 임대차기간이 장기간인 경우 리모델링의 정상적인 추진이 어려울 수도 있다. 다만, 리모델링사업의 추진으로 인하여 어차피 철거될 운명에 있다는 이유로 임대차관계가 종료된 것으로 보아 명도청구를 인용한 하급심 판결도 있다(서울고등법원 2001. 6. 15. 선고 2001나101 판결).

현행법은 입법으로 해결하고 있다.

> **주택법 [시행 2016. 8. 12.] [법률 제13805호, 2016. 1. 19., 전부개정]**
> 차. 공동주택 리모델링 추진과정에서 세입자의 이주 거부로 인한 사업지연을 방지하기 위하여 임대차계약 체결 당시 리모델링주택조합 설립인가를 받는 경우 등 리모델링 추진 사실을 인지할 수 있는 상태에서 임대차계약을 체결한 경우에는 「주택임대차보호법」 및 「상가건물 임대차보호법」상의 임대차의무기간을 적용받지 아니하도록 함(제76조제4항).

즉, <u>임대차계약 당시</u> 다음 각 호의 어느 하나에 해당하여 그 사실을 <u>임차인에게 고지한 경우로서 제66조제1항 및 제2항에 따라 리모델링 허가를 받은 경우</u>에는 해당 리모델링 건축물에 관한 임대차계약에 대하여 「주택임대차보호법」 제4조제1항 및 「상가건물 임대차보호법」 제9조제1항을 적용하지 아니한다(법 제76조제4항).

1. 임대차계약 당시 해당 건축물의 소유자들(입주자대표회의를 포함한다)이 제11조제1항에 따른 <u>리모델링주택조합 설립인가를 받은 경우</u>
2. 임대차계약 당시 해당 건축물의 <u>입주자대표회의가 직접 리모델링을 실시하기 위하여 제68조제1항에 따라 관할 시장·군수·구청장에게 안전진단을 요청한 경우</u>

이 법 시행일(2016. 8. 12.) 후 체결되거나 갱신된 리모델링 건축물에 관한 임대차계약부터 적용한다(부칙 제7조).

그러나 위 법조항은 반쪽짜리 해결책에 불과하다. 만일 임대차계약당시에 리모델링조합설립인가는 나지 않았지만 리모델링을 위해 동의서를 징구하고 있는 경우에는 그 이후 행위허가가 나더라도 적용이 없는 결과가 초래된다.

따라서 입법론으로서는 행위허가를 받은 경우에는 임대차계약당시 조합설립인가 여부와 상관없이 대항력 조항을 적용하지 않도록 개정하여야 할 것이다.

(2) 임대차계약시 만일 리모델링이 진행될 경우 임차권은 소멸한다는 취지의 약정을 하고 있는 경우

이에 대해서는 임차인에게 불리한 것은 효력이 없다는 강행규정에 의거하여 그 효력이 없다는 견해와 임차인에게 불리하지 않다면 그 효력을 인정하여야 한다는 견해, 일시사용을 위한 임대차로 보아 효력이 있다는 견해로 나뉜다. 사견은 임대차 경위에 비추어 보면 그 효력을 인정하는 것이 타당하다고 생각한다.

(3) 매도청구 소송이 확정되지 않은 상태에서 매도청구소송에서 동시에 조합이 임차인에게 명도청구를 하는 것이 허용되는지의 여부

조합이 미동의자인 임대인을 대위하여 명도를 구하는 것이 가능한 점, 주택임대차보호법상 임대인의 지위를 승계하는 것이 반드시 소유권을 취득하고 공시방법까지 마친 자만을 의미하는 것은 아니라는 점, 소송경제상 분쟁의 일회적 해결을 위해서 허용된다는 것이 통설이다.

(4) 대항요건을 못 갖춘 경우 인도청구

조합은 임차인에게 소유권자로서 인도청구를 하면 그만이다. 그러나 아직 소유권을 취득하지 못한 조합의 경우 위에서와 같은 논란은 있을 수 있다.

제6절 조합과 회계감사 및 감독 등

1. 회계감사

주택조합은 대통령령으로 정하는 바에 따라 회계감사를 받아야 하며, 그 감사결과를 관할 시장·군수·구청장에게 보고하여야 한다(법 제14조의3)[40]. [본조신설 2020. 1. 23.]

법 제14조의3제1항에 따라 주택조합은 다음 각 호의 어느 하나에 해당하는 날부터 30일 이내에「주식회사 등의 외부감사에 관한 법률」제2조제7호에 따른 감사인의 회계감사를 받아야 한다(령 제26조제1항). 〈개정 2018. 10. 30., 2020. 7. 24.〉
 1. 법 제11조에 따른 주택조합 설립인가를 받은 날부터 3개월이 지난 날
 2. 법 제15조에 따른 사업계획승인(제27조제1항제2호에 따른 사업계획승인 대상이 아닌 리모델링인 경우에는 법 제66조제2항에 따른 허가를 말한다)을 받은 날부터 3개월이 지난 날
 3. 법 제49조에 따른 사용검사 또는 임시 사용승인을 신청한 날

회계감사에 대해서는「주식회사 등의 외부감사에 관한 법률」제16조에 따른 회계감사 기준을 적용한다(령 제26조제2항). 〈개정 2018. 10. 30.〉

회계감사를 한 자는 회계감사 종료일부터 15일 이내에 회계감사 결과를 관할 시장·군수·구청장과 해당 주택조합에 각각 통보하여야 한다.

시장·군수·구청장은 제3항에 따라 통보받은 회계감사 결과의 내용을 검토하여 위법 또는 부당한 사항이 있다고 인정되는 경우에는 그 내용을 해당 주택조합에 통보하고 시정을 요구할 수 있다(령 제26조제4항).

법 제14조의3에 따른 회계감사를 받지 아니한 자는 1년 이하의 징역 또는 1천만원 이하의 벌금에 처한다(법 제104조4의4호).

---

[40] 2020. 1. 23. 개정 전 법 제14조제3항을 삭제하고, 제14조의3으로 신설한 것이다.

2. 감독 등

가. 시정조치 등

시장·군수·구청장은 모집주체가 이 법을 위반한 경우 시정요구 등 필요한 조치를 명할 수 있다(법 제14조제4항). 〈신설 2019.12.10.〉

법 제14조제4항에 따른 시정요구 등의 명령을 위반한 자는 1년 이하의 징역 또는 1천만원 이하의 벌금에 처한다(법 제104조제4의3호).

나. 보고·검사 등

> **법 제93조(보고·검사 등)** ① 국토교통부장관 또는 지방자치단체의 장은 필요하다고 인정할 때에는 이 법에 따른 인가·승인 또는 등록을 한 자에게 <u>필요한 보고</u>를 하게 하거나, 관계 공무원으로 하여금 사업장에 출입하여 필요한 검사를 하게 할 수 있다.
> ② 제1항에 따른 검사를 할 때에는 검사 7일 전까지 검사 일시, 검사 이유 및 검사 내용 등 검사계획을 검사를 받을 자에게 알려야 한다. 다만, 긴급한 경우나 사전에 통지하면 증거인멸 등으로 검사 목적을 달성할 수 없다고 인정하는 경우에는 그러하지 아니하다.
> ③ 제1항에 따라 검사를 하는 공무원은 그 권한을 나타내는 증표를 지니고 이를 관계인에게 내보여야 한다.
> **제104조(벌칙)** 다음 각 호의 어느 하나에 해당하는 자는 1년 이하의 징역 또는 1천만원 이하의 벌금에 처한다. 〈개정 2019. 12. 10., 2020. 1. 23., 2020. 6. 9., 2020. 8. 18.〉
> 13. 제93조제1항에 따른 검사 등을 거부·방해 또는 기피한 자

다. 지도·감독

> **법 제94조(사업주체 등에 대한 지도·감독)** 국토교통부장관 또는 지방자치단체의 장은 <u>사업주체</u> 및 공동주택의 입주자·사용자·관리주체·입주자대표회의나 그 구성원 또는 리모델링주택조합이 이 법 또는 이 법에 따른 명령이나 처분을 위반한 경우에는 공사의 중지, 원상복구 또는 그 밖에 필요한 조치를 명할 수 있다.
> **제104조(벌칙)** 다음 각 호의 어느 하나에 해당하는 자는 1년 이하의 징역 또는 1천만원 이하의 벌금에 처한다. 〈개정 2019. 12. 10., 2020. 1. 23., 2020. 6. 9., 2020. 8. 18.〉
> 14. 제94조에 따른 공사 중지 등의 명령을 위반한 자

제7절 조합과 정보공개

1. 서설

조합에 있어서 조합원에 대한 정보공개는 매우 중요하다. 그럼에도 불구하고 주택법은 도시정비법과는 달리 정보공개에 대해 아무런 조문을 두지 않고 있다가, 2013. 8. 6. 법 제12조에 "관련자료의 공개"라는 제목으로 정보공개 조문을 신설하였다.

그러다가 2020. 1. 23. "실적보고 및 관련자료공개"라는 제목으로 개정하고, 법 제12조제1항에 실적보고를 신설하였다.

2. 법 규정

가. 실적보고서 작성

주택조합의 발기인 또는 임원은 다음 각 호의 사항이 포함된 해당 주택조합의 실적보고서를 국토교통부령으로 정하는 바에 따라 사업연도별로 분기마다 작성하여야 한다(법 제12조제1항). 〈신설 2020.1.23〉

1. 조합원(주택조합 가입 신청자를 포함한다. 이하 이 조에서 같다) 모집 현황
2. 해당 주택건설대지의 사용권원 및 소유권 확보 현황
3. 그 밖에 조합원이 주택조합의 사업 추진현황을 파악하기 위하여 필요한 사항으로서 국토교통부령으로 정하는 사항

> **규칙 제11조(실적보고 및 자료의 공개)** ① 법 제12조제1항제3호에서 "국토교통부령으로 정하는 사항"이란 다음 각 호의 사항을 말한다. 〈신설 2020. 7. 24.〉
> 1. 주택조합사업에 필요한 관련 법령에 따른 신고, 승인 및 인·허가 등의 추진 현황
> 2. 설계자, 시공자 및 업무대행자 등과의 계약체결 현황
> 3. 수익 및 비용에 관한 사항
> 4. 주택건설공사의 진행 현황
> 5. 자금의 차입에 관한 사항
>
> ② 주택조합의 발기인 또는 임원은 법 제12조제1항에 따라 주택조합의 실적보고서를 해당 분기의 말일부터 30일 이내에 작성해야 한다. 〈신설 2020. 7. 24.〉

나. 인터넷 등에 공개

주택조합의 발기인 또는 임원은 주택조합사업의 시행에 관한 다음 각 호의 서류 및 관련 자료가 작성되거나 변경된 후 15일 이내에 이를 조합원이 알 수 있도록 인터넷과 그 밖의 방법을 병행하여 공개하여야 한다(법 제12조제2항).

1. 조합규약
2. 공동사업주체의 선정 및 주택조합이 공동사업주체인 등록사업자와 체결한 협약서
3. 설계자 등 용역업체 선정 계약서
4. 조합총회 및 이사회, 대의원회 등의 의사록
5. 사업시행계획서
6. 해당 주택조합사업의 시행에 관한 공문서
7. 회계감사보고서
8. 분기별 사업실적보고서 〈개정 2020.1.23〉

9. 제11조의2제4항에 따라 업무대행자가 제출한 실적보고서[41] 〈개정 2020.1.23〉
10. 그 밖에 주택조합사업 시행에 관하여 대통령령으로 정하는 서류 및 관련 자료
[본조신설 2013.8.6.]

> **령 제25조(자료의 공개)** 법 제12조제1항제10호에서 "대통령령으로 정하는 서류 및 관련 자료"란 다음 각 호의 서류 및 자료를 말한다.
> 1. 연간 자금운용 계획서
> 2. 월별 자금 입출금 명세서
> 3. 월별 공사진행 상황에 관한 서류
> 4. 주택조합이 사업주체가 되어 법 제54조제1항에 따라 공급하는 주택의 분양신청에 관한 서류 및 관련 자료
> 5. 전체 조합원별 분담금 납부내역 〈개정 2020. 7. 24.〉
> 6. 조합원별 추가 분담금 산출내역 〈개정 2020. 7. 24.〉
>
> > **주택법 시행령**
> > [시행 2020. 12. 11.] [대통령령 제30864호, 2020. 7. 24., 일부개정]
> > 　라. 조합원에게 공개해야 하는 사항의 확대(제25조제5호 및 제6호 신설)
> > 　　주택조합의 발기인 또는 임원은 전체 조합원별 분담금 납부내역 및 조합원별 추가 분담금 산출내역이 작성되거나 변경된 후 15일 이내에 조합원이 알 수 있게 공개하도록 함.

주택조합의 임원 또는 발기인은 법 제12조제2항제5호[42]에 관한 사항을 인터넷으로 공개할 때에는 조합원의 50퍼센트 이상의 동의를 얻어 그 개략적인 내용만 공개할 수 있다(령 제11조제3항). 〈개정 2020. 7. 24.〉

다. 열람·복사 요청

제2항에 따른 서류 및 다음 각 호를 포함하여 주택조합사업의 시행에 관한 서류와 관련 자료를 조합의 구성원이 열람·복사 요청을 한 경우 주택조합의 발기인 또는 임원은 15일 이내에 그 요청에 따라야 한다. 이 경우 복사에 필요한 비용은 실비의 범위에서 청구인이 부담한다(법 제12조제3항).
　1. 조합원 명부
　2. 주택건설대지의 사용권원 및 소유권 확보 비율 등 토지 확보 관련 자료
　3. 그 밖에 대통령령으로 정하는 서류 및 관련 자료[43]

---
[41] 리모델링조합은 해당사항이 없다.
[42] 사업시행계획서

법 제12조제3항에 따른 주택조합 구성원의 열람·복사 요청은 사용목적 등을 적은 서면 또는 전자문서로 해야 한다(규칙 제11조제4항). 〈개정 2020. 7. 24.〉

제2항 및 제3항에 따라 공개 및 열람·복사 등을 하는 경우에는 「개인정보 보호법」에 의하여야 하며, 그 밖의 공개 절차 등 필요한 사항은 국토교통부령으로 정한다(법 제12조제5항).

> **규칙 제11조(자료의 공개)** ① 주택조합의 임원 또는 발기인은 법 제12조제1항제5호에 관한 사항을 인터넷으로 공개할 때에는 조합원의 50퍼센트 이상의 동의를 얻어 그 개략적인 내용만 공개할 수 있다.
> ② 법 제12조제2항에 따른 주택조합 구성원의 열람·복사 요청은 <u>사용목적 등을 적은 서면 또는 전자문서로 하여야 한다.</u>

라. 자금집행실적 제출 등

주택조합의 발기인 또는 임원은 원활한 사업추진과 조합원의 권리 보호를 위하여 연간 자금운용 계획 및 자금 집행 실적 등 국토교통부령으로 정하는 서류 및 자료를 국토교통부령으로 정하는 바에 따라 매년 정기적으로 시장·군수·구청장에게 제출하여야 한다(법 제12조제4항). 〈신설 2019. 12. 10., 2020. 1. 23.〉

> **주택법 [시행 2020. 6. 11.] [법률 제16811호, 2019. 12. 10., 일부개정]**
> 나. 주택조합의 발기인 또는 임원은 원활한 사업추진과 조합원의 권리 보호를 위하여 연간 자금운용 계획 및 자금 집행 실적 등을 매년 시장·군수·구청장에게 제출하도록 함(제12조제3항 신설).
>
> > **규칙 제11조(실적보고 및 자료의 공개)** ⑤ 법 제12조제4항에서 "연간 자금운용 계획 및 자금 집행 실적 등 국토교통부령으로 정하는 서류 및 자료"란 다음 각 호의 서류 및 자료를 말한다. 〈신설 2020. 6. 11., 2020. 7. 24.〉
> > 1. 직전 연도의 자금운용 계획 및 자금 집행 실적에 관한 자료
> > 2. <u>직전 연도의 등록사업자의 선정 및 변경에 관한 서류</u>
> > 3. 직전 연도의 업무대행자의 선정 및 변경에 관한 서류
> > 4. 직전 연도의 조합임원의 선임 및 해임에 관한 서류
> > 5. 직전 연도 12월 31일을 기준으로 토지의 사용권원 및 소유권의 확보 현황에 관한 자료
> > ⑥ 주택조합의 발기인 또는 임원은 제5항 각 호의 서류 및 자료를 법 제12조제4항에 따라 매년 2월말까지 시장·군수·구청장에게 제출해야 한다. 〈신설 2020. 6. 11., 2020. 7. 24.〉

---

43) 아직 위임규정이 없다.

마. 벌칙

제102조(벌칙) 다음 각 호의 어느 하나에 해당하는 자는 <u>2년 이하의 징역 또는 2천만원 이하의 벌금</u>에 처한다. 다만, 제5호 또는 제18호에 해당하는 자로서 그 위반행위로 얻은 이익의 50퍼센트에 해당하는 금액이 2천만원을 초과하는 자는 2년 이하의 징역 또는 그 이익의 2배에 해당하는 금액 이하의 벌금에 처한다.

  3. 제12조제2항에 따른 서류 및 관련 자료를 거짓으로 공개한 주택조합의 발기인 또는 임원

  4. 제12조제3항에 따른 열람·복사 요청에 대하여 거짓의 사실이 포함된 자료를 열람·복사하여 준 주택조합의 발기인 또는 임원

제104조(벌칙) 다음 각 호의 어느 하나에 해당하는 자는 <u>1년 이하의 징역 또는 1천만원 이하의 벌금</u>에 처한다.

  1의3. 제12조제1항을 위반하여 실적보고서를 작성하지 아니하거나 제12조제1항 각 호의 사항을 포함하지 않고 작성한 주택조합의 발기인 또는 임원

  2. 제12조제2항을 위반하여 주택조합사업의 시행에 관련한 서류 및 자료를 공개하지 아니한 자

  3. 제12조제3항을 위반하여 조합원의 열람·복사 요청을 따르지 아니한 주택조합의 발기인 또는 임원

제106조(과태료) ③ 다음 각 호의 어느 하나에 해당하는 자에게는 <u>500만원 이하의 과태료</u>를 부과한다. 〈개정 2019. 12. 10., 2020. 1. 23.〉

  1. 제12조제4항에 따른 서류 및 자료를 제출하지 아니한 주택조합의 발기인 또는 임원

3. 쟁점

가. 시공자와의 공사도급계약서

법은 "공동사업주체의 선정 및 주택조합이 공동사업주체인 등록사업자와 체결한 협약서", "설계자 등 용역업체 선정 계약서"라고만 규정하여, 시공자와의 도급계약서가 공개대상인지 명확하지 않았으나, 2020. 1. 23. 법 제12조 제2항 제8호에 "분기별 실적보고서"가 공개대상으로 신설되고, 2020. 7. 24. 규칙 제11조 제1항 제2호에 실적보고대상으로 "설계자, 시공자 및 업무대행자 등과의 계약체결 현황"이 신설되어, 이제는 명확히 도급계약서는 공개대상이다.

나. 용역업체와의 모든 선정 및 변경계약서가 공개대상임

"설계자 등 용역업체 선정 계약서"라고 규정하고 있으므로, 조합이 체결한 모든 용역계약서가 공개대상이다. 특히 고문변호사 이외 다른 변호사와의 선임계약서도 공개하여야 함을 주의하여야 한다.

"가계약"서도 주요 계약내용이 정해져 있고, 총회를 거치거나 예산에 정한 사항을 계약한 경우에는 공개하여야 한다.

다. 총회 및 이사회·대의원회의 의사록

'이사회 의사록'도 공개대상임을 유의하여야 한다.
이와 관련하여, 법은 의사록을 어떤 방법으로 작성해야 하는지에 대해서는 명확한 규정을 두고 있지 않다. 그러나 조합에 관하여는 이 법에 규정된 것을 제외하고는 민법 중 사단법인에 관한 규정을 유추적용하여야 하는바, 위 의사록의 작성요령 등에 대해서는 민법의 규정이 적용되어야 할 것으로 사료한다.

이와 관련된 민법의 규정은 다음과 같다.

> **민법 제76조 (총회의 의사록)**
> ①총회의 의사에 관하여는 의사록을 작성하여야 한다.
> ②의사록에는 의사의 경과, 요령 및 결과를 기재하고 의장 및 출석한 이사가 기명날인하여야 한다.
> ③이사는 의사록을 주된 사무소에 비치하여야 한다.

라. '해당 주택사업조합의 시행에 관한 공문서'

'공문서'가 무엇을 의미하는지에 관하여 명확하지 않다. 즉, 행정청이 작성하여 조합에 보낸 것만 의미하는 것인지, 조합이 작성하여 행정청에 보낸 것도 포함하는 것인지가 문제된다. 따라서 이 조항은 명확성의 원칙에 위배되어 위헌이라고 사료한다.

사견은, 형법 제225조, 민사소송법 제356조 규정, 명확성의 원칙에 충실하여 '공무소 또는 공무원이 직무에 관하여 작성한 문서'만 공문서로 보는 것이 타당하다고 본다.

마. 회계감사보고서

내부 감사보고서와 외부 감사보고서가 있는바, 어느 것을 뜻하는지가 불명확하다.
사견은, 회계감사보고서라고 함은 외부회계감사보고서는 물론 내부회계감사보고서도 공개대상이라고 보아야 한다고 본다.

바. 서면결의서 공개대상 여부

정비사업조합에 있어서 법제처 유권해석과 하급심 판결[44]에 의하면 서면결의서도 공개대상이라고 한다. 리모델링조합도 마찬가지로 본다.

> 민원인 - 서면결의서가 「도시 및 주거환경정비법」 제81조제1항에 따른 공개대상인지 여부 등 (「도시 및 주거환경정비법」 제81조제1항 등 관련)
> 안건번호11-0324회신일자2011.09.01.
> 2. 회답
> 가. 질의 가에 대하여
> 조합총회 및 조합의 이사회 등에 제출된 서면결의서는 「도시 및 주거환경정비법」 제81조제1항에 따른 공개대상으로 보아야 할 것입니다.

---

44) 주거환경신문 2012. 02. 15. 서면결의서에 대한 조합원의 열람 및 등사 요청을 거부할 경우 벌금형에 처해진다. 서울서부지방법원은 조합원의 요청에도 이를 거부한 용산구 A재개발구역 O조합장과 K총무이사에 대해 각각 50만원과 20만원 벌금형을 부과했다.

사. 조합원 전화번호

정비사업조합에서 조합원의 전화번호 공개와 관련하여 하급심 판결이 엇갈리고 있었으나, 최근 전화번호도 공개하여야 한다는 대법원 판결이 선고되었다.

> **대법원 2021. 2. 10. 선고 2019도18700 판결**
> [재건축조합 조합장의 열람·복사 의무]
> ◇1. '조합원의 전화번호'와 '신축건물 동호수 배정 결과'가 「도시 및 주거환경정비법」 제124조 제4항에 따른 열람·복사 대상인지 여부(적극) 2. 재건축조합의 감사가 열람·복사를 요청한 경우에도 「도시 및 주거환경정비법」 제124조 제4항이 적용되는지 여부(적극) 3. 법률의 착오에 정당한 이유가 인정되는지 여부(소극)◇
> 1. 「도시 및 주거환경정비법」 제124조 제1항, 제4항(이하 '이 사건 의무조항'이라 한다), 제138조 제1항 제7호(이하 '이 사건 처벌조항'이라 한다)의 내용과 체계에다가 이 사건 의무조항의 연혁과 입법취지, 정비사업조합이 수립하는 관리처분계획의 내용 등을 종합하면, 조합원의 전화번호와 조합원별 신축건물 동호수 배정 결과는 이 사건 의무조항에 따른 열람·복사의 대상이라고 보아야 한다.
> 2. 정비사업조합의 '조합원'이자 '감사'인 사람이 정비사업 관련 자료의 열람·복사를 요청한 경우에도 특별한 사정이 없는 한 조합임원은 이 사건 의무조항에 따라 열람·복사를 허용할 의무를 부담하고, 이를 위반하여 열람·복사를 허용하지 않는 경우에는 이 사건 처벌조항에 따라 형사처벌의 대상이 된다고 보아야 한다.
> 3. 형법 제16조에서 자기의 행위가 법령에 의하여 죄가 되지 아니하는 것으로 오인한 행위는 그 오인에 정당한 이유가 있는 때에 한하여 벌하지 아니한다고 규정하고 있는 것은 단순한 법률의 부지의 경우를 말하는 것이 아니고, 일반적으로 범죄가 되는 경우이지만 자기의 특수한 경우에는 법령에 의하여 허용된 행위로서 죄가 되지 아니한다고 그릇 인식하고 그와 같이 그릇 인식함에 정당한 이유가 있는 경우에는 벌하지 아니한다는 취지이다(대법원 2000. 8. 18. 선고 2000도2943 판결 등 참조).
> ▶ 재건축조합의 '감사'인 조합원이 이 사건 의무조항에 근거하여 '조합원의 전화번호'와 '신축건물 배정 동호수 결과'에 대한 열람·복사를 요청하였으나 조합장인 피고인이 이에 응하지 아니하여 유죄판결을 선고받은 사안에서, 피고인에게 위 열람·복사 요청에 응할 의무가 있다고 판단한 원심을 수긍한 사례

제8절 조합 임원·대의원 선임·해임 등

1. 서론

법은 도시정비법과는 달리 조합 임원에 대해 법 제12조에서 임원의 실적보고 및 자료공개의무, 법 제13조에서 임원의 결격사유, 법 제14조의3에서 장부 작성 및 보관의무, 법 102조·제104조에서 벌칙, 법 제106조제3항에서 과태료만 규정하고, 나머지는 모두 규약에 일임하고 있다.

즉, 조합임원의 수·업무범위(권리·의무를 포함한다)·보수·선임방법·변경 및 해임에 관한 사항은 규약으로 정하면 그만이다(령 제20조제2항제5호).

국토교통부령으로 정하는 사항은 반드시 총회의 의결을 거쳐야 한다(령 제20조제3항).

법 시행규칙 제7조제5항은 다음 각호의 사항은 반드시 총회의 의결을 거쳐야 한다는 규정을 두고 있을 뿐이다.
 1. 조합규약(영 제20조제2항 각호에 규정된 사항만 해당한다)의 변경
 2. 자금의 차입과 그 방법·이자율 및 상환방법
 3. <u>예산으로 정한 사항외에 조합원에게 부담이 될 계약의 체결</u>
 3의2. 법 제11조의2제1항에 따른 업무대행자(이하 "업무대행자"라 한다)의 선정·변경 및 업무대행계약의 체결45)
 4. <u>시공자의 선정·변경 및 공사계약의 체결</u>
 5. <u>조합임원의 선임 및 해임</u>
 6. 사업비의 조합원별 분담 <u>명세 확정(리모델링주택조합의 경우 법 제68조제4항에 따른 안전진단 결과에 따라 구조설계의 변경이 필요한 경우 발생할 수 있는 추가 비용의 분담안을 포함한다) 및 변경</u>
 7. 사업비의 세부항목별 사용계획이 포함된 예산안 〈개정 2020. 7. 24.〉
 8. 조합해산의 결의 및 해산시의 회계보고

---

45) 리모델링조합은 업무대행자를 선정하지 않는다.

> **주택법 시행규칙**
> **[시행 2020. 12. 11.] [국토교통부령 제750호, 2020. 7. 24., 일부개정]**
> ◇ 개정이유 및 주요내용
> 주택조합사업비의 세부항목별 사용계획이 포함된 예산안은 반드시 총회의 의결을 거치도록 하여 조합사업의 투명성을 높이려는 것임.

즉, 조합 임원의 선임 및 해임은 총회 의결로 하여야 한다는 것 외에는 자치법규인 규약에서 정하는 바에 따르는 것이다.

리모델링사업을 이끄는 임원의 선임, 해임, 사임, 임기만료, 보궐선임 등을 규정한 규약은 매우 중요하다. 실무적으로 조합관련 분쟁에서 가장 많은 부분을 차지하는 것이 임원 선출 및 해임 등 문제이다. 이에 대해서 그간의 논의는 주로 선출 및 해임의 방법론에 치우쳐 있었다. 그 결과 선임, 사임, 해임, 보궐선임 등의 효력발생시기, 직무대행자 선임 및 그 업무범위에 대해서는 다소 소홀히 하여 온 측면이 있다.

즉, 조합 임원 및 대의원 선임 및 해임 등과 관련하여, ①그 효력발생 시기는 언제인지, ②해임 또는 사임되거나 임기만료 된 자의 경우 업무수행권은 있는지, ③직무대행자 선임권자 및 그 업무범위는 어디까지인지에 관하여 많은 논란과 분쟁이 있어 왔다.

하지만 법은 모든 것을 규약에 위임하여 두고 있으므로, 규약을 어떻게 정하는지에 따라 해답은 달라진다.

이하에서는 현재 실무상 즐겨 쓰는 재건축표준정관과 지역주택조합표준정관을 토대로 부록에 첨부되어 있는 바와 같은 법무법인강산 제시 리모델링조합규약(이하 '표준규약안'이라고 한다)을 제정하였다고 가정하고 설명을 한다.

다시 말하여 각 조합에서 표준규약안과 다른 내용으로 규약을 제정하였으면 그에 따르는 것임을 주의하여야 한다. 조합에 법인격이 부여되어, 앞으로 '규약'은 '정관'으로 용어가 개정되어야 할 것이다.

2. 결격사유

가. 임원의 결격사유

다음 각 호의 어느 하나에 해당하는 사람은 주택조합의 발기인 또는 임원이 될 수 없다(법 제13조제1항). 〈개정 2020. 1. 23., 2020. 6. 9.〉

1. 미성년자·피성년후견인 또는 피한정후견인
2. 파산선고를 받은 사람으로서 복권되지 아니한 사람
3. 금고 이상의 실형을 선고받고 그 집행이 종료(종료된 것으로 보는 경우를 포함한다)되거나 집행이 면제된 날부터 2년이 지나지 아니한 사람
4. 금고 이상의 형의 집행유예를 선고받고 그 유예기간 중에 있는 사람
5. 금고 이상의 형의 선고유예를 받고 그 선고유예기간 중에 있는 사람
6. 법원의 판결 또는 다른 법률에 따라 자격이 상실 또는 정지된 사람
7. 해당 주택조합의 공동사업주체인 등록사업자 또는 업무대행사의 임직원

나. 당연 퇴직

주택조합의 발기인이나 임원이 다음 각 호의 어느 하나에 해당하는 경우 해당 발기인은 그 지위를 상실하고 해당 임원은 당연히 퇴직한다(법 제13조제2항). 〈개정 2020. 1. 23.〉

1. 주택조합의 발기인이 제11조의3제6항에 따른 자격기준을 갖추지 아니하게 되거나 주택조합의 임원이 제11조제7항에 따른 조합원 자격을 갖추지 아니하게 되는 경우
2. 주택조합의 발기인 또는 임원이 제1항 각 호의 결격사유에 해당하게 되는 경우

법 제13조제2항에 따라 지위가 상실된 발기인 또는 퇴직된 임원이 지위 상실이나 퇴직 전에 관여한 행위는 그 효력을 상실하지 아니한다(법 제13조제3항). 〈개정 2020. 1. 23.〉

다. 겸직 금지

주택조합의 임원은 다른 주택조합의 임원, 직원 또는 발기인을 겸할 수 없다(법 제13조제4항). 〈신설 2020. 1. 23.〉

3. 선임

가. 관련규정

재건축표준정관	저자 제시안
제15조(임원) ①조합에는 다음 각호의 임원을 둔다. 1. 조합장 1인 2. 이사 _인 3. 감사 _인 ②조합임원은 총회에서 조합원 과반수 출석과 출석 조합원 과반수의 동의를 얻어 다음 각호의 1에 해당하는 조합원 중에서 선임한다. 다만, 임기중 궐위된 경우에는 다음 각호의 1에 해당하는 조합원 중에서 대의원회가 이를 보궐선임한다. 1. 피선출일 현재 사업시행구역 안에서 3년 이내 1년 이상 거주하고 있는 자(다만, 거주의 목적이 아닌 상가 등의 건축물에서 영업 등을 하고 있는 경우 영업 등은 거주로 본다) 2. 피선출일 현재 사업시행구역 안에서 5년 이상 건축물 및 그 부속토지를 소유한 자 ③임원의 임기는 선임된 날부터 2년까지로 하되, 총회의 의결을 거쳐 연임할 수 있다. ④제2항 단서의 규정에 따라 보궐선임된 임원의 임기는 전임자의 잔임기간으로 한다. ⑤임기가 만료된 임원은 그 후임자가 선임될 때까지 그 직무를 수행한다.	제14조(임원)★ ① 조합에는 다음 각 호의 임원(조합장, 이사, 감사를 말한다. 이하 같다)을 둔다. 1. 조합장 1인 2. 이사 ○인 이상 ○인 이하 3. 감사 1인 이상 ○인 이하 ② 조합 임원은 총회에서 다득표순으로 선출한다. 다만 이사·감사가 정수 이내로 입후보 한 경우에는 무투표로 당선되고, 조합장에 1인이 입후보한 경우에는 찬·반 투표로 선출한다. ③ 임기 중 궐위된 이사와 감사는 대의원회에서 보궐선임하고, 조합장은 총회에서 선출한다. ④ 임원의 임기는 선임된 날(창립총회의 경우는 법인설립등기일)로부터 3년까지로 하되, 총회 의결을 거쳐서 연임할 수 있다. 이때 연임을 하고자 하는 경우에는 임기 내에 총회를 개최하여 연임 안건을 상정하여 의결하여야 하며, 연임안건이 부결된 경우에는 새로운 임원을 선출하기 위한 입후보 절차 등을 거쳐 부결된 총회일로부터 3개월 이내에 새로운 임원선출을 위한 총회를 개최하여야 한다. 이때 연임이 부결된 임원도 입후보할 수 있다. ⑤ 임기가 만료된 임원은 그 후임자가 선임될 때까지 그 직무를 수행한다. ⑥ 제3항의 규정에 따라 보궐 선임된 이사, 감사의 임기는 전임자의 잔임 기간으로 한다. ⑦ 임원 및 대의원 선임을 위한 절차나 세부적인 사항은 선거관리규정에 따른다.

나. 최초 임원 선임

(1) 자격 제한 가능 여부

재건축은 피선출일 기준으로 3년 거주, 5년 소유라는 제한을 가하고 있고, 나아가 별도의 결격사유를 두고 있다. 리모델링의 경우에는 굳이 3년 거주, 5년 소유라는 제한을 둘 필요는 없다고 본다. 물론 각 조합의 사정에 맞추어 제한을 하는 것은 당연히 가능하다.

이와 같이 법에도 없는 사항을 규약으로 제한하는 것이 가능한지가 문제된다.

법원행정처는 이와 같이 규약에 임원의 자격을 제한하는 것도 가능한데, 이 경우 특히 법령에 별도의 규정이 없고, 그 내용이 사회질서에 반하지 않아야 하고, 임원의 자격을 일정한 경력을 갖춘 자로 제한하는 것도 가능한 것으로 해석하고 있다.[46]

한편 규약 또는 총회의 의결을 받은 선거관리규정에 임원 후보 등록 시 일정 수 이상의 추천을 받도록 정하고 있는 경우에는 유효하다 할 것이고, 다만, 추진위원회 의결만으로는 위법하다.[47]

대법원은 "주택재개발정비조합은 법령에 반하지 않는 한 자체적인 판단으로 규약 등에 조합장 등 임원의 자격을 정할 수 있다. 조합의 규약에서 임원의 자격을 일정한 수 이상의 조합원의 추천을 받은 자 및 조합원이 된 때부터 일정한 기간이 지난 자로 제한한 경우에, 추천을 받아야 할 조합원의 숫자가 전체 조합원의 숫자에 비추어 소수 조합원의 권리를 침해할 우려가 있는 정도에 이르지 않고, 요구되는 기간이 조합의 실정을 파악하여 조합의 임원으로 직무를 수행하는 데 필요하다고 인정되는 합리적인 기간을 넘어서는 것이 아니라면 이러한 규약도 허용된다."라고 판시하고 있다(대법원 2017. 6. 19. 선고 2015다70679 판결).

위 판결은 갑 주택재개발정비조합의 선거관리규정에서 임원의 입후보자격에 관하여 '조합원 중 입후보 등록 마감일 현재 본 조합에서 1년 이상 조합업무를 수행한 자로서 조합설립인가일 현재 사업구역 내 1년 이상 거주하고 조합원 20인 이상 추천을 받은 자에 한한다.'라고 정한 사안에서, 이를 조합원의 피선거권을 과도하게 제한하거나 조합원의 평등을 현저하게 침해하는 규정이라고 보기 어렵다고 한 사례이다(대법원 2017. 6. 19. 선고 2015다70679 판결).

---

46) 법원행정처, 상업등기실무[Ⅱ], 2011년, 175. 이하 '상업등기실무'라고만 한다.
47) 서울서부지방법원 2008. 7. 18. 선고 2008가합283 판결(확정)

(2) 자격요건을 갖추어야 하는 시기

조합임원 선임총회의 의결당시에 자격이 있어야 한다는 견해48)와, 행정처분의 위법 여부는 행정처분이 행해졌을 때의 법령과 사실상태를 기준으로 판단하여야 하므로49), 조합설립인가 처분 당시로 자격조건을 따져야 한다는 견해가 있을 수 있다. 생각건대, 입법으로 정리하여야 할 것으로 보인다.

대법원은 "토지등소유자의 일부가 추진위원장의 집행유예기간 중 그 설립에 동의하였다고 하더라도 설립승인 처분 당시에 이미 그 집행유예 기간이 도과되어 있었던 이상 그러한 사정만으로 토지등소유자의 동의가 효력을 잃는다고 단정할 수 없고, 추진위원장의 자격을 잃는다고도 할 수 없다."라고 판시하고 있다(대법원 2009. 6. 25. 선고 20008두13132 판결). 이는 리모델링조합에도 그대로 적용될 수 있을 것이다.

(3) 미동의자

리모델링사업의 경우 미동의자는 조합원이 아니므로 임원으로 선임이 불가하다.

(4) 조합원이 법인인 경우, 그 법인의 대표자가 조합 임원의 피선출권을 갖는지 여부 (적극)

조합의 규약에서 임원은 총회에서 조합원 중에서 선출하는 것으로 규정하고 있더라도, 그 조합원이 법인인 경우에는 대법원은 그 대표자가 임원의 피선출권을 갖는다고 한다.50)

그러나 규약안 제21조제3항제3호는 "법인인 토지등소유자가 대리인을 지정하는 경우. 이 경우 법인의 대리인은 조합임원 또는 대의원으로 선임될 수 있다."라고 한다.

법원행정처는 법인 자체는 이사가 될 수 없다는 것이 다수설이라고 한다.51)

---

48) 김교창. 표준회의진행법. 법률신문사 간. 65,66
49) 대법원 1993. 5. 27. 선고 92누19033판결
50) 대법원 2001. 1. 16. 선고 2000다45020 판결, 서울중앙기계부품상협동조합(중소기업협동조합법에 의하여 설립된 조합이다) 사건임
51) 상업등기실무, 176

(5) 일괄선출 문제

이사, 대의원 선출시 일괄로 선출하지 말고, 개별로 선출하여야 한다(수원지방법원 안양지원 2011. 5. 14. 결정 2011카합61).

하자사례를 살펴보면, 첫째, 선관위가 각 동별로 대의원 수를 배정하고 구분소유자들로 하여금 해당 동에 해당하는 대의원만을 선출하고 동시에 동별로 선출된 대의원 전체에 대하여 '선출대의원 승인의 건'에 대하여 결의를 하게 함으로써 구분소유자들로서는 '해당동'을 제외한 나머지 동에 해당하는 대의원에 대하여는 선출되지도 않은 대의원을 상대로 승인 결의를 하였는바, 이는 규약과 선거관리규정에 위법하다고 한 사례[52], 둘째, 총회에서 조합원들이 대의원을 선출하기 이전에 선거관리위원회에서 입후보자들에 대한 투표를 미리 해 그 중 일부만을 대의원예비후보로 선정한 것과 이들을 포함한 대의원 후보자 50명 각자에 대한 찬반을 묻는 방식에 의하지 아니하고 50명 전체에 대한 찬반을 묻는 방식으로 전원을 대의원으로 선출한 것은 위법하다고 한 사례[53], 셋째, 대의원 개별후보자에 대한 찬반투표방식으로 이루어져야 함에도 대의원 후보자 74명 전원에 대하여 찬성, 반대의 의사를 묻는 방식으로 결의가 진행된 것은 업무규정 제92조 단서에 위배된다고 할 것이므로, 이 사건 선출결의는 위와 같은 하자가 있어 무효라고 본 사례[54]가 있다.

반면에 서울서부지방법원은 "조합원들로 하여금 대의원후보에 대한 개별적 찬성, 반대 의사를 표시할 수 있는 기회를 박탈하지 않는 선에서 운영의 편의를 위하여 일괄적으로 대의원후보를 호명하고, 찬반의 의사를 표시하는 형식을 취했다는 점만으로 위 대의원 선임결의가 위법하다고 보기는 어렵다."라고 판시[55]하고, 수원고등법원은 "주택법 관계 법령, 원고 선거관리규정에 이사 및 대의원의 일괄 찬반투표를 금지하는 규정은 없는 것으로 보인다. 이사는 4명, 대의원은 14명이 입후보하여 정원 범위 내이어서 입후보자 사이의 경쟁이 없었고, 창립총회에서 안건을 설명할 때에도 특별한 이의가 없었다(창립총회회의록 제24면). 이사 및 대의원을 일괄 선출하였다고 하여 그 결의가 무효라고 보기는 어렵다."라고 판시하고 있으나(수원고등법원 2022. 5. 12. 선고 2020나25648 판결), 이는 매우 예외적인 판결이라고 본다.

---

[52] 수원지방법원 안양지원 2011. 8. 26. 결정 2011카합127 직무집행정지가처분. 위 판결취지대로라면 대의원 각각에 대해서 찬반 표시를 묻고 다득표로 선출하는 것이 최선, 그러기 위해서는 반드시 정관에 대의원에 대하여 다득표 선출을 규정하여야 한다.
[53] 구리인창C구역 판결례
[54] 수원지방법원 안양지원 2011. 5. 11. 선고 2011카합61
[55] 서부지방법원 2008. 7. 18. 선고 2008가합283

(6) 자격상실 또는 입후보 철회 문제

임원의 수는 규약에 정하여 있는데, 임원 선출 후에 임원이나 대의원이 매매 등으로 자격이 상실되어 정원에 부족한 경우가 문제된다. 또한 규약에 5인으로 규정하고 5인만 입후보를 받아 총회를 마쳤는데 후일 검증과정에서 이사 선출자의 자격이 문제되거나, 총회 직전에 조합설립업무를 방해하기 위해 일부러 후보를 사퇴한 경우에 문제가 생긴다.

따라서 이에 대비하여 후보자들에게 미리 사퇴시에는 그로 인하여 추가 총회가 필요할 경우 총회비용을 부담한다는 각서를 징구하여 둘 필요가 있다.

(7) 다수후보자가 경합할 경우

다수후보자가 경합할 경우에 대비하여 규약에 "조합 임원은 총회에서 다득표순으로 선출한다. 다만 이사·감사가 정수 이내로 입후보 한 경우에는 무투표로 당선되고, 조합장에 1인이 입후보한 경우에는 찬·반 투표로 선출한다."라고 규정하고 있다(규약안 제14조제2항).

(8) 조합장이 대의원인지 여부

정비사업에 있어서 법제처 유권해석에 의하면 대의원회의 의장이 되는 조합장이 정관에 따라 대의원으로 선임되지 않은 경우에도 당연히 대의원에 해당하는 것은 아니라고 하고 있는바,[56] 따라서 혼란을 방지하기 위해 조합장도 대의원 명단에 포함하여 선출하거나, 규약에 조합장은 당연직 대의원이라고 기재하는 방안도 검토할 만하다(규약안 제23조제3항).

(9) 선임의 효력발생 시기

임원선임행위의 성질은 법인·이사 사이의 위임에 유사한 계약이다.[57] 따라서 임원의 자격이 그 선임행위만으로서 즉시 효력이 생기는 것은 아니고, 위임에 유사한 계약에 의하여 피선임자의 취임승낙이 있어야 그 효력이 생긴다.

---

56) 법제처 10-0268, 2010.10.15, 국토해양부 주택정비과, 「도시 및 주거환경정비법」 제42조 제2항은 조합장이 대의원회의 의장이 되는 경우에는 대의원으로 본다.
57) 대법원 1982. 3. 9. 선고 81다614판결.
  권오복, 법인 아닌 사단과 재단의 성립과 해산, 2009년1판, 육법사간, 137.
  곽윤직, 민법총칙 제7판, 박영사간, 145.

즉, 임원의 선임에 관한 총회의 결의는 피선임자를 임원으로 한다는 취지의 법인내부의 결정에 불과하므로, 피선임자는 총회의 결의에 당연히 구속되는 것은 아니다.[58]

취임승낙의 의사표시는 반드시 명시적이어야 할 필요는 없으며, 묵시적으로도 가능하다고 본다. 임원으로서 선임 및 승낙이 있으면, 업무수행이 가능하다.[59]

만일 주무관청의 인가를 받아야 한다면 그 인가를 받아야 효력이 생기고, 창립총회에서 선임된 임원은 등기까지 마쳐야 효력이 생긴다.

(10) 임원 선임에 대한 행정청의 인가 여부

주택법이 2020. 1. 23. 개정되면서, 법 제76조제5항에 의해 리모델링조합에 법인격이 부여되고, 도시정비법 제38조가 준용되어, 임원의 성명 및 주소가 설립등기사항으로 되었다. 그리고 법 제11조제7항은 "제1항에 따라 인가를 받는 주택조합의 설립방법·설립절차, 주택조합 구성원의 자격기준·제명·탈퇴 및 주택조합의 운영·관리 등에 필요한 사항과 제5항에 따른 직장주택조합의 설립요건 및 신고절차 등에 필요한 사항은 대통령령으로 정한다."라고 규정하고, 이를 받은 동법시행령 제20조제1항제1호는 설립인가신청 시 "조합장선출동의서와 조합원 명부"를 첨부하여 인가를 받아야 하고, 변경인가신청 시는 "변경의 내용을 증명하는 서류"를 첨부하여 변경인가를 받도록 규정하고 있다.

그렇다면 사견은 조합임원의 선임에 대해서도 인가를 받아야 한다고 본다.[60]

---

58) 권오복, 전게서, 137.
59) 대법원 2002. 3. 11.자 2002그12 결정, 이러한 인가의 유무에 따라 기본행위의 효력이 문제되는 것은 주택건설촉진법과 관련한 공법상의 관계에서이지 주택조합과 조합원, 또는 조합원들 사이의 내부적인 사법관계에까지 영향을 미치는 것은 아니다. 그러므로 이 법 조항에 따라 설립인가를 받아야 함에도 설립인가를 받지 아니한 채 주택조합을 설립한 결과, 그 조합이 주택건설촉진법의 적용을 받지 못하게 되었다 하더라도, 이로써 그 조합의 단체로서의 실체가 변하는 것은 아니므로, 그 규약이나 정관에 따라 조합원의 자격을 취득한 조합원으로서는 인가 여부와 관계없이 조합에 대하여 조합원의 권리를 행사할 수 있는 것이고, 마찬가지로 주택조합의 설립행위에 대하여는 인가를 받았으나 조합원의 변동에 대하여는 인가를 받지 못한 경우에도 변동된 새 조합원은 인가 여부와 관계없이 조합에 대하여 조합원으로서 권리를 행사할 수 있다.
60) 구판에서는 조합장만 인가를 받은 것으로 사견을 피력하였으나, 이제 법 개정으로 법인격이 부여되면서 임원의 성명·주소가 등기사항으로 되면서 견해를 변경한 것이다.

> **주택법 제76조 제5항**
> 리모델링주택조합의 법인격에 관하여는 「도시 및 주거환경정비법」 제38조를 준용한다. 이 경우 "정비사업조합"은 "리모델링주택조합"으로 본다. 〈신설 2020. 1. 23.〉
>
> **도시정비법 제35조(조합설립인가 등)** ⑤ 제2항 및 제3항에 따라 설립된 조합이 인가받은 사항을 변경하고자 하는 때에는 총회에서 조합원의 3분의 2 이상의 찬성으로 의결하고, 제2항 각 호의 사항을 첨부하여 시장·군수등의 인가를 받아야 한다. 다만, 대통령령으로 정하는 경미한 사항을 변경하려는 때에는 총회의 의결 없이 시장·군수등에게 신고하고 변경할 수 있다.
>
>> **제31조(조합설립인가내용의 경미한 변경)** 법 제35조제5항 단서에서 "대통령령으로 정하는 경미한 사항"이란 다음 각 호의 사항을 말한다.
>> 4. <u>조합임원 또는 대의원의 변경</u>(법 제45조에 따른 총회의 의결 또는 법 제46조에 따른 대의원회의 의결을 거친 경우로 한정한다)
>
> **도시정비법 제38조(조합의 법인격 등)** ① 조합은 법인으로 한다.
> ② 조합은 조합설립인가를 받은 날부터 30일 이내에 주된 사무소의 소재지에서 대통령령으로 정하는 사항을 등기하는 때에 성립한다.
>
>> **도시정비법시행령 제36조(조합의 등기사항)** 법 제38조제2항에서 "대통령령으로 정하는 사항"이란 다음 각 호의 사항을 말한다. 〈개정 2019. 6. 18.〉
>> 1. 설립목적
>> 2. 조합의 명칭
>> 3. 주된 사무소의 소재지
>> 4. 설립인가일
>> 5. 임원의 성명 및 주소
>> 6. 임원의 대표권을 제한하는 경우에는 그 내용
>> 7. 법 제41조제5항 단서에 따른 전문조합관리인을 선정한 경우에는 그 성명 및 주소
>
> ③ 조합은 명칭에 "정비사업조합"이라는 문자를 사용하여야 한다.

<u>결국 사건에 의하면, 최초 임원의 선임은 ①총회결의, ②취임승낙[61], ③시장·군수의 조합설립인가, ④등기가 있으면, 그 효력이 발생하는 것이다.</u>

---

[61] 법인의 취임승낙의 의사표시는 명시적이어야 한다(비송사건절차법 제60조, 상업등기법 제80조에서는 인감도장이 날인된 취임승낙서와 임감증명의 첨부를 요함).

4. 변경

임기만료, 사임, 해임, 사망, 결격사유 등이 발생하면 다시 임원을 선임하여야 한다. 이처럼 최초 선임된 임원을 다시 선출하는 경우를 여기서는 변경이라고 한다.

법은 조합장선출동의서, 조합원 명부, 조합원 자격이 있는 자임을 확인하는 서류를 설립인가 시 첨부하여 인가받도록 하고, 변경인가 시에는 변경의 내용을 증명하는 서류를 첨부하도록 하고 있다(령 제20조제1항).

따라서 조합장 또는 임원의 변경이 있는 경우 변경인가를 별도로 받아야 한다고 본다.[62]

이에 대해서 도시정비법은 법으로 명확히 인가를 받아야 한다고 규정하고 있는바, 리모델링주택조합에도 이 규정을 도입하는 것이 타당하다고 본다. 즉, 정비사업조합의 경우에는 임원 또는 대의원의 변경(조합장은 도시정비법 제45조에 따라 총회의 의결을 거쳐 변경인가를 받아야 한다)은 인가를 받아야 하나(도시정비법 시행령 제31조 제4호), 경미한 사항의 변경이므로, 조합원의 동의없이 시장·군수에게 신고하고 변경할 수 있다(도시정비법 제35조제5항단서).

이에 대해 대법원은 "주택조합의 조합장 명의변경에 대한 시장, 군수 또는 자치구 구청장의 인가처분은 종전의 조합장이 그 지위에서 물러나고 새로운 조합장이 그 지위에 취임함을 내용으로 하는 주택조합의 조합장 명의변경 행위를 보충하여 그 법률상의 효력 완성시키는 보충적 행정행위로서 성질상 기본행위인 주택조합의 조합장 명의변경 행위를 떠나 인가처분 자체만으로는 법률상 아무런 효력도 발생할 수 없다."라고 판시하여(대법원 1995. 12. 12. 선고 95누7338 판결), 조합장의 경우는 변경인가를 받아야만 하는 것으로 판시한 바 있다.

---

[62] 앞에서 본 최초 선임 시 사견 참고

5. 연임

가. 연임 가능 여부

법은 조합임원의 선임 및 해임은 총회의 의결을 거쳐야 함을 규정하고 있을 뿐, 조합임원의 연임에 관하여는 별도의 규정을 두고 있지 않고 있다.

한편, 재건축표준정관 제15조제3항은 '임원은 총회의 의결을 거쳐 연임할 수 있다'는 규정을 두어 임원들에 대한 새로운 선거절차를 거치지 않고 기존 임원들에 대한 연임을 총회에서 의결할 수 있도록 규정하고 있다.

위 법령 및 정관의 규정에 의하면, 조합이 정기총회에서 기존 임원들에 대한 연임을 안건으로 상정해 의결하는 것이 법령이나 정관에 위반된다고 보기는 어려울 뿐 아니라, 기존 임원들에 대한 연임 안건이 부결될 경우 조합원들에게 임원에 입후보하거나 다른 조합임원을 선출할 수 있는 기회가 부여되어 있는 점에 비춰볼 때, 조합총회에서 임원들의 연임을 의결하는 것이 조합원들의 선거권 및 피선거권을 침해한다고 볼 수 없다.[63][64]

---

[63] 대법원 2010. 11. 11. 선고 2009다89337 판결, 하급심 광주고법 2009. 10. 7. 선고 2009나609 판결
사실관계 : 2006. 4. 19.자 추진위 승인, 2008. 4. 16.자 주민총회 개최 통지, 2008. 5. 2.자 주민총회 개최
판결요지 : 피고의 운영규정의 취지는 위원장이나 감사의 임기가 만료한 경우에 선임 또는 연임의 결정은 주민총회의 의결을 거쳐야 하지만, 피고가 여러 가지 사정을 고려하여 새로이 위원장이나 감사를 선임할 것인지, 아니면 임기가 만료된 위원장이나 감사를 연임시킬 것인지 정할 수 있도록 한 것으로 보인다. 그러므로 피고가 그 재량에 따라 새로운 입후보자등록공고 등의 절차를 밟아 주민총회에 위원장, 감사의 선임 안건을 상정하든지, 그렇지 아니하고 주민총회에 위원장, 감사의 연임 안건을 상정할 것인지를 선택할 수 있다고 해석된다. 따라서 원고를 포함한 토지 소유자들의 위원장이나 감사에 대한 선출권 내지 피선출권은 주민총회에서 임기가 만료된 위원장이나 감사를 연임하는 안건에 관하여 이를 부결하는 내용의 반대 결의가 이루어진 다음에 새로운 추진위원으로서 위원장이나 감사를 선임하는 결의를 하는 경우에 보장하면 충분하고, 피고가 주민총회에 임기가 만료된 위원장이나 감사를 연임하는 안건을 상정하는 때에는 새로운 입후보자가 등록하는 것이 아니므로 입후보자등록공고 등의 절차를 거치지 않았다고 하더라도 그것이 원고들을 포함한 토지 소유자들의 위원장이나 감사에 대한 선출권 내지 피선출권을 침해하였다고 볼 수는 없다.
[64] 서울중앙지방법원과 서울북부지방법원은 2011. 2월 ○인제1구역주택재개발사업조합의 조합장직무집행정지가처분 소송과 2011. 5. 13. ○문제1구역주택재개발정비사업조합 소송에서 기존 임원들에 대한 연임결의 절차에서 선거관리위원회의 구성 및 입후보자 등록공고 절차를 거치지 않았다고 해서 조합원들의 조합장과 임원에 대한 선임권 내지 피선임권이 침해됐다고 보기 어렵다고 판시했다.

서울서부지방법원도 같은 취지로 "법률 및 정관 규정의 해석에 의하면 임원의 임기가 만료된 경우 채무자 조합은 후보자 등록절차를 밟아 총회에 새로운 임원의 선임 안건을 상정할 것인지, 아니면 기존 임원의 연임 안건을 상정할 것인지를 선택할 수 있다. 도시정비법 제21조제5항이 조합 임원의 상한을 법률로써 규정하고 있으나, 채권자들의 주장과 같이 기존 임원의 임기만료 후 연임을 안건으로 한 결의가 허용되지 않는다거나 다른 조합원들에게 입후보 기회를 부여한 경우에만 연임결의가 허용된다고 보기는 어렵다(연임 안건을 상정하여 부결되면 그때 입후보등록 절차를 밟으면 된다). 또한 선거관리규정 제23조 이하에서 후보자 등록에 대해 규정하고 있으나, 이는 후보자 등록절차를 밟아 임원을 선임하는 경우에 적용되는 것이지, 연임 결의를 하는 경우에도 반드시 후보자 등록 절차를 거쳐야 하는 것으로 해석되지 않는다."라고 판시하였다(2017. 9. 1.자 2017카합50339 결정).

규약안도 연임이 가능하도록 규정하고, 연임방법 등에 대해 명확히 하고 있다.

> **규약안 제14조** ④ 임원의 임기는 선임된 날(창립총회의 경우는 법인설립등기일)로부터 3년까지로 하되, 총회 의결을 거쳐서 연임할 수 있다. 이때 연임을 하고자 하는 경우에는 임기 내에 총회를 개최하여 연임 안건을 상정하여 의결하여야 하며, 연임안건이 부결된 경우에는 새로운 임원을 선출하기 위한 입후보 절차 등을 거쳐 부결된 총회일로부터 3개월 이내에 새로운 임원선출을 위한 총회를 개최하여야 한다. 이때 연임이 부결된 임원도 입후보할 수 있다.

나. 연임총회를 반드시 임기 내에 하여야 하는지 여부

재건축표준정관에서는 정관이 모호하여 연임총회를 반드시 임기 내에 하여야 하는지 여부에 대해서 견해가 나뉠 수 있다. 명백히 임기가 만료되었다고 하더라도 후임자가 선임될 때까지 그 직무를 수행할 권리가 보장되므로 임기 내에만 연임총회가 가능하다고 보기는 어렵다는 견해와, '연임'이라는 문구 자체가 이어서 업무를 수행하는 것이므로 임기내에 하여야 한다는 견해가 있을 수 있다.

> **서울북부지방법원 2009. 11. 12.자 2009카합992 결정**
> 2006. 7. 18. 조합설립승인 2008. 9. 9. 연임 결의, 즉, 2년이 지난 후에 한 연임 결의도 효력인정 사례

저자규약안 제14조제4항은 임기 내에만 연임총회를 개최하도록 하여 이러한 논란을 원천봉쇄하고 있다.

6. 보궐선임(총회인지? 대의원회인지?)

가. 문제의 제기

「주택법」 제11조의 위임에 따라, 「주택법시행령」 제20조제2항제5호, 제9호는 "조합임원의 수, 업무범위(권리·의무를 포함한다), 보수, **선임방법**, 변경 및 해임에 관한 사항", "총회의 의결을 필요로 하는 사항과 그 의결정족수 및 의결절차"를 조합규약에 포함되어야 한다고 규정하고, 동조제3항은 "제2항제9호에도 불구하고 국토교통부령으로 정하는 사항은 반드시 총회의 의결을 거쳐야 한다."라고 규정하고, 총회의 의결을 거쳐야 하는 사항으로 「주택법시행규칙」 제7조제5항제5호는 "조합임원의 선임 및 해임"을 규정하고 있다.

한편 「도시 및 주거환경정비법」 제43조는 대의원회가 총회의 권한을 대행할 수 없는 사항을 규정하고 있는데, 제6호에서 "법 제45조제1항제7호에 따른 조합임원의 선임 및 해임과 제42조제1항제2호에 따른 대의원의 선임 및 해임에 관한 사항. <u>다만, 정관으로 정하는 바에 따라 임기중 궐위된 자(조합장은 제외한다)를 보궐선임하는 경우를 제외한다."라고 규정하여, 정비사업조합의 경우 조합임원(조합장 제외) 및 대의원의 보궐선임에 대해 정관으로 정하면 대의원회에서 보궐선임하도록 하고 있다.</u>

그런데 「주택법 시행령」은 조합규약에 "조합임원의 선임방법"을 규약으로 정하도록 하면서도, "조합임원의 선임 및 해임"은 총회의 의결을 거치도록 하고, '보궐'선임에 대해서는 아무런 규정이 없어, <u>조합임원의 '보궐'선거를 총회에서만 하여야 하는지, 아니면 조합규약으로 대의원회에서 하도록 하는 것도 가능한지가 문제된다.</u>

이러한 문제는 「주택법시행령」 제20조제3항등이 강행법규(효력규정)인지 단속규정인지의 논의와 직결되기도 한다.

나. 연혁

「주택법시행령」이 2016. 8. 11. 전부개정되어 2016. 8. 12.부터 시행되면서 「주택법시행령」 제20조제3항의 규정으로 개정되었다.

「주택법시행령」이 2003. 11. 29. 전부개정되면서 령 제37조제2항제9호에 같은 내용이 있었다.

> ②제1호 가목(3)의 규정에 의한 조합규약에는 다음 각호의 사항이 포함되어야 한다.
> 9. 총회의 의결을 요하는 사항과 그 의결정족수 및 의결절차. 이 경우 반드시 총회의 의결을 거쳐야 하는 사항은 건설교통부령으로 정한다.

「주택건설촉진법시행령」 제42조제10항이 조합규약에 포함될 사항을 규정하고 있었으나, "이 경우 반드시 총회의 의결을 거쳐야 하는 사항은 건설교통부령으로 정한다."라는 부분은 없었다.

다. 「주택법시행령」 제20조제3항이 강행법규(효력규정)인지 단속규정인지

(1) 「주택법시행규칙」 제7조제5항제3호(예산으로 정한 사항 외에 조합원에게 부담이 될 계약의 체결)에 대해서

① 하급심 판결

그동안 하급심 판결은 '주택법시행령 제20조제3항과 동법시행규칙 제7조제5항제3호' (이하 '쟁점조항'이라고 한다)에 대해 강행법규가 아니라는 판결과 강행법규라는 판결이 엇갈리고 있었다.

다만, 아래 판결은 「주택법시행규칙」 제7조제5항제3호(예산으로 정한 사항외에 조합원에 부담이 되는 계약의 체결)에 대한 것이지만, "조합임원의 선임 및 해임"에도 같은 논리가 적용될 여지가 있다고 본다.

즉, 부산고등법원 2021. 4. 22. 선고 2020나57403 판결은 "「주택법시행령」(2019. 10. 22. 대통령령 제30146호로 개정되기 전의 것, 이하 같다) 제20조제2항제9호가 조합규약에 포함되어야 할 사항의 하나로서 '총회의 의결을 필요로 하는 사항과 그 의결정족수 및 의결절차'를 들면서도, 같은 조 제3항은 위 제2항제9호에도 불구하고 국토교통부령으로 정하는 사항은 반드시 총회의 의결을 거쳐야 하도록 규정하고 있고, 그 위임을 받은 주택법 시행규칙(2019. 5. 31. 국토교통부령 제624호로 개정되기 전의 것, 이하 같다) 제7조제5항제3호는 위 시행령 규정에 따라 반드시 총회의 의결을 거쳐야 하는 사항의 하나로 '예산으로 정한 사항 외에 조합원에게 부담이 될 계약의 체결'을 규정하고 있다. 위와 같이 주택법령이 예산으로 정한 사항 외에 조합원에게 부담이 될 계약에 관하여 총회의 의결을 거치도록 한 취지는 조합원들의 권리·의무에 영향을 미치는 사항에 대하여 조합원들의 의사가 반영될 수 있도록 하는 데 있음은 피고 주장과 같다. 그러나 한편으로, ①도시 및 주거환경정비법의 경우 법률에서 직접 '예산으로 정한 사항 외에 조합원의 부담이 될 계약'은 총회의 의결을 거쳐야 하도록 규정하는 한편(제45조

제1항 제4호), 조합원 총회의 의결을 거치지 아니하고 위 사항과 관련된 사업을 추진한 조합의 임원을 형사처벌 하도록 규정하고 있는 것(제137조제6호)과 달리, 주택법이나 그 시행령은 총회의 의결이 없는 계약의 체결을 직접 금지하거나 그 위반행위를 처벌하는 규정을 두고 있지 않은 점, ②다만 주택법 시행령에서 조합규약에 총회의 의결이 필요한 사항을 포함시키도록 하면서 총회의 의결을 거쳐야 하는 사항의 구체적 내용을 다시 국토교통부령에 위임하였고, 이에 따라 주택법 시행규칙에서 비로소 그 사항의 하나로 위와 같이 '예산으로 정한 사항 외에 조합원에게 부담이 될 계약의 체결'을 규정하고 있을 뿐인 점, ③도시 및 주거환경정비법상 재개발·재건축사업이 강력한 공법적 규제 아래 시행되는 공공개발사업으로서의 성격을 띠고 있고, 위 법률에 의해 설립된 재개발·재건축정비사업조합은 행정주체인 공법인으로서의 지위를 갖고 있다고 해석되는 반면, 주택법상의 주택조합은 일정한 자격을 갖춘 구성원들이 주택을 마련하거나 리모델링하기 위하여 결성한 조직체로서 사경제 주체인 민법상 비법인사단의 지위를 갖는 것에 그치는 점 등을 비롯한 주택법령의 규정 체계 및 내용, 주택조합의 성격 등에 비추어 보면, 도시 및 주거환경정비법에 의해 설립된 재개발·재건축정비사업조합이 총회의 의결을 거치지 않고 예산으로 정한 사항 외에 조합원의 부담이 될 계약을 체결한 경우에 그 계약이 무효가 되는 것(대법원 2011. 4. 28. 선고 2010다105112 판결 등 참조)과 달리, 주택조합의 경우에 총회의 의결이 필요한 사항을 국토교통부령에 위임하여 그 사항에 위와 같은 계약의 체결을 포함시킨 주택법령의 규정들이 총회의 의결을 거치지 않은 계약체결행위의 사법상 효력까지 부정하는 강행법규 내지 효력규정이라고 보기는 어렵다(서울고등법원 2015. 4. 24. 선고 2014나51185 판결, 부산고등법원 2017. 6. 8. 선고 2016나56892 판결 등 참조)."라고 판시하였다.

반면에 서울중앙지방법원 2018. 11. 28. 선고 2016가합559303 판결, 수원지방법원 2020. 1. 8. 선고 2019가합11398 판결, 광주지방법원 2021. 3. 18. 선고 2020가합52066 판결 등 하급심 판례들은 비록 지역주택조합에 관한 판결이지만, 「주택법시행규칙」 제7조제5항에서 총회 의결을 거치도록 한 취지는 조합원들의 권리·의무에 직접적인 영향을 미치는 사항에 대하여 조합원들의 의사가 반영될 수 있도록 절차적 보장을 하기 위한 것이라는 점 등을 이유로 강행법규(효력규정)로 판단하였다.

② **대법원 판결**
최근에 위 부산고등법원 2021. 4. 22. 선고 2020나57403 판결에 대해서, 대법원 판결이 나왔다.

대법원은 "관련 법령 전체의 내용·취지 및 형식에 비추어 보면, 주택법 시행령 제20조 제3항 및 주택법 시행규칙 제7조제5항제3호는 단순히 비법인사단의 자율적·내부적인 대표권 제한의 문제가 아니라 그 법률행위의 상대방인 제3자와의 계약 해석에 있어서도 그 제3자의 귀책을 물을 수 없는 예외적인 경우가 아닌 한 원칙적으로 그 조항의 효력이 미치도록 하려는 것으로 볼 수 있다. 따라서 '예산으로 정한 사항 외에 조합원에게 부담이 될 계약의 체결'에 해당함에도 관련 법령과 이에 근거한 조합규약에 정한 총회 의결 없이 이루어진 법률행위의 상대방으로서는 그 절차적 요건의 흠결을 과실 없이 알지 못하였다는 등의 특별한 사정을 밝히지 못하는 한 절차적 요건의 충족을 전제로 하는 계약의 효력을 주장할 수 없다고 봄이 상당하다. 앞서 본 관련 법령의 취지와 내용·연혁에 비추어 보더라도, 이러한 해석이 지역주택조합과의 계약 상대방의 예측가능성 또는 거래의 안전을 현저히 저해한다고 볼 수 없고, 이로 인하여 결과적으로 거래 상대방이 입게 되는 손해는 그 거래의 구체적인 경위와 경과 등에 기한 지역주택조합의 책임 여하 및 정도에 따라 일정 부분 배상을 받는 근거가 될 수 있을 뿐이다. 이러한 관점에서 보면, 원고가 지역주택조합으로 설립된 지 불과 1년 남짓 경과되었을 뿐인 피고와 2억 5,000만 원에 달하는 이 사건 보증약정을 체결하는 행위는 '예산으로 정한 사항 외에 조합원에게 부담이 될 계약의 체결'에 해당한다고 봄이 타당하므로, 원고로서는 이 사건 보증약정을 체결하기 전에 관련 법령 및 이에 근거한 조합규약에 따라 당연히 피고의 총회의결이 있었는지 여부를 확인할 의무가 있었음에도 이를 해태한 것으로 볼 수 있다. 따라서 원심으로서는 이 사건 보증약정 체결 당시 피고가 총회의결을 거쳤는지, 원고가 피고의 총회의결 존부를 확인하였는지 혹은 그러한 절차적 흠결에도 불구하고 원고에게 그 과실 등 책임을 지울 수 없는 특별한 사정이 존재하는지 여부 등을 면밀히 심리한 후 이 사건 보증약정의 효력을 판단하였어야 한다."라고 판시하였다(대법원 2022. 8. 25. 선고 2021다231734 판결).

위 대법원은 판결은 쟁점조항을 위반한 계약이 원칙적으로 무효라고 판단하였다. 그러나 위 대법원 판결은 쟁점조항이 강행법규(효력규정)에 해당한다고 명확히 판시하지는 아니하였다고 보인다. 쟁점조항이 강행법규(효력규정)라면 이를 위반한 계약은 절대적 무효이므로, 예외적으로 그 계약이 유효가 되는 경우를 인정할 수 없음에도 이를 인정하고 있기 때문이다.

따라서 아직 쟁점조항들이 강행법규인지는 명확히 판시된 것은 아니다.

(2) 「주택법시행규칙」 제7조제5항제5호(조합임원의 선임 및 해임)에 대해서

조합임원의 보궐선거 문제를 직접 다룬 판결은 찾지 못하였다.

다만, 수원고등법원 2022. 4. 20. 선고 2020나26313 판결(대법원 2022. 7. 28. 2022다234525 심리불속행기각)은 "원고 규약 제14조, 제20조, 제24조의 규정 내용에 비추어 원고의 이사는 리모델링 추진위원회가 선출하여 총회에서 인준을 받아 사업종료시까지 활동하되 <u>궐위되면 대의원회에서 자격을 갖춘 조합원 중에 보궐 선임할 수 있고 궐위된 이사에 대한 보궐 선임이 아닌 추가 선출의 경우 총회 의결을 거쳐야 한다고 본다</u>.", 서울중앙지방법원 2019. 2. 14. 선고 2017가합551276 판결은 "피고 조합규약에서 임원의 임기는 선임된 날부터 2년까지로 하되 총회의결을 거쳐 연임할 수 있다고 정하고 있고, 위 조합규약에서 대의원회 의결사항으로 '궐위된 임원 및 대의원의 보궐선임'만을 규정하고 있는바, <u>위 각 규정을 종합하여 볼 때 피고의 임원이 그 임기 중 궐위된 경우에 한하여 대의원회가 임원을 보궐선임할 수 있고, 임기가 만료된 임원을 연임하는 결의는 대의원회의 권한 범위를 벗어난 것이다.</u>"라고 판단하여, 간접적으로나마, 조합규약에서 '보궐'선임의 경우는 대의원회에서 하도록 하는 경우에 적법하다는 취지이다.

라. 견해의 대립

(1) 대의원회라는 견해

「주택법시행령」 제20조제2항제5호, 제9호는 조합규약에 "**선임방법**에 관한 사항"을 두도록 하였으므로, '보궐'선임의 방법을 규약에 두는 것은 적법하고, 「주택법시행규칙」 제7조제5항제5호는 조합임원의 '선임'만 총회의 의결을 거치도록 하였지 '보궐'선임에 대해서는 규정이 없는 것으로 볼 여지도 있고, 나아가 쟁점조항들을 강행법규로는 보지 않았기 때문에, 행정청과 조합은 편의상 조합규약에 조합임원의 보궐선거는 대의원회에서 하도록 하고, 대의원회에서 하는 것이 대세였다.

보궐선임까지도 총회에서 하도록 하는 것은 조합에 엄청난 부담이 된다는 점도 현실적인 이유였다.

(2) 총회라는 견해

「주택법시행규칙」 제7조제5항제5호는 조합임원의 '<u>선임</u>' 및 해임을 총회 의결사항으로 규정하여, 「도시 및 주거환경정비법시행령」 제43조제6호와는 다르게 규정하고 있어, '보궐'선임도 '선임'의 하나인 이상 조합임원의 '보궐선임'도 총회를 거쳐야 한다는 견해이다.

(3) 사견

쟁점조항들이 임의규정이라는 논거 중 하나는 "주택법상의 주택조합은 일정한 자격을 갖춘 구성원들이 주택을 마련하거나 리모델링하기 위하여 결성한 조직체로서 사경제 주체인 민법상 비법인사단의 지위를 갖는 것에 그치는 점"을 들고 있는데, 2020. 1. 23. 주택법 개정으로 인하여 리모델링 조합에 법인격이 인정되어, 이제는 위 논거는 설득력을 잃은 것이라는 의문이 생긴다.

그러나 법인격이 인정되었다고 하더라도 정비사업조합과 같이 리모델링조합설립인가의 법적성격을 설권적 처분으로 보아야 할 필요는 없다고 본다. 사견은 법인격이 인정된 지금도 리모델링조합의 경우는 인가의 법적성질은 '강항상 인가'라고 본다. 정비사업에서 설권적 처분으로 본 가장 큰 이유가 관리처분 때문인데, 리모델링에서는 별도의 관리처분이 없기 때문이다.

또한 조합임원의 '보궐'선임보다도 훨씬 더 중요한 문제인 "예산으로 정한 사항 외에 조합원에게 부담이 될 계약"의 법적성격에 대해서도 대법원 2022. 8. 25. 선고 2021다231734 판결은 강행법규로 선언하지 못하고 있는 점을 감안하여야 한다.

그렇다면 <u>사견은 지금도 조합임원의 '보궐'선임은 규약이 정한다면 대의원회에서 가능하다고 보는 견해가 타당하다고 본다</u>. '보궐'선임을 하는 경우는 예외적인 경우이고, '보궐'선임의 경우 전임자의 잔여임기만을 임기로 규정하고 있다면, 쟁점조항을 강행법규로 보고 조합규약을 위법이라고 볼 이유는 없다고 본다.

특히 현실적으로 '보궐'선임까지도 총회에서 반드시 하라는 것은 조합에게 너무 큰 부담을 주는 것이다. '보궐'선임까지도 반드시 총회에서 하여야 할 이유는 없다.

오히려 법이 명확하게 「도시 및 주거환경정비법」처럼 개정되어야 한다고 본다. 아니 입법자의 의도는 「도시 및 주거환경정비법」처럼 보궐선임은 대의원회에서 가능하도록 하는 것이었으나, 입법과정에서 실수를 한 것으로 보인다.

<u>다만, 아직 쟁점조항들에 대해 명확한 대법원 판결이 나온 것은 아니므로, 혹여 행정청에서 '보궐'선임에 따른 조합설립변경인가 과정에서 보궐선임의 권한은 총회라는 견해를 취하는 경우도 있을 것에 대비[65]할 필요는 있어 보인다.</u>

한편 「주택법시행령」 제20조제1항제2호에 의하면, 변경인가를 받으려는 자는 변경인가신청서에 변경의 내용을 증명하는 서류를 제출하면 그만이다.

---

65) 즉, 가급적 총회에서 보궐선임을 하고, 만일 대의원회에서 보궐선임을 한 경우에는 추후 열리는 총회에서 추인을 받아둘 필요가 있다. 그리고 만일 판례가 보궐선임도 총회에서 선임하여야 한다고 하면, 규약에도 불구하고 즉시 총회에서 보궐선임을 하여야 한다고 본다. 비록 법무법인강산규약안이 보궐선임은 대의원회에서 할 수 있다고 하고 있으나, 이러한 규정이 총회에서 선임을 하는 것을 막는 것은 아니므로, 총회에서의 보궐선임은 언제나 가능한 것이다.

7. 해임 또는 사임

가. 관련규정

> **규칙 제7조(주택조합의 설립인가신청 등)**
> ⑤ 영 제20조제3항에서 "국토교통부령으로 정하는 사항"이란 다음 각 호의 사항을 말한다. 〈개정 2017. 6. 2.〉
> 5. 조합임원의 선임 및 해임

재건축 표준정관	저자 제시안
제18조(임원의 해임 등) ①임원이 직무유기 및 태만 또는 관계법령 및 이 정관에 위반하여 조합에 부당한 손해를 초래한 경우에는 해임할 수 있다. 이 경우 사전에 해당 임원에 대해 청문 등 소명기회를 부여하여야 하며, 청문 등 소명기회를 부여하였음에도 이에 응하지 아니한 경우에는 소명기회를 부여한 것으로 본다. 다만, 제17조제2항의 규정에 의하여 당연 퇴임한 임원에 대해서는 해임절차 없이 그 사유가 발생한 날로부터 그 자격을 상실한다. ②임원이 자의로 사임하거나 제1항의 규정에 의하여 해임되는 경우에는 지체없이 새로운 임원을 선출하여야 한다. 이 경우 새로 선임된 임원의 자격은 시장·군수의 조합설립변경인가 및 법인의 임원변경등기를 하여야 대외적으로 효력이 발생한다. ③<u>임원의 해임은 조합원 10분의 1이상 또는 대의원 3분의 2이상의 발의로 조합장(조합장이 해임 대상인 경우는 발의자 공동명의로 한다)이 소집한 총회에서 조합원 과반수의 출석과 출석 조합원 과반수의 동의를 얻어 해임할 수 있다. 조합장이 해임 대상인 경우 발의자 대표의 임시 사회로 선출된 자가 그 의장이 된다.</u> ④제2항의 규정에 의하여 사임하거나 또는 <u>해임되는 임원의 새로운 임원이 선임, 취임할 때까지 직무를 수행하는 것이 적합하지 아니하다고 인정될 때에는 이사회 또는 대의원회 의결에 따라 그의 직무수행을 정지하고 조합장이 임원의 직무를 수행할 자를 임시로 선임할 수 있다. 다만, 조합장이 사임하거나 퇴임·해임되는 경우에는 제16조제6항을 준용한다.</u>	**제17조(임원 또는 대의원의 해임 등)**★① 임원이 직무유기 및 태만 또는 관계 법령 및 이 규약에 위반하여 조합에 부당한 손해를 초래한 경우에는 총회에서 해당 임원을 해임할 수 있다. 이 경우 사전에 해당 임원에 대해 청문등 소명기회를 부여하여야 하며, 청문등 소명기회를 부여하였음에도 이에 응하지 아니한 경우에는 소명기회를 부여한 것으로 본다. ② 임원이 사임하거나 제16조의 규정에 의하여 그 자격을 상실한 경우 또는 제1항의 규정에 의하여 해임되는 경우에는 임원 선임절차에 따라 즉시 새로운 임원을 선임하여야 한다. 이 경우 새로 선임된 임원의 자격은 시장의 조합설립변경인가 및 법인의 임원변경등기를 하여야 대외적으로 효력이 발생한다. 단, 임원(조합장은 제외)이 사임한 경우에는 새로운 임원이 선임될 때까지 종전의 임원이 계속 그 직무를 수행한다. ※ 조합장 사임의 경우는 제15조제6항에 의하여 즉시 직무대행체제로 간다. ③ 제2항 단서의 규정에 불구하고 새로운 임원이 선임·취임할 때까지 종전의 임원이 계속 그 직무를 수행하는 것이 적합하지 아니하다고 인정될 때에는 대의원회의 의결에 따라 해당 임원의 직무수행을 즉시 정지하고 조합장이 그 임원의 직무를 수행할 자를 임시로 선임할 수 있다. ※ 해임, 자격상실, 사망, 파산, 금치산선고등으로 퇴임하는 경우 별도절차 없이 즉시 직무정지 (상업등기실무(Ⅱ) 법원행정처 194페이지) ④ 제1항에도 불구하고 조합 임원은 조합원 ○분의 1 이상 또는 대의원 ○분의 ○이상의 요구로 법원의 허가를 받아서 소집된 총회에서 조합

재건축 표준정관	저자 제시안
재개발표준정관 제18조(임원의 해임 등) ④… 다만, 조합장이 사임하거나 해임되는 경우에는 감사가 직무를 수행할 자를 임시로 선임할 수 있다.	원 과반수 이상의 출석과 출석조합원 과반수 이상의 동의를 받아 해임할 수 있다. <u>이 경우 요구자 대표로 선출된 자가 해임총회의 소집 및 진행을 할 때에는 조합장의 권한을 대행한다.</u> 다만 조합장은 제1항에 의하여 직권으로 임원·대의원의 해임총회를 소집할 수 있다.

나. 해임

(1) 해임총회 개최에 법원의 허가를 받아야 하는지 여부

<u>저자규약안은 법원의 허가를 받아 해임총회를 개최하여야 한다고 규정하고 있다.</u>

지역주택조합 표준정관 주석을 보면 "조합원, 대의원에게 총회소집권을 부여한 것은 <u>민법의 사단법인에 관한 규정중 소수조합원의 권리를 원용한 것이므로 이에 따라 법원의 허가를 얻어 총회를 소집할 수 있도록 정한 것임. 법원의 허가를 얻도록 한 것은 소수조합원에 의한 총회소집권 남용을 방지하고, 총회소집절차가 법령 및 규약에 부합하도록 하기 위한 것임.</u>"이라고 설명하고 있다.

이제 리모델링조합도 법인격을 부여받았다. 사실 법인격을 부여하면서 도시정비법 제49조와 같이 "조합에 관하여는 이 법에 규정된 사항을 제외하고는 「민법」 중 사단법인에 관한 규정을 준용한다."66)라고 규정하여야 할 것을 입법실수로 명시하지 못한 것으로 보인다. <u>따라서 사견은 리모델링조합의 경우 해임총회를 조합장이 소집하여 주지 않는다면, 법원의 허가를 얻어야 한다고 본다.</u> 정비사업과는 달리 해임총회에 대해 법 규정이 없고 단지 규약에 맡기고 있으므로, 민법 제70조를 준용하여 법원의 허가를 받아야 하는 것이 타당하다. 저자규약안은 아예 이점을 명확히 규정하고 있다.

민법 제70조는 다음과 같이 규정하고 있다.

민법 제70조(임시총회) ①사단법인의 이사는 필요하다고 인정한 때에는 임시총회를 소집할 수 있다.
②총사원의 5분의 1 이상으로부터 회의의 목적사항을 제시하여 청구한 때에는 이사는 임시총회를 소집하여야 한다. 이 정수는 정관으로 증감할 수 있다.
③전항의 청구있는 후 2주간내에 이사가 총회소집의 절차를 밟지 아니한 때에는 청구한 사원은 <u>법원의 허가를 얻어</u> 이를 소집할 수 있다.

---

66) 저자규약안 제61조에도 위와 같은 규정을 두고 있다.

정비사업에 있어서는, 도시정비법 제43조제4항의 규정에 의한 해임총회 소집절차에 대해 2009. 2. 6. 개정전에는 법원의 소집허가를 얻어야 한다는 판결67)과 소집허가 자체가 필요 없다는 판결68)로 엇갈렸다. 2009. 2. 6. 개정 후에도 발의자 대표가 법원의 허가를 얻어 소집을 하여야 한다는 판결과 그렇지 않다는 판결69)이 나뉘어졌으나, 최근 서울고등법원 판결은 소집허가가 필요 없다고 판시하고 있다.70)

(2) 조합장이 직권으로 임원 및 대의원 해임 총회를 개최할 수 있는지

서울서부지방법원은 "① 도시정비법 제43조제4항전문에서 '해임한다.' 또는 '해임하여야 한다.'로 규정하지 않고 '해임할 수 있다.'라고 규정한 점, ② 위 조항의 취지는 조합원 10분의 1 이상의 요구만으로 조합장을 포함한 임원 해임을 위한 총회를 개최할 수 있도록 총회 소집요건을 완화하려는 데 있는 점을 고려하면, 도시정비법 제43조제4항은 조합의 임원 해임을 위한 총회의 경우 예외적으로 조합장 아닌 자에게도 총회 소집 권한을 부여하는 것일 뿐 조합장의 총회 소집권한을 배제하는 것으로 해석되지 않는다."라고 판시하여(서울서부지방법원 2022. 8. 25.자 2022카합69 결정), 조합장이 임원 해임 총회를 소집할 수 있다고 한다.

규약안은 이를 명확하게 하기 위해 제4항에 단서조항을 삽입하였다.

(3) 해임의 효력발생

해임결의는 법인의 내부적 의사표시에 불과하므로 그러한 결의 즉시 효력이 발생하는 것이 아니라 이사에 대한 해임의 의사표시에 의하여 비로소 발생한다는 견해71)72)와 해임은 기관의 지위를 박탈하는 것이고, 이에 의하여 기관인 지위가 상실되는 효과로서 그 대표권한도 당연히 소멸되는 것이므로 해임결의가 된 것을 고지함으로써 해임의 효과가 발생하는 것은 아니라는 견해가 있다.73)

사견은, 해임대상자를 배제하고 해임총회를 하는 경우가 대부분이므로 전자의 견해가 타당하다고 본다.

---

67) 주류적 판결 : 서울남부지방법원 2007. 5. 9.자 2007비합40호 결정, 서울서부지방법원 2007. 12. 27.자 2007비합41 결정, 서울중앙지방법원 2007. 12. 7.자 2007비합308 결정
68) 인천지방법원 2004. 12. 17. 선고 2004가합3150 판결
69) 인천지방법원 부천지원 2011. 12. 16.자 2011카합1056 결정, 서울중앙지방법원 2011카합2688
70) 서울고등법원 2011. 12. 14.자 2011라856 가처분이의, 대법원 2012. 4. 10. 선고 2012마16 심리불속행기각
71) 편집대표 김용담, 주석민법(총칙1), 한국사법행정학회, 709
72) 편집대표 곽윤직, 민법주해 민법총칙(1), 박영사, 664.
73) 권오복, 전게서, 149.

(4) 해임시 즉시 직무정지 여부

한편 재건축표준정관 제18조제4항은 "<u>제2항의 규정에 의하여 사임하거나 또는 해임되는 임원이 새로운 임원이 선임, 취임할 때까지 직무를 수행하는 것이 적합하지 아니하다고 인정될 때에는</u> 이사회 또는 대의원회의 의결에 따라 그의 직무수행을 정지하고 조합장이 임원의 직무를 수행할 자를 임시로 선임할 수 있다. 다만, 조합장이 사임하거나 퇴임·해임되는 경우에는 <u>제16조제6항을 준용한다</u>."라고 규정하여, 정비사업 조합의 경우에는 정관규정에 의하여 이사회 또는 대의원회의 의결에 따라 직무정지를 당하지 않는 한 해임되는 임원은 새로운 임원이 선임, 취임할 때까지 직무를 수행한다.

<u>그러나 해임된 임원이 직무를 계속하는 것은 해임취지에 반한다. 따라서 저자규약안 제17조제3항은 해임을 삭제하여, 해임의 경우에는 별도 절차 없이 즉시 직무가 정지되도록 하고 있음을 유의하여야 한다</u>.

비록 상업등기실무이지만, 법원행정처는 "이사가 임기만료 또는 사임에 의하여 퇴임한 것이 아니라, 해임, 자격상실, 사망, 파산, 금치산선고 등으로 퇴임한 경우에는 그로 인하여 법률 또는 정관에 정한 이사의 원수를 결하는 결과가 발생하더라도 해임등에 의하여 퇴임한 이사가 후임 이사가 취임할 때까지 이사의 권리의무를 행사하는 것은 아니다."라고 한다(상업등기실무(Ⅱ), 법원행정처, 2011년간, 194).

(5) 해임총회 쟁점

해임총회와 관련하여 많은 분쟁이 발생하고 있는바, 이를 유형별로 살펴보면 다음과 같다.

① 해임발의 철회 등

해임 발의를 하였는데, 총회 개최 전까지 철회자가 나와 그 요건을 갖추지 못한 경우에는 그 총회는 무효라고 사료한다. 해임발의 철회는 당연히 가능하다고 사료한다.

또한 한번 받은 해임총회발의 동의서는 그 총회에서만 유효하다고 보아야 한다. 총회가 무산되거나 부결된 경우에는 발의동의서 효력은 그 즉시 상실되고, 다시 해임총회를 발의하기 위해서는 다시 동의서를 받는 것이 타당하다고 생각한다. 동의자가 무제한 해임총회발의 동의를 하여 준 것은 아니며, 나아가 명시적으로 무제한 해임총회 발의 동의서를 주었다고 하더라도 이는 일반적인 의사규칙에 반하여 무효라고 사료한다.

실무적으로 해임총회 발의에 동의한 자를 상대로 해임대상자가 설득을 하여 다시 그 발의를 철회하려고 하는 경우 그 방법이 문제된다. 발의자 대표가 철회서를 받아주지 않는 경우도 있다. 이 경우는 발의자 대표에게 우편이나 기타 방법으로 철회를 하고, 그 사실을 증명할 수 있으면 무방하다고 사료한다.

발의시에 인감도장에 의하여야 하는지, 인감증명서를 첨부하여야 하는지가 문제되나, 규약에 특별한 규정이 없으므로 인감증명서는 불필요하고, 따라서 인감도장에 의한 날인도 불필요하고, 단지 그 의사를 증명할 수 있으면 무방하다고 사료한다.

② 소집통지 문제

해임총회 소집권자는 법원에서 달리 정함이 없는 경우에는 규약상 발의자 대표로 선출된 자이다. 총회를 소집하는 경우에는 회의개최 14일 전부터 회의목적·안건·일시 및 장소 등을 게시판에 게시하여야 하며 각 조합원에게는 회의개최 7일전까지 등기우편으로 이를 발송·통지하여야 한다. 따라서 소집통지는 등기우편으로 하여야 한다.[74]

통지를 조합원 전원에게 하였는지에 관해 하급심 판결은 조합에서 명단 제공을 거부하였다면 최선을 다하면 된다는 취지의 판결도 있다.[75] 또한 "회의 개최 7일전까지 이를 발송"하여야 한다는 뜻은 그 문리해석상 개최일을 포함한 날로부터 역산하여 7일전이 되어야 하고, 또 전(前)이라고 하고 있으므로, 역산한 그 다음날(즉, 그 전날)이 발송일이 되어야 한다.[76][77] 참고로 이전과 이후는 이상과 이하처럼 당일을 포함하는 개념이다.

③ 해임사유 유무

규약에서 해임사유의 제한이 가능하다는 취지의 하급심 판결[78]과 규약에서 별도로 해임사유를 규정하고 있다고 하더라도 조합원들의 자치적인 판단으로 해임여부를 결정하는 것이 유효하다는 판결이 있다.

---

74) 수원지방법원 2010. 10. 1. 선고 2009가합24647 판결
75) 수원지방법원 2011. 5. 3. 선고 2010가합6362 판결
76) 이우재, 조해 도시 및 주거환경정비법, 진원사 간, 782.
77) 대법원 1995. 11. 7. 선고 94다24794호 판결에 의하면, 2.28일이 개최일이면 2.21.이전에 발송하여야 한다. 결국 2.20일 자정까지는 발송하여야 할 것이다.
78) 수원지방법원 2010. 10. 1. 선고 2009가합24647, 서울서부지방법원 2009카합1020 결정. 인천지방법원 2009. 5. 27.자 2009카합464 결정. 맹신균, 전게서, 515.

그러나 법이 해임발의를 할 수 있는 사유에 관하여 아무런 제한을 두지 않았기 때문에 일부 소수 조합원에 의한 잦은 해임발의가 있을 경우 조합업무의 영속성과 조합 집행부의 안전성을 해칠 우려가 있을 수 있으므로, 조합으로서는 조합규약에 이에 관한 일정한 사유를 열거하는 등의 방법으로 이를 규율할 필요가 있을 것이라는 견해가 있다.79)

사견은, 법이 해임에 대해서는 규약에 위임하고 있으므로, 재건축표준정관 제18조제1항과 같이 "임원이 직무유기 및 태만 또는 관계법령 및 이 정관에 위반하여 조합에 부당한 손실을 초래한 경우에는 해임할 수 있다."라는 제한을 가하는 것이 타당하다고 본다. 아무런 잘못이 없는 데도 해임을 발의한다는 것은 권한 남용이다.

최근 대법원 판결도 "법인의 정관에 이사의 해임사유에 관한 규정이 있는 경우 법인으로서는 이사의 중대한 의무위반 또는 정상적인 사무집행 불능 등의 특별한 사정이 없는 이상, 정관에서 정하지 아니한 사유로 이사를 해임할 수 없다."라고 판시하고 있다(대법원 2013. 11. 28. 선고 2011다41741 판결).

반면 서울고등법원은 단체와 그 임원 사이의 관계는 위임관계로서 서로간의 신뢰가 무엇보다도 중시되는 관계이므로 단체와 임원 사이에 신뢰관계가 파탄된 경우에는 그 구체적인 해임사유의 존부를 떠나 위임관계를 해지할 필요가 있다고 한다(서울고등법원 2014. 6. 20. 선고 2013나79797 판결80)).

④ 소명기회 부여 여부

재건축표준정관 제18조제1항, 규약안 제17조제1항은 "이 경우 사전에 해당 임원에 대해 청문 등 소명기회를 부여하여야 하며, 청문 등 소명기회를 부여하였음에도 이에 응하지 아니한 경우에는 소명기회를 부여한 것으로 본다."라고 규정81)하고 있는바, 이러한 소명기회부여에 대해서 소집통지서를 통지한 이상 소명기회를 부여하지 않아도 된다는 하급심 판결이 있다.82)

---

79) 이우재, "조해 도시 및 주거환경정비법", 진원사 간, 740.
80) 동지, 의정부지방법원 2016. 4. 29.자 2016카합5107 결정, 대구지방법원 2014. 6. 19. 선고 2013가합7107 판결, 서울북부지방법원 2016. 8. 29.자 2016카합20220 결정, 서울북부지방법원 2017. 3. 3.자 2017카합20040 결정
81) 재개발표준정관은 이러한 규정이 없다.
82) 수원지방법원 2011. 5. 3. 선고 2010가합6362 판결

상당수의 판례들은 임원 해임 총회 시에 청문이나 소명기회를 부여하지 않았다고 하더라도 총회에서의 임원해임 의결이 무효로 되지는 않는다는 입장이다. 다만, 그 근거에 대하여는 ①도시정비법 해임규정은 위임의 법리에 따라 조합원들의 의사에 따른 조합임원의 해임을 원활하게 하기 위하여 둔 규정이므로, 특별히 다른 법 규정이 없는 한, 징계절차와 같이 해임 조합임원들에게 소명의 기회를 부여할 필요가 없고(서울고등법원 2012. 2. 23. 선고 2011나38952 판결, 대구지방법원 2014. 6. 19. 선고 2013가합7107 판결, 의정부지방법원 2016. 4. 29.자 2016카합5107 결정), ②해임대상 임원들이 해임총회 이전부터 총회개최금지가처분을 신청하고 해임사유가 없음을 다투었고, 총회 이전에 조합원들에게 서면으로 해임사유의 부당성에 대해 알리기도 한 사실에 비추어 소명기회를 주지 않았다고 하더라도 해임결의가 무효가 되는 것은 아니고(서울서부지방법원 2010. 10. 28. 선고 2009가합13545 판결), ③조합원들에게 해임 대상 임원의 성명과 그 해임 사유 등이 기재된 공고문과 해임자료를 보낸 사실에 비추어 해임 대상 임원들은 해임총회 개최 전에 또는 해임총회에 출석하여 스스로 해임에 관하여 소명할 수 있었다 할 것이므로 소명기회를 부여하지 않았다고 하여 해임총회 결의가 무효라고 볼 수 없다고 한다(서울북부지방법원 2016. 8. 29.자 2016카합20200 결정).

⑤ 일괄해임 가능여부

임원 또는 대의원을 일괄하여 모두 해임할 경우에라도 총회에서 사람별로 해임 의사를 물어야 한다.83)

(6) 해임총회와 선임총회를 동시에 할 수 있는가?

규약안처럼 조합원 발의에 의해 소집된 임시총회에서 조합임원의 해임과 동시에 새로운 임원의 선출이 결의된 경우, 조합임원의 해임에 관한 사항은 법적인 절차에서 하자가 없어 위 해임결의는 유효하다.

그러나 새로운 임원의 선임결의는 다르다. 임원의 선임결의를 위한 임시총회의 소집에는 규약안 제19조제4항, 제5항의 규정에 의하여, 조합장에 대한 1/5 이상의 조합원의 소집요구, 대의원 2/3 이상의 소집요구 및 그 거부시에 법원의 허가를 얻어 조합원 또는 대의원이 소집하여야 한다. 따라서 새로운 임원의 선출은 무권한 자에 의해 소집된 임시총회에서 결의된 것이므로 위 선임결의는 무효라 할 것이다.

---

83) 서울서부지방법원 2009카합1020 총회개최금지가처분신청

결국 발의자 대표가 직접 소집한 임원해임을 위한 임시총회에서는 곧바로 새로운 임원을 선임할 수 없다.

다. 사임

법인과 이사의 법률관계는 신뢰를 기초로 한 위임 유사의 관계이므로, 이사는 민법 제689조제1항이 규정한 바에 따라 언제든지 사임할 수 있고, 법인의 이사를 사임하는 행위는 상대방 있는 단독행위이므로 <u>그 의사표시가 상대방에게 도달함과 동시에 그 효력을 발생하고, 그 의사표시가 효력을 발생한 후에는 마음대로 이를 철회할 수 없음이 원칙이다.</u>

대법원은 "학교법인의 이사는 법인에 대한 일방적인 사임의 의사표시에 의하여 법률관계를 종료시킬 수 있고, 그 의사표시는 수령권한 있는 기관에 도달됨으로써 바로 효력을 발생하는 것이며, 그 효력발생을 위하여 이사회의 결의나 관할관청의 승인이 있어야 하는 것은 아니다."라고 판시하였다.[84] 주식회사의 이사나 대표이사직의 사임은 단독행위로서 회사에 대한 일방적 의사표시에 의하여 곧바로 그 효력이 발생하고 회사(주주총회나 이사회)의 승낙을 요하지 아니하며 <u>그 사임에 따른 변경등기가 없더라도 즉시 그 자격을 상실한다.</u>[85]

그러나 법인이 규약에서 이사의 사임절차나 사임의 의사표시의 효력발생시기 등에 관하여 특별한 규정을 둔 경우에는 그에 따라야 하는바, 위와 같은 경우에는 이사의 사임의 의사표시가 법인의 대표자에게 도달하였다고 하더라도 그와 같은 사정만으로 곧바로 사임의 효력이 발생하는 것은 아니고 규약에서 정한 바에 따라 사임의 효력이 발생하는 것이므로, 이사가 사임의 의사표시를 하였더라도 규약에 따라 사임의 효력이 발생하기 전에는 그 사임의사를 자유롭게 철회할 수 있다.[86] 다만 규약안에는 이러한 특별규정은 없다.

사임서 제시 당시 즉각적인 철회권유로 사임서 제출을 미루거나, 대표자에게 사표의 처리를 일임하거나, 사임서의 작성일자를 제출일 이후로 기재한 경우 등 사임의사가 즉각적이라고 볼 수 없는 특별한 사정이 있을 경우에는 별도의 사임서 제출이나 대표자의 수리행위 등이 있어야 사임의 효력이 발생하고, 그 이전에 사임의사를 철회할 수 있다.[87]

---

84) 대법원 2003. 1. 10. 선고 2001다1171 판결
85) 서울고등법원 1980. 5. 23. 선고 79나2290 판결 : 확정
86) 대법원 2008. 9. 25. 선고 2007다17109 판결

조합장이 사임시는 누구에게 사임서를 제출하여야 하는지가 문제된다. 사임의 의사표시를 수령할 대리인을 선임하고 이에 대하여 권한을 부여한 후에 의사표시를 하면 된다는 견해와 이사회에 제출하여야 한다는 견해가 있을 수 있다. 법인의 경우에는 등기신청권이 대표자에게만 있어 대표자가 사임하여도 후임자가 없으면 등기할 수 없으므로 등기를 위해서는 법원에서 선임한 임시대표권 있는 이사에게 사임의 의사표시를 하여야 할 것으로 생각된다는 견해가 있다.[88] 대법원은 "종중의 대표자가 사임하는 경우에는 대표자의 사임으로 그 권한을 대행하게 될 자에게 도달한 때에 사임의 효력이 발생하고 이와 같이 사임의 효력이 발생한 뒤에는 이를 철회할 수 없다."라고 판시한 바 있다.[89]

사견은, 대법원 판례와 같이 규약에 그 권한을 대행하게 될 자를 지정하여 두고 있으므로, 그 권한을 대행하게 될 자에게 제출하면 된다고 본다.

---

87) 대법원 2006. 6. 15. 선고 2004다10909 판결
88) 권오복, 전게서, 147.
89) 대법원 2006. 10. 27. 선고 2006다23695 판결, 대법원 1991. 5. 10. 선고 90다10247 판결

8. 임기만료, 사임, 해임 임원의 업무 범위

가. 규정

민법 제52조의2 (직무집행정지 등 가처분의 등기) 이사의 직무집행을 정지하거나 직무대행자를 선임하는 가처분을 하거나 그 가처분을 변경·취소하는 경우에는 주사무소와 분사무소가 있는 곳의 등기소에서 이를 등기하여야 한다.[본조신설 2001.12.29]

민법 제60조의2 (직무대행자의 권한) ① 제52조의2의 직무대행자는 가처분명령에 다른 정함이 있는 경우 외에는 <u>법인의 통상사무에 속하지 아니한 행위를 하지 못한다</u>. 다만, 법원의 허가를 얻은 경우에는 그러하지 아니하다.

재건축 표준정관	저자 제시안
제15조(임원) ⑤<u>임기가 만료된 임원은 그 후임자가 선임될 때까지 그 직무를 수행한다.</u> 제18조 ④제2항의 규정에 의하여 사임하거나 또는 해임되는 임원의 새로운 임원이 선임, 취임할 때까지 직무를 수행하는 것이 적합하지 아니하다고 인정될 때에는 이사회 또는 대의원회 의결에 따라 그의 직무수행을 정지하고 조합장이 임원의 직무를 수행할 자를 임시로 선임할 수 있다. <u>다만, 조합장이 사임하거나 퇴임·해임되는 경우에는 제16조제6항을 준용한다.</u>	제14조(임원) ⑤임기가 만료된 임원은 그 후임자가 선임될 때까지 그 직무를 수행한다. 제17조 ②임원이 사임하거나 제16조의 규정에 의하여 그 자격을 상실한 경우 또는 제1항의 규정에 의하여 해임되는 경우에는 임원 선임 절차에 따라 즉시 새로운 임원을 선출하여야 한다. 이 경우 새로 선임된 임원의 자격은 시장의 조합설립변경인가 및 법인의 임원변경등기를 하여야 대외적으로 효력이 발생한다. 단, 임원(조합장은 제외)이 사임한 경우에는 새로운 임원이 선임될 때까지 종전의 임원이 계속 그 직무를 수행한다.

나. 업무수행권 존재 및 업무범위

(1) 임기만료

조합의 경우는 재건축표준정관 제15조제5항, 규약안 제14조제5항은 임기만료시는 명확히 정관으로 후임자가 선임될 때까지 직무를 수행할 수 있다고 규정하고 있다.

한편 임기만료된 임원의 업무수행권 존재여부 및 그 업무범위에 대한 대법원 판례를 살펴보면 다음과 같다.

즉, 대법원은 "민법상 법인과 그 기관인 이사와의 관계는 위임자와 수임자의 법률관계와 같은 것으로서 <u>이사의 임기가 만료되면 일단 그 위임관계는 종료되는 것이 원칙이</u>

나, 그 후임이사 선임시까지 이사가 존재하지 않는다면 기관에 의하여 행위를 할 수밖에 없는 법인으로서는 당장 정상적인 활동을 중단하지 않을 수 없는 상태에 처하게 되고, 이는 민법 제691조에 규정된 급박한 사정이 있는 때와 같이 볼 수 있으므로 임기 만료된 이사라고 할지라도 그 임무를 수행함이 부적당하다고 인정할 만한 특별한 사정이 없는 한 이사의 직무를 계속 수행할 수 있다고 보는 것이다(당원 1963. 4. 18. 선고 63다15판결, 1967. 2. 21. 선고 66다1347 판결 및 1968. 9. 30. 선고 68다515 판결 각 참조). 그러나, 위에서 본 바와 같이, 임기 만료된 이사의 업무수행권은 법인이 정상적인 활동을 중단하게 되는 처지를 피하기 위하여 인정되는 것임에 비추어 본다면, 별다른 급박한 사정도 없이 임기만료 전의 현임이사를 해임하고 그 후임자를 선임하기 위한 이사 및 평의원 연석회의를 스스로 소집하여 이를 제안하는 것과 같은 일은 임기만료된 이사장에게 수행케 함이 부적당한 임무에 해당한다고 할 것"이라고 판시한 바 있고[90],

또한 대법원은 "권리능력 없는 사단인 재건축주택조합과 그 대표기관과의 관계는 위임인과 수임인의 법률관계와 같은 것으로서 임기가 만료되면 일단 그 위임관계는 종료되는 것이 원칙이고, 다만 그 후임자가 선임될 때까지 대표자가 존재하지 않는다면 대표기관에 의하여 행위를 할 수밖에 없는 재건축주택조합은 당장 정상적인 활동을 중단하지 않을 수 없는 상태에 처하게 되므로, 민법 제691조의 규정을 유추하여 구 대표자로 하여금 조합의 업무를 수행케 함이 부적당하다고 인정할 만한 특별한 사정이 없고 종전의 직무를 구 대표자로 하여금 처리하게 할 필요가 있는 경우에 한하여 후임 대표자가 선임될 때까지 임기만료된 구 대표자에게 대표자의 직무를 수행할 수 있는 업무수행권이 인정된다. 권리능력 없는 사단의 임기만료된 종전 대표자에게 후임자 선임시까지 업무수행권을 인정할 필요가 있는 경우에 해당한다 하더라도, 임기만료된 대표자의 업무수행권은 급박한 사정을 해소하기 위하여 그로 하여금 업무를 수행하게 할 필요가 있는지를 개별적·구체적으로 가려 인정할 수 있는 것이지 임기만료 후 후임자가 아직 선출되지 않았다는 사정만으로 당연히 포괄적으로 부여되는 것이 아니다. 권리능력 없는 사단의 임기만료된 대표자의 사무처리에 대하여 유추적용되는 민법 제691조는 종전 대표자가 임기만료 후에 수행한 업무를 사후에 개별적·구체적으로 가려 예외적으로 그 효력을 인정케 하는 근거가 될 수 있을 뿐, 그로 하여금 장래를 향하여 대표자로서의 업무수행권을 포괄적으로 행사하게 하는 근거가 될 수는 없으므로, 법인 아닌 사단의 사원 기타 이해관계인이 임기가 만료된 대표자의 직무수행금지를 소구하여 올 경우 민법 제691조만을 근거로 이를 배척할 수는 없다."라고 판시하고 있다.

---

90) 대법원 1982. 3. 9. 선고 81다614 판결, 대법원 1996. 1. 26. 선고 95다40915 판결

결국 임기만료된 대표자의 업무수행권은 급박한 사정을 해소하기 위하여 그로 하여금 업무를 수행하게 할 필요가 있는지를 개별적·구체적으로 가려 인정할 수 있는 것이다.

(2) 사임

재건축표준정관 제18조제4항은 "제2항의 규정에 의하여 사임하거나 또는 해임되는 임원의 새로운 임원이 선임, 취임할 때까지 직무를 수행하는 것이 적합하지 아니하다고 인정될 때에는 이사회 또는 대의원회 의결에 따라 그의 직무수행을 정지하고 조합장이 임원의 직무를 수행할 자를 임시로 선임할 수 있다. 다만, 조합장이 사임하거나 퇴임·해임되는 경우에는 제16조제6항을 준용한다."[91]라고 규정하여, 결국 사임이나 해임시는 조합장과 나머지 임원을 나누어 조합장은 재건축의 경우는 이사 중 연장자 순으로 업무를 대행하고, 조합장을 제외한 나머지 임원은 이사회 또는 대의원회에서 직무정지를 의결할 때까지는 업무를 수행하고, 직무정지가 의결되면 조합장이 임시로 선임한다.

그러나 규약안 제17조제2항은 조합장이 사임하면 즉시 업무가 정지된다. 즉, 조합장이 사임한 경우에는 규약안 제15조제6항에 의하여 즉시 직무대행체제로 간다.

사임한 임원의 경우에는 "사임한 이사에게 직무수행권을 인정하는 것은 그 사임한 이사가 아니고서는 법인이 정상적인 활동을 중단할 수밖에 없는 급박한 사정이 있는 경우에 한정되는 것이고, 아직 임기가 만료되지 않거나 사임하지 아니한 다른 이사들로써 정상적인 법인의 활동을 할 수 있는 경우에는 사임한 이사에게 직무를 계속 행사하게 할 필요는 없다."라고 한다[92].

상법 제386조제1항은 아예 명문으로 규정하고 있다. 상법 제386조제1항은 '법률 또는 정관에 정한 이사의 원수를 결한 경우에는 임기의 만료 또는 사임으로 인하여 퇴임한 이사는 새로 선임된 이사가 취임할 때까지 이사의 권리의무가 있다.'라고 규정하고 있는바, 수인의 이사가 동시에 임기의 만료나 사임에 의하여 퇴임함으로 말미암아 법률 또는 정관에 정한 이사의 원수(최저인원수 또는 특정한 인원수)를 채우지 못하게 되는 결과가 일어나는 경우, 특별한 사정이 없는 한 그 퇴임한 이사 전원은 새로 선임된 이사가 취임할 때까지 이사로서의 권리의무가 있다고 봄이 상당하다.[93]

---

91) 재개발표준정관 제18조제4항은 "…다만, 조합장이 사임하거나 해임되는 경우에는 감사가 직무를 수행할 자를 임시로 선임할 수 있다."라고 규정하고 있다.
92) 대법원 2003. 1. 10. 선고 2001다1171 판결

퇴임 당시에 당해 이사의 퇴임결과 잔존 이사의 수가 정원에 부족하다면 그 퇴임한 이사는 이사로서의 권리의무가 인정된다.94) 그러나 부족하지 않다면 그 퇴임한 이사는 이사로서의 권리의무가 인정되지 않는다.95)

결국 사임된 임원, 법원에 의하여 선임된 직무대행자는 통상사무에 한하여 그 직무수행권이 있다고 본다.

(3) 해임

재건축표준정관 제18조제4항은 사임과 해임을 같이 규정하고 있다. 그러나 해임된 임원이 업무를 계속 수행한다는 것은 해임취지에 맞지 않다. 상법상은 임기만료 또는 사임이 아니고 해임, 사망 등으로 퇴임한 경우는 그로 인하여 정관에 정한 원수를 결하더라도 후임이사가 선임될 때까지 이사의 권리의무를 행사하는 것은 아니다.

즉, 법원행정처는 "해임, 자격상실, 사망, 파산, 금치산선고 등으로 퇴임한 경우에는 그로 인하여 법률 또는 정관에 정한 이사의 원수를 결하는 결과가 발생하더라도 해임 등에 의하여 퇴임한 이사가 후임 이사가 취임할 때까지 이사의 권리의무를 행사하는 것은 아니다"라고 하고 있다.96)

즉, 해임된 임원은 즉시 업무수행권이 상실된다.

---

93) 대법원 2007. 3. 29. 선고 2006다83697 판결
94) 대법원 2005. 3. 8.자 2004마800 전원합의체 결정.
95) 대법원 2009. 10. 29.자 2009마1311 결정
96) 상업등기실무, 194

9. 선임 또는 해임 관련 소송문제

가. 선임·해임 관련 소송은 민사소송

리모델링조합과 조합장 또는 조합임원 사이의 선임·해임 등을 둘러싼 법률관계는 사법상의 법률관계로서 그 조합장 또는 조합임원의 지위를 다투는 소송은 민사소송에 의하여야 할 것이다.97)

통상 총회결의 무효 확인의 소가 본안으로서 제기되고, 가처분으로서 직무집행정지가처분이나 효력정지가처분이 제기된다.

나. 피고적격

총회결의 무효확인의 소 또는 총회해임결의 무효확인의 소의 피고는 조합이다.98) 이 경우 조합장이 해임되어 조합장이 소송의 당사자가 되면 조합의 대표자는 상근이사이다(규약안 제14조제6항).

참고로 회사의 이사선임 결의가 무효 또는 부존재임을 주장하여 그 결의의 무효 또는 부존재확인을 구하는 소송에서 회사를 대표할 자는 현재 대표이사로 등기되어 그 직무를 행하는 자라고 할 것이고, 그 대표이사가 무효 또는 부존재확인청구의 대상이 된 결의에 의하여 선임된 이사라고 할지라도 그 소송에서 회사를 대표할 수 있는 자임에는 변함이 없다.99)

다. 총회에서의 재결의 가능 여부, 임원 선임 결의가 무효라도 재인준 받으면 유효

당초의 조합 총회에서 임원을 선임한 결의에 대하여 그 후에 다시 개최된 총회에서 위 종전 결의를 그대로 재 인준하는 결의를 한 경우에는 설사 당초의 임원선임결의가 부존재 혹은 무효라고 할지라도 새로운 총회가 당초 임원선임결의에 의하여 선임된 임원에 의하여 소집된 총회이므로 무권리자에 의하여 소집된 총회라는 사유는 독립된 무효사유로 볼 수 없다.100)101)102) 그러나 이는 예외적으로만 인정되어야 할 것이다. 예를 들어

---

97) 대법원 2009. 9. 24.자 2009마168,169 결정
98) 대법원 2010. 10. 28. 선고 2010다30676,30683 판결
99) 대법원 1983. 3. 22. 선고 82다카1810 전원합의체 판결, 그 결의에 의하여 선임된 이사는 회사를 대표할 수 없다고 판시한 바 있는 당원 1963. 4. 25. 선고 62다836 판결의 견해는 이를 파기하기로 한다.

1차 총회에서 입후보자가 여러 명 중 조합장으로 갑, 이사로 을을 선임하였는데 무효사유가 있어 2차 총회를 소집하여 갑과 을을 재 인준하는 총회를 무조건 인정하면 1차 총회 당시에 입후보한 자의 선출권을 침해하는 결과가 초래된다.

또한 제1차 해임결의가 무효라고 하더라도 제2차 해임결의가 중대한 하자로 인하여 부존재 또는 무효임이 인정되거나 그 결의가 취소되는 등의 특별한 사정이 없는 한 제1차 해임결의의 무효확인을 구하는 것은 과거의 권리·법률관계의 확인을 구하는 것에 불과하여 확인의 이익이 없다.103)

라. 가처분

(1) 선임결의 관련

민법상 법인의 이사 선임 결의에 하자가 있는 경우에는 <u>당해 이사 개인을 상대로</u> 한 직무집행정지 가처분을 통해 권리구제를 꾀하여야 하고, 만연히 법인을 상대로 한 선임결의의 효력정지가처분을 신청하여서는 아니 된다.

즉, 채권자 갑이 을을 채무자 법인의 대표권 있는 이사로 선임한 총회 결의가 무효임을 주장하며 그 선임결의의 효력정지를 구한 사안에서, 채무자 법인을 상대로 선임결의의 효력정지를 구하는 것보다는 대표권 있는 이사 개인을 상대로 직무집행정지를 구하는 것이 더욱 합리적인 분쟁해결 방법이라 할 것이어서, 가처분을 인용할 만한 피보전권리와 보전의 필요성을 인정하기 어렵다.104)

(2) 해임결의 관련 직무집행정지가처분

규약상 결격사유 발생, 해임절차에 의한 해임, 선임절차상 하자, 정관에 의한 자격정지 사유 발생, 조합원 자격상실 사유가 발생하는 등의 사유가 있어야 한다. <u>단지 무능력과 비위사실 등에 기한 해임청구권을 본안으로 하는 가처분은 허용되지 않는다</u>.105)

주의하여야 할 것은 가처분의 상대방은 조합이 아니라 직무집행에서 배제하려고 하는 자이다.

---

100) 대법원 1996. 10. 11. 선고 96다24309 판결
101) 서울고등법원 2009. 7. 9. 선고 2008나105739 판결
102) 대법원 2003. 9. 26. 선고 2001다64479 판결
103) 대법원 2003. 9. 26. 선고 2001다64479 판결
104) 서울고등법원 2010. 6. 21. 자 2009라2534 결정 : 확정
105) 서울중앙지방법원 2008. 4. 1.자 2008카합524 결정, 동법원 2008. 3. 6.자 2008카합21 결정

<u>판례가 허용하는 직무집행정지가처분을 신청할 수 있는 경우는 임원선출에 하자가 있는 경우, 정관에 규정된 경우, 임원의 선출기관의 해임의결이 있다.</u>

규약에서 어느 사유에 해당하면 당연히 임원이 될 수 없거나 당연 퇴임한다고 규정하고 있는 경우에 피보전권리는 해임청구가 아니라 임원지위 상실 확인청구(본안)권이다.[106]

장래의 해임의결권에 기한 조합장 직무집행정지가처분의 경우 조합장이 총회소집요구에 불응한 경우 법원에 총회소집허가신청을 하면 되는데 그 기간이 오래 걸리지 않는 점 등에 비추어 일반적으로는 부정적이나, 예외적으로 조합장이 중대한 법률 또는 정관 위반을 하여 조합장으로 하여금 계속해서 직무를 수행하게 할 경우 조합에 현저한 손해를 끼칠 개연성이 있고, 상당수의 조합원들이 조합장의 해임을 원하고 있어 조합장에 대한 해임의결이 가능한 것으로 보이며, 그럼에도 불구하고 조합장의 해임을 위한 절차의 진행이 원만하게 진행되지 아니하거나 그러할 가능성이 있다면, 조합장에 대한 해임의결전이라도 위와 같은 급박한 사태를 해결하기 위한 잠정적인 조치로서 조합장에 대한 직무집행의 정지 및 직무대행자 선임이 가능하다고 보아야 한다는 결정이 있다.[107]

---

106) 김용대, 전게자료, 51
107) 서울중앙지방법원 2008. 9. 10.자 200카합2423 결정

제9절 조합 총회와 예산과 결산 방법 및 협력업체 선정방법

1. 서설

주택법시행규칙 제7조제5항은 2020. 7. 24. 개정되면서 "7. 사업비의 세부항목별 사용계획이 포함된 예산안"을 신설하여, 조합 예산안은 반드시 총회 의결을 받도록 하였다.

> **주택법 시행규칙**
> [시행 2020. 12. 11.] [국토교통부령 제750호, 2020. 7. 24., 일부개정]
> 주택조합사업비의 세부항목별 사용계획이 포함된 예산안은 반드시 총회의 의결을 거치도록 하여 조합사업의 투명성을 높이려는 것임.
> 제7조제5항제7호를 제8호로 하고, 같은 항에 제7호를 다음과 같이 신설한다.
>   7. 사업비의 세부항목별 사용계획이 포함된 예산안

조합결산에 대해서는 법은 규약에 위임하고 있다. 따라서 이하에서도 규약안대로 규약을 작성하였다고 가정하고 해설을 하고자 한다.

우선 예산과 결산의 승인기관이 다르다. 예산은 총회이고, 결산은 대의원회이다(물론 결산도 당연히 총회에서 할 수 있다). 조합장은 필요한 경우 정기총회에서 먼저 예산안 승인을 받고, 후일 결산을 처리해도 무방하다.

조합은 준예산 제도를 도입할 필요가 있다. 그렇지 않을 경우 매년 총회를 열어야 하고, 만일 예산 총회를 개최하지 못하면 자금집행에 문제가 생긴다. 물론 아직 주택법에는 예산 총회를 개최하지 않고 자금집행을 한 것에 대해 처벌 규정은 없으나, 가급적 준예산 제도를 두는 것이 타당하다.

2. 조합 총회

가. 회의 개최방법 개관

구분	조합 총회
소집시기	정기총회는 매년 1회, 회계연도종료일로부터 ○월내
소집통지	14일 전 공고, 7일 전 통지(단, 각자 규약에 의해 연장 또는 단축 가능)
소집절차	이사회 사전 의결. 단, 구분소유자 등 소집요청 시는 예외
일반 정족수	과반수 출석/출석 과반수 찬성
의결권행사방법	- 대리 출석 가능(단, 형제자매 등) - 서면 가능 - 서면 시 신분증 사본 첨부

나. 총회의 종류

총회는 정기총회와 임시총회로 구분된다(규약 제19조제2항).

정기총회는 매년 1회, 회계연도 종료일부터 ○월 이내[108]에 개최하며, 다만 부득이한 사정이 있는 경우에는 대의원회 또는 이사회 의결로 일시를 변경할 수 있다.

임시총회는 조합장의 직권 또는 조합원 1/5 이상의 요구, 대의원 2/3 이상의 요구로 소집한다.

> **제19조(총회의 설치)★** ① 조합에는 조합원 전원으로 구성하는 총회를 둔다.
> ② 총회는 창립총회, 정기총회, 임시총회로 구분하며, 조합장이 소집한다. 다만, 창립총회는 리모델링조합설립추진위원회 위원장 또는 그 직무를 대행하는 자가 소집한다.
> ③ 정기총회는 매년 1회, 회계연도 종료일로부터 3개월 이내에 개최하는 것을 원칙으로 하되, 창립총회·임시총회가 개최된 경우 또는 총회에서 의결할 안건이 없는 경우에는 <u>대의원회에서 의결하고</u> 조합원에게 서면 보고로 갈음할 수 있다.
> ④ 임시총회는 조합장이 필요하다고 인정하는 경우에 개최한다. 다만, 다음 각 호의 1에 해당하는 때에는 조합장은 해당일로부터 2개월 이내에 총회를 개최하여야 한다.
> 1. 조합원 5분의 1 이상이 총회의 목적사항을 제시하여 청구하는 때
> 2. 대의원 3분의 2 이상으로부터 개최요구가 있는 때
> ⑤ 제4항의 각호의 규정에 의한 청구 또는 요구가 있는 경우로서 조합장이 2월 이내에 정당한

---

[108] 규약에서 정하면 된다. 통상 2개월이나 3개월로 정한다.

이유 없이 총회를 소집하지 아니하는 때에는 감사가 지체없이 총회를 소집하여야 하며, 감사가 소집하지 아니하는 때에는 <u>법원의 허가를 얻어 소집한다. 이 경우 소집을 청구한 자의 대표가 총회의 소집 및 진행을 할 때에는 조합장의 권한을 대행한다.</u>

※ 법원의 허가 여부는 제17조 주석 참고

⑥ 제2항 내지 제4항의 규정에 의하여 총회를 개최하거나 일시를 변경하는 경우에는 총회의 목적·안건·일시·장소 등에 관하여 미리 이사회의 의결을 거쳐야 한다. 다만, 제5항의 규정에 의하여 총회를 소집하는 경우에는 그러하지 아니하다.

⑦ 제2항 내지 제5항의 규정에 의하여 총회를 소집하는 경우에는 회의개최 14일 전부터 회의목적·안건·일시 및 장소 등을 게시판에 게시하여야 하며 각 조합원에게는 회의개최 7일 전까지 제7조의 고지 방법으로 발송·통지하여야 한다.

⑧ 총회는 제7항에 의하여 통지한 안건에 대해서만 의결할 수 있다.

다. 총회의 권한

총회는 총회의 직무에 속하는 사항에 관하여 결정권을 갖는다. 그러나 법의 일반원칙에 따라 강행규정에 위반하는 사항, 사회질서에 반하는 사항, 조합의 본질에 반하는 사항을 결의할 수는 없다.

총회는 조합의 의사결정을 위하여 결의를 할 수 있을 뿐이고 집행기관은 아니므로, 총회의결의 집행은 대표기관인 조합장 또는 집행기관인 이사 등이 하여야 한다. 즉, 총회는 최고의사결정기관이기는 하나 대외적인 대표권 또는 내부적 업무집행권을 갖지는 않는다.

법률 또는 규약에 의해 총회의 권한으로 되어 있는 것은 반드시 총회에서 결의하여야 하며, 다른 기관이나 개인에게 위임할 수 없다. 예컨대, 규약의 변경은 총회의 전속의결 사항이므로, 규약에 의하여서도 다른 기관(대의원회 등)의 권한으로 하지 못한다.

또한, 총회는 조합원의 고유권을 박탈하는 결의를 할 수 없다(대법원 1999. 3. 9. 선고 98다60118 판결).

라. 필수적 조합 총회 의결사항

반드시 총회의 의결을 거쳐야 하는 사항은 다음 각호와 같다(령 제20조제3항, 규칙 제7조제5항).

1. 조합규약(영 제20조제2항 각호의 사항만 해당한다)의 변경
2. 자금의 차입과 그 방법·이자율 및 상환방법

3. 예산으로 정한 사항 외에 조합원에게 부담이 될 계약의 체결
3의2. 법 제11조의2제1항에 따른 업무대행자(이하 "업무대행자"라 한다)의 선정·변경 및 업무대행계약의 체결
4. 시공자의 선정·변경 및 공사계약의 체결
5. 조합임원의 선임 및 해임
6. 사업비의 조합원별 분담 명세 확정(리모델링주택조합의 경우 법 제68조제4항에 따른 안전진단 결과에 따라 구조설계의 변경이 필요한 경우 발생할 수 있는 추가 비용의 분담안을 포함한다) 및 변경 〈2019. 5. 31. 일부개정 시행〉
7. 사업비의 세부항목별 사용계획이 포함된 예산안 〈개정 2020. 7. 24.〉
8. 조합해산의 결의 및 해산시의 회계보고

제6호는 수직증축 리모델링을 위해 구조설계단계에서 적용한 보강설계 내용이 조합원 이주後 실시하는 2차 안전진단 결과에 따라 변경되어 조합원의 추가 분담금이 발생할 수 있으므로 이를 인지하고 사업의 적정성 등을 판단하도록 이주前 분담금 확정 총회 안건에 설계변경에 따른 추가 분담금 발생 가능성을 상정하도록 한 것이다.

제7호는 2020. 7. 24. 주택조합사업비의 세부항목별 사용계획이 포함된 예산안은 반드시 총회의 의결을 거치도록 하여 조합사업의 투명성을 높이기 위해 개정되었고, 2020. 12. 11.부터 시행된다.

마. 10% 직접 출석

총회의 의결을 하는 경우에는 조합원의 100분의 10 이상이 직접 출석하여야 한다. 다만, 창립총회 또는 제3항에 따라 국토교통부령으로 정하는 사항을 의결하는 총회(위 라. 1호에서 8호까지 사항을 의결하는 총회)의 경우에는 조합원의 100분의 20 이상이 직접 출석하여야 한다(령 제20조제4항). 〈신설 2017. 6. 2.〉

> **의정부지방법원 2019. 12. 11. 선고 2018가합57070 판결[109]**
> 서면결의서를 제출한 후 직접 출석(대리인 출석 포함)한 경우에 관하여 보건대, 앞서 든 증거 및 변론 전체의 취지를 종합하여 인정되는 다음과 같은 사정들 즉, 1 피고 조합규약에 서면결의 철회 의사표시의 절차와 방식에 관하여 특별한 규정이 없는 점, 2 서면결의서 철회의 시기와 방법이 기재된 서면결의서 양식은 L 등이 일방적으로 작성한 것일 뿐 별도로 조합원의 서면결의서 제출 철회를 제한할 근거가 없어 위 기재 내용이 구속력이 있다고 보기 어려운 점, 3 서면결의서를 제출한 후 이 사건 임시총회에 직접 출석(대리인 출석 포함)한 조합원 중 미리 제출한 서면결의서를 철회하고 다른 내용의 의사표시를 하고자 하였으나 이를 거부당하였다는 등의 사정이 확인되지 않는 점 등에 비추어 보면, 이 사건 임시총회에 서면결의서를 미리 제출한 후 직접 출석(대리인 출석 포함)한 조

> 합원들을 서면결의서를 미리 제출하지 않은 조합원들과 달리 볼 이유가 없고, 서면결의서를 제출한 후 직접 출석(대리인 출석 포함)한 경우에도 주택법 시행령 제20조 제4항 및 동법 시행규칙 제7조 제5항제5호에 정한 '직접 출석'에 해당한다고 봄이 타당하다.

그러나 감염병 예방을 위하여 여러 사람의 집합을 제한하거나 금지하는 조치가 해당 주택건설대지가 위치한 지역에 내려진 경우 주택조합 조합원이 총회 의결에 일정 비율 직접 출석해야 하는 요건의 예외를 인정하여 그 기간에는 <u>전자적 방법으로 총회를 개최하여 의결권을 행사할 수 있도록 개선하였다</u>.

주택법 시행령
[시행 2021. 2. 19.] [대통령령 제31468호, 2021. 2. 19., 일부개정]

◇ 주요내용
　가. 주택조합 총회의 조합원 직접 출석에 대한 예외(제20조제5항 및 제6항 신설)
　　감염병을 예방하기 위하여 여러 사람의 집합을 제한하거나 금지하는 조치가 해당 주택건설대지가 위치한 지역에 내려진 경우 조합원이 총회 의결에 일정 비율 직접 출석해야 하는 요건의 예외를 인정하되, 전자적 방법으로 총회를 개최하여 의결권을 행사할 수 있도록 함.

제20조제5항부터 제9항까지를 각각 제7항부터 제11항까지로 하고, 같은 조에 제5항 및 제6항을 각각 <u>다음과 같이</u> 신설한다.
　⑤ 제4항에도 불구하고 총회의 소집시기에 해당 주택건설대지가 위치한 특별자치시·특별자치도·시·군·구(자치구를 말하며, 이하 "시·군·구"라 한다)에 「감염병의 예방 및 관리에 관한 법률」 제49조제1항제2호에 따라 여러 사람의 집합을 제한하거나 금지하는 조치가 내려진 경우에는 <u>전자적 방법으로 총회를 개최해야 한다</u>. 이 경우 조합원의 의결권 행사는 「전자서명법」 제2조제2호 및 제6호의 전자서명 및 인증서(서명자의 실제 이름을 확인할 수 있는 것으로 한정한다)를 통해 본인 확인을 거쳐 전자적 방법으로 해야 한다.
　⑥ 주택조합은 제5항에 따라 전자적 방법으로 총회를 개최하려는 경우 다음 각 호의 사항을 조합원에게 사전에 통지해야 한다.
　　1. 총회의 의결사항
　　2. 전자투표를 하는 방법
　　3. 전자투표 기간
　　4. 그 밖에 전자투표 실시에 필요한 기술적인 사항
부칙 제1조(시행일) 이 영은 2021년 2월 19일부터 시행한다.

---

109) 사견은, 리모델링시공자선정기준 제13조제2항은 "조합원은 제1항에 따른 총회 직접 참석이 어려운 경우 서면으로 의결권을 행사할 수 있으나, <u>제1항에 따른 직접 참석자의 수에는 포함되지 아니한다.</u>"라는 규정을 두고 있어, 서면결의서 제출 이후 이를 철회하고 직접 출석하여야만 직접 출석으로 인정된다는 것이나, 이러한 규정이 없는 일반 총회에서는 이 판례와 같이 서면결의서 제출 이후에 철회하지 않고 참석한 경우에도 직접 출석을 볼 여지가 있다고 본다.

바. 조합 해산총회

> **주택법**
> [시행 2020. 12. 11.] [법률 제16870호, 2020. 1. 23., 일부개정]
> 라. 주택조합은 주택조합의 설립인가를 받은 날부터 3년이 되는 날까지 사업계획승인을 받지 못하는 경우 총회의 의결을 거쳐 해산 여부를 결정하도록 하고(제14조의2 신설).

법 제14조의2(주택조합의 해산 등) ① 주택조합은 제11조제1항에 따른 주택조합의 설립인가를 받은 날부터 3년이 되는 날까지 사업계획승인을 받지 못하는 경우 대통령령으로 정하는 바에 따라 총회의 의결을 거쳐 해산 여부를 결정하여야 한다.

> **령 제25조의2(주택조합의 해산 등)** ① 주택조합 또는 주택조합의 발기인은 법 제14조의2제1항 또는 제2항에 따라 주택조합의 해산 또는 주택조합 사업의 종결 여부를 결정하려는 경우에는 다음 각 호의 구분에 따른 날부터 3개월 이내에 총회를 개최해야 한다.
> 1. 법 제11조제1항에 따른 주택조합 설립인가를 받은 날부터 3년이 되는 날까지 사업계획승인을 받지 못하는 경우: 해당 설립인가를 받은 날부터 3년이 되는 날

③ 제1항 또는 제2항에 따라 총회를 소집하려는 주택조합의 임원 또는 발기인은 총회가 개최되기 7일 전까지 회의 목적, 안건, 일시 및 장소를 정하여 조합원 또는 주택조합 가입 신청자에게 통지하여야 한다.

④ 제1항에 따라 해산을 결의하거나 제2항에 따라 사업의 종결을 결의하는 경우 대통령령으로 정하는 바에 따라 청산인을 선임하여야 한다.

> **령 제25조의2** ④ 주택조합의 해산 또는 사업의 종결을 결의한 경우에는 법 제14조의2제4항에 따라 주택조합의 임원 또는 발기인이 청산인이 된다. 다만, 조합규약 또는 총회의 결의로 달리 정한 경우에는 그에 따른다.
> [본조신설 2020. 7. 24.]

[본조신설 2020. 1. 23.]
[종전 제14조의2는 제14조의4로 이동 〈2020. 1. 23.〉]

★해산총회와 관련한 처벌조항은 없다.

부칙 제6조(주택조합의 해산에 관한 적용례) ① 이 법 시행 전에 조합원 모집 신고를 하였으나 이 법 시행일 현재 주택조합 설립인가를 받지 않은 경우(법률 제14344호 주택법 일부개정법률 부칙 제4조의 규정에 따라 조합원 모집 신고를 하지 않았으나 이 법 시행일 현재 주택조합 설립인가를 받지 않은 경우를 포함한다)에는 제14조의2제2항의 개정규정을 적용함에 있어 이 법 시행일을 제11조의3제1항에 따른 조합원 모집 신고가 수리된 날로 본다.

② 이 법 시행 전에 주택조합 설립인가를 받았으나 이 법 시행일 현재 사업계획 승인을 받지 않은 경우에는 제14조의2제1항의 개정규정을 적용함에 있어 이 법 시행일을 제11조제1항에 따른 주택조합의 설립인가를 받은 날로 본다.

다만, 법은 사업계획승인만을 규정하고, 행위허가를 받는 경우는 침묵을 하고 있다. 사견은 법문대로 행위허가를 받는 경우는 위 해산총회 규정은 적용이 없다고 생각한다.

3. 예산과 결산의 승인기관

예산은 총회에서, 결산은 대의원회에서 승인한다. 물론 대의원회 의결사항은 언제나 총회에서도 가능하다.

> **규칙 제7조제5항(총회 의결사항)**
> 7. 사업비의 세부항목별 사용계획이 포함된 예산안 〈개정 2020. 7. 24.〉

재건축표준정관	저자 제시안
제21조(총회의 의결사항) 다음 각호의 사항은 총회의 의결을 거쳐 결정한다. 4. 정비사업비의 사용계획 등 예산안 5. 예산으로 정한 사항외에 조합원의 부담이 될 계약 **제25조(대의원회 의결사항)** ①대의원회는 다음 각 호의 사항을 의결한다. 2. 예산 및 결산의 승인에 관한 방법 3. 총회 부의안건의 사전심의 및 총회로부터 위임받은 사항 4. 총회의결로 정한 예산의 범위내에서의 용역계약 등 **제32조(조합의 회계)** ③조합은 매 회계년도 종료일부터 30일내에 **결산보고서를 작성한 후** 감사의 의견서를 첨부하여 **대의원회에 제출하여 의결을 거쳐야 하며,** 대의원회 의결을 거친 결산보고서를 총회 또는 조합원에게 서면으로 보고하고 조합사무소에 이를 3월 이상 비치하여 조합원들이 열람할 수 있도록 하여야 한다.	**제20조(총회의 의결사항)** 다음 각 호의 사항은 총회의 의결을 거쳐 결정한다. 3. 예산으로 정한 사항 외에 조합원에게 부담이 될 계약의 체결 8. 사업비의 세부항목별 사용계획이 포함된 예산안 **제24조(대의원회의 의결사항)** ① 대의원회의는 다음 각 호의 사항을 의결한다. 2. 예산 및 결산의 승인에 관한 방법 4. 총회 부의 안건의 사전 심의 5. 총회로부터 위임 받은 사항 **제31조(조합의 회계)** ③조합은 매 회계년도 종료일부터 30일내에 결산보고서를 작성한 후 감사의 의견서를 첨부하여 대의원회에 제출하여 의결을 거쳐야 하며, 대의원회 의결을 거친 결산보고서를 총회에 보고하거나 3개월 이상 조합사무소에 비치하거나 인터넷에 게시하는 등 조합원들이 열람할 수 있도록 하여야 한다.

4. 준예산 제도 도입

예산은 매년 1월 1일부터 12월 말 일까지 적용되는 것인데(규약 제31조), 매년 1월에 총회를 개최하지 못할 것에 대비하여 업무규정 또는 정관에 준예산 제도를 두어야 한다.

> **규약 제31조(조합의 회계)★**
> ⑦ (준예산) 조합은 부득이한 사유로 회계연도 개시 전까지 당해연도 예산이 성립되지 아니한 때에는 전년도의 동기간 예산에 준하여 집행할 수 있다. 이때 이미 집행된 예산은 당해 연도 예산이 성립되면 그 성립된 예산에 의하여 집행된 것으로 본다.

5. 업무추진비 또는 판공비 문제

업무추진비와 판공비는 법률용어는 아니다. 굳이 구별을 하라고 하면 용어 자체가 틀린 것일 뿐이다. 법인이나 단체에서 임직원에게 업무를 수행하는 데에 드는 비용 명목으로 정관 기타의 규정에 의해 지급되는 이른바 판공비 또는 업무추진비가 직무수행에 드는 경비를 보전해 주는 실비변상적 급여의 성질을 가지고 있는 것이다. 따라서 통상은 상여금 또는 비용으로 회계처리를 한다.

따라서 조합으로서는 판공비와 업무추진비 2개 항목을 만들지 말고 하나만 운용하는 것이 좋다. 또한 업무규정에 업무와 관련하여 지출하도록 포괄적으로만 정하고, 그 용도나 목적에 구체적인 제한을 두지 말고, 이를 사용한 후에도 그 지출에 관한 영수증 등 증빙자료를 요구하지 않는 것이 실무관행이다.

> **대법원 2010. 6. 24. 선고 2007도5899 판결 【업무상횡령】**
> [2] 법인이나 단체에서 임직원에게 업무를 수행하는 데에 드는 비용 명목으로 정관 기타의 규정에 의해 지급되는 이른바 판공비 또는 업무추진비가 직무수행에 드는 경비를 보전해 주는 실비변상적 급여의 성질을 가지고 있고, 정관이나 그 지급기준 등에서 업무와 관련하여 지출하도록 포괄적으로 정하고 있을 뿐 그 용도나 목적에 구체적인 제한을 두고 있지 않을 뿐만 아니라, 이를 사용한 후에도 그 지출에 관한 영수증 등 증빙자료를 요구하고 있지 않은 경우에는, 임직원에게 그 사용처나 규모, 업무와 관련된 것인지 여부 등에 대한 판단이 맡겨져 있고, 그러한 판단은 우선적으로 존중되어야 한다. 따라서 임직원이 판공비 등을 불법영득의 의사로 횡령한 것으로 인정하려면 판공비 등이 업무와 관련없이 개인적인 이익을 위하여 지출되었다거나 또는 업무와 관련되더라도 합리적인 범위를 넘어 지나치게 과다하게 지출되었다는 점이 증명되어야 할 것이고, 단지 판공비 등을 사용한 임직원이 그 행방이나 사용처를 제대로 설명하지 못하거나 사후적으로 그 사용에 관한 증빙자료를 제출하지 못하고 있다고 하여 함부로 불법영득의 의사로 이를 횡령하였다고 추단하여서는 아니 된다.

6. 예산안 수립 사례

경조사비에 논란이 있으나, 일선 조합장에게 가장 어려운 사항이 경조사비이다. 따라서 아예 예산으로 수립하여 투명한 집행이 되도록 하는 것이 타당하다.

또한 예산안은 업무대행사에서 수립하여 오는 것을 그대로 회의에 상정하지 말고 조합장이 미리 사전에 그해에 조합이 할 일을 이사회에서 논의를 한 후에 정비회사와 같이 하나씩 체크하며 수립하는 것이 타당하다. 그리고 교육비 예산도 별도로 수립하는 것이 좋다.

〈예산안 사례〉

구분	과 목	월소요액	연예산액	비 고
사업비	00		00	00
인건비	조합장			
	상근이사 (2인)			상근이사 1인 월 000만원
	직원 및 계약직원			계약직원은 1일 0만원
	소계 - a			
	상여금			기본급에 대한 년 400%
	퇴직금			(기본급+상여금)에 대한 년 1개월분
	소계 - b			
	인건비 계 ①=(a+b)			
회의비	이사회			이사 0명 * 년12회 * 8만원
	대의원회			대의원 00명 * 년12회 * 5만원
	정기총회			정기총회
	감사비			감사 0명 * 10만원 * 년12회
	회의비 계 ②			

구분	과 목		월소요액	연예산액	비 고
운영비	업무추진비				
	복리후생비				식대, 음료 등
	경·조사비				1회 20만원 이내에서
	보험료				4대 보험료
	교육비				임원이나, 조합원 교육비
	관리비	여비교통비			직원의 업무상 출장·택배·퀵서비스 등
		통신비			전화·인터넷·우편물(소식지)발송 등
		도서인쇄비			안내문, 회의자료 인쇄등
		사무용품비			복사기 토너·문구·잉크·복사지등
		수도 광열비			전기, 상하수도, 냉·난방 등
		수선유지비			집기류 수선등
		지급수수료			공부발급, 각종 수수료 등
		회계사 기장료			회계 장부 기장료
	운영비 계 ③				
	운영비 예비비 ④				인건비를 제외한 총액의 10%
총계 (①+②+③+④)					
	별도 예비비				임시총회 개최, 변호사 비용, 용역회사 선정 등

※ 차기년도 예산이 부득이한 사유로 회계연도 개시 전까지 성립되지 아니한 때에는 본 예산안에 준하여 집행함
※ 별도 예비비는 사업시행인가 총회를 비롯한 총회예산과, 소송에 따른 변호사 비용 등 예기치 못한 비용을 처리하기 위한 비용으로 이사회의 승인을 득한 후 집행함
※ 업무추진비 영수증은 지출결의서로 갈음함

7. 예산은 1 회계연도 수입과 지출만 의미

 예산은 매년 1월 1일부터 12월 31일까지 1 회계년도의 수입 지출을 의미한다. 이 점 유의하여야 할 것이다.

> **대법원 2015. 5. 14. 선고 2014도8096 판결**
> '예산'의 사전적 의미는 '국가나 단체에서 한 회계연도의 수입과 지출을 미리 셈하여 정한 계획'을 의미하고, 한편 조합의 회계와 총회의 소집 시기 등은 도시정비법 제20조 제1항에 따라 조합의 정관에 포함되어야 한다. 그렇다면 도시정비법 제24조 제3항 제5호에서 규정하는 '예산'이란 '조합의 정관에서 정한 1회계연도의 수입·지출 계획'을 의미하고, 따라서 이러한 예산의 요건을 충족하지 아니하는 이상, 조합이 정비사업을 추진하는 과정에서 공사비 등 정비사업에 드는 비용인 정비사업비의 지출예정액에 관하여 사업비 예산이라는 명목으로 총회의 의결을 거친 적이 있다고 하더라도, 이를 두고 도시정비법 제24조 제3항 제5호에서 규정하는 '예산'이라고 볼 수는 없다.

8. 창립총회 시 책정한 사업비 예산

창립총회 시 책정한 사업비 예산을 예산수립으로 볼 수 없다.

통상 조합이 창립총회에서 사업비 예산을 수립하여 의결을 하는데, 이러한 사업비 예산은 매년 수립하여야 하는 예산으로 볼 수 없다. 예산은 매년 1월 1일부터 12월31일까지 사용하는 돈이다(규약 제31조제1항). 따라서 미리 수립하여 둔 사업비를 매년 예산으로 보기는 어렵다. 만일 이것이 가능하다면 조합원들의 예산 심의가 불가할 수도 있는 것이다.

9. 예산으로 정한 사항외의 조합원에게 부담이 되는 계약체결 방법

가. 총회 의결사항

예산으로 정한 사항 외에 조합원에게 부담이 될 계약의 체결은 반드시 총회의 의결을 받아야 한다(규칙 제7조제5항제3호).

나아가 사업비의 세부항목별 사용계획이 포함된 예산안도 총회의 의결을 받아야 한다. 〈개정 2020. 7. 24.〉

나. 「주택법시행규칙」 제7조제5항제3호(예산으로 정한 사항 외에 조합원에게 부담이 될 계약의 체결)가 강행규정인지 여부

(1) 하급심 판결

그동안 하급심 판결은 '주택법시행령 제20조제3항과 동법시행규칙 제7조제5항제3호'(이하 '쟁점조항'이라고 한다)에 대해 강행법규가 아니라는 판결과 강행법규라는 판결이 엇갈리고 있었다.

즉, 부산고등법원 2021. 4. 22. 선고 2020나57403 판결은 "주택법 시행령(2019. 10. 22. 대통령령 제30146호로 개정되기 전의 것, 이하 같다) 제20조제2항제9호가 조합규약에 포함되어야 할 사항의 하나로서 '총회의 의결을 필요로 하는 사항과 그 의결정족수 및 의결절차'를 들면서도, 같은 조 제3항은 위 제2항제9호에도 불구하고 국토교통부령으로 정하는 사항은 반드시 총회의 의결을 거쳐야 하도록 규정하고 있고, 그 위임을 받은 주택법 시행규칙(2019. 5. 31. 국토교통부령 제624호로 개정되기 전의 것, 이하 같다) 제7조제5항제3호는 위 시행령 규정에 따라 반드시 총회의 의결을 거쳐야 하는 사항의 하나로 '예산으로 정한 사항 외에 조합원에게 부담이 될 계약의 체결'을 규정하고 있다. 위와 같이 주택법령이 예산으로 정한 사항 외에 조합원에게 부담이 될 계약에 관하여 총회의 의결을 거치도록 한 취지는 조합원들의 권리·의무에 영향을 미치는 사항에 대하여 조합원들의 의사가 반영될 수 있도록 하는 데 있음은 피고 주장과 같다. 그러나 한편으로, ①도시 및 주거환경정비법의 경우 법률에서 직접 '예산으로 정한 사항 외에 조합원의 부담이 될 계약'은 총회의 의결을 거쳐야 하도록 규정하는 한편(제45조 제1항 제4호), 조합원 총회의 의결을 거치지 아니하고 위 사항과 관련된 사업을 추진한 조합의 임원을 형사처벌 하도록 규정하고 있는 것(제137조 제6호)과 달리, 주택법이나 그 시행령은 총회의 의결이 없는 계약의 체결을 직접 금지하거나 그 위반행위를 처벌하는 규정을 두고 있지 않은 점, ②다만 주택법 시행령에서 조합규약에 총회의 의결이 필요한 사항을 포함시키도록 하면서 총회의 의결을 거쳐야 하는 사항의 구체적 내용을 다시 국토교통부령에 위임하였고, 이에 따라 주택법 시행규칙에서 비로소 그 사항의 하나로 위와 같이 '예산으로 정한 사항 외에 조합원에게 부담이 될 계약의 체결'을 규정하고 있을 뿐인 점, ③도시 및 주거환경정비법상 재개발·재건축사업이 강력한 공법적 규제 아래 시행되는 공공개발사업으로서의 성격을 띠고 있고, 위 법률에 의해 설립된 재개발·재건축정비사업조합은 행정주체인 공법인으로서의 지위를 갖고 있다고 해석되는 반면, <u>주택법상의 주택조합은 일정한 자격을 갖춘 구성원들이 주택을 마련하거나 리모델링하기 위하여 결성한 조직체로서 사경제 주체인 민법상 비법인사단의 지위를 갖는 것에 그치는 점</u> 등을 비롯한 주택법령의 규정 체계 및 내용, 주택조합의 성격 등에 비추어 보면, 도시 및 주거환경정비법에 의해 설립된 재개발·재건축정비사업조합이 총회의 의결을 거치지 않고 예산으로 정한 사항 외에 조합원의 부담이 될 계약을 체결한 경우에 그 계약이 무효가 되는 것(대법원 2011. 4. 28. 선고 2010다105112 판결 등 참조)과 달리, 주택조합의 경우에 총회의 의결이 필요한 사항을 국토교통부령에 위임하여 그 사항에 위와 같은 계약의 체결을 포함시킨 주택법령의 규정들이 총회의 의결을 거치지 않은 계약체결행위의 사법상 효력까지 부정하는 <u>강행법규 내지 효력규정이라고 보기는 어렵다</u>(서울고등법원 2015. 4. 24. 선고 2014나51185 판결, 부산고등법원 2017. 6. 8. 선고 2016나56892 판결 등 참조)."라고 판시하였다.

반면에 서울중앙지방법원 2018. 11. 28. 선고 2016가합559303 판결, 수원지방법원 2020. 1. 8. 선고 2019가합11398 판결, 광주지방법원 2021. 3. 18. 선고 2020가합52066 판결 등 하급심 판례들은 비록 지역주택조합에 관한 판결이지만, 주택법시행규칙 제7조제5항에서 총회 의결을 거치도록 한 취지는 조합원들의 권리·의무에 직접적인 영향을 미치는 사항에 대하여 <u>조합원들의 의사가 반영될 수 있도록 절차적 보장을 하기 위한 것이라는 점</u> 등을 이유로 강행법규(효력규정)로 판단하였다.

(2) 대법원 판결
최근에 위 부산고등법원 2021. 4. 22. 선고 2020나57403 판결에 대해서, 대법원 판결이 나왔다.

대법원은 "관련 법령 전체의 내용·취지 및 형식에 비추어 보면, 주택법 시행령 제20조제3항 및 주택법 시행규칙 <u>제7조제5항제3호</u>는 단순히 비법인사단의 자율적·내부적인 대표권 제한의 문제가 아니라 그 법률행위의 상대방인 제3자와의 계약 해석에 있어서도 그 제3자의 귀책을 물을 수 없는 예외적인 경우가 아닌 한 원칙적으로 그 조항의 효력이 미치도록 하려는 것으로 볼 수 있다. 따라서 '예산으로 정한 사항 외에 조합원에게 부담이 될 계약의 체결'에 해당함에도 관련 법령과 이에 근거한 조합규약에 정한 총회의결 없이 이루어진 법률행위의 상대방으로서는 그 절차적 요건의 흠결을 과실 없이 알지 못하였다는 등의 특별한 사정을 밝히지 못하는 한 절차적 요건의 충족을 전제로 하는 계약의 효력을 주장할 수 없다고 봄이 상당하다. 앞서 본 관련 법령의 취지와 내용·연혁에 비추어 보더라도, 이러한 해석이 지역주택조합과의 계약 상대방의 예측가능성 또는 거래의 안전을 현저히 저해한다고 볼 수 없고, 이로 인하여 결과적으로 거래 상대방이 입게 되는 손해는 그 거래의 구체적인 경위와 경과 등에 기한 지역주택조합의 책임 여하 및 정도에 따라 일정 부분 배상을 받는 근거가 될 수 있을 뿐이다. 이러한 관점에서 보면, 원고가 지역주택조합으로 설립된 지 불과 1년 남짓 경과되었을 뿐인 피고와 2억 5,000만 원에 달하는 이 사건 보증약정을 체결하는 행위는 '예산으로 정한 사항 외에 조합원에게 부담이 될 계약의 체결'에 해당한다고 봄이 타당하므로, 원고로서는 이 사건 보증약정을 체결하기 전에 관련 법령 및 이에 근거한 조합규약에 따라 당연히 피고의 총회의결이 있었는지 여부를 확인할 의무가 있었음에도 이를 해태한 것으로 볼 수 있다. 따라서 원심으로서는 이 사건 보증약정 체결 당시 피고가 총회의결을 거쳤는지, 원고가 피고의 총회의결 존부를 확인하였는지 혹은 그러한 절차적 흠결에도 불구하고 원고에게 그 과실 등 책임을 지울 수 없는 특별한 사정이 존재하는지 여부 등을 면밀히 심리한 후 이 사건 보증약정의 효력을 판단하였어야 한다."라고 판시하였다(대법원 2022. 8. 25. 선고 2021다231734 판결).

위 대법원은 판결은 쟁점조항을 위반한 계약이 원칙적으로 무효라고 판단하였다. 그러나 위 대법원 판결은 쟁점조항이 강행법규(효력규정)에 해당한다고 명확히 판시하지는 아니하였다고 보인다. 쟁점조항이 강행법규(효력규정)라면 이를 위반한 계약은 절대적 무효이므로, 예외적으로 그 계약이 유효가 되는 경우를 인정할 수 없음에도 이를 인정하고 있기 때문이다.

따라서 아직 쟁점조항들이 강행법규인지는 명확히 판시된 것은 아니다.

다. 사전 총회 의결 받아야 함

정비사업에서 대법원은 2010. 6. 24. 매우 중요한 판결을 선고하였다. 즉, '총회의 의결'은 원칙적으로 <u>사전 의결</u>을 의미한다는 것이다.

대법원은 "구 도시 및 주거환경정비법(2009. 2. 6. 법률 제9444호로 개정되기 전의 것) 제24조제3항제5호에서 '예산으로 정한 사항 외에 조합원의 부담이 될 계약'을 총회의 의결 사항으로 규정한 취지는 조합원들의 권리·의무에 직접적인 영향을 미치는 사항이어서 조합원들의 의사가 반영될 수 있도록 절차적 보장을 하기 위한 것이고 이를 위하여 같은 법 제85조 제5호에 벌칙 조항을 둔 것으로 해석되는 점, 총회의 사전 의결 없이 계약이 체결되어 이행된 경우 원상회복이 어려울 뿐만 아니라 법률관계의 혼란을 초래하고 이러한 상황이 조합원들의 자유로운 의사결정에 방해가 될 수 있는 점 등에 비추어 볼 때, 위 법 제85조 제5호의 '총회의 의결'은 원칙적으로 사전 의결을 의미한다. 따라서 <u>조합의 임원이 총회의 사전 의결을 거치지 아니하고 예산으로 정한 사항 외에 조합원의 부담이 될 계약을 체결하였다면 그로써 같은 법 제85조제5호에 위반한 범행이 성립된다고 할 것이고</u>, 이와 달리 그 범행 성립시기가 추후에 이루어지는 총회에서 추인 의결이 부결된 때라거나 추후 총회에서 추인 의결이 이루어진다고 해서 그 범행이 소급적으로 불성립하게 된다고 볼 수도 없다."라고 판시하였다(대법원 2010. 6. 24. 선고 2009도14296 판결).

이 판결은 리모델링조합에서도 그대로 유지될 것으로 보인다. 따라서 조합은 예산으로 정한 사항 외에 조합원에게 부담이 되는 계약은 반드시 사전 총회 의결을 받아야 한다.

한편 형식적으로 총회의 의결을 거쳤더라도 총회의 결의에 부존재 또는 무효의 하자가 있는 경우에는 특별한 사정이 없는 한 이는 총회의 의결을 거치지 아니한 것이다.

라. 총회 의결 사항 중 대의원회로의 위임 방법

리모델링사업의 성격상 조합이 추진하는 모든 업무의 구체적 내용을 총회에서 사전에 의결하기 어려우므로 '예산으로 정한 사항 외에 조합원의 부담이 될 계약'을 체결하는 경우에는 사전에 총회에서 추진하려는 계약의 목적과 내용, 그로 인하여 조합원들이 부담하게 될 부담의 정도를 개략적으로 밝히고 그에 관하여 총회의 의결을 거친 후에는 대의원회로 위임이 가능하다(대법원 2010. 6. 24. 선고 2009도14296 판결).

총회에서 정한 예비비 범위 내이면 대의원회로 위임된 것으로 보아야 한다.

총회의 결의로 대의원회에 백지위임하여 대의원회 결의에 따라 총회의결사항을 이행하더라도 무효이다. 그러나 계약의 목적과 내용, 개략적인 부담의 정도를 밝혀 총회의

결의를 거친 경우에는 이를 바탕으로 한 구체적인 사업추진에 별도의 총회 의결이 없이 대의원회의 의결만 받더라도 가능하다.

총회의결사항에 대해 어느 정도 상세하게 정하여 의결하여야 할 것인지는 구체적인 사안에 따라 달라질 것이다. 총회의결 당시 예상 가능한 범위 내인지 아닌지에 따라 판단이 달라질 것으로 사료한다.

마. '예산으로 정한 사항 이외에 조합원의 부담이 될 계약'의 의미

조합의 예산으로 정해진 항목과 범위를 벗어나서 금원을 지출을 하거나 채무를 짐으로써 조합원에게 그 비용에 대한 부담이 되는 계약을 의미한다(대법원 2011. 4. 18. 선고 2010다105112 판결).

바. 형사처벌 문제

도시정비법은 총회 의결 없이 계약을 하면 그 자체로 형사처벌 규정이 있으나, 주택법에는 아직 없다. 따라서 주택법에 의한 형사처벌은 받지 않을 것이나, 민사적으로는 총회 의결이 없으면 그 계약은 무효가 될 여지가 크다.

사. 조합 유의사항

예산으로 정한 사항 외에는 총회의 결의를 거쳐야 하므로 예산을 잘 정해야 한다. 예를 들어 교육비, 변호사 선임비, 아웃소싱비, 예비비 등을 빠뜨리지 말아야 할 것이다.

10. 「주택법 시행규칙」 제7조제5항제2호(자금의 차입과 그 방법·이자율 및 상환방법)가 강행규정인지 여부

서울고등법원 2021. 6. 24. 선고 2020나2038332 판결

2) 판단

가) 앞서 본 바와 같이 주택법 제11조제7항, 동법 시행령 제20조제1항은 주택조합의 설립인가를 받기 위하여 관할 행정청에 조합원 전원이 자필로 연명한조합규약을 제출하도록 정하고 있고, 동법 시행령 제20조제2항제9호는 위 조합규약에 총회의 의결을 필요로 하는 사항을 포함하도록 정하고 있으며, 동법 시행령 제20조제3항은 동조 제2항제9호에도 불구하고 국토교통부령으로 정하는 사항은 반드시 총회의 의결을 거쳐야 한다고 정하고 있고, <u>동법 시행규칙 제7조제5항제2호는 '자금의 차입과 그 방법·이자율 및 상환방법'에 관한 사항이 이에 포함된다고 정하고 있는데, 이는 조합원들의 권리·의무에 직접적인 영향을 미치는 사항에 대하여 조합원들의 의사가 반영될 수 있도록 절차적 보장을 하기 위한 **강행규정**이라 할 것이다.</u> 한편, 피고 조합은 조합규약 제20조 제2호에서 '자금의 차입과 그 방법·이율 및 상환방법'에 관한 사항은 반드시 총회의 의결을 거쳐 결정한다고 정하고 있다.

위와 같은 주택법 등 관련 법령의 내용 및 그 취지, 피고 조합의 조합규약의 내용 등에 비추어 이 사건 차용증서에는 '자금의 차입과 그 방법·이자율 및 상환방법'에 관한 사항을 포함하고 있어 조합원 총회의 의결이 필요함에도 이에 대하여 조합원총회의 의결이 없었으므로, 이 사건 차용증서의 내용은 피고 조합에 대하여 효력이 없다고 봄이 상당하다[한편, 이 사건 차용증서의 내용이 주택법 등 관련 법령에 위반하여 무효라고 볼 수 없다고 하더라도, 조합원 총회의 의결을 거치도록 한 조합규약 제20조 제2호는 조합장의 대표권을 제한하는 규정에 해당하는 것이므로, 거래 상대방이 그와 같은 대표권 제한 및 그 위반 사실을 알았거나 과실로 인하여 이를 알지 못한 때에는 그 거래행위가 무효로 된다고 봄이 상당하다(대법원 2007. 4. 19. 선고 2004다60072, 60089 전원합의체 판결 등 참조). 그런데 앞서 본 바와 같이 이 사건 차용증서의 내용에 대하여 피고 조합의 조합원 총회 의결을 거치지 않았는바, 구조물 해체 전문업체로서 다수의 재개발, 재건축 등의 철거공사를 시행한 경험이 있는 원고로서는 피고 조합과 같은 리모델링 조합의 경우 자금의 차입, 공사계약 체결 등에 대하여 조합원 총회 의결을 필요로 하는 등 주택법 등 관련 법령과 조합규약에 따른 대표권 제한이 있고 이 사건의 경우 조합원 총회 의결을 거치지 않았다는 사실을 알았거나 과실로 인하여 이를 알지 못하였다고 봄이 상당하므로, 이 점에 있어서도 이 사건 차용증서의 내용은 피고 조합에 대하여 효력이 없다고 할 것이다.]

나) 나아가 앞서 든 증거들에 변론 전체의 취지를 종합하여 알 수 있는 다음과 같은 사정들, 즉 1 원고의 위 3억 원 대여행위와 이 사건 차용증서의 작성은 이 사건 철거공사 계약과 관련하여 이루어졌고, 이 사건 차용증서는 그 작성 경위나 내용에 비추어 단순히 피고 조합의 일방적 의사표시라고 보기 어려운 점, 2 이 사건 차용증서에 의하면 철거공사의 착공 시 피고 조합의 차용금 변제의무가 소멸되고, 피고 조합이 위 철거공사 계약에 대한 수의계약 체결 등 약정내용을 이행하지 못하는 경우 차용금의 배액을 배상하기로 한 점, 3 차용금 3억 원은 전 조합장이던 망 D 명의의 개인예금계좌로 입금되었는데, 뒤에서 보는 바와 같이 위 예금계좌가 피고 조합의 업무상 목적으로 사용되었다고 보기 어려울 뿐만 아니라, 위 3억 원이 피고 조합의 사업비 또는 운영비 명목으로 사용된 것으로 보이지 않는 점, 4 주택법 제77조는 공동주택의 리모델링과 관련하여 리모델링주택조합 또는 그 구성원은 부정하게 재물 또는 재산상의 이익을 취득하여서는 안 된다고 규정하고 있는 점

등에 비추어 보면, 이 사건 차용증서의 내용은 이 사건 철거공사 계약을 수의계약으로 체결하기 위하여 원고가 전 조합장이던 망 D에게 부정한 재산상 이익을 제공하는 것을 내용으로 한다고 봄이 상당하므로, 이는 민법 제103조의 선량한 풍속 기타 사회질서에 위반한 사항을 내용으로 하는 법률행위에 해당하여 무효로 볼 여지도 충분하다(이에 대하여 원고는 설령 이 사건 차용증서의 내용이 민법 제103조에 위반하여 무효라고 하더라도 피고 조합이 이 사건 차용증서를 스스로 작성하여 원고에게 교부하였으므로 피고 조합의 위와 같은 무효 주장은 금반언의 원칙에 반한다는 취지로 주장하나, 원고가 주장하는 사정만으로는 피고 조합의 위와 같은 무효 주장이 금반언의 원칙에 반한다고 보기 어려우므로, 원고의 위 주장은 받아들이지 아니한다).

다) 결국 위와 같은 사정을 고려하여 보면, 이 사건 차용증서의 내용은 무효라고 봄이 상당하므로, 원고의 이 부분 주장은 이유 없다.

나. 예비적 청구 부분

1) 원고는, 원고와 피고 조합 사이의 금전소비대차계약은 이 사건 차용증서에 기재된 확약과는 별개의 법률행위인바, 설령 이 사건 차용증서에 기재된 확약이 민법 제103조에 위반하여 무효라고 하더라도 위 금전소비대차계약이 무효라고 볼 수 없으므로 피고 조합은 원고에게 차용금 3억 원을 반환하여야 한다는 취지로 주장한다. 그러나 이 사건 차용증서의 내용, 원고가 3억 원을 대여하게 된 경위 등에 비추어 이 사건 차용증서의 내용과 위 금전소비대차계약 부분을 별개의 법률행위로 보기는 어렵고, 앞서 본 바와 같이 이 사건 차용증서의 내용은 무효라고 봄이 상당하므로, 원고의 이 부분 주장도 이유 없다.

2) 원고는, 설령 위 금전소비대차계약이 무효라고 하더라도 피고 조합은 업무상 목적으로 사용되던 망 D 명의의 예금계좌를 통하여 원고로부터 법률상 원인 없이 3억 원의 이익을 얻고 이로 인하여 원고에게 손해를 가하였으므로, 피고 조합은 원고에게 위 3억 원을 부당이득으로 반환할 의무가 있다는 취지로 주장한다.

그러나 을 제7 내지 84호증의 각 기재, 제1심법원 및 이 법원의 주식회사 E에 대한 각 금융거래정보제출명령 회신결과에 변론 전체의 취지를 종합하여 알 수 있는 다음과 같은 사정들, 즉 ① 망 D 명의의 예금계좌와 피고 조합 명의의 예금계좌 사이의 거래내역은 대부분 조합장 개인 급여나 상여금, 판공비 또는 망 D으로부터 차입한 조합운영비 상환 명목 등과 관련된 것으로 보이는 점, ② 특히 차용금 3억 원이 입금된 이후 피고 조합 명의의 예금계좌로 송금된 돈(원고의 주장에 따르면 2017. 6. 16. 31,486,750원 내지 2018. 1. 31. 4,000만원등 합계 175,486,750원이다)에 대하여 피고 조합은 임·대의원합동회의에서 망 D에게 지급된 돈 중 일부에 대한 환수 의결에 따라 피고 조합에게 반환되거나 피고 조합이 망 D으로부터 차입한 돈 또는 연말 시재 정산을 위하여 망 D이 일시 입금하였던 돈이라는 취지로 주장하고 있는바, 관련 증거들에 비추어 피고 조합의 위와 같은 주장을 충분히 수긍할 수 있는 점, ③ 이와 같이 망 D과 피고 조합 사이의 금전거래내역에 대하여 피고 조합이 그 경위를 대부분 구체적으로 밝히고 있는바, 위와 같은 사정들에 비추어 망 D 명의의 예금계좌가 피고 조합의 업무상 목적으로 사용되었다고 보기 어려운 점 등을 고려하여 보면, 원고가 제출한 증거만으로는 피고 조합이 위 3억 원의 이익을 얻었다고 보기 어렵고, 달리 이를 인정할 만한 증거가 없다. 따라서 원고의 이 부분 주장 또한 이유 없다(나아가 피고 조합이 위 3억 원의 이익을 얻었다고 하더라도 앞서 본 바와 같이 이 사건 차용증서의 내용이 민법 제103조에 위반하여 무효라고 보는 이상 위 이익은 불법원인급여에 해당하여 원고가 피고 조합에게 그 반환을 구할 수는 없다고 할 것이다).

11. 협력업체 선정방법

가. 시공자

 조합설립인가를 받은 후 경쟁입찰로 선정하고, 이 경우 국토교통부가 정한 기준에 따라야 한다(법 제66조제3항, 제4항).

 경쟁입찰의 방법으로 2회 이상 경쟁입찰을 하였으나 입찰자의 수가 해당 경쟁입찰의 방법에서 정하는 최저 입찰자 수에 미달하여 경쟁입찰의 방법으로 시공자를 선정할 수 없게 된 경우에는 수의계약이 가능하다.

나. 설계자, 정비회사

 규약에 위임되어 있으므로, 규약이 정한 바에 따르면 된다. 규약을 제정할 때 경쟁입찰로 할 것인지를 심사숙고하여야 한다.

다. 기타 협력업체

 ① 총회에서 선정하거나, ② 예산안에 용역계약예산이 반영되어 있거나, 총회에서 계약의 목적 및 내용, 부담의 한도를 정하여 대의원회로 위임하였을 경우에는, 예외적으로 대의원회에서 선정한다.

 <u>경쟁입찰을 하지 않아도 무방하다.</u>

 실무상 조합에서는 조합원들을 의식하여 '우리는 투명하게 리모델링사업을 진행한다.'라는 모습을 보이기 위해 규약에 모든 협력업체를 경쟁입찰로 선정하여야 한다고 정하고 있는 곳이 많으나, 이는 다른 측면을 고려해 볼 필요가 있다.

 즉, 무늬만 경쟁입찰(사실상 대부분은 들러리를 내세워 경쟁하는 시늉만 내므로 수의계약과 같다)이 아닌 진짜 경쟁입찰을 할 경우 일단 저가로 입찰하고 나중에 보수를 증액해 달라는 분쟁이 생기는 경우, 아무런 경험이 없는 업체가 낙찰이 되는 경우가 있다.

 특히 변호사, 법무사, 세무사의 경우는 경험이 매우 중요한데, 그런 경험이 전무한 업체가 선정될 경우 조합이 인식하지 못하는 피해를 보게 된다. 나아가 전문직의 경우는 후일 보수를 증액해 줄 수밖에 없다. 또한 경쟁입찰로 선정된 전문직은 소위 충성심(?)에서도 차이가 날 것이다. 전문직에 대해 경쟁입찰을 하는 것은 병이 걸려 아픈데 최고의 의사를 선정하지 않고 저가 입찰로 경쟁시키는 것이다. 이것이 얼마나 불합리한 선택임은 더 말할 필요가 없다고 본다.

따라서 규약안 제13조처럼 경쟁입찰을 언급하지 않고, 사안에 따라 필요한 경우에만 경쟁입찰로 선정하는 것을 권한다. 단지 조합원들에게 보여주기 위한 경쟁입찰은 괜시리 불필요한 돈만 지출하고, 역효과가 생길 수도 있다.

한편 변호사 선임 비용은 회의비 항목에서 지출도 가능하고(대법원 2010. 10. 28. 선고 2009도13620 판결), 조합장직무집행정지 가처분 사건에서는 조합 돈으로 변호사 선임을 하여도 횡령죄가 성립하지 않는다(대법원 2009. 3. 12. 선고 2008도10826 판결).

이른바 OS업체를 사용하기 위해서는 ①총회에서 선정하고 계약하는 방법과, ②대의원회에서 선정하고 계약하는 방법(<u>무료는 언제나 대의원회에서 가능</u>)이 있다. 총회에서 선정하는 방법에 대해서는 굳이 설명할 필요가 없다고 본다.

대의원회에서 선정하는 방법도 2가지가 있다. ①예산안에 아웃소싱 업체 비용을 편성하여 그 비용범위내에서 대의원회에서 선정 계약(예비비도 가능)하는 방법, ②총회에서 계약의 목적 및 내용, 부담의 한도(년간 00원 이내에서)를 정하여 대의원회로 위임하여, 대의원회에서 선정하고 계약하는 방법이 있다. 한편 업무규정에 근거가 있는 경우는 임시직원으로 채용할 수도 있다. 다만 임시직원으로 채용하면서 급여를 나중에 주겠다고 계약하면 이는 근로기준법 위반이 되고, 형사처벌도 받게 된다는 점을 주의하여야 할 것이다.

12. 협력업체 계약시 주의사항

가. 명확하게 할 것
가급적 마침표 많이 사용하여, 누가보아도 해석여지가 없게 하는 것이 좋다.

나. 해제·해지 사유를 철저히 둘 것

(1) 해제와 해지의 구별

	해제	해지
공통점	계약에 특유한 제도로서 유효하게 성립된 계약을 당사자 일방의 의사표시만으로 해소. 형성권임	
차이점	- 일시적 계약에 대해서 인정 - 소급하여 실효 - 이행된 급부는 원상회복 의무	- 계속적 계약에 대해서 인정 - 임대차, 고용, 위임, 조합 등 - 장래에 대해서만 무효, "청산의무"[110]

계약이나 법률의 규정에 의하여 발생하며, 법정해제권은 계약총칙에서는 이행지체와 이행불능, 계약각칙에서는 별도의 규정을 두고 있다(예를 들면 증여, 매매, 도급 등).

(2) 합의해제와 구별
해제는 단독행위이다. 이에 대해 합의해제 또는 해제계약은 해제권 유무와 상관없이 합의로 기존 계약의 효력을 소멸시키는 것이고, 단독행위를 전제로 하는 민법 제543조 이하의 규정은 적용되지 않는다. 따라서 합의해제 시에 손해배상에 관한 특약이 없는 한 채무불이행으로 인한 손해배상을 청구할 수 없고(대법원 1989. 4. 25. 결정 86다카1147), 특약이 없는 한 반환금에 이자를 지급할 의무가 없다(대법원 1996. 7. 30. 선고 95다16011 판결).

계약의 묵시적 합의해지도 가능하다(대법원 2000. 3. 10. 선고 99다70884 판결).

(3) 약정해제·해지권
계약에서 가장 중요한 행위가 바로 약정해제·해지권을 얼마나 내게 유리하게 만드는 것이다. 즉, 약정해제권은 당사자 간의 약정으로 성립하는 것이다.

---

[110] 계약을 해지하면 그 때부터 계약은 그 효력을 잃게 되므로, 예를 들어 임대차의 경우 임차인은 목적물을 반환하여야 한다. 민법은 이를 원상회복의무라고 부르나(615조, 654조), 해제를 하여 소급적으로 무효가 되는 원상회복의무(548조)와는 그 성질이 다르므로, 청산의무라고 부른다.

(4) 해지 시 용역비 지급의무

용역비 정산 지급 의무는 원칙적으로 그 해지시점에 발생한다고 할 것이나, 특약이 있는 경우에는 예외이므로, 조합입장에서는 특약을 두는 것이 유리할 것이다.

다. 위약금 또는 위약벌 제대로 약정

(1) 손해배상의 범위

> **민법 제393조 (손해배상의 범위)** ①채무불이행으로 인한 손해배상은 <u>통상의 손해</u>를 그 한도로 한다.
> ②<u>특별한 사정으로 인한 손해</u>는 채무자가 그 사정을 알았거나 알 수 있었을 때에 한하여 배상의 책임이 있다.

(2) 손해배상의 예정, 위약금, 위약벌

> **민법 제398조 (배상액의 예정)** ①당사자는 채무불이행에 관한 손해배상액을 예정할 수 있다.
> ②손해배상의 예정액이 부당히 과다한 경우에는 <u>법원은 적당히 감액할 수 있다.</u>
> ③손해배상액의 예정은 이행의 청구나 계약의 해제에 영향을 미치지 아니한다.
> ④<u>위약금의 약정은 손해배상액의 예정으로 추정한다.</u>
> ⑤당사자가 금전이 아닌 것으로써 손해의 배상에 충당할 것을 예정한 경우에도 전4항의 규정을 준용한다.

위약금은 손해배상예정과 위약벌 중 하나이다. 그러나 통상은 손해배상의 예정으로 추정하고, 결국 손해배상의 예정은 위약금과 같다.

손해배상의 예정시는 채무불이행이 있으면 채권자는 손해의 발생과 그 금액을 입증할 필요없이 예정된 배상액을 청구할 수 있고, 채무자는 손해가 없거나 적다는 사실을 주장할 수 없고, 채권자도 손해가 많다고 하여 더 청구가 불가능하다는 점을 유의하여 금액을 예정하여야 한다. 다만, 금액이 과다하면 법원이 감액할 수 있다.

위약벌은 금액이 과다하여도 법원이 감액할 수 없고, 별도 손해배상 청구도 가능하다.

라. 상대방의 귀책사유 없이 일방적인 해제·해지가 가능한가?

(1) 법 규정

민법상 도급이나 위임계약은 상대방 귀책사유 없이 해제나 해지가 가능하다.

> **민법 제664조 (도급의 의의)** 도급은 당사자일방이 어느 일을 완성할 것을 약정하고 상대방이 그 일의 결과에 대하여 보수를 지급할 것을 약정함으로써 그 효력이 생긴다.
>
> **민법 제673조 (완성전의 도급인의 해제권)** 수급인이 일을 완성하기 전에는 도급인은 손해를 배상하고 계약을 해제할 수 있다.
>
> **민법 제680조 (위임의 의의)** 위임은 당사자일방이 상대방에 대하여 사무의 처리를 위탁하고 상대방이 이를 승낙함으로써 그 효력이 생긴다.
>
> **민법 제689조 (위임의 상호해지의 자유)** ① 위임계약은 각 당사자가 언제든지 해지할 수 있다.
> ② 당사자일방이 부득이한 사유없이 상대방의 불리한 시기에 계약을 해지한 때에는 그 손해를 배상하여야 한다.

다만, 정비사업에서 하급심 판결을 보면, 시공자에 대해 민법 제673조에 의해 계약을 해제할 수 있는지에 대해 무조건 가능하다는 판결과 손해배상액등 구체적인 사항을 같이 의결하여야 가능하다는 판결로 갈리고 있음을 유의하여, 시공자 해제시에는 고문변호사와 협의를 거친 후에 의사결정을 하여야 할 것이다.111)

(2) 일방적 해제 또는 해지 손해배상 범위

① 도급계약인 경우

이행이익을 배상한다. 즉, 이 경우 계약해제로 인하여 입게 될 손해, 즉 이미 지출한 비용과 일을 완성하였더라면 얻었을 이익을 합한 금액을 배상하여야 한다(대법원 2002. 5. 10. 선고 2000다37296,37302 판결, 대법원 2011.11.10. 선고 2011다41659판결).

한편 민법 제673조에 의하여 도급계약이 해제된 경우에도, 그 해제로 인하여 수급인이 그 일의 완성을 위하여 들이지 않게 된 자신의 노력을 타에 사용하여 소득을 얻었거나 또는 얻을 수 있었음에도 불구하고, 태만이나 과실로 인하여 얻지 못한 소득 및 일의 완성을 위하여 준비하여 둔 재료를 사용하지 아니하게 되어 타에 사용 또는 처분하여 얻을 수 있는 대가 상당액은 당연히 손해액을 산정함에 있어서 공제되어야 할 것이다(대법원 2002. 5. 10. 선고 2000다37296 판결).

---

111) 법무법인강산은 시공자 해제 절차에 대해 전문성을 갖추고 조합에 도움을 주고 있다.

② 위임계약인 경우

민법 제689조제1항에서는, 위임은 당사자 쌍방의 특별한 신뢰관계를 기초로 하는 계약인데, 이러한 신뢰관계가 깨진 경우 타인의 사무를 처리시키거나 처리하는 것은 무의미한 일이므로 기간약정의 유무, 유상이나 무상을 불문하고 각 당사자는 언제나 해지의 자유가 있는 것으로 규정하고 있다.

한편, 그러한 자유로운 해지를 인정함으로써 상대방에게 손해를 끼치는 경우에 대한 담보의 설정도 필요한바, 민법 제689조제2항에서는 당사자 일방이 부득이한 사유없이 상대방의 불리한 시기에 계약을 해지한 때에는 그 손해를 배상하도록 규정하고 있다. 즉, 당사자는 위임관계의 존속 중에는, 언제든지 해지할 수 있고, 그로 말미암아 상대방이 손해를 입는 일이 있어도, 그것을 배상할 의무를 부담하지 않는 것이 원칙이나, 상대방이 불리한 시기에 해지한 때에는, 그로 말미암아 생기는 손해를 배상하여야 한다.

중요한 것은 이 경우 배상되어야 할 손해는 <u>해지 자체로 인한 것이 아니라 해지가 불리한 시기에 행하여졌기 때문에 생긴 것을 의미한다</u>(대법원 2000. 6. 9. 선고 98다64202 판결).

③ 소결론

위에서 본 바와 같이 일방적 해제 또는 해지 시에 위임계약이 조합에게 손해배상 책임 범위가 더 적다. 그리고 손해배상액수는 위약금 약정이 없는 한 청구자가 입증하여야 한다.

④ 일방적 해제·해지권 포기 특약 문제

통상 모든 계약에서 계약 해제·해지 사유를 규정하고 있는데, 이러한 규정이 있는 것이, 민법 제689조의 권리를 포기하기로 특약을 한 것인지가 문제된다.

일정한 사유 발생시의 약정해제권을 규정한 것에 불과하다고 보는 견해와, 자유로운 해지권 포기의 특약에 해당된다고 보는 견해가 대립될 수 있다.

이에 대해 대법원은 당사자가 위임계약을 체결하면서 민법 제689조제1항, 제2항에 규정된 바와 다른 내용으로 해지사유 및 절차, 손해배상책임 등을 정하였다면, 민법 제689조제1항, 제2항이 이러한 약정과는 별개 독립적으로 적용된다고 볼 만한 특별한 사정이 없는 한, 약정에서 정한 해지사유 및 절차에 의하지 않고는 계약을 해지할 수 없고, 손해배상책임에 관한 당사자 간 법률관계도 약정이 정한 바에 의하여 규율된다고 봄이 타당하다고 한다(대법원 2019. 5. 30. 선고 2017다53265 판결).

즉, 민법 제689조를 강행규정으로 볼 수 없으므로 조합으로서는 일정한 사유 발생시에 약정해제·해지권을 규정하더라도 추가로 이 해제규정은 민법 제689조에 의한 일방적 해제·해지권 포기의 특약이 아니라는 점을 명시하여 계약할 수도 있다.

제10절 대의원회

1. 서론

법상 명문 규정이 없어 조합규약에 따라 대의원회를 구성한다. 다만 법 제12조제1항 제4호는 총회, 이사회, 대의원회의 의사록을 공개하여야 한다고 규정하고 있고, 규칙 제7조는 반드시 총회 의결을 거쳐야만 하는 사항을 규정하여 간접적으로 대의원회의 존재를 인정하고 있을 뿐이다.

반면 정비사업조합은 대의원회 구성을 강행규정으로 변경하였다. 즉, 조합원의 수가 100인 이상인 조합은 대의원회를 두어야 한다(도시정비법 제46조제1항).

따라서 이하에서도 일단 규약안대로 조합규약이 정해진 것을 전제로 해설한다.

2. 대의원의 수

조합규약에 따른다.

 대의원이 사임으로 인하여 규약에 정하여진 정족수가 부족할 경우가 있다. 규약안 제23조제8항에 의하여 준용되는 제17조제2항, 제3항에 의하면 사임한 대의원의 경우에 새로운 대의원이 선임·취임할 때까지 직무를 수행하는 것이 적합하지 아니하다고 인정될 때에는 대의원회 의결에 따라 그의 직무수행을 정지하고 조합장이 대의원의 직무를 수행할 자를 임시로 선임할 수 있다. 따라서 법정정족수에 큰 문제는 없다. 즉, 사임한 대의원이라도 후임자가 선임될 때까지 업무를 수행하거나 직무가 정지되면 조합장이 임시로 선임할 수 있기 때문이다.

 그런데 문제는 해임, 양도, 제16조제1항각호의 사유가 발생하여 법정정족수를 결한 경우이다. 이 문제에 대해서 정비사업에 있어서 대법원은 "피고 조합의 대의원회가 도시정비법 제25조제2항에 따라 총회의 권한을 대행하기 위해서는 도시정비법이 규정하고 있는 대의원 수를 충족하여 대의원회를 구성하여야 한다고 봄이 상당하다(만약 이와 달리 피고의 주장대로 위 도시정비법 규정에 따른 최소 인원수의 제한이 없다고 한다면, 재적 대의원이 계속 줄어들어 극히 적은 수의 대의원만이 남는 경우에도 그 대의원회가 조합원 총회의 권한을 대행할 수 있게 되어 불합리하고, 이와 같이 조합원 수가 줄어드는 사정 등으로 대의원 수가 법정 정원을 충족하지 못하는 지경까지 이른 경우에는 오히려 대의원회는 그 기능을 다하고 조합원 총회가 본연의 역할을 하면 될 것이다). 총회의 권한대행기관으로서 조합원의 대표성을 확보하도록 하기 위한 대의원회의 의의 및 취지 등에 비추어 법정 대의원 최소 인원수에 관한 도시정비법 제25조 제2항의 규정은 공익의 요청에 의한 강행규정이라고 할 것이므로, 법정 대의원수에 미달하는 대의원회에서 이루어진 결의는 중대한 하자가 있어 무효이다."라고 판시한바 있다(대법원 2012. 5. 10. 선고 2012다15824 판결(심리불속행 기각).

 대법원 판결에서 보듯이 정비사업은 대의원회를 법정기구로 두어야 하고 최소 인원 수에 대해서도 규정을 하고 있으나, 주택법은 이와 같은 규정이 없다. 따라서 위 판결이 리모델링조합에도 그대로 적용될지는 미지수이다.

 그래서 규약안 제23조제9항은 이와 같은 혼란을 방지하기 위해서 "대의원이 해임 또는 제16조제1항 각호의 사유 및 양도가 발생한 경우에는 즉시 직무수행이 정지되고, 이 경우에는 비록 이 규약에 정한 대의원의 정족수에 미달하더라도 남은 대의원이 직무를 수행할 수 있다. 다만, 이 규약에 정한 정족수의 과반수의 찬성을 얻어야 한다."라고 명시하고 있다.

즉, 규약에 의하여, 법정대의원수에 미달한다고 하더라도 법정대의원수의 과반수가 찬성한다면 대의원회의 업무를 정상적으로 수행할 수 있는 것이다. 물론 총회를 대신하는 경우에는 3분의 2 이상의 결의를 얻어야 한다.

3. 대의원의 피선임자격

대의원은 조합원 중에서 선출하며, 조합장이 아닌 조합임원은 대의원이 될 수 없다.

정비사업 재건축표준정관은 대의원의 피선임자격에 대해 ①피선출일 현재 사업시행구역 안에서 3년 이내 1년 이상 거주하고 있는 자(다만, 거주의 목적이 아닌 상가 등의 건축물에서 영업 등을 하고 있는 경우 영업 등은 거주로 본다), ②피선출일 현재 사업시행구역 안에서 5년 이상 토지 및 건축물을 소유한 자이어야 한다(표준정관 제24조제4항)고 규정하고 있으나, 리모델링조합에서는 이 규정을 완화할 필요가 있다.

따라서 규약안은 이 제한을 삭제하였다. 재건축조합과는 달리 리모델링조합의 경우 대의원을 희망하는 사람들이 많지 않다. <u>조합원이면 되지 굳이 별도로 또 자격제한을 둘 이유는 없다고 본다.</u>

4. 대의원의 선임, 해임

대의원의 선임 및 해임에 관하여는 규약이 정하는 바에 의한다.

대의원의 선임 및 해임은 총회에서 조합원 과반수의 출석으로 개의하고 출석조합원 과반수의 찬성으로 의결한다. <u>궐위된 대의원은 대의원회가 이를 보궐 선임한다</u>(규약 제24조제1항). 대의원은 원칙적으로 총회에서 선출하여야 하나, 조합원의 이주로 인하여 소집이 어려울 경우에는 보궐선임에 한해 대의원회에서 선출할 수 있도록 한 것이다.

재건축표준정관	저자 제시안
표준정관 제24조(대의원회의 설치) ①조합에는 대의원회를 둔다. ②대의원의 수는 __인 이상 __인 이하로 하되, <u>동별(街區별)로 최소 __인의 대의원을 선출하여야 한다.</u> ③대의원은 조합원중에서 선출하며, 조합장이 아닌 조합임원은 대의원이 될 수 없다. ④대의원의 선출 또는 궐위된 대의원의 보선은 다음 각호의 1에 해당하는 조합원 중에서 선임한다. 다만, 궐위된 대위원의 보선은 대의원 5인 이상의 추천을 받아 대의원회가 이를 보궐 선임한다.	**제23조(대의원회의 설치)** ①조합에는 대의원회를 둘 수 있고, 의장은 조합장이 된다. ②대의원의 수는 ○인 이상 ○인 이내로 하며, 동별 조합원의 수를 고려하여 선출하되 후보자가 동별로 배분되도록 노력하여야 한다. ③대의원은 조합원 중에서 선출하고, 조합장은 당연직 대의원이며, 조합장이 아닌 조합임원은 대의원이 될 수 없다. ④대의원회는 조합장이 필요하다고 인정하는 때에 소집한다. 다만, 다음 각 호의 1에 해당하는 때에는 조합장은 해당 일부터 14일 이내에 대의원회를 소집하여야 한다. 1. 조합원 10분의 1 이상이 대의원회의 목적사항을 제시하여 소집을 청구하는 때 2. 대의원의 3분의 1 이상이 회의의 목적사항을 제시하여 소집을 청구하는 때 ⑤제4항 각 호의 1에 의한 소집청구가 있는 경우로서 조합장이 14일 이내에 정당한 이유 없이 대의원회를 소집하지 아니한 때에는 감사가 지체없이 이를 소집하여야 하며, 감사가 소집하지 아니하는 때에는 제4항 각호의 규정에 의하여 소집을 청구한 자의 대표가 이를 소집·진행한다. ⑥제16조 제4항에 의거 이사, 조합장의 자격을 정지하고자 하는 경우 감사가, 감사의 자격을 정지하는 경우에는 조합장이 대의원회를 소집할 수 있다.

재건축표준정관	저자 제시안
	⑦대의원회 소집은 회의 개최 7일 전에 회의목적·안건·일시 및 장소를 기재한 공고문을 게시판에 게시하고 대의원에게 통지하여야 한다.
	⑧대의원의 사임·해임에 관한 사항은 제17조제1항 내지 제4항을 준용한다. 다만 제17조제4항에서 법원의 허가를 받아야 하는 부분은 제외한다. 이 경우 "임원"은 "대의원"으로 본다.
	⑨대의원이 해임 또는 제16조제1항 각호의 사유 및 양도가 발생한 경우에는 즉시 직무수행이 정지되고, 이 경우에는 비록 이 규약에 정한 대의원의 정족수에 미달하더라도 남은 대의원이 직무를 수행할 수 있다. 다만, 이 규약에 정한 정족수의 과반수의 찬성을 얻어야 한다.

대의원이 직무유기 및 태만 또는 관계법령 및 이 정관에 위반하여 조합에 부당한 손해를 초래한 경우에는 해임할 수 있다. 이 경우 사전에 해당 대의원에 대해 청문 등 소명기회를 부여하여야 하며, 청문 등 소명기회를 부여하였음에도 이에 응하지 아니한 경우에는 소명기회를 부여한 것으로 본다. 다만, 당연 퇴임(결격사유, 피선임자격 결여)한 대의원에 대해서는 해임절차 없이 그 사유가 발생한 날로부터 그 자격을 상실한다(규약안 제23조제8항, 제17조제1항).

5. 대의원회의 운영

대의원회는 조합장의 직권, 조합원 10분의 1 이상 또는 대의원 3분의 1 이상의 요구로 소집한다(규약 제23조제4항). 따라서 대의원회는 임시대의원회만 있을 뿐 정기대의원회는 없다.

가. 대의원회 소집권자

대의원회는 조합장이 필요하다고 인정하는 때에 소집한다(규약안 제23조제4항).

나. 소수조합원에 의한 대의원회 소집청구

조합장은 ①조합원 10분의 1 이상이 총회의 목적사항을 제시하여 소집을 청구하는 때, ②대의원의 3분의 1 이상이 회의의 목적사항을 제시하여 청구하는 때에는 해당일부터 14일 이내에 대의원회를 소집하여야 한다(규약 제23조제4항).

조합장이 소집청구가 있는 경우에 소집청구일로부터 14일 이내에 정당한 이유없이 대의원회를 소집하지 아니한 때에는 감사가 지체없이 이를 소집하여야 하며, 감사가 소집하지 아니하는 때에는 소집을 청구한 자의 대표자가 대의원회의 소집 및 진행에 있어 조합장의 권한을 대행한다(규약안 제23조제5항).

다. 이사회 의결 여부

대의원회에 안건을 상정하기 위해서는 반드시 이사회의 심의를 거쳐야 하는지. 그리고 이사회에서 부결됐지만 조합장이 필요하다고 판단하면 대의원회에 안건 상정을 할 수 있는지가 문제된다.

<u>이사회의 사전심의 없이 대의원회 안건상정이 가능하다고 본다</u>.

서울북부지방법원(2010. 7. 23. 선고 2010카합843 결정)은 "채무자 정관 제27조, 제28조에 따르면 이사회는 조합의 사무집행기관으로서 그 권한도 조합사무의 집행에 한정되고 집행행위에 해당하지 않는 사무는 조합의 의사결정기관인 총회 또는 대의원회로부터 위임받아야 할 수 있음이 원칙인 점, 채무자가 주장하는 위와 같은 이사회 결의 내용은 대의원회에서 내려야 할 의사결정을 갈음하는 내용인 점, 대의원회가 대표성, 구성원의 수, 기능 등에 있어 이사회보다 우위에 있는 점에 비추어 볼 때, <u>이사회가 대의원</u>

들의 의사결정에 관하여 대의원회의 의결 결과와 다른 내용으로 대의원회 개최 여부를 결정할 권한은 없다."라고 판시하여 같은 취지이다.

또한 위 서울북부지방법원의 결정례는 "대의원회가 이미 결정한 사항에 대하여 이사회가 그와 반대되는 내용의 안건을 심의하고자 하는 대의원회를 개최하는 결정을 할 수 없다."라는 것인데, 이를 역으로 해석하면 즉, 이사회가 사전심의를 하지 않았거나 부결하였더라도 대의원회는 그와 반대되는 내용의 의결을 독자적으로 행할 수 있다고 보아야 할 것이다.

조합장이 이사회의 심의를 건너뛰고 대의원회에서의 총회 안건 사전심의를 거쳐 조합원 정기총회의 소집을 공고한 사안에서, 서울서부지방법원은 "정비사업조합에서 총회는 최고의사결정기관으로 총회의 의결은 모든 조합원을 구속하는 반면 이사회의 의결은 단체 내부의 의사결정에 불과하고, 이사 6인은 조합 업무에 일체 협력하지 아니하고 있어 사실상 정상적인 이사회가 개최되기 어려우며, 이 사건 총회의 개최 및 안건과 관련하여 대의원회에서 심의, 의결을 거쳤고, 조합장이 필요하다고 인정하여 소집하는 임시총회와 달리 이 사건 총회는 원칙적으로 회계연도 종료일로부터 3월 이내에 개최하도록 예정되어 있는 정기총회라는 점 등 기타 제반사정을 종합해보면 미리 이사회의 의결을 거치지 않았다는 사정만으로 총회의 개최를 금지할 정도의 중대한 하자가 있다고 보기 어렵다."라고 판시한 바 있다(서울서부지방법원 2017. 3. 10.자 2017카합50100 결정).

반면에 수원지방법원은 일부 이사가 고의적인 불출석의 방법으로 이사회를 무산시킨 경우라도 조합장이 직권으로 임시총회를 소집하려면 반드시 이사회 결의를 거쳐야 한다고 판시하고 있다(수원지방법원 2012. 2. 8.자 2012카합31 결정).

라. 대의원회 소집통지

대의원회 소집은 회의개최 7일 전에 회의목적·안건·일시 및 장소를 기재한 통지서를 대의원에게 송부하고, 게시판에 게시하여야 한다.

마. 대의원회의 의결사항

> **규약안 제24조(대의원회 의결사항)** ①대의원회는 다음 각호의 사항을 의결한다.
> 1. 궐위된 임원(조합장 제외한다) 및 대의원 보궐선임
> 2. 예산 및 결산의 승인에 관한 방법
> 3. 총회 의결사항이 아닌 규약의 개폐에 관한 사항
> 4. 총회 부의 안건의 사전심의
> 5. 총회로부터 위임받은 사항
> 6. 총회의 의결로 정한 예산범위 내에서의 용역계약 등
> 7. 권리변동계획 또는 시공자와의 도급계약 중 조합원의 비용 부담이 되지 않는 사항
> 8. 조합 내부규정(행정업무규정, 선거관리규정, 예산회계규정 등을 포함한다)의 개정에 관한 사항
> 9. 선거관리위원회 위원 선임(다만, 창립총회의 경우에는 리모델링조합설립추진위원회에서 선임한다)
> 10. 그 밖에 이 규약에서 대의원회 의결을 거치도록 한 사항

대의원회는 통지한 사항에 관하여만 의결할 수 있다. 다만, 통지 후 시급히 의결할 사항이 발생한 경우, 의장의 발의와 출석대의원 과반수 동의를 얻어 안건으로 채택한 경우에는 그 사항을 의결할 수 있다(규약 제24조제2항).

한편 총회 부의안건에 대해 대의원회의 사전 심의를 거치지 않았어도 총회 개최가 가능하다. 총회에서 의결하면 그만인 것이다(수원지방법원안양지원 2013. 5. 23. 결정 2013카합55).

즉, 대의원회는 총회 부의안건을 사전에 심의할 권한을 가지고 있으나, 대의원회의 사전심의를 받지 않고 조합장이 총회를 소집한 경우 총회결의 무효의 원인이라고 보기는 어려울 것으로 판단된다. 왜냐하면 저자제시규약안 제19조제6항은 미리 이사회의 의결을 거치도록 하고 있지만 대의원회는 그러한 언급이 없기 때문이다.

이에 대해 서울북부지방법원은 "채무자 조합의 정관 제25조제1항제3호에서 대의원회의 의결 사항으로 총회 부의 안건의 사전 심의를 규정하고 있다고 하여 총회 부의 안건에 대하여 대의원회의 사전심의를 의무적으로 받아야 한다고 해석하기는 어렵고, 오히려 위 규정은 총회에서의 결의가 원활하게 이루어질 수 있도록 대의원회에 총회 부의안

건의 적정성 등을 사전에 심의할 수 있게 하는 대의원회의 권한 규정이라고 해석함이 상당하다. 또한 이 사건 임시총회에 상정되는 각 안건은 결국 채무자 조합의 최고의결기관인 총회에서 조합원들의 의사에 따라 가부가 결정될 것이므로 <u>각 안건에 관하여 대의원회 사전심의를 거치지 않은 사유가 이 사건 임시총회 개최 자체를 금지할 중대한 절차 위반에 해당한다고 보기 어렵다.</u>"라고 판시하였다(2012. 5. 18.자 2012카합359 결정, 확정).

> **수원지방법원안양지원 2013. 5. 23.자 2013카합55 결정 목련0단지리모델링조합**
> 총회 부의 안건에 대해 대의원회 사전 심의를 거치지 않았어도 총회 개최가 가능하다. 총회에서 의결하면 그만인 것이다
>
> **서울동부지방법원 2015. 1. 21.자 2014카합10149 결정**
> 정관에 대의원회에서 사전심의 하지 않고 총회에 부의된 안건에 대한 효과 등에 대해서 아무런 규정이 없고, 관계법령이나 정관에서 조합원 총회의결사항을 대의원회에서 사전 심의한 안건만으로 제한하고 있는 다른 규정도 없고, 총회는 조합원 전원으로 구성된 최고 의사결정기관으로서 대의원회가 사전심의한 안건에 대해서만 의결할 수 있다고 보기도 어려운 점에 비추어 보면 대의원회의 사전심의가 없었다는 점만으로는 총회의결이 무효는 아니라고 판시하고 있다.

다만, 사견은 그만한 사유가 있어야 할 것으로 본다. 합리적인 사유 없이 무조건 대의원회의 의결 없이도 총회 개최가 가능하다면 대의원회를 둔 취지가 몰각된다. 이는 이 사회도 마찬가지이다.

바. 대의원회의 운영 등

규약안 제21조제4항, 제22조(총회의 운영 등)는 대의원회에 이를 준용한다(규약안 제25조제4항).

사. 대의원회 의결방법

(1) 의견진술 등
이사·감사는 대의원회에 참석하여 의견을 진술할 수 있다(규약 제25조제4항).

(2) 의사정족수 및 의결정족수

> **제26조(대의원회의 의결방법)** ① 대의원회는 관련법령 또는 이 규약에서 특별히 정한 경우를 제외하고는 대의원 과반수 이상의 출석으로 개의하고 출석대의원 과반수 이상의 찬성으로 의결한다. 다만, 제21조제6항의 규정에 의하여 대의원회가 총회의 권한을 대행하여 의결하는 경우에는 재적 대의원 3분의 2 이상의 출석과 출석대의원 3분의 2 이상의 찬성을 얻어야 한다.
> ② 대의원은 대리인을 통한 출석을 할 수 없다. 다만, 서면으로 의결권을 행사할 수 있다. 이 경우 제1항의 규정에 의한 출석으로 본다.
> 【주】대의원회 구성원인 대의원의 경우 총회에서 선임된 경우이므로 대리인을 통한 의결권 행사가 불가능하다는 의견이 있음
> ※ 참고: 국토부 재건축표준 정관에는 대의원은 대리인을 통한 출석을 할 수 없고, 다면, 서면으로 대의원회 출석하거나 의결권을 행사할 수 있다고 규정하고 있음
> ③ 제1항에도 불구하고 경합이 발생하여 다수의 후보 중 일부를 선택하여야 하는 안건의 경우 대의원 과반수 출석과 다득표 순으로 의결할 수 있다.
> ④ 제21조제4항, 제22조는 대의원회에 이를 준용한다. 이 경우 "조합원"은 "대의원"으로 "총회"는 "대의원회"로 본다.

대의원회는 법 및 이 정관에서 특별히 정한 경우를 제외하고는 대의원 과반수 이상의 출석으로 개의하고 출석대의원 과반수 이상의 찬성으로 의결한다. 다만, 대의원회가 총회의 권한을 대행하여 의결하는 경우에는 재적 대의원 3분의 2 이상의 출석과 출석대의원 3분의 2 이상의 동의를 얻어야 한다(규약 제25조제1항).

대의원 자신과 관련된 사항에 대하여는 그 대의원은 의결권을 행사할 수 없으므로(규약 제24조제3항), 의결정족수에서 제외된다.

(3) 의결권의 행사방법

저자제시규약안에 의하면 대의원은 대리인을 통한 출석을 할 수 없다. 대의원회 구성원인 대의원의 경우 총회에서 선임된 경우이므로 대리인을 통한 의결권 행사가 불가능하다고 본다.

참고로 국토부 재건축표준 정관에도 대의원은 대리인을 통한 출석을 할 수 없다고 되어 있다.

다만, 서면으로 대의원회에 출석하거나 의결권을 행사할 수 있으며, 이 경우 출석으로 본다(규약 제25조제2항).

아. 의사록의 작성

조합은 대의원회의 의사록을 작성하여 청산시까지 보관하여야 하며, 의사록은 조합사무소에 비치하여 조합원이 항시 열람할 수 있도록 하여야 한다(규약 제30조).

의사록에는 의사의 경과, 요령 및 결과를 기재하고 의장 및 출석한 대의원 2인이 기명날인하여야 한다.

> **규약안 제30조 (의사록의 작성 및 관리)** 조합은 총회·대의원회 및 이사회의 의사록을 작성하여 청산시까지 보관하여야 하며, 그 작성기준 및 관리 등은 다음 각호와 같다. 다만, <u>속기사의 속기록일 경우에는 제1호의 규정을 적용하지 아니한다.</u>
> 1. 의사록에는 의사의 경과, 요령 및 결과를 기재하고 의장 및 출석한 이사(대의원회의 경우에는 출석한 대의원 중 2인)가 기명날인하여야 한다.
> 2. 의사록은 조합사무소에 비치하여 조합원이 항시 열람할 수 있도록 하여야 한다.
> 3. 임원 또는 대의원의 선출과 관련된 총회의 의사록을 관할 시장에게 송부하고자 할 때에는 임원 또는 대의원 명부와 그 피선자격을 증명하는 서류를 첨부하여야 한다.

6. 총회의 무산과 대의원회의 결의 갈음

대의원회는 의사결정기관으로서 령 제20조제3항, 규칙 제7조제5항에 의해 반드시 총회 결의를 거쳐야 하는 사항 이외에 사항에 대해서는 결정권한을 가진다.

총회 소집결과 정족수에 미달되는 때에는 재소집하여야 하며, 재소집의 경우에도 정족수에 미달되는 때에는 다음의 사항에 대해 대의원회로 총회를 갈음할 수 있다.

총회 무산으로 대의원회가 총회의 권한을 대행하여 의결하는 경우에는 재적 대의원 3분의 2 이상의 출석과 출석 대의원 3분의 2 이상의 동의를 얻어야 한다(규약 제21조제6항, 제25조제1항단서).

제11절 이사회

1. 이사회 설치에 관한 규정

　법상 명문 규정이 없어 조합규약에 따라 이사회를 구성한다. 다만 법 제12조제1항제4호는 이사회의 의사록을 공개하여야 한다고 규정하고 있고, 규칙 제7조제5항은 반드시 총회 의결을 거쳐야만 하는 사항으로 조합임원의 선임 및 해임을 규정하여 간접적으로 이사회의 존재를 인정하고 있을 뿐이다. 따라서 이하에서도 일단 재건축표준정관대로 조합규약이 정해진 것을 전제로 해설한다.

> **규약안 제26조(이사회의 설치)** ① 조합에는 조합의 사무를 집행하기 위하여 조합장과 이사로 구성하는 이사회를 둔다.
> ② 이사회는 조합장이 소집하며, 조합장은 이사회의 의장이 된다.
> ③ 이사회의 소집은 회의개최 3일 전까지 서면 또는 이메일·팩스·문자메시지·카카오톡 등으로 회의목적·안건·일시 및 장소를 통지하여야 한다.

2. 이사회 소집 및 의장, 권한

 이사회는 조합장이 소집하며, 조합장은 이사회의 의장이 된다(표준정관 제27조제2항). 표준정관에서는 이사회 소집절차에 관하여 아무런 규정을 두고 있지 아니하므로, 규약 작성시 이에 대해 규정할 필요가 있고, 규약에서 정한 소집절차에 따라 소집이 이루어지지 아니한 경우 이사회 결의의 효력이 문제될 수 있다.

 규약안 제26조제3항은 "이사회의 소집은 회의개최 3일전까지 서면 또는 이메일·팩스·문자메시지·카카오톡 등으로 회의목적·안건·일시 및 장소를 통지하여야 한다."라고 명확히 규정하고 있다. 이는 미리 통지하는 총회나 대의원회와는 달리 이사회의 신속한 개최를 위해 불가피하다고 본다.

 이사회는 통상업무의 집행에 관한 결의만 할 수 있다.
 다만, 정관에 별도의 조항으로 전문적이고 효율적인 조합운영을 위하여 이사회 보좌기관으로서 자문 또는 고문기관을 둘 수 있다.

> **규약안 제27조(이사회의 사무)** 이사회는 다음 각호의 사무를 집행한다.
> 1. 조합의 예산 및 통상업무의 집행에 관한 사항
> 2. 총회 및 대의원회의 상정안건의 심의·결정에 관한 사항
> 3. 행정업무규정 등 조합 내부규정의 제정 및 개정안 작성에 관한 사항
> 4. 기타 조합의 운영 및 사업시행에 관하여 필요한 사항

3. 이사회의 결의

가. 정족수

이사는 평등한 의결권을 갖는다. 즉, 이사는 평등의 원칙에 의하여 1개의 의결권을 갖는 것이 원칙이다.

이사회는 구성원 과반수 출석으로 개의하고, 출석 구성원 과반수 찬성으로 의결한다.

이사회의 결의에 관하여 이사 자신과 관련된 사항에 대하여는 당해 이사는 의결권을 행사할 수 없다.

> **규약안 제28조(이사회의 결의방법)** ① 이사회는 구성원 과반수 이상의 출석으로 개의하고 출석 구성원 과반수 이상의 찬성으로 의결한다.
> ② 이사, 조합장은 자신과 관련된 사항에 대하여는 의결권을 행사할 수 없다.
> ③ 이사회는 대리인 참석이 불가하며, 이사는 서면으로 의결권을 행사할 수 있다. 이 경우 제1항의 규정에 의한 출석으로 본다.
> ④ 제21조제4항, 제22조는 이사회에 이를 준용한다. 이 경우 "조합원"은 "이사"로 "총회"는 "이사회"로 본다.

나. 의결권 행사방법

이사는 대리인을 통한 출석을 할 수 없다. 다만, 서면으로 이사회에 출석하거나 의결권을 행사할 수 있다.

4. 감사의 이사회 출석권한 및 감사요청

감사는 이사회에 출석하여 의견을 진술할 수 있고, 이사회는 조합운영상 필요하다고 인정될 때에는 감사에게 조합의 업무에 대하여 감사를 실시하도록 요청할 수 있다. 다만, 감사는 이사회의 구성원이 아니므로 이사회 의결에는 참가하지 못한다(규약안 제29조).

> **규약안 제29조(감사의 이사회 출석권한 및 감사요청)** ①감사는 이사회에 출석하여 의견을 진술할 수 있다. 다만, 의결권은 가지지 아니한다.
> ②이사회는 조합운영상 필요하다고 인정될 때에는 감사에게 조합의 업무에 대하여 감사를 실시하도록 요청할 수 있다.

5. 의사록의 작성

 조합은 이사회를 개최한 경우 이사회 의사록을 작성하여야 한다. 규약에 특별한 규정이 없으면 의장이 작성의무자가 된다. 통상의 경우 조합장이 의장이 되므로 조합장이 회의록 작성의무를 지나, 조합장이 아닌 다른 사람이 의장직을 수행하였다면 그 의장이 작성의무를 지게 된다.

 한편, 의사록이란 이사회가 어떠한 과정을 거쳐 어떠한 의사결정을 하였는지를 기록한 문서로서, 의사록이 작성되어야 이사회 결의의 효력이 발생하는 것은 아니고, 이사회 결의는 그 의결만으로 효력이 발생한다.

 즉, 의사록은 의사에 관한 사실을 기록하는 문서로 증거방법일 뿐이다.

우리아파트는 재건축 대신 리모델링 한다

PART 5

안전진단

PART 5 안전진단

1. 서설

수직증축이 허용되면서 안전문제가 가장 중요한 쟁점으로 부각되었다. 이에 국토교통부는 다음과 같이 법을 개정하여 안전성 확보를 위한 절차를 강화하였다.

> **안전성 확보를 위한 절차 강화**[112]
>
> ○ 현행 안전진단(재건축 여부 판정)에 **수직증축 범위 결정 등**을 위한 조사를 추가 (☞ 1차 안전진단)
>
> ○ 건축법에 의한 건축심의가 접수되면 지자체는 전문기관*을 통해 **수직증축 범위의 타당성** 등을 검토 (☞ 1차 안전성 검토)
>   * 한국건설기술연구원·한국시설안전공단 수행(구조기술사 등 외부전문가 참여)
>
> ○ **사업계획승인** 신청이 접수되면 지자체는 전문기관을 통해 **구조설계**의 **안전성** 등을 **검토** (☞ 2차 안전성 검토)
>   ※ 검토에 따른 **사업 지연을 방지**하기 위해 **검토기간**을 최소한으로 **제한**
>
> ○ 현재도 조합이 **설계·공사계획의 적정성** 등 판단을 위해 주민 이주후 **자체 시행중인 안전진단**을 법률에 규정 (☞ 2차 안전진단)
>
> ○ 공사과정의 안전성 확보를 위하여 **감리자**는 **안전에 영향**을 미치는 설계변경 등에 대해 **구조기술사**의 **확인**을 받도록 함
>
> ○ 수직증축 리모델링 설계자는 국토부에서 고시하는 **구조기준에 맞게 구조설계도서**를 작성하도록 함
>
> ○ 국토부는 필요시 **전문기관 결과의 적정성 여부**에 대해 **중앙건축위원회의 심의**를 받도록 지자체에 요청할 수 있음

또한 국토교통부는 2014. 6. 11. 국토교통부 고시 제2014-343호로 「주택법」 제42조의3제5항에 따른 「증축형 리모델링 안전진단 기준」, 국토교통부 고시 제2014-342호로 「수직증축형 리모델링 전문기관 안전성 검토기준」, 국토교통부 고시 제2014-341호로 「수직증축형 리모델링 구조기준」을 제정·고시하였다.

---

[112] 국토교통부, 2013. 6. 5.자 보도참고자료

위 기준의 개정내용은 다음과 같다.

■ 수직증축형 리모델링 전문기관 안전성 검토기준
[시행 2019. 4. 12.] [국토교통부고시 제2019-176호, 2019. 4. 12., 일부개정]
◇ 제·개정 이유
  수직증축 리모델링에 따른 안전성을 확보하기 위하여 2차 안전진단시에 전문기관이 참여하도록 하고, 정재하시험을 통하여 확인된 기존 말뚝의 설계지지력이 구조설계 적용내용에 미달되는 경우에 재설계하도록 명확히 하여 수직증축 리모델링으로 인한 공동주택의 안전성을 확보하려는 것임.

◇ 주요내용
  가. 2차 안전진단시에 전문기관이 참여하도록 하고, 전문기관이 확인할 내용을 정함(안 제6조제3항)
  나. 2차 안전진단에 따라 정재하시험을 통하여 확인된 기존 말뚝의 설계지지력이 구조설계에 적용된 설계지지력에 미달되는 경우 재설계하도록 명확히 함(안 제7조제3호)

[시행 2021. 6. 14.] [국토교통부고시 제2021-865호, 2021. 6. 14., 일부개정]
【개정이유】
1. 전문기관의 공인기관 역할 수행 근거 마련 (안 제6조제2항제5호)
◇ 개정 이유
  ○ 수직증축 리모델링시 2차 안전성 검토를 원활하게 하기 위하여 전문기관이 신기술·신공법에 대한 공인기관의 역할을 수행할 수 있도록 개정

◇ 개정 내용
  ○ 신기술·신공법에 대하여 공인기관이 없거나 부족한 경우 전문기관*이 공인기관의 역할을 수행할 수 있도록 예외 근거 마련
    * (전문기관) 한국건설기술연구원, 국토안전관리원

■ 수직증축형 리모델링 구조기준
[시행 2019. 4. 12.] [국토교통부고시 제2019-175호, 2019. 4. 12., 일부개정]
◇ 제·개정 이유
  수직증축 리모델링에 따른 안전성을 확보하기 위하여 기존 말뚝의 설계지지력을 추정하여 구조설계에 적용하고, 2차 안전진단에서 확인된 설계지지력이 구조설계 적용내용에 미달되는 경우에 재설계하도록 명확히 하여 수직증축 리모델링으로 인한 공동주택의 안전성을 확보하려는 것임.

◇ 주요내용
  가. 기존 말뚝의 구조설계에 적용할 공학적 계산식에 의한 설계지지력등의 정의를 명확히 함(안 1-2-3, 1-2-4)
  나. 1·2차 안전진단 방법을 마련하고, 구조설계에 적용한 기존 말뚝의 계산에 의한 설계지지력이 2차 안전진단 결과에 미달되는 경우 재설계하도록 명확히 함(안 2-2, 4-3-3, 4-3-4)

■ **증축형 리모델링 안전진단기준**

[시행 2019. 4. 12.] [국토교통부고시 제2019-178호, 2019. 4. 12., 일부개정]

◇ 제·개정 이유

수직증축 리모델링에 따른 안전성을 확보하기 위하여 1·2차 안전진단 시에 지반전문가 및 전문기관 참여를 의무화하고, 조사방법 등에 대한 세부사항은 매뉴얼에 규정하도록 하여 수직증축 리모델링으로 인한 공동주택의 안전성을 확보하려는 것임.

◇ 주요내용

가. 1차 안전진단 시 지반전문가가 참여하여 지질조사를 실시하고, 공학적 계산식에 의해 기존 말뚝의 설계지지력을 계산하며, 지질조사에 대한 세부사항은 매뉴얼에 규정하도록 함(안 2-1-5)

나. 2차 안전진단시 전문기관 입회하에 기존 말뚝의 지지력을 실측하고, 실측방법에 대한 세부사항은 매뉴얼에 규정하도록 함(안 제3-1-4, 3-1-5, 3-1-6, 3-1-7)

■ 수직증축 리모델링 추진 절차도

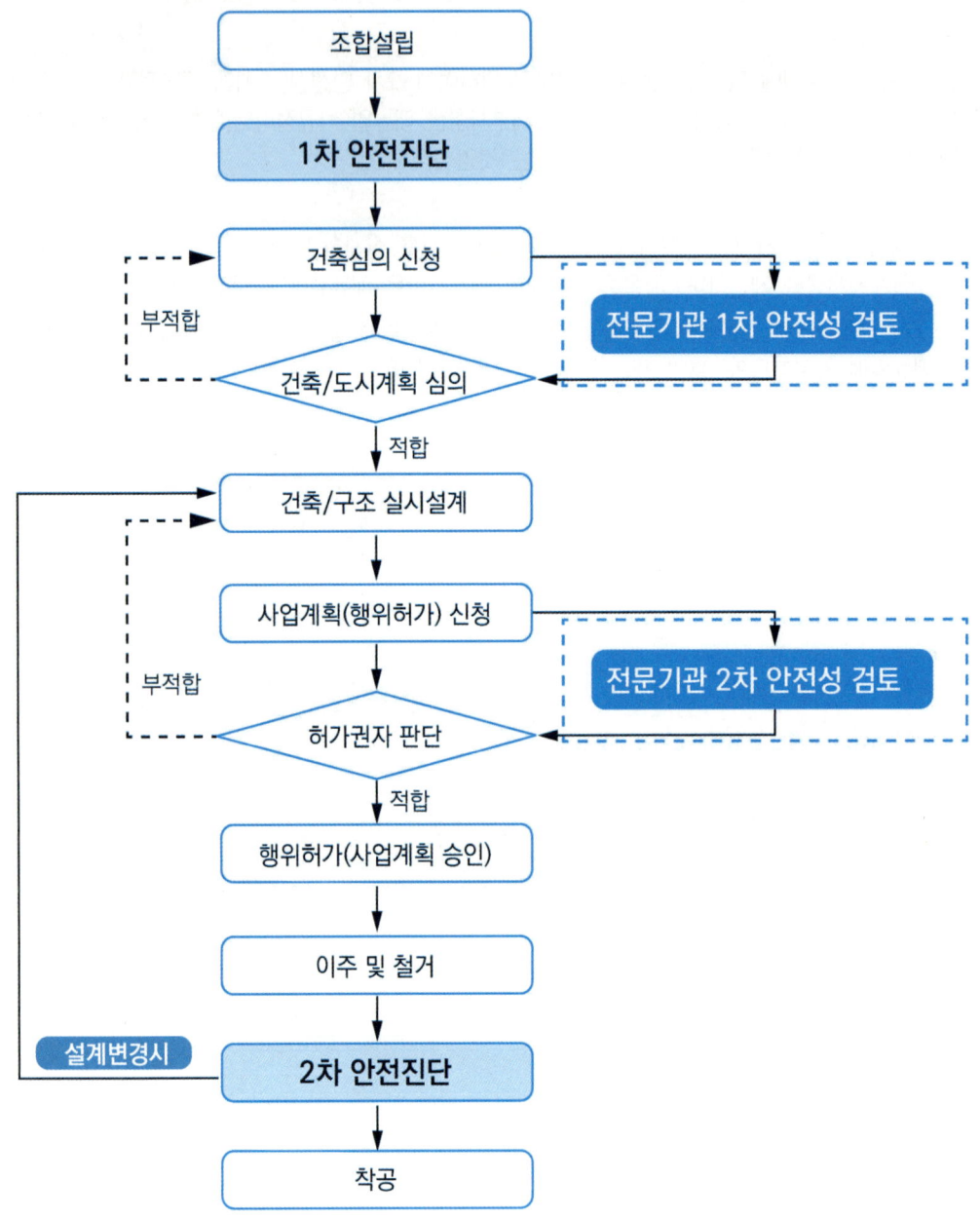

2. 1차 안전진단

가. 절차

1차 안전진단의 시행절차는 다음과 같다.

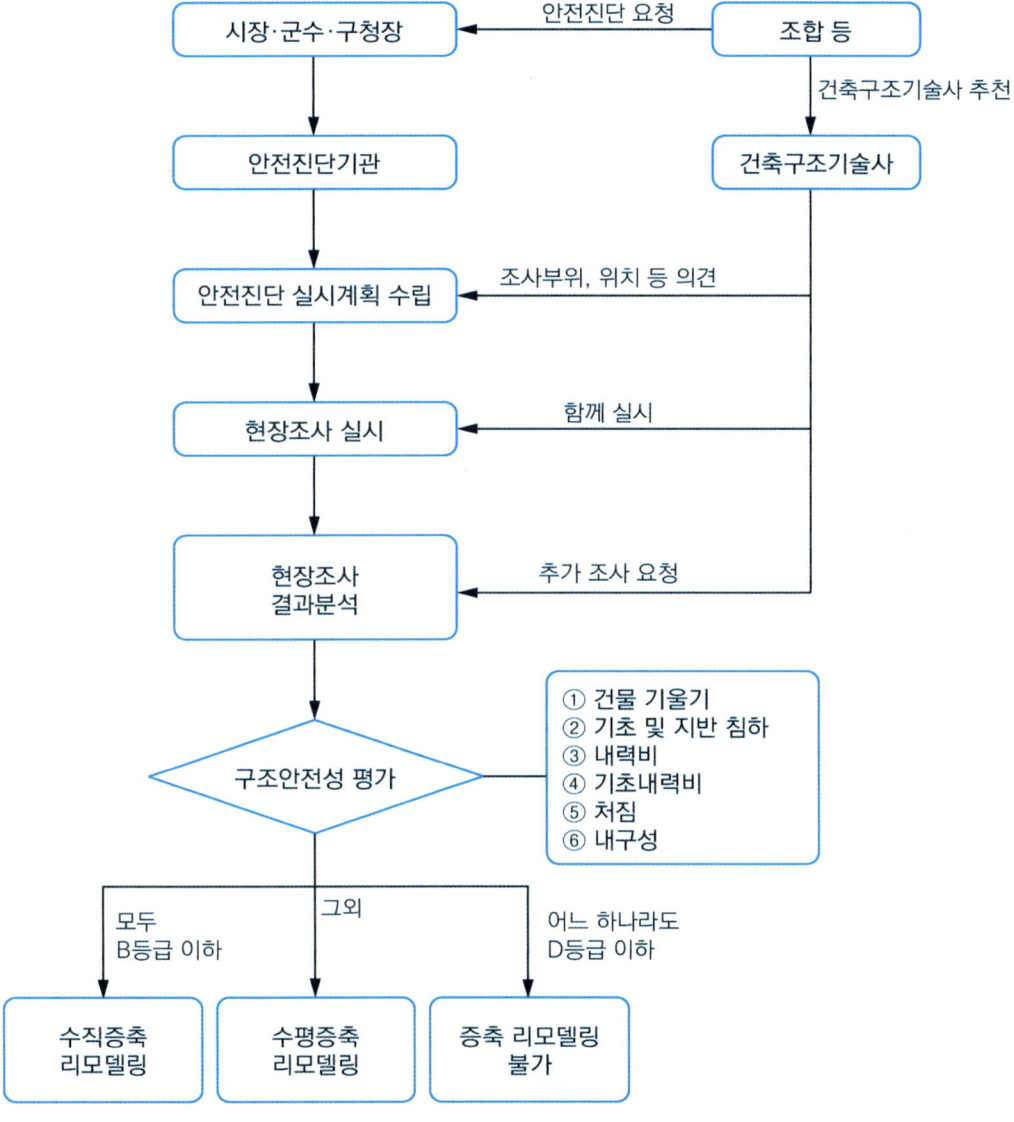

나. 안전진단 요청자 : 리모델링을 하려는 자

증축하는 리모델링(이하 "증축형 리모델링"이라 한다)을 하려는 자는 시장·군수·구청장에게 안전진단을 요청하여야 한다(법 제68조제1항).

결국 리모델링조합, 입주자 전원을 동의를 받은 입주자대표회의가 요청권자이다. 임의단체는 안전진단을 요청할 수가 없다고 보아야 한다.

다. 안전진단 실시권자 : 시장·군수·구청장

1차 안전진단을 요청받은 시장·군수·구청장은 해당 건축물의 증축 가능 여부의 확인 등을 위하여 안전진단을 실시하여야 한다(법 제68조제1항후단).

시장·군수·구청장은 안전진단을 실시하는 경우에는 대통령령으로 정하는 기관에 안전진단을 의뢰하여야 하며, 안전진단을 의뢰받은 기관은 리모델링을 하려는 자가 추천한 건축구조기술사(구조설계를 담당할 자를 말한다)와 함께 안전진단을 실시하여야 한다(법 제68조제2항).

라. 안전진단기관

안전진단기관은 다음 각 호의 어느 하나에 해당하는 기관을 말한다(령 제78조).
  1. 「시설물의 안전 및 유지관리에 관한 특별법」 제28조에 따라 등록한 안전진단전문기관(이하 "안전진단전문기관"이라 한다)
  2. 「국토안전관리원법」에 따른 국토안전관리원(이하 "국토안전관리원"이라 한다)[113)
[시행 2020. 12. 10.] [법률 제17447호, 2020. 6. 9., 제정]
  3. 「과학기술분야 정부출연연구기관 등의 설립·운영 및 육성에 관한 법률」 제8조에 따른 한국건설기술연구원(이하 "한국건설기술연구원"이라 한다)

마. 안전진단방법

안전진단을 의뢰받은 기관은 리모델링을 하려는 자가 추천한 건축구조기술사(구조설계를 담당할 자를 말한다)와 함께 안전진단을 실시하여야 한다(법 제68조제2항).

안전진단을 의뢰받은 기관은 국토교통부장관이 정하여 고시하는 기준에 따라 안전진단을 실시하고, 안전진단 결과보고서를 작성하여 안전진단을 요청한 자와 시장·군수·구청장에게 제출하여야 한다(동조제5항).

---

113) 종전의 「시설물의 안전 및 유지관리에 관한 특별법」에 따라 설립된 한국시설안전공단(이하 "한국시설안전공단"이라 한다)은 이 법에 따라 설립된 관리원으로 본다.

바. 안전진단 결과 재건축 시행

 시장·군수·구청장이 제1항에 따른 안전진단으로 건축물 구조의 안전에 위험이 있다고 평가하여「도시 및 주거환경정비법」제2조제2호다목에 따른 재건축사업 및「빈집 및 소규모주택 정비에 관한 특례법」제2조제1항제3호다목에 따른 소규모재건축사업의 시행이 필요하다고 결정한 건축물은 증축형 리모델링을 하여서는 아니 된다(법 제68조제3항). 〈개정 2017. 2. 8.〉

 <u>따라서 1차 안전진단은 매우 신중하게 하여야 한다</u>. 만일 1차 안전진단에 통과하였으나, 2차 안전진단에 통과하지 못하면 이미 이주까지 완료한 상태에서 리모델링이 무산되므로, 이에 따른 매몰비용이 발생하기 때문이다.

사. 안전진단결과보고서 제출

 안전진단 결과보고서에는 리모델링 대상 건축물의 증축 가능 여부 및「도시 및 주거환경정비법」제2조제2호다목에 따른 재건축사업의 시행 여부에 관한 의견이 포함되어야 한다(규칙 제29조). 〈개정 2018. 2. 9.〉

아. 안전진단 결과보고서의 적정성 검토

 법 제68조제5항에 따라 안전진단전문기관으로부터 안전진단 결과보고서를 제출받은 시장·군수·구청장은 필요하다고 인정하는 경우에는 제출받은 날부터 7일 이내에 국토안전관리원 또는 한국건설기술연구원에 안전진단 결과보고서의 적정성에 대한 검토를 의뢰할 수 있다(령 제78조제3항). 〈개정 2020. 12. 1.〉

 즉, 1차 안전진단기관이 국토안전관리원·한국건설기술연구원이 아닌 경우 안전진단 결과보고서를 제출받은 시장·군수 또는 구청장은 필요하다고 인정하는 경우에는 국토안전관리원·한국건설기술연구원에 안전진단 결과보고서의 적정성에 대한 검토를 의뢰할 수 있다.

자. 안전진단 비용

 시장·군수·구청장은 1차 안전진단을 실시하는 비용의 전부 또는 일부를 리모델링을 하려는 자에게 부담하게 할 수 있다(법 제68조제6항).

3. 1차 안전성 검토

시장·군수·구청장은 <u>수직증축형</u> 리모델링을 하려는 자가 「건축법」에 따른 <u>건축위원회의 심의를 요청</u>하는 경우 구조계획상 증축범위의 적정성 등에 대하여 국토안전관리원·한국건설기술연구원에 안전성 검토를 의뢰하여야 한다(법 제69조제1항).

검토의뢰를 받은 전문기관은 국토교통부장관이 정하여 고시하는 검토기준에 따라 검토한 결과를 <u>대통령령으로 정하는 기간</u> 이내에 시장·군수·구청장에게 제출하여야 하며, 시장·군수·구청장은 특별한 사유가 없는 경우 이 법 및 관계 법률에 따른 위원회의 심의 또는 허가 시 제출받은 안전성 검토결과를 반영하여야 한다(법 제69조제3항).

> **령 제79조(전문기관의 안전성 검토 등)**
> ② 법 제69조제3항에서 "대통령령으로 정하는 기간"이란 같은 조 제1항 또는 제2항에 따라 안전성 검토(이하 이 조에서 "검토"라 한다)를 의뢰받은 날부터 <u>30일</u>을 말한다. 다만, 검토 의뢰를 받은 전문기관이 부득이하게 검토기간의 연장이 필요하다고 인정하여 <u>20일의 범위에서 그 기간을 연장</u>(한 차례로 한정한다)한 경우에는 그 연장된 기간을 포함한 기간을 말한다. 〈개정 2018. 6. 5.〉
> ③ 검토 의뢰를 받은 전문기관은 검토 의뢰 서류에 보완이 필요한 경우에는 일정한 기간을 정하여 보완하게 할 수 있다. 〈신설 2018. 6. 5.〉
> ④ 제2항에 따른 기간을 산정할 때 제3항에 따른 <u>보완기간, 공휴일 및 토요일은 산정대상에서 제외</u>한다. 〈신설 2018. 6. 5〉

시장·군수·구청장은 전문기관의 안전성 검토비용의 전부 또는 일부를 리모델링을 하려는 자에게 부담하게 할 수 있다(동조제4항).

4. 2차 안전성 검토

 시장·군수·구청장은 제66조제1항에 따라 수직증축형 리모델링을 하려는 자의 <u>허가 신청</u>이 있거나 제68조제4항에 따른 안전진단(2차 안전진단) 결과 국토교통부장관이 정하여 고시하는 설계도서의 변경이 있는 경우 제출된 설계도서상 구조안전의 적정성 여부 등에 대하여 1차 안전성을 검토한 국토안전관리원·한국건설기술연구원에 안전성 검토를 의뢰하여야 한다(법 제69조제2항).

 검토의뢰를 받은 전문기관은 국토교통부장관이 정하여 고시하는 검토기준에 따라 검토한 결과를 안전성 검토를 의뢰받은 날부터 30일 이내에 시장·군수·구청장에게 제출하여야 하며, 시장·군수·구청장은 특별한 사유가 없는 경우 이 법 및 관계 법률에 따른 위원회의 심의 또는 허가 시 제출받은 안전성 검토결과를 반영하여야 한다(법 제69조제3항).

 시장·군수·구청장은 전문기관의 안전성 검토비용의 전부 또는 일부를 리모델링을 하려는 자에게 부담하게 할 수 있다(동조제4항).

5. 안전성 검토결과 적정성 여부 심의

　국토교통부장관은 시장·군수·구청장에게 1차, 2차 안전성 검토결과에 따라 제출받은 자료의 제출을 요청할 수 있으며, 필요한 경우 시장·군수·구청장으로 하여금 안전성 검토결과의 적정성 여부에 대하여 「건축법」에 따른 중앙건축위원회의 심의를 받도록 요청할 수 있다(법 제69조제5항).

　시장·군수·구청장은 특별한 사유가 없으면 중앙위원회 심의결과를 반영하여야 한다(동조제6항).

6. 2차 안전진단

가. 시행절차

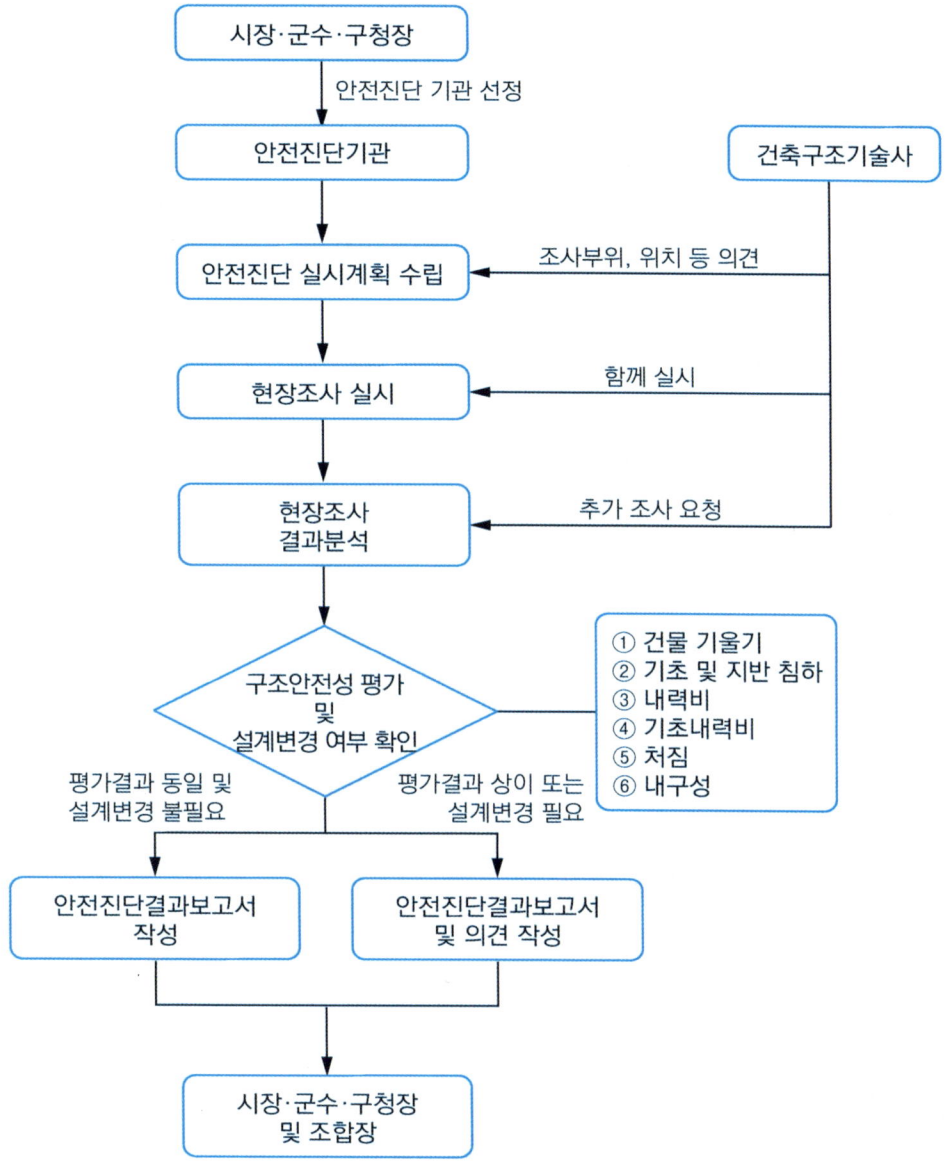

나. 시장·군수·구청장이 이주 후 시행

 시장·군수·구청장은 제66조제1항에 따라 수직증축형 리모델링을 허가한 후에 해당 건축물의 구조안전성 등에 대한 상세 확인을 위하여 안전진단을 실시하여야 한다(법 제68조제4항).

다. 안전진단 기관

시장·군수 또는 구청장은 2차 안전진단을 실시하려는 경우에는 1차 안전진단을 실시한 기관 외의 기관에 안전진단을 의뢰하여야 한다. 다만, 다음 각 호의 어느 하나에 해당하는 경우에는 그러하지 아니하다(령 78조제2항).

1. 법 제68조제2항에 따라(1차) 안전진단을 실시한 기관이 국토안전관리원·한국건설기술연구원인 경우
2. 법 제68조제4항에 따른(2차) 안전진단 의뢰(2회 이상 「지방자치단체를 당사자로 하는 계약에 관한 법률」 제9조제1항 또는 제2항에 따라 입찰에 부치거나 수의계약을 시도하는 경우로 한정한다)에 응하는 기관이 없는 경우

라. 안전진단 방법

안전진단을 의뢰받은 기관은 리모델링을 하려는 자가 추천한 건축구조기술사와 함께 안전진단을 실시하여야 하며, 리모델링을 하려는 자는 안전진단 후 구조설계의 변경 등이 필요한 경우에는 건축구조기술사로 하여금 이를 보완하도록 하여야 한다(법 제68조제4항후문).

마. 안전진단결과보고서 제출

2차 안전진단을 실시한 기관은 ①리모델링 대상 건축물의 증축 가능 여부 및 「도시 및 주거환경정비법」 제2조제2호다목에 따른 주택재건축사업의 시행 여부에 관한 의견, ② 건축물의 구조안전성에 관한 상세 확인 결과 및 구조설계의 변경 필요성이 포함된 안전진단 결과보고서를 작성하여야 한다(규칙 제29조).

바. 안전진단 결과보고서의 적정성 검토

2차 안전진단기관이 국토안전관리원·한국건설기술연구원이 아닌 경우 안전진단 결과보고서를 제출받은 시장·군수 또는 구청장은 필요하다고 인정하는 경우에는 제출받은 날로부터 7일 이내에 국토안전관리원·한국건설기술연구원에 안전진단 결과보고서의 적정성에 대한 검토를 의뢰할 수 있다(령 제78조제3항).

사. 안전진단 비용

시장·군수·구청장은 2차 안전진단을 실시하는 비용의 전부 또는 일부를 리모델링을 하려는 자에게 부담하게 할 수 있다(법 제68조제6항).

7. 수직증축형 리모델링의 구조기준

 수직증축형 리모델링의 설계자는 국토교통부장관이 정하여 고시하는 구조기준에 맞게 구조설계도서를 작성하여야 한다(법 제70조).

 국토교통부는 국토교통부 고시 제2014 – 341호(2014. 6. 11.)로 「수직증축형 리모델링 구조기준」을 제정·고시하였다. 위 기준은 2017. 2. 14. 일부개정[제2017-94호] 되었고, 2019. 4. 12. 다시 개정[국토교통부고시 제2019-175호, 2019. 4. 12., 일부개정]되어 시행중이다.

PART 6

사업계획승인 또는 행위허가

PART 6 사업계획승인 또는 행위허가

제1절 쟁점

1. 사업계획승인과 행위허가를 모두 받아야 하는지 여부

 법은 2012. 1. 26. 개정되면서(시행 2012. 7. 27.), 세대수 증가형 리모델링이 가능하도록 하였다. 그 이전에는 세대수 증가형이 없어 사업계획승인은 불필요하고, 행위허가를 받아 리모델링을 시행하였다.

> **주택법 [시행 2012. 7. 27.] [법률 제11243호, 2012. 1. 26., 일부개정]**
> ◇ 개정이유
>   어려운 경제여건과 주택 전·월세가격 급등으로 인한 서민들의 주거불안을 해소하기 위하여 주택임차료 보조제도의 실시근거를 마련하고, 세대수를 증가시키는 행위를 금지하고 있는 현행의 리모델링제도는 과도한 비용부담을 수반하여 제도의 실효성 확보가 어렵기 때문에 리모델링에 의하여 증가되는 면적의 일부를 세대수를 증가시키는데 활용할 수 있도록 함으로써 리모델링을 활성화시키고 주민의 비용부담을 완화하며,
> ◇ 주요내용
>   가. 세대수를 증가시키는 수평·별동 증축 및 세대분할 행위를 리모델링의 범위에 포함함(안 제2조15호).

 령 제27조제1항제2호는 리모델링의 경우 증가하는 세대수가 30세대 이상일 경우에만 사업계획승인을 받도록 하고 있고, 령 제23조는 "주택조합은 설립인가를 받은 날부터 2년 이내에 법 제15조에 따른 사업계획승인(제27조제1항제2호에 따른 사업계획승인 대상이 아닌 리모델링인 경우에는 법 제66조제2항에 따른 허가를 말한다)을 신청하여야 한다."라고 규정하여, 30세대 이상 세대수가 증가하지 아니하는 리모델링의 경우에는 사업계획승인을 받지 않고 행위허가만 받도록 규정하고 있다.

 이 규정은 2012. 7. 24., 2014. 6. 11.로 개정되었는바, 개정이유를 보면 다음과 같다.

> **[시행 2012. 7. 27.] [대통령령 제23988호, 2012. 7. 24., 일부개정]**
> ◇ 개정이유
>   세대수를 증가시키는 수평·별동 증축 및 세대분할 행위를 리모델링의 범위에 포함시키고, …

◇ 주요내용

가. 리모델링 관련 규정 정비(현행 제4조의2 삭제, 안 제15조제1항, 제24조제1항 및 제40조제1항, 안 제47조의3 신설)

세대수를 증가시키는 리모델링이 허용됨에 따라 세대수가 증가하는 리모델링 시 수립하는 권리변동계획에 리모델링 전후의 대지와 건축물의 권리변동 명세, 조합원의 비용분담, 사업비 등을 포함하도록 하고, <u>20세대 이상 세대수가 증가하는 리모델링은 사업계획승인 대상으로 하며,</u> 20세대 이상 세대수가 증가하는 리모델링을 추진하는 리모델링주택조합은 설립인가 후 2년 이내에 사업계획승인을 신청하도록 하고, 100세대 이상 세대수가 증가하는 리모델링사업은 간선시설(幹線施設) 설치의무 대상사업으로 함.

[시행 2014. 6. 11.] [대통령령 제25381호, 2014. 6. 11., 일부개정]
◇ 개정이유 및 주요내용

가구당 구성원 수의 감소와 중소형 규모의 주택에 대한 수요 증가 등 최근 주택건설 환경의 변화를 고려하여 주택건설사업과 관련된 <u>사업계획 승인 대상을</u> 20호(공공사업에 따라 조성된 택지를 일단의 토지로 공급받아 건설하는 경우에는 30호) 또는 20세대(도시형 생활주택, 연립주택, 다세대주택 등인 경우에는 30세대) 이상의 주택건설사업에서 <u>30호</u>(공공사업에 따라 조성된 택지를 일단의 토지로 공급받아 건설하는 경우 또는 한옥인 경우에는 50호) 또는 30세대(주거환경개선사업 또는 주거환경관리사업을 시행하기 위한 정비구역에서 건설하는 공동주택 등인 경우에는 50세대) 이상의 주택건설사업으로 완화하고,

한편 법 제66조제2항은 "제1항에도 불구하고 대통령령으로 정하는 경우에는 리모델링주택조합이나 소유자 전원의 동의를 받은 입주자대표회의가 <u>시장·군수·구청장의 허가를 받아 리모델링을 할 수 있다.</u>"라고만 규정하고, 리모델링조합이 사업계획승인을 받은 경우를 명시적으로 제외하고 있지 않다.

따라서 조합은 증가하는 세대수가 30세대 미만일 경우에는 사업계획승인을 받지 않고 법 제66조제2항에 따라 행위허가만을 받으면 되는 것이고, 증가하는 세대수가 30세대 이상일 경우에는 사업계획승인을 받고 별도로 법 제66조제2항에 의한 행위허가를 받아야 하는 것인지가 문제되는 것이다.

현재는 입법으로 해결하고 있다.

주택법 시행규칙
[시행 2016. 8. 12.] [국토교통부령 제353호, 2016. 8. 12., 전부개정]
◇ 개정이유 및 주요내용
<u>주택건설 사업계획승인시 리모델링 허가절차를 함께 처리할 수 있도록 사업계획승인 신청서류에 리모델링 허가 신청서류도 함께 제출하도록 하는</u> 등 현행 제도의 운영상 나타난 일부 미비점을 개선·보완하려는 것임.

즉, 법 제15조제2항, 령 제27조제6항제1호카목, 규칙 제12조제4항제7호에 따라 사업계획승인신청시에 규칙 제28조제2항이 정한 리모델링행위허가에 필요한 서류를 제출하도록 하여, 사업계획승인시 리모델링 허가절차를 함께 처리한다.

> **주택법 제15조** ② 사업계획승인을 받으려는 자는 사업계획승인신청서에 주택과 그 부대시설 및 복리시설의 배치도, 대지조성공사 설계도서 등 <u>대통령령으로 정하는 서류</u>를 첨부하여 사업계획승인권자에게 제출하여야 한다.
>
> > **령 제27조** ⑥ 법 제15조제2항에서 "주택과 그 부대시설 및 복리시설의 배치도, 대지조성공사 설계도서 등 대통령령으로 정하는 서류"란 다음 각 호의 구분에 따른 서류를 말한다.
> > 1. 주택건설사업계획 승인신청의 경우: 다음 각 목의 서류. 다만, 제29조에 따른 표본설계도서에 따라 사업계획승인을 신청하는 경우에는 라목의 서류는 제외한다.
> >   가. 신청서
> >   나. 사업계획서
> >   다. 주택과 그 부대시설 및 복리시설의 배치도
> >   라. 공사설계도서. 다만, 대지조성공사를 우선 시행하는 경우만 해당하며, 사업주체가 국가, 지방자치단체, 한국토지주택공사 또는 지방공사인 경우에는 국토교통부령으로 정하는 도서로 한다.
> >   마. 「국토의 계획 및 이용에 관한 법률 시행령」 제96조제1항제3호 및 제97조제6항제3호의 사항을 적은 서류(법 제24조제2항에 따라 토지를 수용하거나 사용하려는 경우만 해당한다)
> >   바. 제16조 각 호의 사실을 증명하는 서류(공동사업시행의 경우만 해당하며, 법 제11조제1항에 따른 주택조합이 단독으로 사업을 시행하는 경우에는 제16조제1항제2호 및 제3호의 사실을 증명하는 서류를 말한다)
> >   사. 법 제19조제3항에 따른 협의에 필요한 서류
> >   아. 법 제29조제1항에 따른 공공시설의 귀속에 관한 사항을 기재한 서류
> >   자. 주택조합설립인가서(주택조합만 해당한다)
> >   차. 법 제51조제2항 각 호의 어느 하나의 사실 또는 이 영 제17조제1항 각 호의 사실을 증명하는 서류(「건설산업기본법」 제9조에 따른 건설업 등록을 한 자가 아닌 경우만 해당한다)
> >   <u>카. 그 밖에 국토교통부령으로 정하는 서류</u>
> >
> > > **규칙 제12조** ④ 영 제27조제6항제1호카목에서 "국토교통부령으로 정하는 서류"란 다음 각 호의 서류를 말한다.
> > > 1. 간선시설 설치계획도(축척 1만분의 1부터 5만분의 1까지)
> > > 2. 사업주체가 토지의 소유권을 확보하지 못한 경우에는 토지사용 승낙서(「택지개발촉진법」 등 관계 법령에 따라 택지로 개발·분양하기로 예정된 토지에 대하여 해당 토지를 사용할 수 있는 권원을 확보한 경우에는 그 권원을 증명할 수 있는 서류를 말한다). 다만, 사업주체가 다음 각 목의 어느 하나에 해당하는 경우에는 제외한다.
> > >   가. 국가
> > >   나. 지방자치단체

다. 「한국토지주택공사법」에 따른 한국토지주택공사(이하 "한국토지주택공사"라 한다)

라. 「지방공기업법」 제49조에 따라 주택건설사업을 목적으로 설립된 지방공사(이하 "지방공사"라 한다)

마. 「민간임대주택에 관한 특별법」 제20조제1항에 따라 지정을 받은 임대사업자

3. 영 제43조제1항에 따라 작성하는 설계도서 중 국토교통부장관이 정하여 고시하는 도서

4. 별표 3에 따른 서류(국가, 지방자치단체 또는 한국토지주택공사가 사업계획승인을 신청하는 경우만 해당한다)

5. 협회에서 발급받은 등록사업자의 행정처분 사실을 확인하는 서류(협회가 관리하는 전산정보자료를 포함한다)

6. 「민간임대주택에 관한 특별법」 제20조제1항에 따라 지정을 받았음을 증명하는 서류(같은 항에 따라 지정을 받은 임대사업자만 해당한다)

7. 제28조제2항 각 호의 서류(리모델링의 경우만 해당한다) 〈신설 2016. 8. 12.〉

규칙 제28조 ② 영 제75조제2항에서 "국토교통부령으로 정하는 서류"란 다음 각 호의 서류를 말한다.

1. 리모델링하려는 건축물의 종별에 따른 「건축법 시행규칙」 제6조제1항 각 호의 서류 및 도서. 다만, 증축을 포함하는 리모델링의 경우에는 「건축법 시행규칙」 별표 3 제1호에 따른 건축계획서 중 구조계획서(기존 내력벽, 기둥, 보 등 골조의 존치계획서를 포함한다), 지질조사서 및 시방서를 포함한다.

2. 영 별표 4 제1호에 따른 입주자의 동의서 및 법 제22조에 따른 매도청구권 행사를 입증할 수 있는 서류

3. 세대를 합치거나 분할하는 등 세대수를 증감시키는 행위를 하는 경우에는 그 동의 변경전과 변경후의 평면도

4. 법 제2조제25호다목에 따른 세대수 증가형 리모델링(이하 "세대수 증가형 리모델링"이라 한다)을 하는 경우에는 법 제67조에 따른 권리변동계획서

5. 법 제68조제1항에 따른 증축형 리모델링을 하는 경우에는 같은 조 제5항에 따른 안전진단결과서

6. 리모델링주택조합의 경우에는 주택조합설립인가서 사본

건축법 제6조(건축허가 등의 신청) ①
1. 건축할 대지의 범위에 관한 서류
1의2. 건축할 대지의 소유에 관한 권리를 증명하는 서류. 다만, 다음 각 목의 경우에는 그에 따른 서류로 갈음할 수 있다.
  가. 건축할 대지에 포함된 국유지 또는 공유지에 대해서는 허가권자가 해당 토지의 관리청과 협의하여 그 관리청이 해당 토지를 건축주에게 매각하거나 양여할 것을 확인한 서류

나. 집합건물의 공용부분을 변경하는 경우에는 「집합건물의 소유 및 관리에 관한 법률」 제15조제1항에 따른 결의가 있었음을 증명하는 서류

다. 분양을 목적으로 하는 공동주택을 건축하는 경우에는 그 대지의 소유에 관한 권리를 증명하는 서류. 다만, 법 제11조에 따라 주택과 주택 외의 시설을 동일 건축물로 건축하는 건축허가를 받아 「주택법 시행령」 제27조제1항에 따른 호수 또는 세대수 이상으로 건설·공급하는 경우 대지의 소유권에 관한 사항은 「주택법」 제21조를 준용한다.

1의3. 법 제11조제11항제1호에 해당하는 경우에는 건축할 대지를 사용할 수 있는 권원을 확보하였음을 증명하는 서류

1의4. 법 제11조제11항제2호 및 영 제9조의2제1항 각 호의 사유에 해당하는 경우에는 다음 각 목의 서류

가. 건축물 및 해당 대지의 공유자 수의 100분의 80 이상의 서면동의서: 공유자가 지장(指章)을 날인하고 자필로 서명하는 서면동의의 방법으로 하며, 주민등록증, 여권 등 신원을 확인할 수 있는 신분증명서의 사본을 첨부하여야 한다. 다만, 공유자가 해외에 장기 체류하거나 법인인 경우 등 불가피한 사유가 있다고 허가권자가 인정하는 경우에는 공유자의 인감도장을 날인한 서면동의서에 해당 인감증명서를 첨부하는 방법으로 할 수 있다.

나. 가목에 따라 동의한 공유자의 지분 합계가 전체 지분의 100분의 80 이상임을 증명하는 서류

다. 영 제9조의2제1항 각 호의 어느 하나에 해당함을 증명하는 서류

라. 해당 건축물의 개요

1의5. 제5조에 따른 사전결정서(법 제10조에 따라 건축에 관한 입지 및 규모의 사전결정서를 받은 경우만 해당한다)

2. 별표 2의 설계도서(실내마감도는 제외하고, 법 제10조에 따른 사전결정을 받은 경우에는 건축계획서 및 배치도를 제외한다). 다만, 법 제23조제4항에 따른 표준설계도서에 따라 건축하는 경우에는 건축계획서 및 배치도만 해당한다.

3. 법 제11조제5항 각 호에 따른 허가등을 받거나 신고를 하기 위하여 해당 법령에서 제출하도록 의무화하고 있는 신청서 및 구비서류(해당 사항이 있는 경우로 한정한다)

4. 별지 제27호의11서식에 따른 결합건축협정서(해당 사항이 있는 경우로 한정한다)

2. 구분소유자 동의 여부

법 개정 전에는 조합이 사업계획승인을 받을 때에는 별도로 동의서를 첨부하도록 되어 있지 않았었다. 그러나 2016. 8. 12. 시행규칙이 개정되면서 사업계획승인시에 행위허가에 필요한 서류를 같이 제출하도록 함에 따라, 당연히 '영 별표 4 제1호에 따른 입주자의 동의서'를 제출하여야 한다.

규칙 개정 전 판례도 같은 취지이다.

> **서울행정법원 2008. 7. 25. 선고 2007구합47626 판결**
>
> 법 시행령 제47조제4항제1호에 의하면 리모델링 주택조합이 리모델링 행위허가를 받기 위해서는 리모델링 설계의 개요, 공사비, 조합원의 비용분담내역사항이 기재된 결의서에, 주택단지 전체를 리모델링하고자 하는 경우에는 주택단지 전체 구분소유자 및 의결권의 각 5분의 4 이상의 동의와 각 동별 구분소유자 및 의결권의 각 3분의 2 이상의 동의를, 동을 리모델링하고자 하는 경우에는 그 동의 구분소유자 및 의결권의 각 5분의 4 이상의 동의를 각 얻어야 한다'(이하 '행위허가 동의요건'이라 한다)고 규정하고 있고, 주택법 시행령 제37조 제1항 제1호 나목에 의하면, 리모델링 주택조합의 설립인가신청시에도 이 사건 결의사항을 기재한 결의서에 '주택단지 전체를 리모델링하고자 하는 경우에는 주택단지 전체 및 각 동의 구분소유자와 의결권의 각 3분의 2 이상의 결의, 동을 리모델링하고자 하는 경우에는 그 동의 구분소유자 및 의결권의 각 3분의 2 이상의 결의'(이하 '조합설립 동의요건'이라 한다)를 증명하는 서류를 제출토록 하도록 규정하고 있다.
>
> 위와 같은 관계법령에 의하면, 아파트의 구분소유자들이 리모델링조합을 설립하여 아파트 리모델링을 하기 위해서는 리모델링 설계의 개요, 공사비, 조합원의 비용분담내역사항이 기재된 결의서에 구분소유자와 의결권의 각 3분의 2 이상의 조합설립에 관한 동의를 얻어 리모델링조합을 설립한 후, <u>설립된 리모델링조합이 리모델링 설계의 개요, 공사비, 조합원의 비용분담내역사항이 기재된 결의서에 구분소유자 및 의결권의 각 5분의 4 이상의 행위허가에 관한 동의를 얻은 다음 관할관청으로부터 리모델링 행위허가를 받아 리모델링 공사에 착공할 수 있다고 할 것이다.</u>
>
> 이와 같이 법 시행령에서 <u>조합설립인가시 및 행위허가시 각 단계마다 이 사건 결의사항이 기재된 결의서를 바탕으로 일정한 동의요건을 요구</u>하고 있는 이유는, 리모델링 사업의 경우 해당 공동주택의 구분소유자들이 주거환경의 개선을 위하여 세대 수의 증가 없이 오로지 스스로의 부담으로 대수선 또는 증축을 하는 것이어서, 다른 정비사업에 비하여 보더라도 특히 소유자들의 진정한 의사에 따라 행하여야 할 필요성이 큰 반면, 리모델링조합이 설립 인가 후 행위허가를 받기까지 상당한 시간이 소요되어 총공사비, 조합원의 비용분담내역 등 사업시행내용이 변경될 수 있다는 점을 고려하여, 조합설립인가 신청시 뿐만아니라 행위허가 신청시에도 구분소유자들로 하여금 상당한 비용을 부담하면서 리모델링 사업에 참가할 것인지, 시가에 의하여 구분소유권을 매도하고(주택법 제18조의2 제2항) 리모델링에 참가하지 않을 것인지를 결의서에 나타난 정보를 바탕으로 선택하도록 함으로써 구분소유자의 진정한 의사를 바탕으로 리모델링사업이 진행되도록 하여 이로 인한 주민분쟁을 최소화하고, 리모델링 사업의 원활하고도 적정한 수행을 도모하고자 함에 있다고 할 것이다.

> 따라서 조합설립 동의요건에 규정된 구분소유자의 결의와 행위허가 동의요건에 규정된 구분소유자의 동의는 리모델링사업의 진행단계별에 따라 구분소유자의 진정한 의사를 확인하기 위한 절차적 보호장치로서 아파트 구분소유자들이 리모델링조합을 설립하여 행위허가를 받기 위해서는 각 그 단계마다 각각 그 요건에 맞는 결의가 필요하다고 할 것이고, 조합설립에 동의요건에 규정된 결의로 행위허가 동의요건에 규정된 결의를 갈음할 수 없다고 할 것이다.

한편 조합규약에 행위허가는 조합총회의 의결을 받아야 한다고 규정한 경우에 동의서는 제대로 징구하였으나 조합총회 의결만을 받지 않았을 경우 서울행정법원은 동의서를 징구한 이상 행위허가는 적법하다고 판시한바 있다(서울행정법원 2012. 2. 1. 선고 2011구합32850 판결).[114]

법 제66조제2항에 따라 리모델링에 동의한 소유자는 리모델링주택조합 또는 입주자대표회의가 제2항에 따라 시장·군수·구청장에게 허가신청서를 제출하기 전까지 서면으로 동의를 철회할 수 있다(령 제75조 제3항).

---

[114] 피고 강남구청장, 확정됨

3. 조합설립동의 시에 한꺼번에 행위허가 동의서를 받은 경우

실무상 조합설립동의서와 함께 행위허가 동의서를 같이 징구하는 경우가 있다. 그러나 이는 법 위반으로서 무효라고 보아야 한다.

리모델링조합이 설립 인가 후 행위허가를 받기까지 상당한 시간이 소요되어 총공사비, 조합원의 비용분담내역 등 사업시행내용이 변경될 수 있다는 점을 고려하면, 조합설립 후에 행위허가 동의서를 별도로 받아야 한다고 본다(서울행정법원 2011. 7. 22. 선고 2011구합6523 판결)[115].

4. 사업계획승인이나 행위허가를 다툴 수 있는 자

조합원이 아닌 자는 사업계획승인이나 행위허가를 다툴 수 없다. 비록 조합에게 구분소유권을 매도한 경우도 같다(서울고등법원 2012. 6. 7. 선고 2011누16690)[116].

---

115) 피고 강동구청장, 확정
116) 피고 광진구청장, 확정됨

제2절 사업계획승인

1. 법적성질

주택법에 의한 주택건설사업계획의 승인은 <u>강학상 허가</u>에 해당한다.

주택건설사업계획의 승인은 상대방에게 권리나 이익을 부여하는 효과를 수반하는 이른바 수익적 행정처분으로서, 법령에 행정처분의 요건에 관하여 일의적으로 규정되어 있지 아니한 이상 행정청의 <u>재량행위</u>에 속한다(대법원 1997. 3. 14. 선고 96누16698 판결, 대법원 1997. 9. 5. 선고 96누10256 판결).

2. 부당 결부 금지

재량행위에 있어서는 법령상의 근거가 없다고 하더라도 부관을 붙일 수 있는데, 그 부관의 내용은 적법하고 이행가능하여야 하며 비례의 원칙 및 평등의 원칙에 적합하고 행정처분의 본질적 효력을 해하지 아니하는 한도의 것이어야 한다(대법원 1997. 3. 14. 선고 96누16698 판결).

대법원은 "65세대의 공동주택을 건설하려는 사업주체(지역주택조합)에게 주택건설촉진법 제33조에 의한 주택건설사업계획의 승인처분을 함에 있어 그 주택단지의 진입도로 부지의 소유권을 확보하여 진입도로 등 간선시설을 설치하고 그 부지 소유권 등을 기부채납하며 그 주택건설사업 시행에 따라 폐쇄되는 인근 주민들의 기존 통행로를 대체하는 통행로를 설치하고 그 부지 일부를 기부채납하도록 조건을 붙인 경우, 주택건설촉진법과 같은법 시행령 및 주택건설기준 등에 관한 규정 등 관련 법령의 관계 규정에 의하면 그와 같은 조건을 붙였다 하여도 다른 특별한 사정이 없는 한 필요한 범위를 넘어 과중한 부담을 지우는 것으로서 형평의 원칙 등에 위배되는 위법한 부관이라 할 수 없다."라고 판시한바 있다(대법원 1997. 3. 14. 선고 96누16698 판결).

한편 2005. 7. 13. 주택법이 개정되면서 구법 제16조제5항이 신설되었는바, 그 내용은 "시·도지사는 제1항의 규정에 의하여 사업계획을 승인함에 있어서 사업주체가 제출하는 사업계획에 당해 주택건설사업 또는 대지조성사업과 직접적으로 관련이 없는 공공청사 등의 용지의 기부채납이나 간선시설 등의 설치에 관한 계획을 포함하도록 요구하여서는 아니된다."라는 것이다. 당시 개정이유는 다음과 같다.

> **주택법 [시행 2005.7.13.] [법률 제7600호, 2005.7.13., 일부개정]**
> ◇개정이유
> 　공동주택 리모델링시 건축물 구조의 안전을 확보하고 부실공사를 방지하기 위하여 신축주택과 동일한 수준의 상주감리를 의무화하고, 안전진단 결과 건축물 구조의 안전에 위험이 있다고 평가되어 재건축 결정을 받은 공동주택은 증축을 하는 리모델링을 허가할 수 없도록 하는 한편, 증축을 포함하는 공동주택 리모델링을 일정 범위내에서만 허용하고, <u>주택건설 사업주체의 간선시설 설치부담 범위를 명확히 설정</u>하는 등 현행 제도의 운영과정에서 나타난 일부 미비점을 개선·보완하려는 것임.
> ◇주요내용
> 　가. 주택건설 사업주체의 간선시설 설치부담 범위를 명확히 설정(법 제16조제5항 및 제23조제1항 단서 신설)

> 지방자치단체는 주택건설 또는 대지조성 사업계획에 당해 사업과 직접 관련이 없는 간선시설의 설치에 관한 계획을 포함하도록 요구하여서는 아니되나, 사업주체가 자발적으로 주택건설 또는 대지조성 사업계획에 포함한 경우에는 지방자치단체에 설치의무가 있는 간선시설도 사업주체의 부담으로 설치할 수 있도록 함.

이러한 규정은 현행법 제17조에 그대로 반영되어 있다. 법 제17조제1항은 "사업계획승인권자는 제15조제1항 또는 제3항에 따라 사업계획을 승인할 때 사업주체가 제출하는 사업계획에 해당 주택건설사업 또는 대지조성사업과 직접적으로 관련이 없거나 과도한 기반시설의 기부채납(寄附採納)을 요구하여서는 아니 된다."라고 한다.

이 규정은 강행규정이라고 보아야 할 것이다. 따라서 이 규정에 위배하여 부가된 사업계획승인조건은 무효이다.

3. 대상사업

리모델링의 경우에는 증가하는 세대수가 30세대 이상의 주택건설사업을 시행하려는 자는 사업계획승인을 받아야 한다(령 제23조, 제27조제1항제1호).

4. 신청 절차

조합은 사업계획승인신청서에 주택과 그 부대시설 및 복리시설의 배치도, 대지조성공사 설계도서 등 대통령령으로 정하는 서류를 첨부하여 사업계획승인권자에게 제출하여야 한다(법 제15조제2항, 령 제27조제6항).

사업계획승인권자는 다음 각호와 같다.
 1. 주택건설사업 또는 대지조성사업으로서 해당 대지면적이 10만제곱미터 이상인 경우: 특별시장·광역시장·특별자치시장·도지사 또는 특별자치도지사(이하 "시·도지사"라 한다) 또는 「지방자치법」 제198조에 따라 서울특별시·광역시 및 특별자치시를 제외한 인구 50만 이상의 대도시(이하 "대도시"라 한다)의 시장
 2. 주택건설사업 또는 대지조성사업으로서 해당 대지면적이 10만제곱미터 미만인 경우: 특별시장·광역시장·특별자치시장·특별자치도지사 또는 시장·군수

5. 신청서 첨부서류

주택법 제15조 ② 사업계획승인을 받으려는 자는 사업계획승인신청서에 주택과 그 부대시설 및 복리시설의 배치도, 대지조성공사 설계도서 등 <u>대통령령으로 정하는 서류</u>를 첨부하여 사업계획승인권자에게 제출하여야 한다.

령 제27조 ⑥ 법 제15조제2항에서 "주택과 그 부대시설 및 복리시설의 배치도, 대지조성공사 설계도서 등 대통령령으로 정하는 서류"란 다음 각 호의 구분에 따른 서류를 말한다.

1. 주택건설사업계획 승인신청의 경우: 다음 각 목의 서류. 다만, 제29조에 따른 표본설계도서에 따라 사업계획승인을 신청하는 경우에는 라목의 서류는 제외한다.

  가. 신청서
  나. 사업계획서
  다. 주택과 그 부대시설 및 복리시설의 배치도
  라. 공사설계도서. 다만, 대지조성공사를 우선 시행하는 경우만 해당하며, 사업주체가 국가, 지방자치단체, 한국토지주택공사 또는 지방공사인 경우에는 국토교통부령으로 정하는 도서로 한다.
  마. 「국토의 계획 및 이용에 관한 법률 시행령」 제96조제1항제3호 및 제97조제6항제3호의 사항을 적은 서류(법 제24조제2항에 따라 토지를 수용하거나 사용하려는 경우만 해당한다)
  바. 제16조 각 호의 사실을 증명하는 서류(공동사업시행의 경우만 해당하며, 법 제11조제1항에 따른 주택조합이 단독으로 사업을 시행하는 경우에는 제16조제1항제2호 및 제3호의 사실을 증명하는 서류를 말한다)
  사. 법 제19조제3항에 따른 협의에 필요한 서류
  아. 법 제29조제1항에 따른 공공시설의 귀속에 관한 사항을 기재한 서류
  자. 주택조합설립인가서(주택조합만 해당한다)
  차. 법 제51조제2항 각 호의 어느 하나의 사실 또는 이 영 제17조제1항 각 호의 사실을 증명하는 서류(「건설산업기본법」 제9조에 따른 건설업 등록을 한 자가 아닌 경우만 해당한다)
  <u>카. 그 밖에 국토교통부령으로 정하는 서류</u>

규칙 제12조 ④ 영 제27조제6항제1호카목에서 "국토교통부령으로 정하는 서류"란 다음 각 호의 서류를 말한다.

1. 간선시설 설치계획도(축척 1만분의 1부터 5만분의 1까지)
2. <u>사업주체가 토지의 소유권을 확보하지 못한 경우에는 토지사용 승낙서</u>(「택지개발촉진법」 등 관계 법령에 따라 택지로 개발·분양하기로 예정된 토지에 대하여 해당 토지를 사용할 수 있는 권원을 확보한 경우에는 그 권원을 증명할 수 있는 서류를 말한다). 다만, 사업주체가 다음 각 목의 어느 하나에 해당하는 경우에는 제외한다.
  가. 국가
  나. 지방자치단체

다. 「한국토지주택공사법」에 따른 한국토지주택공사(이하 "한국토지주택공사"라 한다)
　　라. 「지방공기업법」 제49조에 따라 주택건설사업을 목적으로 설립된 지방공사(이하 "지방공사"라 한다)
　　마. 「민간임대주택에 관한 특별법」 제20조제1항에 따라 지정을 받은 임대사업자
　3. 영 제43조제1항에 따라 작성하는 설계도서 중 국토교통부장관이 정하여 고시하는 도서
　4. 별표 3에 따른 서류(국가, 지방자치단체 또는 한국토지주택공사가 사업계획승인을 신청하는 경우만 해당한다)
　5. 협회에서 발급받은 등록사업자의 행정처분 사실을 확인하는 서류(협회가 관리하는 전산정보자료를 포함한다)
　6. 「민간임대주택에 관한 특별법」 제20조제1항에 따라 지정을 받았음을 증명하는 서류(같은 항에 따라 지정을 받은 임대사업자만 해당한다)
　7. 제28조제2항 각 호의 서류(리모델링의 경우만 해당한다) 〈신설 2016. 8. 12.〉

규칙 제28조 ② 영 제75조제2항에서 "국토교통부령으로 정하는 서류"란 다음 각 호의 서류를 말한다.
1. 리모델링하려는 건축물의 종별에 따른 「건축법 시행규칙」 제6조제1항 각 호의 서류 및 도서. 다만, 증축을 포함하는 리모델링의 경우에는 「건축법 시행규칙」 별표 3 제1호에 따른 건축계획서 중 구조계획서(기존 내력벽, 기둥, 보 등 골조의 존치계획서를 포함한다), 지질조사서 및 시방서를 포함한다.
2. 영 별표 4 제1호에 따른 입주자의 동의서 및 법 제22조에 따른 매도청구권 행사를 입증할 수 있는 서류
3. 세대를 합치거나 분할하는 등 세대수를 증감시키는 행위를 하는 경우에는 그 동의 변경전과 변경후의 평면도
4. 법 제2조제25호다목에 따른 세대수 증가형 리모델링(이하 "세대수 증가형 리모델링"이라 한다)을 하는 경우에는 법 제67조에 따른 권리변동계획서
5. 법 제68조제1항에 따른 증축형 리모델링을 하는 경우에는 같은 조 제5항에 따른 안전진단 결과서
6. 리모델링주택조합의 경우에는 주택조합설립인가서 사본

6. 소유권 확보 여부

가. 2020. 1. 23. 법 개정 전

법 제15조제1항 또는 제3항에 따라 주택건설사업계획의 승인을 받으려는 자는 해당 주택건설대지의 소유권을 확보하여야 한다. 다만, 다음 각 호의 어느 하나에 해당하는 경우에는 그러하지 아니하다(법 제21조제1항).

　1. 「국토의 계획 및 이용에 관한 법률」 제49조에 따른 지구단위계획(이하 "지구단위계획"이라 한다)의 결정(제19조제1항제5호에 따라 의제되는 경우를 포함한다)이 필요한 주택건설사업의 해당 대지면적의 80퍼센트 이상을 사용할 수 있는 권원(權原)[제5조제2항에 따라 등록사업자와 공동으로 사업을 시행하는 주택조합(리모델링주택조합은 제외한다)의 경우에는 95퍼센트 이상의 소유권을 말한다. 이하 이 조, 제22조 및 제23조에서 같다]을 확보하고(국공유지가 포함된 경우에는 해당 토지의 관리청이 해당 토지를 사업주체에게 매각하거나 양여할 것을 확인할 서류를 사업계획승인권자에게 제출하는 경우에는 확보한 것으로 본다), 확보하지 못한 대지가 제22조 및 제23조에 따른 매도청구 대상이 되는 대지에 해당하는 경우
　2. 사업주체가 주택건설대지의 소유권을 확보하지 못하였으나 그 대지를 사용할 수 있는 권원을 확보한 경우
　3. 국가·지방자치단체·한국토지주택공사 또는 지방공사가 주택건설사업을 하는 경우

공동으로 주택을 건설하려는 주택조합(세대수를 늘리지 아니하는 리모델링주택조합은 제외한다)과 등록사업자, 지방자치단체, 한국토지주택공사 또는 지방공사는 다음 각 호의 요건을 모두 갖추어 법 제15조에 따른 사업계획승인을 신청하여야 한다(령 제16조).

　1. 등록사업자와 공동으로 사업을 시행하는 경우에는 해당 등록사업자가 다음 각 목의 어느 하나에 해당하는 자일 것
　　가. 제17조제1항 각 호의 요건을 모두 갖춘 자
　　나. 「건설산업기본법」 제9조에 따른 건설업(건축공사업 또는 토목건축공사업만 해당한다)의 등록을 한 자
　2. 주택조합이 주택건설대지의 소유권을 확보하고 있을 것
　3. 소유권을 확보한 주택건설대지가 저당권·가등기담보권·가압류·전세권·지상권 등(이하 "저당권등"이라 한다)의 목적으로 되어 있는 경우에는 그 저당권등을 말소할 것. 다만, 저당권등의 권리자로부터 해당 사업의 시행에 대한 동의를 받은 경우는 예외로 한다.

4. 토지소유자와 등록사업자 간에 다음 각 목의 사항에 대하여 법 및 이 영이 정하는 범위에서 <u>협약</u>이 체결되어 있을 것
   가. 대지 및 주택(부대시설 및 복리시설을 포함한다)의 사용·처분
   나. 사업비의 부담
   다. 공사기간
   라. 그 밖에 사업 추진에 따르는 각종 책임 등 사업 추진에 필요한 사항

법은 공동주택을 리모델링하려는 경우 시장·군수·구청장의 '허가'를 받되, 리모델링으로 증가하는 세대수가 30세대 이상인 경우 '허가' 절차와 별도로 '사업계획의 승인'을 받도록 하고 있다. 그런데, 2020. 1. 23. 개정 전 법령은 <u>리모델링주택조합이 주택단지 전체를 리모델링하기 위하여 '허가'를 받을 때는 구분소유자 75퍼센트 이상의 동의로 받도록 하는 반면, '사업계획의 승인'을 받으려는 경우 행위허가 기준과 달리 대지 전체의 소유권을 확보하도록 하고 있다.</u>

정비사업에 있어서는 도시정비법에 의해 사업시행인가를 받아야 하고, 여기에는 소유권을 확보하여야 한다는 규정이 없어 소유권이나 사용권을 확보하지 않아도 사업시행인가가 가능하다. 그러나 리모델링은 소유권을 확보하여야 하는 것이다.

<u>따라서 리모델링조합의 경우 사업계획승인을 받기 위해서는 소유권 확보조항에 대한 예외가 있어야 했었다.</u>

나. 2020. 1. 23. 법 개정 : 소유권 확보 조항 예외 신설

■[시행 2020. 1. 23.] [법률 제16870호, 2020. 1. 23., 일부개정]
◇ 개정이유
  <u>현행법은 리모델링 시 해당 주택건설대지의 소유권 확보 규정이 명확하지 않는 등 관련 규정의 미비로 인하여 리모델링를 추진하는 데 어려운 부분이 있는바, 이를 보완함으로써 공동주택 리모델링이 원활하게 추진될 수 있도록 하고,</u>
◇ 주요내용
  마. <u>리모델링의 허가를 신청하기 위한 동의율을 확보하여 리모델링 결의를 한 리모델링주택조합이 그 리모델링 결의에 찬성하지 아니하는 자의 주택 및 토지에 대하여 매도청구를 하는 경우에는 주택건설사업계획 승인 시 해당 주택건설대지의 소유권을 확보하지 않아도 되도록 명확히 규정함 (제21조제1항제4호 신설, 제22조제2항 및 제66조제2항).</u>
  카. 리모델링주택조합의 법인격과 권리변동계획에 따라 소유권이 이전되는 토지 또는 건축물에

대한 권리의 확정 등에 관하여는 「도시 및 주거환경정비법」을 준용하도록 함(제76조제5항 및 제6항 신설).

제21조제1항에 제4호를 다음과 같이 신설한다.
　4. 제66조제2항에 따라 리모델링 결의를 한 리모델링주택조합이 제22조제2항에 따라 매도청구를 하는 경우

제22조제2항 중 "제11조제1항에 따라 인가를 받아 설립된 리모델링주택조합은"을 "제1항에도 불구하고 제66조제2항에 따른 리모델링의 허가를 신청하기 위한 동의율을 확보한 경우 리모델링 결의를 한 리모델링주택조합은"으로 한다.

제76조에 제5항 및 제6항을 각각 다음과 같이 신설한다.
　⑤ 리모델링주택조합의 법인격에 관하여는 「도시 및 주거환경정비법」 제38조를 준용한다. 이 경우 "정비사업조합"은 "리모델링주택조합"으로 본다.
　⑥ 권리변동계획에 따라 소유권이 이전되는 토지 또는 건축물에 대한 권리의 확정 등에 관하여는 「도시 및 주거환경정비법」 제87조를 준용한다. 이 경우 "토지등소유자에게 분양하는 대지 또는 건축물"은 "권리변동계획에 따라 구분소유자에게 소유권이 이전되는 토지 또는 건축물"로, "일반에게 분양하는 대지 또는 건축물"은 "권리변동계획에 따라 구분소유자 외의 자에게 소유권이 이전되는 토지 또는 건축물"로 본다.

부칙
제1조(시행일) 이 법은 공포 후 6개월이 경과한 날부터 시행한다. 다만, 제21조제1항제4호, 제22조제2항, 제55조제1항 및 제2항, 제56조, 제56조의2, 제56조의3, 제66조제2항, 제76조제5항 및 제6항, 제89조제4항 및 제100조의 개정규정은 공포한 날부터 시행하고,

법 제15조제1항 또는 제3항에 따라 주택건설사업계획의 승인을 받으려는 자는 해당 주택건설대지의 소유권을 확보하여야 한다. 다만, 다음 각 호의 어느 하나에 해당하는 경우에는 그러하지 아니하다(법 제21조제1항). 〈개정 2020. 1. 23.〉

　1. 「국토의 계획 및 이용에 관한 법률」 제49조에 따른 지구단위계획(이하 "지구단위계획"이라 한다)의 결정(제19조제1항제5호에 따라 의제되는 경우를 포함한다)이 필요한 주택건설사업의 해당 대지면적의 80퍼센트 이상을 사용할 수 있는 권원(權原)[제5조제2항에 따라 등록사업자와 공동으로 사업을 시행하는 주택조합(리모델링주택조합은 제외한다)의 경우에는 95퍼센트 이상의 소유권을 말한다. 이하 이 조, 제22조 및 제23조에서 같다]을 확보하고(국공유지가 포함된 경우에는 해당 토지의 관리청이 해당 토지를 사업주체에게 매각하거나 양여할 것을 확인한 서류를 사업계획승인권자에게 제출하는 경우에는 확보한 것으로 본다), 확보하지 못한 대지가 제22조 및 제23조에 따른 매도청구 대상이 되는 대지에 해당하는 경우

2. 사업주체가 주택건설대지의 소유권을 확보하지 못하였으나 그 대지를 사용할 수 있는 권원을 확보한 경우

3. 국가·지방자치단체·한국토지주택공사 또는 지방공사가 주택건설사업을 하는 경우

4. <u>제66조제2항에 따라 리모델링 결의를 한 리모델링주택조합이 제22조제2항에 따라 매도청구를 하는 경우</u>

7. 사업계획승인 신청기간

령 제23조제1항은 "주택조합은 설립인가를 받은 날부터 <u>2년</u> 이내에 법 제15조에 따른 사업계획승인(제27조제1항제2호에 따른 사업계획승인 대상이 아닌 리모델링인 경우에는 법 제66조제2항에 따른 허가를 말한다)을 신청하여야 한다."라고 규정하고 있다.

따라서 인가일로부터 2년 이내에 사업계획승인을 신청하여야 하는 것이다. 그렇다면 이를 위반하였을 경우 효과는 어떨까.

이 규정은 가급적 조속히 사업계획승인 신청을 하라는 훈시규정으로 보아야 한다. 이 규정을 강행규정을 해석하면 단지 2년 내에 사업계획승인 신청을 하지 못하면 결국 이 경우는 조합설립인가가 취소되거나 또는 조합을 해산하고 다시 조합을 설립하여야 하는바, 이 결과가 매우 부당함은 두말할 필요가 없다. 하급심 판결도 훈시규정이라고 한다(서울행정법원 2012. 2. 1. 선고 2011구합32850 판결)[117]. 따라서 이를 어겼다고 하여 조합설립인가를 취소할 수는 없다.

---

117) 피고 강남구청장, 확정됨

8. 사업계획승인 통합심사

사업계획승인권자는 필요하다고 인정하는 경우에 도시계획·건축·교통 등 사업계획승인과 관련된 다음 각 호의 사항을 통합하여 검토 및 심의(이하 "통합심의"라 한다)할 수 있다(법 제18조제1항).
1. 「건축법」에 따른 건축심의
2. 「국토의 계획 및 이용에 관한 법률」에 따른 도시·군관리계획 및 개발행위 관련 사항
3. 「대도시권 광역교통 관리에 관한 특별법」에 따른 광역교통 개선대책
4. 「도시교통정비 촉진법」에 따른 교통영향평가
5. 「경관법」에 따른 경관심의
6. 그 밖에 사업계획승인권자가 필요하다고 인정하여 통합심의에 부치는 사항

사업계획승인을 받으려는 자가 통합심의를 신청하는 경우 제1항 각 호와 관련된 서류를 첨부하여야 한다. 이 경우 사업계획승인권자는 통합심의를 효율적으로 처리하기 위하여 필요한 경우 제출기한을 정하여 제출하도록 할 수 있다(동조제2항).

사업계획승인권자가 통합심의를 하는 경우에는 다음 각 호의 어느 하나에 해당하는 위원회에 속하고 해당 위원회의 위원장의 추천을 받은 위원들과 사업계획승인권자가 속한 지방자치단체 소속 공무원으로 소집된 공동위원회를 구성하여 통합심의를 하여야 한다. 이 경우 공동위원회의 구성, 통합심의의 방법 및 절차에 관한 사항은 대통령령으로 정한다.
1. 「건축법」에 따른 중앙건축위원회 및 지방건축위원회
2. 「국토의 계획 및 이용에 관한 법률」에 따라 해당 주택단지가 속한 시·도에 설치된 지방도시계획위원회
3. 「대도시권 광역교통 관리에 관한 특별법」에 따라 광역교통 개선대책에 대하여 심의권한을 가진 국가교통위원회
4. 「도시교통정비 촉진법」에 따른 교통영향평가심의위원회
5. 「경관법」에 따른 경관위원회
6. 제1항제6호에 대하여 심의권한을 가진 관련 위원회

> **령 제33조(공동위원회의 구성)** ① 법 제18조제3항에 따른 공동위원회(이하 "공동위원회"라 한다)는 위원장 및 부위원장 1명씩을 포함하여 25명 이상 30명 이하의 위원으로 구성한다.
> ② 공동위원회 위원장은 법 제18조제3항 각 호의 어느 하나에 해당하는 위원회 위원장의 추천을 받은 위원 중에서 호선(互選)한다.
> ③ 공동위원회 부위원장은 사업계획승인권자가 속한 지방자치단체 소속 공무원 중에서 위원장이 지명한다.
> ④ 공동위원회 위원은 법 제18조제3항 각 호의 위원회의 위원이 각각 5명 이상이 되어야 한다.

사업계획승인권자는 통합심의를 한 경우 특별한 사유가 없으면 심의 결과를 반영하여 사업계획을 승인하여야 한다(동조제4항).

통합심의를 거친 경우에는 제1항 각 호에 대한 검토·심의·조사·협의·조정 또는 재정을 거친 것으로 본다(동조제5항).

9. 사업계획승인, 행위허가 시기의 조정

 국토교통부장관은 세대수 증가형 리모델링의 시행으로 주변 지역에 현저한 주택부족이나 주택시장의 불안정 등이 발생될 우려가 있는 때에는 주거정책심의위원회의 심의를 거쳐 특별시장, 광역시장, 대도시의 시장에게 리모델링 기본계획을 변경하도록 요청하거나, 시장·군수·구청장에게 세대수 증가형 리모델링의 사업계획 승인 또는 허가의 시기를 조정하도록 요청할 수 있으며, 요청을 받은 특별시장, 광역시장, 대도시의 시장 또는 시장·군수·구청장은 특별한 사유가 없으면 그 요청에 따라야 한다(법 제74조제1항).

 시·도지사는 세대수 증가형 리모델링의 시행으로 주변 지역에 현저한 주택부족이나 주택시장의 불안정 등이 발생될 우려가 있는 때에는 「주거기본법」 제9조에 따른 시·도 주거정책심의위원회의 심의를 거쳐 대도시의 시장에게 리모델링 기본계획을 변경하도록 요청하거나, 시장·군수·구청장에게 세대수 증가형 리모델링의 사업계획 승인 또는 허가의 시기를 조정하도록 요청할 수 있으며, 요청을 받은 대도시의 시장 또는 시장·군수·구청장은 특별한 사유가 없으면 그 요청에 따라야 한다(동조제2항).

 제1항 및 제2항에 따른 시기조정에 관한 방법 및 절차 등에 관하여 필요한 사항은 국토교통부령 또는 시·도의 조례로 정한다(동조제3항).

> **규칙 제30조(세대수 증가형 리모델링의 시기 조정)** 법 제74조제1항에 따라 국토교통부장관의 요청을 받은 특별시장, 광역시장, 대도시(「지방자치법」 제175조에 따른 대도시를 말한다)의 시장 또는 시장·군수·구청장은 그 요청을 받은 날부터 30일 이내에 리모델링 기본계획의 변경 또는 세대수 증가형 리모델링의 사업계획 승인·허가의 시기 조정에 관한 조치계획을 국토교통부장관에게 보고하여야 한다. 이 경우 그 요청에 따를 수 없는 특별한 사유가 있는 경우에는 그 사유를 통보하여야 한다.

10. 사업계획승인 사례

가. 매화마을 1단지

> **성남시, 매화마을 1단지 리모델링 사업계획 승인…5번째**
> **6개 동·562가구 → '7개 동·638가구'로 증가**[118]
>
> 성남시는 지은 지 27년 된 분당구 야탑동 매화마을 1단지에 대한 리모델링 사업계획을 5월 9일 승인했다고 밝혔다.
>
> 지난해 2월과 4월 정자동 한솔마을 5단지, 구미동 무지개마을 4단지, 지난 4월 정자동 느티마을 3·4단지에 이어 다섯 번째 리모델링 사업계획 승인이며, 모두 성남시 공공지원 단지다.
>
> 1995년 12월 준공된 매화마을 1단지는 수평 및 별동 증축방식으로 리모델링이 이뤄진다.
>
> 기존 6개 동이 7개 동으로 1개 동 늘어나고, 가구 수는 562가구에서 638가구로 76가구(13.5%)가 증가한다.
>
> 연면적은 4만9355㎡에서 9만8244㎡로 4만8889㎡(99%) 늘어나고, 용적률도 166%에서 254%로 88% 증가한다.
>
> 기존 지상~지하 1개 층이던 주차장은 지하 2개 층 구조로 변경해 주차 면수를 417면에서 788면으로 371면(89%) 늘린다.
>
> 기존 지상 주차 공간은 비상 차량 외에는 차가 다니지 않는 녹지공간으로 조성한다. 운동시설 등 각종 주민편의 시설도 새로 설치한다.
>
> 매화마을 1단지 리모델링 착공은 내년 3월, 완공 목표는 오는 2025년 하반기다.
>
> 성남시는 '공동주택 리모델링 지원에 관한 조례(2013.6.28)' 제정 이후 공동주택 리모델링 기금을 조성해 2014년부터 공모로 선정한 7곳 단지의 리모델링을 공공지원하고 있다.
>
> 리모델링 사업계획을 승인한 5곳 단지 외에 야탑동 매화마을 2단지(1185가구)는 안전진단 용역을 진행 중이며, 정자동 한솔마을 주공 6단지(1039가구)는 조합설립인가를 준비 중이다.
>
> 리모델링 사업은 조합설립→안전진단→경관·도시계획·건축 심의→권리변동 계획→매도 청구→리모델링 허가와 사업계획승인→이주·착공→사용검사·입주 순으로 진행된다.
>
> 시 관계자는 "연이은 리모델링 사업계획 승인은 성남시만의 공동주택 리모델링 공공지원의 성과"라며 "오는 7월 공공지원 단지 2곳을 추가 선정할 것"이라고 말했다.

성남시 고시 제2022-97호
매화마을 1단지 리모델링 주택건설사업계획승인 고시

매화마을 1단지 리모델링주택조합 외 1인이 신청한 성남시 분당구 매화로 92리모델링 사업과 관련 「주택법」 제15조의 규정에 의거 주택건설사업계획을 승인하고, 같은 법 제15조 제6항 규정에 따라 고시합니다.

2022. 5. 9.

성 남 시 장

1. 사업의 명칭: 분당 매화마을 1단지 리모델링
2. 사 업 주 체: 매화마을 1단지 리모델링 주택조합 외 1인
    (1) 가. 사업주체: 매화마을 1단지 리모델링 주택조합
        나. 소 재 지: 경기도 성남시 분당구 매화로 92 관리동
        다. 대 표 자: 000
    (2) 가. 법 인 명: 주식회사 포스코건설
        나. 소 재 지: 경상북도 포항시 남구 대송로 180
        다. 대 표 자: 000

3. 사업시행지의 위치·면적 및 건설주택의 규모
    가. 사업시행지 위치: 경기도 성남시 분당구 매화로 92 (야탑동 201번지)
    나. 사업시행지 면적: 26,360.5㎡
    다. 건설주택의 규모

사업종류	구 분	사업내용	비 고
주택건설 (리모델링)	건축면적(건폐율)	6,635.83㎡(25.17%)	
	연면적(용적률)	98,244.82㎡(254.41%)	
	주 용 도	공동주택(아파트) 및 부대복리시설	
	동수 및 층수	7개동, 지하2층 ~ 20층	
	세대수	638세대	
	리모델링 유형	세대수 증가형(76세대 증가)	

4. 사업시행기간: 2023. 6월 ~ 2025. 10월
5. 관계법률에 의한 의제사항: 『건축법』 제11조에 의한 건축허가 등
6. 담당부서: 성남시청 주택과 리모델링지원팀(031-729-8813)

---

118) 성남시 보도자료, 2022. 5. 10.

나. 느티마을 3·4단지

> **성남시, 느티마을 3·4단지 리모델링 사업계획승인**
>
> 성남시는 분당구 정자동 느티마을 3·4단지에 대한 리모델링 사업계획을 4월 22일 승인했다고 밝혔다.
>
> 지난해 정자동 한솔마을 5단지와 구미동 무지개마을 4단지에 이어 세 번째 리모델링 사업계획승인이다.
>
> 1995년 7월 준공된 느티마을 3·4단지는 수평 및 별동 증축 방식으로 리모델링이 이뤄진다.
>
> 느티마을 3단지는 전체 12개 동에 있는 770가구가 873가구로 103가구(13.38%) 늘어난다.
>
> 3단지 내 건축연면적은 7만6083㎡에서 16만3991㎡로 8만7908㎡(115.54%) 증가한다.
>
> 지하 1개 층인 주차장이 지하 3개 층으로 확대돼 총 주차 대수도 484대에서 1501대로 확대되고, 작은도서관과 운동시설 등 각종 주민 편의 시설이 새로 들어선다.
>
> 느티마을 4단지는 16개 동이 1개 동 늘어나 17개 동이 되고, 가구 수는 1006가구에서 1149가구로 143가구(14.21%) 늘어난다.
>
> 4단지 내 건축연면적은 9만4506㎡에서 21만8383㎡로 12만3877㎡(131.08%) 증가한다.
>
> 지하 1개 층인 주차장이 지하 4개 층으로 확대돼 총 주차 대수는 601대에서 1966대로 확대된다.
>
> 느티마을 3, 4단지 리모델링 착공은 시점은 각각 내년 4월과 6월로 잡혀있다.
>
> 순조롭게 진행되면 느티마을 3, 4단지는 오는 2026년 6월과 9월 각각 완공된다.
>
> 이번 느티마을 3·4단지가 있는 분당지역은 정부가 1990년대에 주택시장 안정과 주택난 해소를 위해 만든 1기 신도시다. 당시 136개 단지, 9만7600여 가구의 주택이 성남 분당신도시에 건설돼 올해로 입주 31년이 됐다. 해당 주택들은 노후화가 진행되면서 상·하수도관 부식, 승강기·소화기 등 안전 문제, 층간소음, 주차난 등이 불거지고 있는 상태다.
>
> 성남시는 노후 단지 지원을 위해 2013년 전국 최초로 '공동주택 리모델링 지원에 관한 조례'와 '공동주택 리모델링 기금 설치 및 운용 조례'를 제정해 시행 중이다.
>
> 현재 성남시의 행·재정적 지원을 받는 공공단지는 7곳이며, 오는 7월 2곳 단지를 추가 선정한다.

제3절 행위허가

1. 법적성질

사업계획승인과 마찬가지로 행위허가는 <u>행정청의 재량행위</u>로 보아야 한다.

재량행위에 있어서는 법령상의 근거가 없다고 하더라도 부관을 붙일 수 있는데, 그 부관의 내용은 적법하고 이행 가능하여야 하며 비례의 원칙 및 평등의 원칙에 적합하고 행정처분의 본질적 효력을 해하지 아니하는 한도의 것이어야 한다(대법원 1997. 3. 14. 선고 96누16698 판결).

2. 구분소유자의 동의 및 동의 철회

공동주택(부대시설과 복리시설을 포함한다)의 입주자·사용자 또는 관리주체가 공동주택을 리모델링하려고 하는 경우에는 허가와 관련된 면적, 세대수 또는 입주자 등의 동의 비율에 관하여 대통령령으로 정하는 기준 및 절차 등에 따라 시장·군수·구청장의 허가를 받아야 한다(법 제66조제1항).

제1항에도 불구하고 대통령령으로 정하는 경우에는 <u>리모델링주택조합</u>이나 소유자 전원의 동의를 받은 입주자대표회의(「공동주택관리법」 제2조제1항제8호에 따른 입주자대표회의를 말하며, 이하 "입주자대표회의"라 한다)가 <u>시장·군수·구청장의 허가를 받아 리모델링을 할 수 있다</u>(법 제66조제2항).

령 제75조제1항에 의하면, 리모델링주택조합이 리모델링 행위허가를 받기 위해서는 리모델링 설계의 개요, 공사비, 조합원의 비용분담 명세가 기재된 결의서에, 주택단지 전체를 리모델링하고자 하는 경우에는 주택단지 전체 구분소유자 및 의결권의 각 75% 이상의 동의와 각 동별 구분소유자 및 의결권의 각 50% 이상의 동의를, 동을 리모델링 하고자 하는 경우에는 그 동의 구분소유자 및 의결권의 각 75% 이상의 동의를 각 얻어야 한다.'라고 규정하고 있다.

법 제66조제1항 및 제2항에 따른 리모델링 허가기준은 별표 4와 같다(령 제75조제1항).

■ **주택법 시행령 [별표 4]** 〈개정 2017. 2. 13.〉

공동주택 리모델링의 허가기준(제75조제1항 관련)

구분	세부기준
1. 동의비율	가. 입주자·사용자 또는 관리주체의 경우 　　공사기간, 공사방법 등이 적혀 있는 동의서에 입주자 전체의 동의를 받아야 한다. 나. 리모델링주택조합의 경우 　　다음의 사항이 적혀 있는 결의서에 주택단지 전체를 리모델링하는 경우에는 주택단지 전체 구분소유자 및 의결권의 각 75퍼센트 이상의 동의와 각 동별 구분소유자 및 의결권의 각 50퍼센트 이상의 동의를 받아야 하며(리모델링을 하지 않는 별동의 건축물로 입주자 공유가 아닌 복리시설 등의 소유자는 권리변동이 없는 경우에 한정하여 동의비율 산정에서 제외한다), 동을 리모델링하는 경우에는 그 동의 구분소유자 및 의결권의 각 75퍼센트 이상의 동의를 받아야 한다.

구분	세부기준

	1) 리모델링 설계의 개요
	2) 공사비
	3) 조합원의 비용분담 명세
	다. 입주자대표회의 경우
	   다음의 사항이 적혀 있는 결의서에 주택단지의 소유자 전원의 동의를 받아야 한다.
	   1) 리모델링 설계의 개요
	   2) 공사비
	   3) 소유자의 비용분담 명세

2. 허용행위	가. 공동주택
	   1) 리모델링은 주택단지별 또는 동별로 한다.
	   2) 복리시설을 분양하기 위한 것이 아니어야 한다. 다만, 1층을 필로티 구조로 전용하여 세대의 일부 또는 전부를 부대시설 및 복리시설 등으로 이용하는 경우에는 그렇지 않다.
	   3) 2)에 따라 1층을 필로티 구조로 전용하는 경우 제13조에 따른 수직증축 허용범위를 초과하여 증축하는 것이 아니어야 한다.
	   4) 내력벽의 철거에 의하여 세대를 합치는 행위가 아니어야 한다.
	나. 입주자 공유가 아닌 복리시설 등
	   1) 사용검사를 받은 후 10년 이상 지난 복리시설로서 공동주택과 동시에 리모델링하는 경우로서 시장·군수·구청장이 구조안전에 지장이 없다고 인정하는 경우로 한정한다.
	   2) 증축은 기존건축물 연면적 합계의 10분의 1 이내여야 하고, 증축 범위는 「건축법 시행령」 제6조제2항제2호나목에 따른다. 다만, 주택과 주택 외의 시설이 동일 건축물로 건축된 경우는 주택의 증축 면적비율의 범위 안에서 증축할 수 있다.

리모델링주택조합이 시장·군수 또는 구청장에게 <u>허가신청서를 제출하기 전까지</u> 서면으로 그 동의를 철회할 수 있다(령 제75조제3항). '서면'으로 하면 된다고만 규정하고 있으므로, 인감증명서를 첨부할 필요는 없다고 본다. 또한 조합에게 서면으로 제출하면 그만이다.

조합이 허가신청서를 제출하면 그 후로는 행위허가 동의에 대해 철회가 불가하다. 나아가 조합이 행위허가신청서를 제출하기 전까지는 행위허가에 동의철회에 대한 재철회도 가능하다고 본다. 다만, 이때도 서면으로 하여야 할 것이다.

3. 동별 리모델링 행위허가 가능 조건(공용부분 변경 시 동의 조건)

가. 동별 리모델링 법적근거

법 제11조제3항제2호는 "동을 리모델링하고자 하는 경우에는 그 동의 구분소유자 및 의결권의 각 3분의 2 이상의 결의"를 증명하는 서류를 첨부하여 리모델링주택조합설립인가를 신청하여야 하고, 시행령 [별표 4] 2. 가. 1)은 "리모델링은 주택단지별 또는 동별로 한다."라고 규정하여, 동별 리모델링조합설립이 가능하도록 하고 있다.

한편 「도시 및 주거환경정비법」 제58조도 재건축조합이 일부 건축물의 리모델링에 관한 사업시행계획서를 작성하여 사업시행계획인가를 신청할 수 있다고 규정하여, 역시 동별 리모델링을 허용하고 있다.

나. 동별 리모델링이 현실적으로 가능한지

(1) 행위허가 필요 서류

주택법은 동별 리모델링조합설립이 가능하도록 규정하고 있고, 실제로 동별 리모델링조합설립인가를 받은 사례도 있다. 동별 리모델링조합설립인가를 받으려면 '그 동의 구분소유자 및 의결권의 각 3분의 2 이상의 결의'만 있으면 되기 때문에 조합설립문제는 어렵지 않다.

그러나 이렇게 설립된 동별리모델링조합이 리모델링을 하기 위해서는 주택법 제66조 제2항에 의하여 시장·군수·구청장으로부터 소위 "행위허가"를 받아야 한다.

동별 리모델링조합이 행위허가를 받으려면, 리모델링 설계의 개요, 공사비, 조합원의 비용분담 명세가 기재된 결의서에 그 동의 구분소유자 및 의결권의 각 75% 이상의 동의를 얻어야 하고(령 제75조제2항), 또한 리모델링조합이 행위허가를 받으려면 별지 제26호서식의 허가신청서에 ①리모델링하고자 하는 건축물의 종별에 따른 「건축법 시행규칙」 제6조제1항 각 호의 서류 및 도서. 다만, 증축을 포함하는 리모델링의 경우에는 「건축법 시행규칙」 별표 3 제1호의 건축계획서중 구조계획서(기존 내력벽·기둥·보 등 골조의 존치계획서를 포함한다), 지질조사서 및 시방서를 포함한다. ②영 별표 4 제1호에 따른 입주자의 동의서 및 법 제22조에 따른 매도청구권 행사를 입증할 수 있는 서류, ③세대를 합치거나 분할하는 등 세대수를 증감시키는 행위를 하는 경우에는 그 동의 변경전과 변경후의 평면도, ④법 제2조제25호다목에 따른 세대수 증가형 리모델링

(이하 "세대수 증가형 리모델링"이라 한다)을 하는 경우에는 법 제67조에 따른 권리변동계획서, ⑤법 제68조제1항에 따른 증축형 리모델링을 하는 경우에는 같은 조 제5항에 따른 안전진단결과서, ⑥주택조합설립인가서 사본을 첨부하여 시장·군수 또는 구청장에게 제출하여야 한다(령 제75조제2항, 규칙 제28조제2항).

그런데 위에서 「건축법 시행규칙」 제6조제1항제1의2호 나목은 "집합건물의 공용부분을 변경하는 경우에는 「집합건물의 소유 및 관리에 관한 법률」 제15조제1항에 따른 결의가 있었음을 증명하는 서류"라고 규정하고 있다(건축법 시행규칙 제6조제1항제1의2호 나목).

(2) 집합건물의 공용부분을 변경하는 경우

따라서 결국은 동별 리모델링조합이 하려는 리모델링행위가 집합건물의 공용부분을 변경하는 경우에는 「집합건물의 소유 및 관리에 관한 법률」 제15조제1항에 따른 결의가 있었음을 증명하는 서류를 첨부하여야 한다.

이에 대해 「집합건물의 소유 및 관리에 관한 법률」 제15조제1항은 "공용부분의 변경에 관한 사항은 관리단집회에서 구분소유자의 4분의 3 이상 및 의결권의 4분의 3 이상의 결의로써 결정한다."라고 규정하고 있으므로, 결국 리모델링행위가 집합건물의 공용부분을 변경하는 경우에는 관리단집회에서 구분소유자의 4분의 3 이상 및 의결권의 4분의 3 이상의 결의가 있었음을 증명하는 서류가 있어야 하는 것이다.

이에 대해 하급심도 이미 주택법에 의하여 동별 리모델링조합 설립을 인가받은 조합이 행위허가를 받기 위해서는 동 자체만의 리모델링이 아니라 다른 구분소유자의 공유인 일부 대지를 동 부지에 편입하고, 그 지상 부속시설을 철거하여 변동을 주는, 다른 동의 구분소유자에게 영향을 미치는 리모델링이므로, 전체 구분소유자 및 의결권의 각 4분의 3 이상의 다수에 의한 동의 집회결의서를 제출하여야 한다고 하여(부산고등법원 2008. 6. 20. 선고 2007누4803 판결), 위 견해를 뒷받침하고 있다.

그런데 실제 동별 리모델링을 함에 있어서 '집합건물의 공용부분을 변경'하지 않고 수행한다는 것은 생각하기 어렵다. 예를 들어 지하주차장을 건설하는 경우는 '집합건물의 공용부분을 변경'하여야만 가능하다.

따라서 동별 리모델링조합설립은 가능하나, '집합건물의 공용부분을 변경'하는 행위허가를 받기 위해서는 관리단집회에서 구분소유자의 4분의 3 이상 및 의결권의 4분의 3 이상의 결의가 있었음을 증명하는 서류가 있어야 하는 것이다.

결국 동별 리모델링조합을 설립하여 '집합건물의 공용부분을 변경'하는 동별 리모델링을 하고자 하는 경우에는 위와 같은 서류가 추가로 필요하다는 점을 알고, 이 서류의 확보가 가능한 경우에만 동별 리모델링조합설립을 추진하여야 할 것이다.

한편 동별 리모델링을 허용한다고 하더라도 주택단지 전체의 건폐율, 용적률 등에 변화가 없는 대수선의 경우는 별 문제가 없지만, 수직증축을 하는 경우에는 단지 전체의 건폐율, 용적률, 동간거리에 문제가 발생하므로, 주택단지 전체가 리모델링을 할 경우 그 동에 허용될 수 있는 건폐율과 용적률의 범위 내에서 배분되어야 하고, 타 동이 차후 수직증축을 할 경우를 대비하여 동간 거리도 허용되어야 할 것이다.[119]

다. 입법론

입법론적으로는 집합건물의 공용부분을 변경하는 동별 리모델링을 허용하려면, 아예 조합설립인가 단계부터 행위허가에 필요한 서류를 첨부하도록 하여 불필요한 조합이 설립되지 않도록 하거나, 전체 공용부분 면적에서 그 동의 구분소유자들이 가지고 있는 전유부분비율에 따른 공용부분 면적범위 내이고 그 부분이 특정 가능하다면, 행위허가 첨부서류에 관리단집회에서 구분소유자의 4분의 3 이상 및 의결권의 4분의 3 이상의 결의가 있었음을 증명하는 서류를 첨부하지 않도록 개정하는 것이 타당해 보인다.

---

[119] 강신은, 전연규, 공동주택리모델링 해설서, 사단법인 한국도시개발연구포럼, 54

4. 대상사업 및 신청서 첨부서류

증가하는 세대수가 30세대 미만인 경우에 조합은 법 제66조 제2항에 따른 행위허가를 받아야 한다.120)

> **법 제66조** ② 제1항에도 불구하고 대통령령으로 정하는 경우에는 리모델링주택조합이나 소유자 전원의 동의를 받은 입주자대표회의(「공동주택관리법」 제2조제1항제8호에 따른 입주자대표회의를 말하며, 이하 "입주자대표회의"라 한다)가 시장·군수·구청장의 허가를 받아 리모델링을 할 수 있다.
>
> **령 제75조(리모델링의 허가 기준 등)** ① 법 제66조제1항 및 제2항에 따른 리모델링 허가기준은 별표 4와 같다.
> ② 법 제66조제1항 및 제2항에 따른 리모델링 허가를 받으려는 자는 허가신청서에 국토교통부령으로 정하는 서류를 첨부하여 시장·군수·구청장에게 제출하여야 한다.
> ③ 법 제66조제2항에 따라 리모델링에 동의한 소유자는 리모델링주택조합 또는 입주자대표회의가 제2항에 따라 시장·군수·구청장에게 허가신청서를 제출하기 전까지 서면으로 동의를 철회할 수 있다.
>
> **규칙 제28조(리모델링의 신청 등)** ① 영 제75조제2항에 따른 허가신청서는 별지 제26호서식과 같다.
> ② 영 제75조제2항에서 "국토교통부령으로 정하는 서류"란 다음 각 호의 서류를 말한다.
>   1. 리모델링하려는 건축물의 종별에 따른 「건축법 시행규칙」 제6조제1항 각 호의 서류 및 도서. 다만, 증축을 포함하는 리모델링의 경우에는 「건축법 시행규칙」 별표 3 제1호에 따른 건축계획서 중 구조계획서(기존 내력벽, 기둥, 보 등 골조의 존치계획서를 포함한다), 지질조사서 및 시방서를 포함한다.
>   2. 영 별표 4 제1호에 따른 입주자의 동의서 및 법 제22조에 따른 매도청구권 행사를 입증할 수 있는 서류
>   3. 세대를 합치거나 분할하는 등 세대수를 증감시키는 행위를 하는 경우에는 그 동의 변경 전과 변경후의 평면도
>   4. 법 제2조제25호다목에 따른 세대수 증가형 리모델링(이하 "세대수 증가형 리모델링"이라 한다)을 하는 경우에는 법 제67조에 따른 권리변동계획서
>   5. 법 제68조제1항에 따른 증축형 리모델링을 하는 경우에는 같은 조 제5항에 따른 안전진단결과서
>   6. 리모델링주택조합의 경우에는 주택조합설립인가서 사본
> ****건축법 제6조(건축허가 등의 신청)** ①
>   1. 건축할 대지의 범위에 관한 서류

---

120) 자세한 사항은 제1절을 참고하기 바람.

1의2. 건축할 대지의 소유에 관한 권리를 증명하는 서류. 다만, 다음 각 목의 경우에는 그에 따른 서류로 갈음할 수 있다.

　가. 건축할 대지에 포함된 국유지 또는 공유지에 대해서는 허가권자가 해당 토지의 관리청과 협의하여 그 관리청이 해당 토지를 건축주에게 매각하거나 양여할 것을 확인한 서류

　나. 집합건물의 공용부분을 변경하는 경우에는 「집합건물의 소유 및 관리에 관한 법률」 제15조제1항에 따른 결의가 있었음을 증명하는 서류

　다. 분양을 목적으로 하는 공동주택을 건축하는 경우에는 그 대지의 소유에 관한 권리를 증명하는 서류. 다만, 법 제11조에 따라 주택과 주택 외의 시설을 동일 건축물로 건축하는 건축허가를 받아 「주택법 시행령」 제27조제1항에 따른 호수 또는 세대수 이상으로 건설·공급하는 경우 대지의 소유권에 관한 사항은 「주택법」 제21조를 준용한다.

1의3. 법 제11조제11항제1호에 해당하는 경우에는 건축할 대지를 사용할 수 있는 권원을 확보하였음을 증명하는 서류

1의4. 법 제11조제11항제2호 및 영 제9조의2제1항 각 호의 사유에 해당하는 경우에는 다음 각 목의 서류

　가. 건축물 및 해당 대지의 공유자 수의 100분의 80 이상의 서면동의서: 공유자가 지장(指章)을 날인하고 자필로 서명하는 서면동의의 방법으로 하며, 주민등록증, 여권 등 신원을 확인할 수 있는 신분증명서의 사본을 첨부하여야 한다. 다만, 공유자가 해외에 장기체류하거나 법인인 경우 등 불가피한 사유가 있다고 허가권자가 인정하는 경우에는 공유자의 인감도장을 날인한 서면동의서에 해당 인감증명서를 첨부하는 방법으로 할 수 있다.

　나. 가목에 따라 동의한 공유자의 지분 합계가 전체 지분의 100분의 80 이상임을 증명하는 서류

　다. 영 제9조의2제1항 각 호의 어느 하나에 해당함을 증명하는 서류

　라. 해당 건축물의 개요

1의5. 제5조에 따른 사전결정서(법 제10조에 따라 건축에 관한 입지 및 규모의 사전결정서를 받은 경우만 해당한다)

2. 별표 2의 설계도서(실내마감도는 제외하고, 법 제10조에 따른 사전결정을 받은 경우에는 건축계획서 및 배치도를 제외한다). 다만, 법 제23조제4항에 따른 표준설계도서에 따라 건축하는 경우에는 건축계획서 및 배치도만 해당한다.

3. 법 제11조제5항 각 호에 따른 허가등을 받거나 신고를 하기 위하여 해당 법령에서 제출하도록 의무화하고 있는 신청서 및 구비서류(해당 사항이 있는 경우로 한정한다)

4. 별지 제27호의11서식에 따른 결합건축협정서(해당 사항이 있는 경우로 한정한다)

5. 소유권 확보 여부

 법은 리모델링주택조합이 주택단지 전체를 리모델링하기 위하여 '허가'를 받을 때는 구분소유자 75퍼센트 이상의 동의를 받도록 하고 있다. 즉, 규칙 제28조제2항제2호는 "영 별표 4 제1호에 따른 입주자의 동의서 및 법 제22조에 따른 매도청구권 행사를 입증할 수 있는 서류"를 요구하고 있다.

 "매도청구권 행사를 입증할 수 있는 서류"를 첨부하도록 되어 있으므로, 소유권을 확보하지 않아도 된다고 본다.

6. 행위허가신청 시 심사방법, 도시계획위원회 심의 여부

 리모델링조합이 리모델링 행위허가 신청을 한 경우 관할관청으로서는 주택법령에서 정한 행위허가 동의요건 등을 제대로 갖추었는지 여부에 관하여 심사를 하여야 하고, 이는 행위허가 신청서에 첨부된 동의서가 적법하게 제출되었는지 여부에 대하여 그 서류를 심사하는 방식에 의하여야 할 것이다(서울행정법원 2008. 7. 25. 선고 2007구합 47626 판결).

 한편 법 제66조제6항은 "제1항에 따라 시장·군수·구청장이 세대수 증가형 리모델링(대통령령으로 정하는 세대수 이상으로 세대수가 증가하는 경우로 한정한다. 이하 이 조에서 같다)을 허가하려는 경우에는 기반시설에의 영향이나 도시·군관리계획과의 부합 여부 등에 대하여 「국토의 계획 및 이용에 관한 법률」 제113조제2항에 따라 설치된 시·군·구도시계획위원회(이하 "시·군·구도시계획위원회"라 한다)의 심의를 거쳐야 한다."라고 규정하고 있고, 〈신설 2012.1.26., 2013.12.24.〉,

 령 제76조제2항은 "법 제66조제6항에서 "대통령령으로 정하는 세대수"란 50세대를 말한다."라고 규정하고 있다.

 법 제66조제6항은 "제1항에 따라 …"라고 규정하여, 50세대 이상 세대수가 증가하는 리모델링으로서 '공동주택의 입주자·사용자 또는 관리주체'가 행위허가를 신청하는 경우에만 도시계획위원회의 심의를 받는 것으로 하고 있으나, 이는 명백한 입법실수로 보인다. 리모델링조합이 시행하는 법 제66조제2항의 경우도 50세대 이상 세대수가 증가하는 경우에는 당연히 "시·군·구도시계획위원회"의 심의를 거쳐야 한다고 본다.

7. 행위허가의 효력, 취소, 형사처벌

리모델링에 관하여 시장·군수·구청장이 관계 행정기관의 장과 협의하여 허가받은 사항에 관하여는 제19조를 준용한다(법 제66조제5항).

즉, 사업계획승인시와 마찬가지로 행위허가를 받으면 법 제19조제1항 각호가 정한 각종 인·허가가 의제된다.

시장·군수·구청장은 조합이 거짓이나 그 밖의 부정한 방법으로 행위허가를 받은 경우에는 <u>행위허가를 취소</u>할 수 있다(법 제66조제8항).

법 제66조제1항 및 제2항을 위반한 자는 1년 이하의 징역 또는 1천만원 이하의 벌금에 처한다(법 제104조제11호).

제4절 권리변동계획

1. 의의 및 내용

가. 의의

 세대수가 증가되는 리모델링을 하는 경우에는 기존 주택의 권리변동, 비용분담 등 대통령령으로 정하는 사항에 대한 계획(이하 "권리변동계획"이라 한다)을 수립하여 사업계획승인 또는 행위허가를 받아야 한다(법 제67조).

나. 권리변동계획에서 정할 사항

> **령 제77조(권리변동계획의 내용)** ① 법 제67조에서 "기존 주택의 권리변동, 비용분담 등 대통령령으로 정하는 사항"이란 다음 각 호의 사항을 말한다.
> 1. 리모델링 전후의 대지 및 건축물의 권리변동 명세
> 2. 조합원의 비용분담
> 3. 사업비
> 4. 조합원 외의 자에 대한 분양계획
> 5. 그 밖에 리모델링과 관련된 권리 등에 대하여 해당 시·도 또는 시·군의 조례로 정하는 사항
> ② 제1항제1호 및 제2호에 따라 대지 및 건축물의 권리변동 명세를 작성하거나 조합원의 비용분담 금액을 산정하는 경우에는 「감정평가 및 감정평가사에 관한 법률」 제2조제4호에 따른 감정평가법인등이 리모델링 전후의 재산 또는 권리에 대하여 평가한 금액을 기준으로 할 수 있다. 〈개정 2016. 8. 31., 2020. 7. 24.〉

다. 대지 및 건축물의 권리변동 명세

 공동주택의 소유자가 리모델링에 의하여 전유부분(「집합건물의 소유 및 관리에 관한 법률」 제2조제3호에 따른 전유부분을 말한다. 이하 이 조에서 같다)의 면적이 늘거나 줄어드는 경우에는 「집합건물의 소유 및 관리에 관한 법률」 제12조 및 제20조제1항에도 불구하고 대지사용권은 변하지 아니하는 것으로 본다. 다만, 세대수 증가를 수반하는 리모델링의 경우에는 권리변동계획에 따른다(법 제76조제1항).

 공동주택의 소유자가 리모델링에 의하여 일부 공용부분(「집합건물의 소유 및 관리에 관한 법률」 제2조제4호에 따른 공용부분을 말한다. 이하 이 조에서 같다)의 면적을 전

유부분의 면적으로 변경한 경우에는 「집합건물의 소유 및 관리에 관한 법률」 제12조에도 불구하고 그 소유자의 나머지 공용부분의 면적은 변하지 아니하는 것으로 본다(동조 제2항).

제1항의 대지사용권 및 제2항의 공용부분의 면적에 관하여는 제1항과 제2항에도 불구하고 소유자가 「집합건물의 소유 및 관리에 관한 법률」 제28조에 따른 규약으로 달리 정한 경우에는 그 규약에 따른다(법 제76조제3항).

라. 실제 사례

> ㅇㅇ아파트 리모델링 권리변동계획안 의결(2021년 4월)
> 비례율 99.9%, 일반분양 29가구, 16층 1천23가구로 리모델링
> ㅇㅇ단지의 기존 평형은 14평형과 24평형 2개 평형으로 구성,
> 리모델링을 통해 기존 14평형은 20평형으로, 기존 24평형은 31평형으로 각 6평과 7평을 넓혀 리모델링한다.
> 리모델링하는 20평형의 종후가격은 5억7천900만원, 31평형은 9억3천600만원으로 평가되어, 이에 따른 분담금 추정치는 14평형 조합원이 1억9천900만원, 24평형 조합원이 2억8천600만원으로 각각 산출.
> 이번 권리변동계획은 시공자 본계약 전에 마련한 잠정안으로, 실제 권리변동계획 내용은 추후 리모델링 행위허가 및 시공자와의 본계약 후 확정

2. 수립시기 및 절차

세대수가 증가되는 리모델링을 하는 경우에는 기존 주택의 권리변동, 비용분담 등 대통령령으로 정하는 사항에 대한 계획(이하 "권리변동계획"이라 한다)을 수립하여 사업계획승인 또는 행위허가를 받아야 한다(법 제67조). 실무상은 이를 최초 권리변동계획으로 본다.

총회의 의결을 받아야 하고(권리변동계획 수립과 관련하여 별도의 통지 또는 공람절차는 없고, 총회 의결을 받는 과정에서 통지받는다). 다만, 다만 사업계획승인에 대한 총회 의결 시 같이 받을 수 있다(규약 제36조제1항). 총회 의결시는 조합원의 100분의 20 이상이 직접 출석하여야 한다(령 제20조제4항).

일부 인터넷자료에서 사업계획승인 후에 권리변동계획을 수립하는 것처럼 되어 있으나, 이는 명백히 오류이다. 이는 아마도 아래에서 보는 부담금 확정총회를 오인한 것으로 보인다. 리모델링 초기에는 세대수 증가가 없어 권리변동계획이 불필요하였다. 그러다가 2012. 1. 26. 법 개정으로 최초로 세대수 증가가 허용되면서 권리변동계획이 신설된 것이다.

> **주택법 [시행 2012. 7. 27.] [법률 제11243호, 2012. 1. 26., 일부개정]**
> ◇ 개정이유
> 어려운 경제여건과 주택 전·월세가격 급등으로 인한 서민들의 주거불안을 해소하기 위하여 주택임차료 보조제도의 실시근거를 마련하고, 세대수를 증가시키는 행위를 금지하고 있는 현행의 리모델링제도는 과도한 비용부담을 수반하여 제도의 실효성 확보가 어렵기 때문에 리모델링에 의하여 증가되는 면적의 일부를 세대수를 증가시키는데 활용할 수 있도록 함으로써 리모델링을 활성화시키고 주민의 비용부담을 완화하며, 주택 공급의 활성화를 위하여 주택단지의 분할 건설·공급을 허용하고, 사업계획승인과 관련된 사항을 효율적으로 검토·심의함으로써 주택건설 인·허가기간을 단축하기 위하여 사업계획승인에 관한 사항을 통합심의할 수 있는 근거를 마련하며, 입주자를 모집할 수 있는 사업주체의 범위를 확대하는 등 현행 제도의 운영상 나타난 일부 미비점을 개선·보완하려는 것임.
> ◇ 주요내용
> 가. 세대수를 증가시키는 수평·별동 증축 및 세대분할 행위를 리모델링의 범위에 포함함(안 제2조15호).
> **제42조의2(권리변동계획의 수립)** 세대수가 증가되는 리모델링을 하는 경우에는 기존 주택의 권리변동, 비용분담 등 대통령령으로 정하는 사항에 대한 계획(이하 "권리변동계획"이라 한다)을 수립하여 사업계획승인 또는 행위허가를 받아야 한다.
> [본조신설 2012.1.26]

3. 권리변동계획 변경(부담금 확정총회)

 실무상은 사업계획승인(또는 행위허가) 후에 조합원들의 부담금을 확정하여 다시 권리변동계획을 수립하여 총회의 의결을 받아 확정한다(규약 제36조제6항).

 통상 부담금 확정총회라고 부르고 있고, 이는 정비사업의 경우 관리처분총회에 대비되는 개념이다.

4. 계약기간 내에 미계약자에 대한 현금청산 여부

가. 쟁점

일부 조합에서 규약에 아래와 같은 규정을 두어 아파트 리모델링사업에서 계약기간 내에 미계약자에 대한 현금청산을 규정하고 있다.

> **제36조**(권리변동계획의 수립) ③리모델링 계약기간 내에 계약을 체결하지 않는 경우 현금청산을 원칙으로 하되, 현금청산에 대한 협의가 되지 않을 경우 제38조에 의거하여 매도청구를 한다.

이러한 규정은 유효한가?

나. 판결의 검토

대법원은 "원고 조합의 정관 제45조제4항에서 구 도시정비법 제47조와 같은 내용을 규정한 다음, 제5항에서 관리처분계획의 인가 후 60일 이내에 분양계약을 체결하지 아니한 조합원에 대하여도 제4항을 준용한다고 규정하고 있다. 이에 따르면 원고 조합의 조합원은 관리처분계획이 인가된 후라도 위와 같이 정관에서 정한 분양계약 체결기간 이내에 분양계약을 체결하지 아니함으로써 특별한 사정이 없는 한 현금청산대상자가 될 수 있다. 이러한 정관 규정은 조합원으로 하여금 관리처분계획이 인가된 이후라도 조합원의 지위에서 이탈하여 현금청산을 받을 기회를 추가로 부여하기 위한 데 그 취지가 있으므로 그 내용이 구 도시정비법에 위배되어 무효라고 볼 수 없다."라고 판시하여(대법원 2011. 7. 28. 선고 2008다91364 판결), <u>도시정비법에 의해 시행되는 정비사업에서는 위 정관조항이 적법하다고 한다.</u>

이러한 대법원 판결이 리모델링에도 그대로 적용될 지에 대해서는 견해의 대립이 있다.

무효설은 위 조항을 무효라고 본다. 리모델링은 분양신청이 존재하지 않는다. 리모델링은 자신의 아파트를 그대로 리모델링만 하는 것이므로 분양계약도 사실상 없는 것이고, 단지 리모델링 비용만 정산하는 구조이다. 또한 강제로 취득하는 매도청구 권한은 법에 근거가 있을 경우에만 가능한데, 법은 행위허가(사업계획승인)에 동의하지 않을 경우에만 매도청구권을 규정하고 있다. 나아가 재건축은 양도·양수에 제약을 받고 있으나, 리모델링은 양도·양수에 아무런 제약이 없어 현금청산을 원한다면 당해 부동산을 매도하면 그만인 것이다. 굳이 매도청구라는 번거로운 절차를 도입할 필요가 전혀 없다는 견해이다.

> **서울동부지방법원 2016. 9. 21. 선고 2015가합106590 판결**
> 이 사건 규정 제3항에 의하면 리모델링 신청 또는 리모델링 계약을 체결하지 않은 경우는 현금청산을 원칙으로 한다고 되어 있는데, 그렇다면 거의 모든 조합원들에게 현금청산을 하게 되어 조합원의 탈퇴를 인정하지 않는 규약 제11조 제4항과 실질적으로 상충되는 점, 이 사건 규정에 의하더라도 원고가 리모델링 신청기간 등에 대한 고지·공고를 언제 하여야 하는지 불분명한 점 등을 종합하면, 이 사건 규정의 취지를 정확히 알 수는 없으나 적어도 이를 피고가 현금청산을 요구하던 기간 동안 피고 등 조합원들에게 조합원의 지위에서 이탈하여 현금청산을 받을 기회를 추가로 부여하려는 취지로 단정할 수 없다.

유효설은 대법원 판결을 기초로 위 정관은 유효하다고 한다. 대법원은 "조합원이 분양신청을 하지 아니하거나 철회하는 경우에는 조합원의 지위를 상실함으로써 현금청산 대상자가 되는데, <u>조합원이 재건축조합에서 제명되거나 탈퇴하는 등 후발적인 사정으로 그 지위를 상실하는 경우에도 처음부터 분양신청을 하지 아니하거나 철회하는 경우와 마찬가지로 현금청산 대상자가 된다.</u> 도시 및 주거환경정비법 제18조제1항은 '조합은 법인으로 한다'라고 하고, 제27조는 '조합에 관하여는 이 법에 규정된 것을 제외하고는 민법 중 사단법인에 관한 규정을 준용한다'라고 규정하고 있는데, 민법은 사단법인의 구성원인 사원의 권리와 의무에 관하여 제56조에서 '사단법인의 사원의 지위는 양도 또는 상속할 수 없다'라고 규정하고 있을 뿐이므로, 나머지 사항에 관하여는 원칙적으로 사단법인의 정관에 의하여 규율된다. 따라서 재건축조합이 조합원 지위를 상실한 토지등소유자를 상대로 그가 출자한 재산에 관한 청산절차를 이행하여야 하는 경우에도 도시정비법에서 정한 것을 제외하고는 조합 정관에 따라 해석하여야 한다."라고 판시하고 있는데(대법원 2013. 11. 28. 선고 2012다110477,110484 판결), 주택법도 2020. 1. 13. 개정되어, 리모델링조합은 법인으로 하고, 조합은 조합설립인가를 받은 날부터 30일 이내에 주된 사무소의 소재지에서 대통령령으로 정하는 사항을 등기하는 때에 성립하고, 조합은 명칭에 "리모델링주택조합"이라는 문자를 사용하여야 하므로(주택법 제76조제5항, 제6항, 도시정비법 제38조), 리모델링을 정비사업과 달리 해석할 이유가 없다는 것이다.

다. 사견

리모델링 계약 기간내에 계약을 하지 않는다고 하여, 조합이 어떠한 피해를 보는 것이 없다. 특히 이미 신탁등기가 되어 있다면 더욱 그렇다. 만일 일부 조합원이 계약을 체결하지 않는다면 권리변동계획에 따라 확정된 분담금을 청구하면 그만이다. 그리고 리모델링은 정비사업과 달리 매매가 자유롭다.

따라서 당해 조합의 사정에 맞추어 위와 같은 규약을 둘지 자유롭게 정하면 그만일 것이다.

오히려 위 규약은 부동산 하락기에는 오히려 조합에 부담이 될 수도 있다.

5. 공용환권

가. 법 개정

■[시행 2020. 1. 23.] [법률 제16870호, 2020. 1. 23., 일부개정]
◇ 주요내용
  카. <u>리모델링주택조합의 법인격과 권리변동계획에 따라 소유권이 이전되는 토지 또는 건축물에 대한 권리의 확정 등에 관하여는 「도시 및 주거환경정비법」을 준용하도록 함(제76조제5항 및 제6항 신설).</u>
제76조에 제5항 및 제6항을 각각 다음과 같이 신설한다.
  ⑤ 리모델링주택조합의 법인격에 관하여는 「도시 및 주거환경정비법」 제38조를 준용한다. 이 경우 "정비사업조합"은 "리모델링주택조합"으로 본다.
  ⑥ <u>권리변동계획에 따라 소유권이 이전되는 토지 또는 건축물에 대한 권리의 확정 등에 관하여는 「도시 및 주거환경정비법」 제87조를 준용한다. 이 경우 "토지등소유자에게 분양하는 대지 또는 건축물"은 "권리변동계획에 따라 구분소유자에게 소유권이 이전되는 토지 또는 건축물"로, "일반에게 분양하는 대지 또는 건축물"은 "권리변동계획에 따라 구분소유자 외의 자에게 소유권이 이전되는 토지 또는 건축물"로 본다.</u>
부칙
제1조(시행일) 이 법은 공포 후 6개월이 경과한 날부터 시행한다. 다만, 제21조제1항제4호, 제22조제2항, 제55조제1항 및 제2항, 제56조, 제56조의2, 제56조의3, 제66조제2항, 제76조제5항 및 제6항, 제89조제4항 및 제100조의 개정규정은 공포한 날부터 시행하고,

나. 공용환권 내용

2020. 1. 23. 법 제76조제6항이 신설되어 권리변동계획에 따라 소유권이 이전되는 토지 또는 건축물에 대한 권리의 확정 등에 관하여는 「도시 및 주거환경정비법」 제87조를 준용한다. 이 경우 "토지등소유자에게 분양하는 대지 또는 건축물"은 "권리변동계획에 따라 구분소유자에게 소유권이 이전되는 토지 또는 건축물"로, "일반에게 분양하는 대지 또는 건축물"은 "권리변동계획에 따라 구분소유자 외의 자에게 소유권이 이전되는 토지 또는 건축물"로 본다.

도시정비법 제87조(대지 및 건축물에 대한 권리의 확정) ① 대지 또는 건축물을 분양받을 자에게 제86조제2항에 따라 소유권을 이전한 경우 종전의 토지 또는 건축물에 설정된 지상권·전세권·저당권·임차권·가등기담보권·가압류 등 등기된 권리 및 「주택임대차보호법」 제3조제1항의 요건을 갖춘 임차권은 소유권을 이전받은 대지 또는 건축물에 설정된 것으로 본다.
② 제1항에 따라 취득하는 대지 또는 건축물 중 토지등소유자에게 분양하는 대지 또는 건축물은

> 「도시개발법」 제40조에 따라 행하여진 환지로 본다.
> ③ 제79조제4항에 따른 보류지와 일반에게 분양하는 대지 또는 건축물은 「도시개발법」 제34조에 따른 보류지 또는 체비지로 본다.

리모델링 사업의 경우 건물의 소유자 등 입주자는 공사기간 동안 필수적으로 구분건물에서 이주를 하여야 한다. 이주의 경우 조합원의 책임으로 이주를 하여야 하는데, 이에 소요되는 비용이 많아 거의 대부분의 경우 그 소유주택을 담보로 이주비 대출을 받아 이주하게 되어 사업시행자가 조합원으로부터 신탁받는 부동산은 제한물권의 부담이 수반될 수밖에 없다.

그런데 그동안 세대수 증가형 리모델링의 경우 종전보다 세대수가 증가하므로 조합원 소유 부동산의 대지지분을 조합원용과 새로이 건설되는 일반분양용의 대지사용권으로 제공하여야만 일반분양용 세대도 대지사용권을 취득할 수 있게 된다. 즉, 조합원의 대지지분을 조합원의 전유부분 면적에 비례하는 대지지분과 조합원에게 제공하고 남은 잔여지분을 (조합이 취득하여) 일반분양용 대지사용권으로 제공하게 된다. 이때 조합원이 제공한 대지지분에 설정된 소유권이외의 권리는 조합원용 지분과 일반분양용 지분에 함께 미치게 된다. 제3자 보호규정도 함께 포함하고 있는 「주택공급에 관한 규칙」에 따르면 일반분양용의 경우 소유권이외의 권리를 말소하지 않는 한 입주자를 모집할 수 없다. 리모델링 사업의 경우 사업부지는 이주비 조달을 위하여 담보물권이 설정될 수밖에 없는 관계로 제3자 보호규정을 충족시킬 수가 없어 제자리를 맴돌 수밖에 없었다.

이에 입법론적으로는 권리변동계획이 확정되면 조합원 소유부동산 위에 존속하는 소유권이외의 권리가 권리변동계획에 따라 취득하는 조합원용 지분에 집중하여 존속하고 일반분양용으로 제공되는 대지 지분은 소유권외의 부담이 없는 취득이 되는 것으로 법조문을 신설할 필요가 있었다.

이를 반영하기 위해 2020. 1. 23. 법 제76조제6항이 신설된 것이다.

제5절 간선시설의 설치

1. 문제의 제기

리모델링은 소유권을 그대로 유지하면서 대수선 또는 증축을 하는 것이므로, 기본적으로 간선시설 설치가 크게 문제되지 아니한다.

다만, 세대수가 증가하는 경우 상하수도시설의 용량 증가 설치가 가장 큰 문제가 될 것이다. 이에 대해서 법은 일률적으로 100세대 이상이 증가하는 경우에는 지방자치단체가 비용을 부담하여 설치를 하여야 하는 것으로 규정하고 있는 것이다.

사견은, 리모델링 기본계획을 수립하면서 지방자치단체가 이 문제에 대해 종합적으로 접근할 필요가 있다고 본다.

2. 설치의무자, 비용부담자, 설치시기

100세대 이상 증가하면 간선시설은 조합이 아닌 각 사업자가 비용을 부담하여 설치하여야 한다. 다만 도로 및 상하수도시설은 국가가 2분의 1 범위에서 보조할 수 있다(법 제28조제1항, 제3항).

즉, 리모델링의 경우에는 증가하는 세대수가 100세대 이상의 주택건설사업을 시행하는 경우 다음 각 호에 해당하는 자는 각각 해당 간선시설을 설치하여야 한다. 다만, 제1호에 해당하는 시설로서 사업주체가 제15조제1항 또는 제3항에 따른 주택건설사업계획 또는 대지조성사업계획에 포함하여 설치하려는 경우에는 그러하지 아니하다(법 제28조제1항, 령 제39조).〈개정 2012.1.26〉
  1. 지방자치단체 : 도로 및 상하수도시설
  2. 해당 지역에 전기·통신·가스 또는 난방을 공급하는 자 : 전기시설·통신시설·가스시설 또는 지역난방시설
  3. 국가 : 우체통

그런데 법은 각 해당하는 자가 비용을 부담하여 설치를 하여야 한다고 규정하면서도 조합이 스스로 도로 및 상하수도시설을 설치하려는 경우에는 조합이 비용을 부담하여 설치하는 것으로 규정하고 있다. 이는 매우 불합리한 조문이라고 본다. 이는 실질적으로 조합에게 설치의무를 떠넘긴 것이다. 법 제28조제1항단서는 즉시 삭제되어야 한다고 본다.

만일 증가하는 세대수가 100세대 미만이라면 조합이 비용을 부담하여 설치하여야 한다.

특별한 사유가 없으면 사용검사일까지 설치를 완료하여야 한다(법 제28조제2항).

3. 학교용지부담금

민원인 – 「주택법」에 따른 리모델링의 경우 학교용지부담금 부과 대상인 "개발사업" 해당 여부를 판단하는 기준(「학교용지 확보 등에 관한 특례법」 제2조제2호라목 등 관련)
[법제처 21-0126, 2021. 4. 9., 민원인]

【질의요지】
「주택법」 제2조제11호다목에 따른 리모델링주택조합이 같은 조 제25호에 따른 리모델링을 하는 경우, 해당 사업이 「학교용지 확보 등에 관한 특례법」(이하 "학교용지법"이라 함) 제2조제2호라목에 따른 "개발사업"에 해당하는지 여부는 리모델링에 따라 발생하는 "전체 세대 수"를 기준으로 100세대 이상인지를 판단해야 하는지, 아니면 "증가하는 세대 수"를 기준으로 100세대 이상인지를 판단해야 하는지?

【회답】
이 사안의 경우 학교용지법 제2조제2호라목에 따른 "개발사업"에 해당하는지 여부는 리모델링에 따라 발생하는 "전체 세대 수"가 100세대 이상인지를 기준으로 판단해야 합니다.

【이유】
학교용지법 제2조제2호에서는 「주택법」 등 각 목의 어느 하나에 해당하는 법률에 따라 시행하는 사업 중 100세대 규모 이상의 주택건설용 토지를 조성·개발하거나 공동주택을 건설하는 사업을 "개발사업"이라고 정의하여, 문언상 학교용지법의 규율 대상으로서 학교용지부담금의 부과 대상이 되는 개발사업을 같은 법 제2조제2호 각 목에 열거된 법률에 따라 시행하는 사업의 세대 규모를 기준으로 판단하도록 규정하고 있습니다.

그리고 학교용지법 제3조제1항에서는 300세대 규모 이상의 개발사업을 시행하는 자를 대상으로 학교용지의 조성·개발에 관한 사항을 사업 시행을 위한 계획에 포함시키도록 하면서, 기준이 되는 300세대를 산정할 때 「도시 및 주거환경정비법」 제2조제2호다목의 재건축사업 및 「빈집 및 소규모주택 정비에 관한 특례법」 제2조제1항제3호다목의 소규모재건축사업의 경우에는 기존 세대를 뺀 세대 수를 대상으로 하도록 명시하고 있는 반면, 같은 법 제2조제2호에서는 「도시 및 주거환경정비법」 및 「빈집 및 소규모주택 정비에 관한 특례법」을 각각 다목 및 너목에서 규정하면서도 해당 법률에 따라 시행하는 사업의 규모를 사업의 시행에 따라 증가하는 세대수로 한정하고 있지 않습니다.

또한 학교용지법 제5조제1항에서 시·도지사는 개발사업지역에서 공동주택을 분양하는 자 등에게 학교용지부담금을 부과·징수할 수 있다고 규정하면서 각 호의 어느 하나에 해당하는 개발사업분은 부담금의 부과·징수 대상에서 제외하고 있는데, 같은 항 제6호에서는 리모델링주택조합의 구성원에게 분양하는 경우를 규정하고 있는바, 이는 리모델링의 경우에는 리모델링에 따라 발생하는 전체 세대수가 100세대 규모 이상이면 개발사업에 해당한다는 것을 전제로 하여 리모델링 사업으로 실제 증가한 세대 수에 해당하는 부분에 대해 부담금을 부과하려는 취지입니다.

아울러 학교용지법은 학교용지의 조성·개발·공급과 관련 경비의 부담 등에 관한 특례를 규정함으로써 학교용지의 확보를 쉽게 하는 것을 목적(제1조)으로 하는 법률로서, 학교용지 확보에 필요한 재정 충당을 목적으로 개발사업의 시행자에게 학교용지부담금을 부과하는 것은 개발사업을 시행함으로써 학교시설 확보의 필요성을 유발했기 때문이라는 점에 비추어 볼 때,(각주: 대법원 2017. 12. 28. 선고 2017두30122 판결례 및 법제처 2020. 11. 19. 회신 20-0404 해석례 참조) 같은 법 제2조제2호의 "100세대 규모 이상"은 학교 수요를 유발할 가능성이 있는 규모의 최소기준을 법률로 정한 것이라고 보아야 할 것인바, 명문의 근거 없이 개별 사업의 특성을 고려해 기존 세대를 뺀 세대 수를 기준으로 하여 "증가하는 세대 수"가 100세대 이상인 경우로 한정하여 개발사업의 범위를 축소하는 것은 타당하지 않습니다.

따라서 이 사안과 같은 리모델링의 경우, 학교용지법 제2조제2호라목에 따른 "개발사업"에 해당하는지 여부는 해당 리모델링에 따라 발생하는 "전체 세대 수"를 기준으로 100세대 이상인지를 판단해야 합니다.

우리아파트는 재건축 대신 리모델링 한다

PART 7

이주, 해체, 착공, 일반분양, 감리, 사용검사

PART 7 이주, 해체, 착공, 일반분양, 감리, 사용검사

1. 이주

가. 조합원

조합원에 대한 이주대책은 규약과 총회 의결로 정하게 된다. 그리고 조합원은 조합이 요구하는 시기에 이주하지 아니하여 조합에 손해를 끼친 경우에는 손해배상책임이 있다. 이를 조합규약에 명기하는 것이 타당하다. 물론 재건축표준정관에는 명시되어 있다. 따라서 조합원의 경우에는 이주에 협조를 하여야 한다.

한편 하급심 판결에 의하면 행위허가 후에야 이주가 가능하다고 한다.
즉, 서울서부지방법원은 "일반적으로 '리모델링'이라 함은 주택법 제42조 제2항 및 제3항의 규정에 의하여 건축물의 노후화 억제 또는 기능향상 등을 위하여 대수선 또는 동법 시행령이 정하는 범위 내에서 증축을 하는 행위를 말하는바(주택법 제2조 제13호), 재건축처럼 구건물의 철거가 전제되어 언제나 리모델링조합의 조합원의 이주가 필수불가결한 것은 아니지만, 일반적인 리모델링의 사업추진절차에 비추어 볼 때, 주택법 제42조 제2항 제2호 소정의 행위허가 전에는 리모델링 공사에 착공할 수 없으므로, 조합원의 이주가 필요한 리모델링 사업의 경우 리모델링을 위한 조합원의 이주는 당연히 위 규정에 의한 행위허가 요건이 충족되었음을 전제로 하여 이루어져야 한다."라고 판시하면서, 그 행위허가 전에 이주를 강요한 사안에서 손해배상청구를 인정하고 있다(서울서부지방법원 2008. 9. 18. 선고 2007나7250 판결).

조합원이 이주기간 내에 이주를 하지 않는 경우 조합은 조합 규약에 의거하여 조합원을 상대로 인도청구가 가능하다(서울서부지방법원 2021. 12. 17. 선고 2021가단229109 판결).

나. 대항력 있는 세입자

현행법은 입법으로 해결하고 있다.

> **주택법 [시행 2016. 8. 12.] [법률 제13805호, 2016. 1. 19., 전부개정]**
> 차. 공동주택 리모델링 추진과정에서 세입자의 이주 거부로 인한 사업지연을 방지하기 위하여 임대차계약 체결 당시 리모델링주택조합 설립인가를 받는 경우 등 리모델링 추진 사실을 인지할 수 있는 상태에서 임대차계약을 체결한 경우에는 「주택임대차보호법」 및 「상가건물 임대차보호법」상의 임대차의무기간을 적용받지 아니하도록 함(제76조제4항).

즉, <u>임대차계약 당시</u> 다음 각 호의 어느 하나에 해당하여 그 사실을 임차인에게 고지한 경우로서 제66조제1항 및 제2항에 따라 <u>리모델링 허가를 받은 경우</u>에는 해당 리모델링 건축물에 관한 임대차계약에 대하여 「주택임대차보호법」 제4조제1항 및 「상가건물 임대차보호법」 제9조제1항을 적용하지 아니한다(법 제76조제4항).

1. 임대차계약 당시 해당 건축물의 소유자들(입주자대표회의를 포함한다)이 제11조제1항에 따른 리모델링주택조합 설립인가를 받은 경우
2. 임대차계약 당시 해당 건축물의 입주자대표회의가 직접 리모델링을 실시하기 위하여 제68조제1항에 따라 관할 시장·군수·구청장에게 안전진단을 요청한 경우

이 법 시행일(2016. 8. 12.) 후 체결되거나 갱신된 리모델링 건축물에 관한 임대차계약부터 적용한다(부칙 제7조).

그러나 위 법조항은 반쪽짜리 해결책에 불과하다. 만일 임대차계약당시에 리모델링조합설립인가는 나지 않았지만 리모델링을 위해 동의서를 징구하고 있는 경우에는 그 이후 행위허가가 나더라도 적용이 없는 결과가 초래된다.

주택법 제76조제4항은 리모델링조합설립을 고지하는 주체를 특정하지 않고 있고, 나아가 이주기간중 조합원이 조합으로 아파트를 신탁을 한 이후에는 조합이 임차인을 상대로 명도소송을 하게 되므로 조합이 임차인에게 고지하는 것도 유효한 고지로 보인다.

입법론으로는 주택법 제76조제4항도 도시정비법 제70조제5항과 같이 임차인에 대한 고지여부와 상관없이, 나아가 조합설립인가 여부와 상관없이 대항력 조항을 적용하지 않도록 개정하여야 할 것이다. 또한 일정한 요건을 갖춘 경우에 한하여 임대차 의무기간의 적용이 배제된다는 규정만 있을 뿐, <u>기존 세입자 등의 사용·수익을 배제할 수 있는 근거가 명시되어 있지 않으므로, 도시정비법 제81조제1항과 같은 사용·수익 배제 조항을 신설하는 것이 필요하다고 본다.</u>

다. 임대차계약 체결 시 주의사항

따라서 리모델링을 추진 중인 경우에는 임대차계약 시 다음의 사항을 주의하여야 한다. 첫째, <u>리모델링조합설립인가를 받았는지 여부를 확인하여야 한다.</u>

조합설립인가를 받았다면 임대차계약서에 리모델링조합설립인가를 받았다는 사실을 기재하면 되고, 조합설립인가를 받지 않았다면 향후 리모델링추진일정을 추진위원회 등에 확인하여 임대차 여부를 결정하여야 한다. 즉, 임대차기간은 주택임대차보호법에 의하여 2년(갱신 시는 2년 연장)이 보장되므로, 임대차계약체결일로부터 2년 이내에 이주를 하려면, 임대차계약을 체결하여서는 안 될 것이다. 다만, 조합설립인가 후에 안전진단이나 사업계획승인등을 받으려면 통상 2년은 더 걸리므로, 일단 리모델링이 추진 중이라는 점을 알리고 계약을 체결하고, 그 이후에 갱신될 경우에 반드시 조합설립인가가 되었다면 그 사실을 알려야 한다.

둘째, 2016. 8. 12. 이전에 체결된 임대차계약의 경우 갱신 시에 임대차계약서에 리모델링조합설립인가를 받았다는 사실을 기재하여야 할 것이다.

셋째, 이주시기를 고려하여 임대차를 하여야 한다. <u>도시정비법 제81조제1항과 같은 사용·수익 배제 조항이 없기 때문이다.</u>

라. 사업계획승인이나 행위허가 미동의자

사업계획승인이나 행위허가 미동의자에 대해서는 조합이 매도청구를 하여 소유권을 확보하여야 한다. 매도청구 시에 인도청구를 같이 하므로 최소한 1심 승소판결은 받아야 인도청구가 가능하다. 즉, 미동의자들에 대해서는 조합은 조속히 매도청구를 하여야 할 것이다.

물론 조합설립인가 후에 동의 조합원들에 대해서 신탁등기를 미리 받아두었다면, 조합은 소유권에 기하여 인도청구를 하면 그만이다. 재건축조합의 조합원이 소유 토지 등에 관하여 재건축조합 앞으로 신탁을 원인으로 한 소유권이전등기를 마친 후 조합원의 지위를 상실한 경우, 재건축조합이 위 토지 등의 소유권을 취득하기 위하여 새로이 매도청구권을 행사하여야 하는 것은 아니다(대법원 2013. 11. 28. 선고 2012다110477, 110484 판결). 이 판례는 리모델링조합에도 그대로 적용될 것으로 보인다.

2. 해체

도시정비법 시행령 제47조제2항제14호에 의하면, "기존주택의 철거계획서(석면을 함유한 건축자재가 사용된 경우에는 그 현황과 동 자재의 철거 및 처리계획을 포함한다)"를 사업시행계획서에 포함·작성하여야 한다.

그러나 주택법에는 이와 같은 규정이 없다.
건축물관리법이 2019. 4. 30. 제정되어, 2020. 5. 1. 시행되면서, 건축법에 있는 '철거'라는 용어가 '해체'로 개정되었다. 건축물 해체 허가도 이제 건축법이 아닌 건축물관리법 제30조에 의해 받아야 한다.

> **건축물관리법 제30조(건축물 해체의 허가)** ① 관리자가 건축물을 해체하려는 경우에는 특별자치시장·특별자치도지사 또는 시장·군수·구청장(이하 이 장에서 "허가권자"라 한다)의 허가를 받아야 한다. 다만, <u>다음 각 호의 어느 하나에 해당하는 경우 대통령령으로 정하는 바에 따라 신고를 하면 허가를 받은 것으로 본다</u>. 〈개정 2020. 4. 7.〉
> 1. 「건축법」 제2조제1항제7호에 따른 주요구조부의 해체를 수반하지 아니하고 건축물의 일부를 해체하는 경우
> 2. 다음 각 목에 모두 해당하는 건축물의 전체를 해체하는 경우
>   가. 연면적 500제곱미터 미만의 건축물
>   나. 건축물의 높이가 12미터 미만인 건축물
>   다. 지상층과 지하층을 포함하여 3개 층 이하인 건축물
> 3. 그 밖에 대통령령으로 정하는 건축물을 해체하는 경우

3. 착공

가. 착공신고

사업계획승인을 받은 사업주체가 공사를 시작하려는 경우에는 국토교통부령으로 정하는 바에 따라 사업계획승인권자에게 신고하여야 한다(법 제16조제2항).

행정청의 착공신고 반려행위는 항고소송의 대상이 된다(대법원 2010. 11. 18. 선고 2008두167 전원합의체 판결[121]).

나. 소유권 확보 여부

사업주체가 법 제16조제2항에 따라 신고한 후 공사를 시작하려는 경우 사업계획승인을 받은 해당 주택건설대지에 제22조 및 제23조에 따른 매도청구 대상이 되는 대지가 포함되어 있으면 해당 매도청구 대상 대지에 대하여는 그 대지의 소유자가 매도에 대하여 합의를 하거나 매도청구에 관한 법원의 승소판결(확정되지 아니한 판결을 포함한다)을 받은 경우에만 공사를 시작할 수 있다(법 제21조제2항).

이 규정은 2013. 6. 4. 법 개정으로 신설되었고, 공포 후 3개월이 경과한 날부터 시행한다.

따라서 조합은 착공일정을 고려하여 매도청구 소송일정을 조정하여야 한다. 최소한 제1심 승소판결은 있어야 착공이 가능하다.

다. 공사착수기간의 연장

사업계획승인을 받은 사업주체는 승인받은 사업계획대로 사업을 시행하여야 하고, 다음 각 호의 구분에 따라 공사를 시작하여야 한다. 다만, 사업계획승인권자는 대통령령으로 정하는 정당한 사유가 있다고 인정하는 경우에는 사업주체의 신청을 받아 그 사유가

---

[121] 위 판결 전에는 착공신고는 자족적 신고여서 항고소송대상이 아니었다. 건축신고의 반려행위 또는 수리거부행위가 항고소송의 대상이 아니어서 그 취소를 구하는 소는 부적법하다는 취지로 판시한 대법원 1967. 9. 19. 선고 67누71판결, 대법원 1995. 3. 14. 선고 94누9962 판결, 대법원 1997. 4. 25. 선고 97누3187 판결, 대법원 1998. 9. 22. 선고 98두10189 판결, 대법원 1999. 10. 22. 선고 98두18435판결, 대법원 2000. 9. 5. 선고 99두8800판결 등을 비롯한 같은 취지의 판결들은 이 판결의 견해와 저촉되는 범위에서 이를 모두 변경하기로 한다.

없어진 날부터 <u>1년의 범위</u>에서 제1호 또는 제2호 가목에 따른 공사의 착수기간을 연장할 수 있다(법 제16조제1항).

1. 제15조제1항에 따라 승인을 받은 경우: 승인받은 날부터 5년 이내
2. 제15조제3항에 따라 승인을 받은 경우
　가. 최초로 공사를 진행하는 공구: 승인받은 날부터 5년 이내
　나. 최초로 공사를 진행하는 공구 외의 공구: 해당 주택단지에 대한 최초 착공신고일부터 2년 이내

> **령 제31조(공사착수기간의 연장)** 법 제16조제1항 각 호 외의 부분 단서에서 "대통령령으로 정하는 정당한 사유"란 다음 각 호의 어느 하나에 해당하는 경우를 말한다.
> 1. 「매장문화재 보호 및 조사에 관한 법률」 제11조에 따라 매장문화재 발굴허가를 받은 경우
> 2. 해당 사업시행지에 대한 소유권 분쟁(소송절차가 진행중인 경우만 해당한다)으로 인하여 공사착수가 지연되는 경우
> 3. 법 제15조에 따른 사업계획승인의 조건으로 부과된 사항을 이행함에 따라 공사착수가 지연되는 경우
> 4. 천재지변 또는 사업주체에게 책임이 없는 불가항력적인 사유로 인하여 공사착수가 지연되는 경우
> 5. 공공택지의 개발·조성을 위한 계획에 포함된 기반시설의 설치 지연으로 공사착수가 지연되는 경우
> 6. 해당 지역의 미분양주택 증가 등으로 사업성이 악화될 우려가 있거나 주택건설경기가 침체되는 등 공사에 착수하지 못할 부득이한 사유가 있다고 사업계획승인권자가 인정하는 경우

> **대구지방법원 2013. 3. 29. 선고 2012구합4571 판결 【착공연기신청거부처분에대한취소】**
> 주 문
> 1. 원고의 청구를 기각한다.
> 2. 소송비용은 원고가 부담한다.
> 청구취지
> 피고가 2012. 11. 13. 및 2012. 11. 15. 원고에 대하여 한 착공연기신청 거부처분은 이를 취소한다.
> 1) 주택법 제16조 제9항은 '주택사업계획승인을 받은 사업주체는 승인받은 사업계획대로 사업을 시행하여야 하며, 제1항에 따라 승인을 받은 경우에는 승인받은 날로부터 2년 이내에 공사를 시작하여야 하고, 다만 사업계획승인권자는 대통령령으로 정하는 정당한 사유가 있다고 인정하는 경우에는 사업주체의 신청을 받아 그 사유가 없어 진 날로부터 1년의 범위에서 그 공사의 착수기간을 연장할 수 있다'고 규정하고, 제11항은 '사업계획승인권자는 사업주체가 제9항을 위반하여 공사를 시작하지 아니하는 경우에는 그 사업계획의 승인을 취소할 수 있다'라고 규정하고, 주택법 시행령 제18조는 '법 제16조 제9항 단서에서 대통령령으로 정하는 정당한 사유로서, 사업계획승인의 조건으로 부과된 사항을 이행함에 따라 공사착수가 지연되는 경우(제3호), 주택건설경기가 극도로 침체되는 등 공사에 착수하지 못할 부득이한 사유가 있어 사업계획승인권자로부터 승인을 얻은 경우(5호) 등을 각 규정하고 있다.

4. 일반분양 입주자 모집

가. 소유권 확보 여부

주택이 건설되는 대지(법 제15조제3항에 따라 입주자를 공구별로 분할하여 모집한 주택 또는 이 규칙 제28조제10항제2호에 따라 입주자를 분할하여 모집한 주택에 입주자가 있는 경우에는 그 입주자가 소유한 토지를 제외한다. 이하 이 조에서 같다)의 소유권을 확보할 것(법 제61조제6항에 따라 주택이 건설되는 대지를 신탁한 경우를 포함한다. 이하 이 조에서 같다). 다만, 법 제22조 및 제23조에 따른 매도청구소송(이하 이 호에서 "매도청구소송"이라 한다) 대상 대지로서 다음 각 목의 어느 하나에 해당하는 경우에는 법 제49조에 따른 사용검사 전까지 해당 주택건설 대지의 소유권을 확보하여야 한다(주택공급에 관한 규칙 제15조제1항제1호).

 가. 매도청구소송을 제기하여 법원의 승소 판결(판결이 확정될 것을 요구하지 아니한다)을 받은 경우

 나. 소유자 확인이 곤란한 대지에 대하여 매도청구소송을 제기하고 법 제23조제2항 및 제3항에 따른 감정평가액을 공탁한 경우

 다. 사업주체가 소유권을 확보하지 못한 대지로서 법 제15조에 따라 최초로 사업계획승인을 받은 날 이후 소유권이 제3자에게 이전된 대지에 대하여 매도청구소송을 제기하고 법 제23조제2항 및 제3항에 따른 감정평가액을 공탁한 경우

나. 저당권 등 말소

사업주체는 주택이 건설되는 대지의 소유권을 확보하고 있으나 그 대지에 저당권·가등기담보권·가압류·가처분·전세권·지상권 및 등기되는 부동산임차권 등(이하 "저당권등"이라 한다)이 설정되어 있는 경우에는 그 저당권등을 말소하여야 입주자를 모집할 수 있다. 다만, 다음 각 호의 어느 하나에 해당하는 경우는 그러하지 아니하다(주택공급에 관한 규칙 제16조제1항).

 1. 사업주체가 영 제71조제1호 또는 제2호에 따른 융자를 받기 위하여 해당 금융기관에 대하여 저당권등을 설정한 경우

 2. 저당권등의 말소소송을 제기하여 법원의 승소 판결(판결이 확정될 것을 요구하지 아니한다)을 받은 경우. 이 경우 사업시행자는 법 제49조에 따른 사용검사 전까지 해당 주택건설 대지의 저당권등을 말소하여야 한다.

다. 시장·군수·구청장의 승인(복리시설의 경우에는 신고를 말한다)을 받을 것

30세대 이상이면 당연히 입주자모집승인을 받아야 한다(동규칙 제20조).

라. 착공확인 또는 공정확인

사업주체는 입주자를 모집하려는 때에는 시장·군수·구청장으로부터 제15조에 따른 착공확인 또는 공정확인을 받아야 한다(동규칙 제16조제3항).

마. 입주자모집 요건의 특례

다음 각 호의 어느 하나에 해당하는 사업주체는 제15조 및 제16조에도 불구하고 입주자를 모집할 수 있다(동규칙 제18조). 〈개정 2019. 11. 1.〉

1. 국가, 지방자치단체, 한국토지주택공사, 지방공사 또는 「공공주택 특별법 시행령」 제6조제1항에 따른 공공주택사업자
2. 제1호에 해당하는 자가 단독 또는 공동으로 총지분의 50퍼센트를 초과하여 출자한 부동산투자회사

5. 감리

가. 사업계획승인 시

사업계획승인권자가 제15조제1항 또는 제3항에 따른 주택건설사업계획을 승인하였을 때와 시장·군수·구청장이 제66조제1항 또는 제2항에 따른 리모델링의 허가를 하였을 때에는 「건축사법」 또는 「건설기술 진흥법」에 따른 감리자격이 있는 자를 <u>대통령령으로 정하는</u> 바에 따라 해당 <u>주택건설공사의 감리자로 지정하여야 한다</u>. 다만, 사업주체가 국가·지방자치단체·한국토지주택공사·지방공사 또는 대통령령으로 정하는 자인 경우와 「건축법」 제25조에 따라 공사감리를 하는 도시형 생활주택의 경우에는 그러하지 아니하다(법 제43조제1항). 〈개정 2018. 3. 13.〉

> **령 제47조(감리자의 지정 및 감리원의 배치 등)** ① 법 제43조제1항 본문에 따라 사업계획승인권자는 다음 각 호의 구분에 따른 자를 주택건설공사의 감리자로 지정하여야 한다. 이 경우 인접한 둘 이상의 주택단지에 대해서는 감리자를 공동으로 지정할 수 있다. 〈개정 2020. 1. 7., 2021. 9. 14.〉
> 1. 300세대 미만의 주택건설공사: 다음 각 목의 어느 하나에 해당하는 자[해당 주택건설공사를 시공하는 자의 계열회사(「독점규제 및 공정거래에 관한 법률」 제2조제3호에 따른 계열회사를 말한다)는 제외한다. 이하 제2호에서 같다]
>   가. 「건축사법」 제23조제1항에 따라 건축사사무소개설신고를 한 자
>   나. 「건설기술 진흥법」 제26조제1항에 따라 등록한 건설엔지니어링사업자
> 2. 300세대 이상의 주택건설공사: 「건설기술 진흥법」 제26조제1항에 따라 등록한 건설엔지니어링사업자

나. 행위허가 시

즉, 증가하는 세대수가 30세대 이상으로서 사업계획승인을 받은 경우에는 사업계획승인권자가 감리자를 지정하고, 행위허가만을 받아 리모델링을 하는 경우에는 시장·군수·구청장이 감리자를 지정하면 된다.

다. 수직증축형 리모델링 시에는 건축구조기술사와 협력해야 함

수직증축형 리모델링(세대수가 증가되지 아니하는 리모델링을 포함한다. 이하 같다)의 감리자는 감리업무 수행 중에 다음 각 호의 어느 하나에 해당하는 사항이 확인된 경우에는 「국가기술자격법」에 따른 건축구조기술사(해당 건축물의 리모델링 구조설계를 담당한 자를 말하며, 이하 "건축구조기술사"라 한다)의 협력을 받아야 한다. 다만, 구조설계를 담당한 건축구조기술사가 사망하는 등 대통령령으로 정하는 사유로 감리자가 협력

을 받을 수 없는 경우에는 대통령령으로 정하는 건축구조기술사의 협력을 받아야 한다(법 제46조제1항).

1. 수직증축형 리모델링 허가 시 제출한 구조도 또는 구조계산서와 다르게 시공하고자 하는 경우
2. 내력벽(耐力壁), 기둥, 바닥, 보 등 건축물의 주요 구조부에 대하여 수직증축형 리모델링 허가 시 제출한 도면보다 상세한 도면 작성이 필요한 경우
3. 내력벽, 기둥, 바닥, 보 등 건축물의 주요 구조부의 철거 또는 보강 공사를 하는 경우로서 국토교통부령으로 정하는 경우
4. 그 밖에 건축물의 구조에 영향을 미치는 사항으로서 국토교통부령으로 정하는 경우

라. 부실감리자에 대한 조치

사업계획승인권자는 지정·배치된 감리자 또는 감리원(다른 법률에 따른 감리자 또는 그에게 소속된 감리원을 포함한다)이 그 업무를 수행할 때 고의 또는 중대한 과실로 감리를 부실하게 하거나 관계 법령을 위반하여 감리를 함으로써 해당 사업주체 또는 입주자 등에게 피해를 입히는 등 주택건설공사가 부실하게 된 경우에는 그 감리자의 등록 또는 감리원의 면허나 그 밖의 자격인정 등을 한 행정기관의 장에게 등록말소·면허취소·자격정지·영업정지나 그 밖에 필요한 조치를 하도록 요청할 수 있다(법 제47조).

6. 사용검사

가. 소유권 확보

법 제22조 및 제23조에 따른 매도청구소송(이하 이 호에서 "매도청구소송"이라 한다) 대상 대지로서 법 제49조에 따른 사용검사 전까지 해당 주택건설 대지의 소유권을 확보하여야 한다(「주택공급에 관한 규칙」 제15조제1항제1호).

나. 사업계획승인에 따른 사용검사

사업주체는 사업계획승인을 받아 시행하는 주택건설사업을 완료한 경우에는 주택 또는 대지에 대하여 시장·군수·구청장(국가 또는 한국토지주택공사가 사업주체인 경우와 대통령령으로 정하는 경우에는 국토교통부장관을 말한다. 이하 이 조에서 같다)의 사용검사를 받아야 한다. 다만, 제15조제3항에 따라 사업계획을 승인받은 경우에는 완공된 주택에 대하여 공구별로 사용검사(이하 "분할 사용검사"라 한다)를 받을 수 있고, 사업계획승인 조건의 미이행 등 대통령령으로 정하는 사유가 있는 경우에는 공사가 완료된 주택에 대하여 동별로 사용검사(이하 "동별 사용검사"라 한다)를 받을 수 있다(법 제49조제1항).

다. 행위허가에 따른 사용검사

조합은 행위허가를 받아 리모델링에 관한 공사를 완료한 후 사용검사를 받거나 임시 사용승인을 받으려는 자는 별지 제23호서식의 신청서에 다음 각 호의 서류를 첨부하여 사용검사권자에게 제출(전자문서에 따른 제출을 포함한다)해야 한다(규칙 제21조제1항). 〈개정 2020. 4. 1.〉
 1. 감리자의 감리의견서(주택건설사업인 경우만 해당한다)
 2. 시공자의 공사확인서(영 제55조제1항 단서에 따라 입주예정자대표회의가 사용검사 또는 임시 사용승인을 신청하는 경우만 해당한다)

사용검사권자는 영 제54조제3항 또는 영 제56조제3항에 따른 확인 결과 적합한 경우에는 사용검사 또는 임시 사용승인을 신청한 자에게 별지 제24호서식의 사용검사 확인증 또는 별지 제25호서식의 임시사용승인서를 발급하여야 한다(동조제2항).

7. 이전고시(입법안)

아래는 주택법에 대한 일부 개정안이다. 실제 입법 여부를 확인하여야 한다.

세대수증가형 리모델링이 도입되면서 권리변동계획이 필요하고, 권리변동계획이 수립된 이상 이를 확정할 제도가 필요하다. 그래서 개정안이 발의된 것이다.

만일 이대로 개정이 되면 이전고시 제도가 도입되어, 조합은 이전고시 절차를 밟아야 하고, 소유권은 이전고시 다음날에 취득한다. 현재는 규약안 제48조에 의하여 <u>리모델링의 결과 아파트등의 신축 또는 증·개축이 있는 경우에 이에 대한 권리를 가진 조합원은 사용검사일의 다음날에 신축 또는 증·개축된 아파트등에 대한 소유권을 취득한다</u>.

〈주택법 일부 개정법률안〉

○ 발의자 : 김병욱의원 등 11인
○ 제안일자 : 2023-1-26
○ 진행단계 : 위원회 접수
○ 제안이유

현행 '도시 및 주거환경정비법'은 재개발, 재건축 등 정비사업의 시행으로 지상권·전세권 또는 임차권의 설정 목적을 달성할 수 없는 때에는 그 권리자가 계약을 해지할 수 있고, 이렇게 계약을 해지할 수 있는 자가 가지는 전세금·보증금, 그 밖의 계약상의 금전의 반환청구권은 사업시행자에게 행사할 수 있으며, 금전의 반환청구권의 행사로 해당 금전을 지급한 사업시행자는 해당 토지등소유자에게 구상할 수 있도록 규정하고 있음.

그런데, 현행법은 공동주택 리모델링 사업 과정에서 전세금·보증금, 그 밖의 계약상 금전의 반환청구권 시행 및 구상권 청구 근거가 마련되어 있지 않아 토지등소유자와 임대인, 임차인의 전세금 등 지급 관련 보호의 법적 안전장치가 미비한 상황이라는 의견이 있음.

한편, 현행법은 공동주택 리모델링 사업 관련 권리변동계획에 따라 소유권이 이전되는 토지 및 건축물에 대한 권리 확정 등은 '도시 및 주거환경정비법' 제87조를 준용하도록 하고 있으나, <u>그 밖에 부동산 등기 과정에서 준용될 필요가 있는 이전고시, 등기절차 및 권리변동의 제한 등 여타 절차 등이 준용되고 있지 않아 개선이 필요하다는 의견이 있음.</u>

○ 주요내용

이에 공동주택 리모델링 사업 과정에서 <u>전세금·보증금, 그 밖의 계약상의 금전에 대한 반환청구권 행사 및 구상권의 근거 등을 신설하고, 등기절차 상 필요한 준용 규정을 추가</u>함으로써 공동주택 리모델링 사업 추진의 불확실성을 해소하고, 주민의 주거환경 개선에 기여하고자 함(안 제76조, 제76조의2 신설).

신·구조문대비표

현 행	개 정 안
제76조(공동주택 리모델링에 따른 특례) ① ~ ⑤ (생 략)	제76조(공동주택 리모델링에 따른 특례) ① ~ ⑤ (현행과 같음)
⑥ 권리변동계획에 따라 소유권이 이전되는 토지 또는 건축물에 대한 권리의 확정 등에 관하여는 「도시 및 주거환경정비법」 제87조를 준용한다. 이 경우 "토지등소유자에게 분양하는 대지 또는 건축물"은 "권리변동계획에 따라 구분소유자에게 소유권이 이전되는 토지 또는 건축물"로, "일반에게 분양하는 대지 또는 건축물"은 "권리변동계획에 따라 구분소유자 외의 자에게 소유권이 이전되는 토지 또는 건축물"로 본다.	⑥ ─── 제86조 및 제87조, 제88조 ──────. 이 경우 "고시가 있은 때"는 "사용검사가 완료된 때"로, "관리처분계획"은 "권리변동계획"으로, "정비사업"은 "리모델링"으로, "준공인가"는 "사용검사"로, "토지등소유자"는 "구분소유자"로, ───────────────────────────────────.
〈신 설〉	제76조의2(지상권 등 계약의 해지) ① 리모델링사업의 시행으로 지상권·전세권 또는 임차권의 설정 목적을 달성할 수 없는 때에는 그 권리자는 계약을 해지할 수 있다. ② 제1항에 따라 계약을 해지할 수 있는 자가 가지는 전세금·보증금, 그 밖의 계약상의 금전의 반환청구권은 리모델링주택조합 등 사업시행자에게 행사할 수 있다. ③ 제2항에 따른 금전의 반환청구권의 행사로 해당 금전을 지급한 사업시행자는 해당 토지 및 건축물의 소유자 등에게 구상할 수 있다. ④ 사업시행자는 제3항에 따른 구상이 되지 아니하는 때에는 해당 토지 및 건축물의 소유자 등에게 귀속될 대지 또는 건축물을 압류할 수 있다. 이 경우 압류한 권리는 저당권과 동일한 효력을 가진다.

PART 8

리모델링과 주택법위반죄

PART 8 리모델링과 주택법위반죄

1. 시공자 선정 관련

법 제101조(벌칙) 다음 각 호의 어느 하나에 해당하는 자는 3년 이하의 징역 또는 3천만원 이하의 벌금에 처한다. 다만, 제2호 및 제3호에 해당하는 자로서 그 위반행위로 얻은 이익의 3배에 해당하는 금액이 3천만원을 초과하는 자는 3년 이하의 징역 또는 그 이익의 3배에 해당하는 금액 이하의 벌금에 처한다. 〈개정 2016. 12. 2., 2018. 12. 18., 2020. 1. 23., 2020. 8. 18.〉

4. 제66조제3항을 위반하여 리모델링주택조합이 설립인가를 받기 전에 또는 입주자대표회의가 소유자 전원의 동의를 받기 전에 시공자를 선정한 자 및 시공자로 선정된 자
5. 제66조제4항을 위반하여 경쟁입찰의 방법에 의하지 아니하고 시공자를 선정한 자 및 시공자로 선정된 자

2. 사업계획승인을 받지 않은 경우, 입주자모집조건 위배 공급의 경우

제102조(벌칙) 다음 각 호의 어느 하나에 해당하는 자는 2년 이하의 징역 또는 2천만원 이하의 벌금에 처한다. 다만, 제5호 또는 제18호에 해당하는 자로서 그 위반행위로 얻은 이익의 50퍼센트에 해당하는 금액이 2천만원을 초과하는 자는 2년 이하의 징역 또는 그 이익의 2배에 해당하는 금액 이하의 벌금에 처한다. 〈개정 2016. 12. 2., 2018. 12. 18., 2019. 4. 23., 2019. 12. 10., 2020. 1. 23.〉

5. 제15조제1항·제3항 또는 제4항에 따른 사업계획의 승인 또는 변경승인을 받지 아니하고 사업을 시행하는 자
13. 제54조제1항을 위반하여 주택을 건설·공급한 자(제54조의2에 따라 주택의 공급업무를 대행한 자를 포함한다)
14. 제54조제3항을 위반하여 건축물을 건설·공급한 자
14의2. 제54조의2제2항을 위반하여 주택의 공급업무를 대행하게 한 자
15. 제57조제1항 또는 제5항을 위반하여 주택을 공급한 자

3. 회계감사 위반, 구조기준 위반, 행위허가 받지 않은 자

법 제104조(벌칙) 다음 각 호의 어느 하나에 해당하는 자는 1년 이하의 징역 또는 1천만원 이하의 벌금에 처한다. 〈개정 2019. 12. 10., 2020. 1. 23., 2020. 6. 9., 2020. 8. 18.〉

4의4. 제14조의3제1항에 따른 회계감사를 받지 아니한 자
8. 제46조제1항에 따른 건축구조기술사의 협력, 제68조제5항에 따른 안전진단기준, 제69조제3항에 따른 검토기준 또는 제70조에 따른 구조기준을 위반하여 사업주체, 입주자 또는 사용자에게 손해를 입힌 자
11. 제66조제1항 및 제2항을 위반한 자

4. 정보공개 위반

제102조(벌칙) 다음 각 호의 어느 하나에 해당하는 자는 2년 이하의 징역 또는 2천만원 이하의 벌금에 처한다.
3. 제12조제2항에 따른 서류 및 관련 자료를 거짓으로 공개한 주택조합의 발기인 또는 임원
4. 제12조제3항에 따른 열람·복사 요청에 대하여 거짓의 사실이 포함된 자료를 열람·복사하여 준 주택조합의 발기인 또는 임원

제104조(벌칙) 다음 각 호의 어느 하나에 해당하는 자는 1년 이하의 징역 또는 1천만원 이하의 벌금에 처한다.
2. 제12조제2항을 위반하여 주택조합사업의 시행에 관련한 서류 및 자료를 공개하지 아니한 주택조합의 발기인 또는 임원
3. 제12조제3항을 위반하여 조합원의 열람·복사 요청을 따르지 아니한 주택조합의 발기인 또는 임원

5. 부정행위

제102조(벌칙) 다음 각 호의 어느 하나에 해당하는 자는 2년 이하의 징역 또는 2천만원 이하의 벌금에 처한다.
18. 제77조를 위반하여 부정하게 재물 또는 재산상의 이익을 취득하거나 제공한 자

6. 보고·검사 거부·방해·기피

제104조(벌칙) 다음 각 호의 어느 하나에 해당하는 자는 1년 이하의 징역 또는 1천만원 이하의 벌금에 처한다.
13. 제93조제1항에 따른 검사 등을 거부·방해 또는 기피한 자

7. 공사 중지 명령 위반

제104조(벌칙) 다음 각 호의 어느 하나에 해당하는 자는 1년 이하의 징역 또는 1천만원 이하의 벌금에 처한다.
14. 제94조에 따른 공사 중지 등의 명령을 위반한 자

우리아파트는 재건축 대신 리모델링 한다

부 록

○○○아파트리모델링주택조합 규약안[122]

【 법무법인강산 규약 작성 안내문 】

- 본 권고안의 경우 「아파트리모델링주택조합설립추진위원회」에서 규약 작성시에 참고용으로 제시하는 것으로서 모든 법적인 책임은 이를 활용하는 자에게 있음.

- 「주택법」 등 관련법령의 범위 내에서 조합 사정에 따라서 자유롭게 추가, 삭제 등 수정·보완할 수 있음.

- 상가를 제외하고 아파트만 리모델링하는 경우에는 제2조의 "아파트 및 부대·복리시설(이하 "아파트등"이라 한다)"을 "아파트"로 하고, 이하 "아파트등"을 "아파트"로 함, 만일 연립주택 등 아파트가 아닌 공동주택을 리모델링할 경우에는 제2조의 "아파트 및 부대·복리시설(이하 "아파트등"이라 한다)"을 "공동주택 및 부대·복리시설"(이하 "주택등"이라 한다)이라 한다.

- 리모델링주택조합설립추진위원회에서의 협력업체 선정은 조합설립을 위해 꼭 필요한 <u>정비회사, 설계자, 변호사</u>(규약 작성, 동의서 작성 및 징구, 창립총회 개최를 위해 전문 변호사의 사전 자문이 필요함) 정도만 하는 것을 권장함

- 「주택법 시행령」 제20조제2항 각 호의 사항은 규약에 반드시 포함되어야 함. 각 조문에 ★로 표시함

- 본 리모델링주택조합규약안의 저작권은 법무법인강산에게 있으므로, 이를 사용하고자 하는 경우에는 서면에 의한 사용동의를 받아야 함(사용동의 요청 메일 114gs@naver.com)

---

[122] 본 규약안은 군포시리모델링지원센타와 공동으로 작성함

○○아파트리모델링주택조합규약

제1장. 총칙

제1조(명칭)★ ① 조합의 명칭은 ○○아파트리모델링주택조합(이하 "조합"이라고 한다)이라고 한다.

② 조합이 시행하는 리모델링사업의 명칭은 ○○아파트리모델링사업(이하 "사업"이라 한다)이라 한다.

제2조(목적) 조합은 관련 법령(「주택법」, 「건축법」, 「집합건물의 소유 및 권리에 관한 법률」 등 리모델링 사업에 관하여 규정하고 있는 모든 관련 법률·시행령·시행규칙등을 말한다)과 이 규약이 정하는 바에 따라 제4조의 사업시행단지 안의 아파트 및 부대·복리시설(이하 "아파트등"이라 한다. 리모델링 공사가 완료된 아파트 및 부대·복리시설은 "리모델링된 아파트등"이라 한다)을 리모델링하여 조합원의 주거생활의 질적 향상에 이바지함을 목적으로 한다.

> ※ 만일 상가동은 리모델링을 하지 않는다면 부대·복리시설은 제외할 것을 권한다(서울행정법원 2020. 5. 26. 선고 2019구합65511 판결).

제3조(조합의 소재지)★ ① 조합의 사무소는 ○○(시·도) ○○(시·군·구) ○○(읍·면·동)에 둔다.

② 조합 사무소를 제1항의 소재지 내에서 이전하는 경우 대의원회(대의원회가 없는 경우 이사회)의 의결을 거쳐 이전할 수 있으며, 이 경우 전체 조합원에게 통지한다.

> ※ 「주택법 시행령」 제20조제2항제1호는 조합 사무소의 소재지를 조합규약에 포함시키도록 하고 있고, 동조 제3항은 국토교통부령으로 정하는 사항은 반드시 총회의 의결을 거치도록 하고 있으며, 「주택법 시행규칙」 제7조제3항제1호는 령 제20조제2항 각호에 규정된 사항의 변경을 규정하고 있으므로, 법문언상으로는 조합 사무소 소재지의 이전에 따른 조합규약의 변경시 총회의 의결을 거쳐야 하는 것으로 해석될 소지가 있다는 의견이 있다.
>
> ※ 그러나 사견은 조합규약에 포함시키는 것은 "사무소의 소재지"라고만 되어 있으므로, 반드시 규약에 지번까지 규정을 하여야 하는 것은 아니고, 나아가 이 규정이 강행규정은 아니라고 본다.

제4조(사업시행단지)★ 조합의 사업시행단지는 ○○(시·도) ○○(시·군·구) ○○(읍·면·동) 소재 ○○아파트로서 대지의 총면적은 ○○㎡로 한다. 다만, 본 사업의 시행상 불가피하다고 인정되어 관련 법령 및 이 규약에 따라 총회 결의로 추가로 편입되거나 제척되는 대지 등이 있을 경우는 사업시행 대지의 총면적이 변경된 것으로 본다.

제5조(시행방법)★ ① 조합원은 자신이 소유한 아파트등을 조합에 현물로 출자하고, 조합은 「주택법」 제66조에 따라 관할 시장·군수·구청장(이하 "시장"이라 한다. 이하 같다)의 허가를 받은 리모델링 사업계획 및 「주택법」 제67조에 따른 권리변동계획에 따라 아파트등을 리모델링한다.

> ※ 시장·군수·구청장 중 자신의 아파트 지역의 기초지방자치단체임, 서울은 구청장임

② 조합은 사업시행을 위하여 필요한 경우 금융기관, 공공기관 또는 설계자·정비사업전문관리업자(이하 "정비회사"라 한다. 이하 같다)·시공자 등 협력업체로부터 돈을 대여받아 사업을 시행할 수 있다.

> ※ 정비사업전문관리업자는 「도시 및 주거환경정비법」에 의한 재개발·재건축사업에서 쓰는 용어이고, 리모델링은 「주택법」이 사용하는 업무대행자가 타당하다고 주장하는 견해가 있으나, 「주택법」상 업무대행자는 지역주택조합에 국한하여 사용되는 것이고, 또한 실무적으로 정비사업전문관리업자의 자격을 갖춘 자를 선정하고 있으므로, 본 규약안은 정비사업전문관리업자라는 용어를 사용함

제6조(사업시행기간)★ 사업시행기간은 조합설립인가일로부터 「주택법」에 따른 사용검사를 받고 청산업무가 종료되는 날까지로 한다.

제7조(조합원의 권리·의무 사항에 대한 고지·공고 방법)★ ① 조합은 조합원의 권리·의무에 관한 사항(변동사항을 포함한다. 이하 같다)을 조합원에게 성실히 고지·공고하여야 한다.
② 제1항의 규정에 따라 고지·공고하는 때에는 이 규약에서 따로 정하는 것을 제외하고는 다음 각 호에 따른다. 다만, 등기우편이 주소불명, 수취거절 등의 사유로 반송되었을 경우에는 1회에 한하여 일반우편으로 추가 발송한다.
1. 관련 조합원에게 등기우편("우체국 소포"를 포함한다. 이하 같다)으로 개별 통지하여야 한다.
2. 조합원이 쉽게 접할 수 있는 장소의 게시판(이하 "게시판"이라 한다. 이하 같다)에 10일 이상 공고하고 관련 조합원이 이를 열람할 수 있도록 3개월 이상 관련 서류와 도면 등을 조합사무소에 비치하여야 하고, 인터넷 홈페이지가 있는 경우 이에 공개하여야 한다.
3. 인터넷 홈페이지 등에 공개할 경우 특정인의 권리에 관계되거나 외부에 공개하는 것이 곤란한 경우에는 그 요지만을 공개할 수 있다.
4. 제1호에 의하여 등기우편이 발송되고, 제2호의 게시판에 공고가 있는 날부터 고지·공고된 것으로 본다.

> ※ 의정부지방법원 2019. 12. 11. 선고 2018가합57070 판결
> 피고 조합규약 제22조제7항에서의 총회 소집공고를 조합 사무실 혹은 인터넷홈페이지에 게시해야

> 한다는 규정은 그 성질상 조합원들에 대한 직접적인 서면통지를 보완하는 정도의 의미가 있다고 보인다.

제8조(규약의 변경)★ ① 규약을 변경하고자 할 때에는 조합원 5분의 1 이상, 대의원 3분의 2 이상 또는 조합장의 발의가 있어야 한다.

② 「주택법 시행령」 제20조제2항 각호의 사항에 대해 규약을 변경하려면 총회를 개최하여 조합원 과반수 이상의 출석과 출석 과반수 이상의 결의로 변경하고, 시장의 변경인가를 받아야 한다. 이 경우 총회에는 조합원 100분의 20 이상이 직접 출석하여야 한다.

③ 제2항에 해당하지 않는 사항에 대한 조합규약의 변경은 대의원회의 의결로 할 수 있다.

제2장. 조합원

제9조(조합원의 자격 등)★ ① 조합원은 사업시행단지 안의 아파트등의 소유자로서 조합설립에 동의한 자로 한다. 다만, 조합설립에 동의하지 아니한 자는 행위허가(사업계획승인을 받는 경우는 사업계획승인을 말한다)를 받기 전까지 다음 각 호의 사항이 기재된 결의서를 조합에 제출하고 조합원이 될 수 있다.

1. 리모델링 설계의 개요
2. 리모델링에 소요되는 비용의 개략적인 금액
3. 제2호의 비용의 분담에 관한 사항
4. 사업 완료 후의 (구분)소유권의 귀속에 관한 사항
5. 조합규약 연명부 날인
6. 기타 조합설립 및 사업시행에 필요한 사항

② 조합 설립(리모델링주택조합 설립을 말한다. 이하 같다)에 동의한 자로부터 아파트등을 취득한 자는 조합 설립에 동의한 것으로 본다.

③ 1세대 또는 동일인이 2개 이상의 아파트등을 소유하는 경우에는 그 아파트등의 수만큼 각각의 조합원으로 본다.

④ 하나의 (구분)소유권이 수인의 공유에 속하는 때에는 수인을 대표하는 1인을 조합원으로 본다. 수인의 공유자는 대표자 1인을 대표조합원으로 지정하고 별지 대표조합원 선임동의서를 작성하여 조합에 신고하여야 하며, 조합원으로서의 법률행위는 그 대표조합원이 행한다.

> ※ 대법원 2021. 9. 30. 선고 2021다230144 판결
> 토지 등의 공유자들이 조합 총회에서 의결권을 행사하기 위해서는 공유자들 전부가 총회에 참석하여 동일한 내용의 의결권을 행사하거나 동일한 내용의 서면결의서를 제출하는 등의 특별한 사정이 없는 한 대표조합원을 지정하여 조합에 대표조합원 선임동의서를 서면으로 제출하여야 한다.

⑤ 양도·상속·증여 및 판결 등으로 조합원의 권리가 이전된 때에는 조합원의 권리를 취득한 자로 조합원이 변경된 것으로 보며, 권리를 양수받은 자는 조합원의 권리와 의무 및 종전의 권리자가 행하였거나 조합이 종전의 권리자에게 행한 처분, 청산 시 권리·의무에 관한 범위 등을 포괄 승계한다.

제10조(조합원의 권리·의무)★ ① 조합원은 다음 각 호의 권리와 의무를 갖는다.
 1. 리모델링된 아파트등에 대한 (구분)소유권
 2. 총회의 출석권·발언권 및 의결권
 3. 임원의 선임권과 피선임권
 4. 대의원의 선임권과 피선임권
 5. 리모델링 사업비, 청산금, 부과금과 이에 대한 연체료 및 지연손해금(이주지연, 계약지연, 조합원 분쟁으로 인한 지연 등을 포함한다)의 비용 납부 의무
 6. 사업시행계획 및 권리변동계획에 의한 계약체결, 이주, 신탁등기 의무
 7. 조합이 리모델링사업에 필요하여 요구하는 서류의 제출 의무
 8. 그밖에 관계 법령 및 규약의 준수와 총회 등의 의결사항 준수 의무
② 조합원의 권한은 평등하다.
③ 조합원이 그 권리를 양도하거나 조합원의 주요 정보(이름, 주소, 연락처, 공유자인 경우 대표조합원, 인감을 포함한다) 등을 변경하였을 때에는 양수자 또는 변경을 한 조합원은 그 행위 종료일로부터 즉시 조합에 그 변경내용을 신고하여야 한다. 이 경우 신고하지 아니하여 발생되는 불이익 등에 대하여 해당 조합원은 조합에 이의를 제기할 수 없다.
④ 조합원은 조합이 리모델링사업 시행에 필요한 서류를 요구할 경우 이를 제출할 의무가 있으며 조합의 승낙이 없는 한 이를 회수할 수 없다. 이 경우 조합은 요구 서류에 대한 용도와 수량을 명확히 하여야 하며, 조합의 승낙이 없는 한 회수할 수 없다는 점을 미리 고지하여야 한다.

제11조(조합원 자격의 상실 등)★ ① 조합원이 아파트등의 소유권을 양도하였을 때에는 조합원의 자격은 즉시 상실한다.
② 관련 법령 및 이 규약에서 정하는 바에 따라 조합원의 자격에 해당하지 않게 된 자의 조합원 자격은 자동 상실된다.
③ 조합원으로서 고의 또는 중대한 과실 및 의무 불이행 등으로 조합에 대하여 막대한 손해를 입힌 경우에는 총회를 개최하여 조합원 5분의 4 이상의 찬성으로 조합원을 제명할 수 있다. 이 경우 제명 전에 해당 조합원에 대해 청문등 소명기회를 부여하여야 한다. 다만, 청문등 소명기회를 부여하였음에도 이에 응하지 아니한 경우에는 소명기회를 부여한 것으로 본다.

④ 조합원은 임의로 탈퇴할 수 없다. 다만, 부득이한 사유가 발생한 경우에는 총회 의결에 따라 탈퇴할 수 있다.

> ※ 많은 조합원이 탈퇴하면 사실상 조합해산을 허용하는 결과인데, 이를 총회가 아닌 대의원회 의결로 하는 것은 적절하지 않다고 봄

⑤ 조합은 「주택법」 제66조제2항에 따른 리모델링결의서(행위허가동의서)를 제출하지 않은 소유자에 대해 「주택법」 제22조제2항에 의하여 매도청구를 할 수 있다.

⑥ 조합원의 제명·탈퇴에 따른 환급금의 산정방식, 지급 시기 및 절차는 제47조, 제48조 등을 준용한다.

제3장. 시공사 및 협력업체의 선정

제12조(시공자의 선정 및 계약) ① 조합은 조합설립인가를 받은 후 「주택법」과 국토교통부장관이 고시한 「리모델링 시공자 선정기준」에 따라 시공자를 선정하여야 한다. 선정된 시공자를 변경하는 때도 또한 같다.

② 조합은 총회의 의결을 거쳐 시공자와 공사도급계약을 체결하여야 하며, 그 계약내용에 따라 상호간의 권리와 의무가 부여된다. 다만, 조합원의 금전적인 부담이 수반되지 아니하는 사항의 변경은 대의원회의 의결로 할 수 있다.

> ※ 재건축표준정관은 제12조제2항은 "조합은 제1항의 규정에 의하여 선정된 시공자와 그 업무범위 및 관련사업비의 부담 등 사업시행 전반에 대한 내용을 협의한 후 미리 총회의 의결을 거쳐 별도의 계약을 체결하여야 하며, 그 계약내용에 따라 상호간의 권리와 의무가 부여된다. 계약내용을 변경하는 경우도 같다. 다만, 금전적인 부담이 수반되지 아니하는 사항의 변경은 대의원회의 의결을 거쳐야 한다."라고 하고 있으나, 이는 시공자 선정을 먼저하고 나중에 협의를 한 후에 별도의 총회를 거쳐 도급계약을 체결하는 경우이나, 본 규약안은 선정과 계약을 동시에 한번의 총회에서 하는 경우를 대비하고자 하는 것임

③ 조합은 제2항에 따라 시공자와 체결한 도급계약서를 조합해산일까지 조합사무소에 비치하여야 하며, 조합원의 열람 또는 복사 요구에 응하여야 한다. 이 경우 복사에 드는 비용은 복사를 원하는 조합원이 부담한다.

④ 제2항의 계약 내용에는 아파트등의 사용·처분, 공사비 및 부대비용 등 사업비의 부담, 시공보증, 시공상의 책임, 공사기간, 하자보수 책임 등에 관한 사항을 포함하여야 한다.

⑤ 시공자 선정은 조합원의 과반수 이상이 직접 참석하여 의결하여야 한다. 시공자 선정 시 경합이 될 경우에는 다득표자를 시공자로 선정한다.

제13조(협력업체의 선정 및 계약) ① 조합은 사업시행과 조합운영을 위해 필요한 경우 설계자, 정비회사, 감정평가법인등(「감정평가 및 감정평가사에 관한 법률」에 따른 "감정평가법

인등"을 말한다. 이하 같다), 법무사, 변호사, 세무사, 회계사 등의 협력업체(이하 "협력업체"라 한다. 이하 같다)를 선정할 수 있다.

② 협력업체의 선정 및 계약은 총회의 의결을 거쳐야 한다. 다만, 총회에서 승인된 예산 범위 내의 경우, 총회에서 계약의 목적과 내용, 개략적인 부담금을 정하여 대의원회에 위임한 경우에는 대의원회의 의결로 할 수 있다.

※ 일부 조합에서 모든 협력업체를 경쟁입찰로 선정하여야 한다는 규약을 두고 있으나, 이는 과도하다. 전문직의 경우는 리모델링에 대해 경험이 많고 해당 조합 사정에 밝은 업체와 수의계약을 하는 것이 타당하다.

제4장. 임원 등

제14조(임원)★ ① 조합에는 다음 각 호의 임원(조합장, 이사, 감사를 말한다. 이하 같다)을 둔다.
1. 조합장 1인
2. 이사 ○인 이상 ○인 이하
3. 감사 1인 이상 ○인 이하

② 조합 임원은 총회에서 다득표순으로 선출한다. 다만 이사·감사가 정수 이내로 입후보 한 경우에는 무투표로 당선되고, 조합장에 1인이 입후보한 경우에는 찬·반 투표로 선출한다.

③ 임기 중 궐위된 이사와 감사는 대의원회에서 보궐선임하고, 조합장은 총회에서 선출한다.

※ 본 조에 대해서는 상반된 견해가 있으므로 유의해야 함.
①보궐선임도 선임으로 본다는 견해 : 임기중 궐위된 임원(조합장, 이사, 감사)의 보궐 선임의 경우 주택법시행규칙 제7조제5항제5호가 "조합임원의 선임 및 해임"을 총회 의결 사항으로 규정하고 있으므로, 대의원회 의결이 아니라 총회에서 의결해야 한다는 견해가 있으며,
②보궐선임은 선임과 다르다는 견해 : 보궐선임의 규정은 주택법에 명확하게 정해진 사항이 아니고, 위 주택법시행규칙제7조제5항제5호는 강행규정이 아니므로 조합 규약에서 보궐선임에 대한 명시적 근거 조항이 있는 경우에는 대의원회에서 의결 가능하다는 견해가 있으므로,
본 조항의 반영 여부는 법률검토를 거쳐서 신중하게 결정할 필요성이 있음.

④ 임원의 임기는 선임된 날(창립총회의 경우는 법인설립등기일)로부터 3년까지로 하되, 총회 의결을 거쳐서 연임할 수 있다. 이때 연임을 하고자 하는 경우에는 임기 내에 총회를 개최하여 연임 안건을 상정하여 의결하여야 하며, 연임안건이 부결된 경우에는 새로운 임원을 선출하기 위한 입후보 절차 등을 거쳐 부결된 총회일로부터 3개월 이내에 새로운 임원선출을 위한 총회를 개최하여야 한다. 이때 연임이 부결된 임원도 입후보할 수 있다.

⑤ 임기가 만료된 임원은 그 후임자가 선임될 때까지 그 직무를 수행한다.

⑥ 제3항의 규정에 따라 보궐 선임된 이사, 감사의 임기는 전임자의 잔임 기간으로 한다.

⑦ 임원 및 대의원 선임을 위한 절차나 세부적인 사항은 선거관리규정에 따른다.

> ※ 선거관리규정이나 제8항으로 다음과 같은 규정을 둘 수 있다.
> ⑧ 아파트 동별 대표자 및 입주자대표회의의 선거관리위원이 조합의 임원에 출마하고자 하는 경우에는 후보자 등록마감일 전까지 그 직을 사임해야 한다.

제15조(임원의 직무 등)★ ① 조합장은 조합을 대표하고 조합의 사무를 총괄하며 총회, 대의원회, 이사회의 의장이 된다.

② 이사는 조합장을 보좌하고, 이사회에 부의된 사항을 심의·의결하며, 규약 또는 업무규정이 정하는 바에 의하여 조합의 사무를 분담한다.

③ 감사는 조합의 사무 및 재산상태와 회계에 관하여 감사하며 정기총회에 감사결과보고서를 제출하여야 하며, 조합원 5분의 1 이상의 요청이 있는 경우에는 「공인회계사법」에 의한 공인회계사(회계법인을 포함한다. 이하 같다)에게 외부회계 감사를 의뢰하여 공인회계사가 작성한 감사보고서를 총회 또는 대의원회에 제출하여야 한다.

④ 감사는 조합의 재산관리 또는 업무집행이 공정하지 못하거나 부정이 있음을 발견한 때에는 대의원회 또는 총회에 보고하여야 하며, 조합장은 보고를 위한 대의원회 또는 총회를 소집하여야 한다. 이 경우 감사의 회의 소집 요구에도 조합장이 소집하지 아니하는 경우에는 감사가 직접 대의원회를 소집할 수 있으며 대의원회 의결에 따라 총회를 소집할 수 있다. 이 경우의 회의 소집 절차와 의결방법등은 제21조, 제23조제7항, 제25조의 규정을 준용한다.

⑤ 감사는 제4항 직무위배행위로 인해 감사가 필요한 경우 조합임원 또는 외부전문가로 구성된 감사위원회를 구성할 수 있다. 이 경우 감사는 감사위원회의 의장이 되며, 조합장은 감사위원회 개최에 따른 장소 및 비용 등을 지원하여야 한다.

⑥ 조합장이 유고, 사임, 해임 등으로 인하여 그 직무를 수행할 수 없는 때에는 상근이사(여러명일 경우 연장자 순), 이사중 연장자순으로 그 직무를 대행한다. 다만 직무를 대행할 이사가 없는 때에는 대의원회의 의결에 따라 직무대행자를 임시로 선임할 수 있다.

⑦ 조합은 그 사무를 집행하기 위하여 필요한 때에는 조합의 행정업무규정(인사규정, 보수규정을 포함한다. 이하 같다)이 정하는 바에 따라 상근임원 또는 유급직원을 둘 수 있다. 이 경우 조합의 행정업무규정은 미리 총회의 의결을 받아야 한다.

⑧ 조합의 임원 및 유급직원은 당해 사업과 관련된 시공자, 설계자 등의 협력업체 및 같은 목적의 사업을 시행하는 다른 조합의 임원 또는 직원을 겸할 수 없다.

⑨ 조합장이 자기를 위한 조합과의 계약이나 소송에 관련되었을 때에는 감사가 조합을 대표한다.

제16조(임원의 결격사유 및 자격상실 등)★ ① 다음 각 호의 자는 조합 임원으로 선임될 수 없다.

1. 미성년자·피성년후견인 또는 피한정후견인
2. 파산선고를 받은 사람으로서 복권되지 아니한 사람
3. 금고 이상의 실형을 선고받고 그 집행이 종료(종료된 것으로 보는 경우를 포함한다)되거나 집행이 면제된 날부터 2년이 지나지 아니한 사람
4. 금고 이상의 형의 집행유예를 선고받고 그 유예기간 중에 있는 사람
5. 금고 이상의 형의 선고유예를 받고 그 선고유예기간 중에 있는 사람
6. 법원의 판결 또는 다른 법률에 따라 자격이 상실 또는 정지된 사람
7. 해당 주택조합의 공동사업주체인 등록사업자의 임직원
8. 당해 사업과 관련된 시공자, 정비회사, 설계자 등 협력업체의 임직원
9. 같은 목적의 사업을 진행하는 다른 조합의 임원 또는 직원

② 임원의 제1항 각 호의 1에 해당하게 되거나 선임 당시 그에 해당하였음이 판명된 때에는 당연 퇴임한다.

③ 제2항의 규정에 의하여 퇴임된 임원이 퇴임 전에 관여한 행위는 그 효력을 상실하지 아니한다.

④ 임원이 그 직무와 관련한 형사사건으로 법원에 기소된 때에는 대의원회에서 직무자격을 정지할 수 있으며, 그 사건으로 인한 확정판결 내용이 제1항 각 호에 해당하는 경우에는 그 날로부터 자격을 상실한다.

제17조(임원의 사임 및 해임 등)★ ① 임원이 직무유기 및 태만 또는 관계 법령 및 이 규약에 위반하여 조합에 부당한 손해를 초래한 경우에는 총회에서 해당 임원을 해임할 수 있다. 이 경우 사전에 해당 임원에 대해 청문등 소명기회를 부여하여야 하며, 청문등 소명기회를 부여하였음에도 이에 응하지 아니한 경우에는 소명기회를 부여한 것으로 본다.

② 임원이 사임하거나 제16조의 규정에 의하여 그 자격을 상실한 경우 또는 제1항의 규정에 의하여 해임되는 경우에는 임원 선임절차에 따라 즉시 새로운 임원을 선임하여야 한다. 이 경우 새로 선임된 임원의 자격은 시장의 조합설립변경인가 및 법인의 임원변경등기를 하여야 대외적으로 효력이 발생한다. 단, 임원(조합장은 제외)이 사임한 경우에는 새로운 임원이 선임될 때까지 종전의 임원이 계속 그 직무를 수행한다.

※ 조합장이 사임한 경우에는 제15조제6항에 의하여 즉시 직무대행체제로 간다.

③ 제2항 단서의 규정에 불구하고 새로운 임원이 선임·취임할 때까지 종전의 임원이 계속 그 직무를 수행하는 것이 적합하지 아니하다고 인정될 때에는 대의원회의 의결에 따라 해

당 임원의 직무수행을 즉시 정지하고 조합장이 그 임원의 직무를 수행할 자를 임시로 선임할 수 있다.

> ※ 제14조제5항에 의해 임기가 만료된 임원은 후임자가 선임될 때까지 그 직무를 수행하고, 이 경우는 제3항에 의한 직무정지 규정은 적용되지 아니한다. 임기만료와 사임은 다르기 때문이다. 물론 임기만료 시에도 제3항이 적용되는 것으로 할 수도 있다.

④ 제1항에도 불구하고 조합 임원은 조합원 ○분의 1 이상 또는 대의원 ○분의 ○이상의 요구로 법원의 허가를 받아서 소집된 총회에서 조합원 과반수 이상의 출석과 출석조합원 과반수 이상의 동의를 받아 해임할 수 있다. 이 경우 요구자 대표로 선출된 자가 해임총회의 소집 및 진행을 할 때에는 조합장의 권한을 대행한다. 다만 조합장은 제1항에 의하여 직권으로 임원·대의원의 해임총회를 소집할 수 있다.

> ※ **법원의 허가 여부**
> - 지역주택조합 표준정관 주석을 보면 "조합원, 대의원에게 총회소집권을 부여한 것은 민법의 사단법인에 관한 규정중 소수조합원의 권리를 원용한 것이므로 이에 따라 법원의 허가를 얻어 총회를 소집할 수 있도록 정한 것임. 법원의 허가를 얻도록 한 것은 소수조합원에 의한 총회소집권 남용을 방지하고, 총회소집절차가 법령 및 규약에 부합하도록 하기 위한 것임."이라고 설명하고 있다.
> - 이제 리모델링조합도 법인격을 부여받았다. 사실 법인격을 부여하면서 도시정비법 제49조와 같이 "조합에 관하여는 이 법에 규정된 사항을 제외하고는 「민법」 중 사단법인에 관한 규정을 준용한다."123)라고 규정하여야 할 것을 입법실수로 명시하지 못한 것으로 보인다. 따라서 사견은 리모델링조합의 경우 해임총회를 조합장이 소집하여 주지 않는다면, 법원의 허가를 얻어야 한다고 본다. 정비사업과는 달리 해임총회에 대해 법 규정이 없고 단지 규약에 맡기고 있으므로, 민법 제70조를 준용하여 법원의 허가를 받아야 하는 것이 타당하다. 법무법인강산규약안은 아예 이점을 명확히 규정하고 있다.

> **민법 제70조(임시총회)** ①사단법인의 이사는 필요하다고 인정한 때에는 임시총회를 소집할 수 있다.
> ②총사원의 5분의 1 이상으로부터 회의의 목적사항을 제시하여 청구한 때에는 이사는 임시총회를 소집하여야 한다. 이 정수는 정관으로 증감할 수 있다.
> ③전항의 청구있는 후 2주간내에 이사가 총회소집의 절차를 밟지 아니한 때에는 청구한 사원은 법원의 허가를 얻어 이를 소집할 수 있다.

> ※ 조합장이 직권으로 임원 및 대의원 해임 총회를 개최할 수 있는지에 대해,
> - 서울서부지방법원은 "① 도시정비법 제43조제4항전문에서 '해임한다.'나 '해임하여야 한다.'로 규정하지 않고 '해임할 수 있다.'라고 규정한 점, ② 위 조항의 취지는 조합원 10분의 1 이상의 요구만으로 조합장을 포함한 임원 해임을 위한 총회를 개최할 수 있도록 총회 소집요건을 완화하려는

---

123) 법무법인강산규약안 제61조에도 위와 같은 규정을 두고 있다.

데 있는 점을 고려하면, 도시정비법 제43조제4항은 조합의 임원 해임을 위한 총회의 경우 예외적으로 조합장 아닌 자에게도 총회 소집권한을 부여하는 것일 뿐 조합장의 총회 소집권한을 배제하는 것으로 해석되지 않는다."라고 판시하여(서울서부지방법원 2022. 8. 25.자 2022카합69 결정), 조합장이 임원 해임 총회를 소집할 수 있다고 한다.
- 법무법인강산규약안은 이를 명확하게 하기 위해 제4항에 단서조항을 삽입함

제18조(임직원의 보수 등)★ ① 조합은 상근임원 및 유급직원에 대하여 행정업무규정 따라 보수를 지급할 수 있으며, 상근임원 외의 임원이 그 직무를 수행함으로써 발생되는 경비를 지급할 수 있다.

② 유급직원은 행정업무규정이 정하는 바에 따라 조합장이 임명한다.

※ 제15조제7항에 의해 행정업무규정은 미리 총회의 의결을 받아야 한다.
※ 제3항후문으로, "이 경우 임명결과에 대하여 사후 개최되는 대의원회(대의원회가 없는 경우 이사회)의 인준을 받아야 하며 인준을 받지 못하면 즉시 해임하여야 한다."라고 규정할 수도 있다. 따라서 이 경우에는 유급직원 임시 채용 시에 반드시 대의원회 인준을 받아야만 정식직원으로 채용된다는 점에 대해 설명하고, 확인서를 받아 두어야 한다.

제5장. 기관

제19조(총회의 설치)★ ① 조합에는 조합원 전원으로 구성하는 총회를 둔다.

② 총회는 창립총회, 정기총회, 임시총회로 구분하며, 조합장이 소집한다. 다만, 창립총회는 리모델링주택조합설립추진위원회 위원장 또는 그 직무를 대행하는 자가 소집한다.

③ 정기총회는 매년 1회, 회계연도 종료일로부터 3개월 이내에 개최하는 것을 원칙으로 하되, 창립총회·임시총회가 개최된 경우 또는 총회에서 의결할 안건이 없는 경우에는 <u>대의원회에서 의결하고</u> 조합원에게 서면 보고로 갈음할 수 있다.

④ 임시총회는 조합장이 필요하다고 인정하는 경우에 개최한다. 다만, 다음 각 호의 1에 해당하는 때에는 조합장은 해당일로부터 2개월 이내에 총회를 개최하여야 한다.

1. 조합원 5분의 1 이상이 총회의 목적사항을 제시하여 청구하는 때
2. 대의원 3분의 2 이상으로부터 개최요구가 있는 때

⑤ 제4항의 각호의 규정에 의한 청구 또는 요구가 있는 경우로서 조합장이 2월 이내에 정당한 이유 없이 총회를 소집하지 아니하는 때에는 감사가 지체없이 총회를 소집하여야 하며, 감사가 소집하지 아니하는 때에는 <u>법원의 허가를 얻어 소집한다. 이 경우 소집을 청구한 자의 대표가 총회의 소집 및 진행을 할 때에는 조합장의 권한을 대행한다.</u>

※ 법원의 허가 여부는 제17조 주석 참고

⑥ 제2항 내지 제4항의 규정에 의하여 총회를 개최하거나 일시를 변경하는 경우에는 총회

의 목적·안건·일시·장소 등에 관하여 미리 이사회의 의결을 거쳐야 한다. 다만, 제5항의 규정에 의하여 총회를 소집하는 경우에는 그러하지 아니하다.
⑦ 제2항 내지 제5항의 규정에 의하여 총회를 소집하는 경우에는 회의개최 14일 전부터 회의목적·안건·일시 및 장소 등을 게시판에 게시하여야 하며 각 조합원에게는 회의개최 7일 전까지 제7조의 고지 방법으로 발송·통지하여야 한다.
⑧ 총회는 제7항에 의하여 통지한 안건에 대해서만 의결할 수 있다.

제20조(총회 의결사항)★ 다음 각 호의 사항은 총회의 의결을 거쳐 결정한다.
1. 조합규약(단,「주택법 시행령」제20조제2항 각호의 사항에 한한다)의 변경
2. 자금의 차입과 그 방법, 이자율 및 상환 방법
3. 예산으로 정한 사항 외에 조합원에게 부담이 될 계약의 체결
4. 정비회사의 선정 및 변경, 계약의 체결
5. 시공자의 선정 및 변경, 계약의 체결
6. 조합 임원 또는 대의원의 선임 및 해임(단, 조합장을 제외한 조합 임원 및 대의원을 보궐선임하는 경우는 제외한다)
7. 사업비의 조합원별 분담 명세(「주택법」제68조제4항에 따른 안전진단 결과에 따라 구조설계의 변경이 필요한 경우 발생할 수 있는 추가 비용의 분담안을 포함한다) 및 변경
8. 사업비의 세부항목별 사용계획이 포함된 예산안
9. 조합해산의 결의 및 해산시의 회계보고
10. 선거관리규정, 행정업무규정, 예산회계규정의 제정 및 변경
11. 기타「주택법」또는 이 규약에서 총회의 의결 또는 인준을 거치도록 한 사항

제21조(총회의 의결방법)★ ① 총회에서 의결을 하는 경우에는 조합원의 100분의 10 이상이 직접 출석하여야 한다. 다만, 창립총회 또는 「주택법 시행규칙」제7조제5항에 따라서 반드시 총회의 의결을 거쳐야 하는 사항을 의결하는 총회의 경우에는 조합원의 100분의 20 이상이 직접 출석하여야 한다.
② 총회는「주택법」또는 이 규약에 특별히 정한 경우를 제외하고는 조합원 과반수 이상의 출석으로 개의하고, 출석조합원 과반수 이상의 찬성으로 의결한다.
③ 조합원은 서면으로 의결권을 행사하거나 다음 각 호의 어느 하나에 해당하는 경우에는 대리인을 통하여 의결권을 행사할 수 있다. 서면으로 의결권을 행사하는 경우에는 정족수를 산정할 때에 출석한 것으로 본다.
1. 조합원이 권한을 행사할 수 없어 배우자, 직계존비속 또는 형제자매 중에서 성년자를 대리인으로 정하여 위임장을 제출하는 경우

2. 해외에 거주하는 조합원이 대리인을 지정하는 경우
3. 법인인 토지등소유자가 대리인을 지정하는 경우. 이 경우 법인의 대리인은 조합임원 또는 대의원으로 선임될 수 있다.

④ 조합원이 제3항에 따른 서면의결권을 행사하는 때에는 본인인지를 확인하기 위해 서면결의서에 본인이 성명을 적고 지장(指章)을 날인한 후 주민등록증, 운전면허증, 여권 등 신원을 확인할 수 있는 신분증명서 사본을 첨부하여 제출하여야 한다. 다만, 조합원이 해외에 장기체류하거나 법인인 경우에는 조합원의 인감도장을 찍은 서면동의서에 해당 인감증명서를 첨부하는 방법으로 할 수 있다.

※ 도시정비법 제45조제5항, 제6항 개정 내용을 반영한 것임
⑥ 조합은 제5항에 따른 서면의결권을 행사하는 자가 본인인지를 확인하여야 한다. 〈신설 2021. 8. 10.〉
주택법은 아직 위와 같은 규정이 없으므로, 제4항은 두지 않을 수도 있을 것임. 그러나 앞으로 법이 개정된다면 도시정비법을 따를 확률이 높고, 또한 서면결의시 본인확인 방법 신설은 해임총회시에도 적용되므로, 권고안은 이를 명시한 것임

※ 도시정비법 제36조 ① 다음 각 호에 대한 동의(동의한 사항의 철회 또는 제26조제1항제8호 단서, 제31조제2항 단서 및 제47조제4항 단서에 따른 반대의 의사표시를 포함한다)는 서면동의서에 토지등소유자가 성명을 적고 지장(指章)을 날인하는 방법으로 하며, 주민등록증, 여권 등 신원을 확인할 수 있는 신분증명서의 사본을 첨부하여야 한다. 〈개정 2021. 3. 16.〉

※ 도시정비법 제36조제2항 참고

※ 한편 인천지방법원 2023. 4. 10. 자 2022카합10579 결정은 "조합은 서면의결권을 행사하는 자가 본인인지를 확인하여야 한다(도시정비법 제45조 제6항). 구체적으로, 조합원이 조합사무실에 직접 서면결의서를 제출하는 경우에는 조합사무실에 비치된 서면결의서 수령 목록의 본인 확인란에 본인이 서명하는 동시에 수령란에 수령하는 조합 임·직원이 서명하여, 서면의결서 제출자가 본인임을 확인하여야 한다(정관 제22조 제7항 참조). 다만, 서면결의서의 제출자가 본인이 아닌 경우라도 본인으로부터 위임장 등 제출에 관한 권한을 수여받았다면 본인이 제출한 것과 동일하게 볼 수 있고, 도시정비법이나 정관에도 이를 금지하는 취지의 규정은 없으므로, 이 경우 대리인에 의한 서면결의서의 제출도 가능하다고 보아야 한다. 그런데 기록에 의하면, 채권자들이 문제삼고 있는 이 부분 서면결의서 39장의 경우 '서면결의서 제출과 관련된 일체의 행위를 대리인에게 위임한다'는 취지의 위임장이 첨부되어 있을 뿐만 아니라, 그 제출자들이 진정한 의사로 서면결의서를 작성한 것임을 확인한다는 취지의 사실확인서까지 제출한 사실이 소명되므로, 조합사무실에 비치된 서면결의서 수령 목록의 본인 확인란에 본인이 아니라 대리인이 서명하였다는 사정만으로 무효라고 볼 수 없다."라고 하고, 서울행정법원 2017. 8. 18. 선고 2017구합65029 판결은 "서면결의서는 우편으로도 제출이 가능한 점 등에 비추어 볼 때 서면결의서가 반드시 조합정관 제10조 제2항에서 정한 대리인의 자격과 그 증빙서류를 갖춘 자에 의하여서만 접수되어야 하는 것은 아니라고 할 것이다."라고 하여, 서면결의서를 대리인이 제출하는 것도 유효하다고 하고, 이에 대해 이는 정관규정에 위배된 판결이라는 비판도 있으므로, 서면결의서 대리인 제출여부를 명확하게 규약에 규정할 수도 있음. 그러나 규약안에는 이에 대해서는 별도로 규정하지 않음

⑤ 조합원은 제3항에 따라 총회 출석을 서면으로 하는 때에는 안건내용에 대한 의사를 표시하여 총회 전일 18시 정각까지 조합에 도착되도록 제출하여야 한다.

⑥ 조합원은 제3항의 규정에 의하여 출석을 대리인으로 하고자 하는 경우에는 조합이 정하는 양식에 따른 위임장 및 대리인 관계를 증명하는 서류를 작성하여 조합에 제출하고 직접 출석하여야 한다.

> ※ 대법원 2021. 9. 30. 선고 2021다230144 판결
> 조합원이 도시정비법과 정관에서 규정하고 있는 대로 위임장을 제출하지 아니하면 대리인을 통해 의결권을 행사할 수 없다고 보아야 한다.
>
> **※ 대리인이 서면결의를 할 수 있는지 여부에 대해**
> 대구지방법원은 "원고들은 대리인에 의한 서면결의서 제출이 허용되지 않는다고도 주장하나, 도시정비법 및 피고 조합의 정관 규정에 의하면 대리인에 의한 의결권 행사의 구체적인 방법에 관하여 이를 제한하고 있지 아니하므로, 대리인이 현장에 직접 참석하지 아니한 채 서면결의서 제출의 방식으로 의결권을 행사하더라도 이를 위법하다고 볼 수는 없다."라고 판시하여 긍정하고 있으나(2017. 7. 20. 선고 2017가합201709 판결),
> 도시정비법 제45조제6항은 "조합은 제5항에 따른 서면의결권을 행사하는 자가 본인인지를 확인하여야 한다."라는 규정을 2021. 8. 10. 신설하여 금지하고 있으므로, 이를 반영하여 대리인의 직접 출석을 의무화 함.
> 사견은 대리인이 대리인 명의로 서면결의서를 제출한다는 것은 서면결의와 대리인 출석을 중복인정한 취지에도 반한다고 봄

⑦ 총회 소집결과 정족수에 미달되는 때에는 재소집하여야 하며, 재소집의 경우에도 정족수에 미달되는 때에는 「주택법 시행규칙」 제7조제5항 각 호의 사항을 제외하고는 대의원회 의결로 총회를 갈음할 수 있다. 이 경우 대의원회의 의결사항은 10일 이내에 조합원 전원에게 제7조의 고지 방법으로 통지하여야 한다.

⑧ 제1항부터 제6항에도 불구하고 총회의 소집시기에 해당 주택건설대지가 위치한 특별자치시·특별자치도·시·군·구(자치구를 말하며, 이하 "시·군·구"라 한다. 이하 같다)에 「감염병의 예방 및 관리에 관한 법률」 제49조제1항제2호에 따라 여러 사람의 집합을 제한하거나 금지하는 조치가 내려진 경우에는 전자적 방법으로 총회를 개최해야 한다. 이 경우 조합원의 의결권 행사는 「전자서명법」 제2조제2호 및 제6호의 전자서명 및 인증서(서명자의 실제 이름을 확인할 수 있는 것으로 한정한다)를 통해 본인 확인을 거쳐 전자적 방법으로 해야 한다.

> ※ 「주택법 시행령」 제20조제5항

⑨ 조합은 제7항에 따라 전자적 방법으로 총회를 개최하려는 경우 다음 각 호의 사항을 조합원에게 사전에 통지해야 한다.

1. 총회의 의결사항
2. 전자투표를 하는 방법
3. 전자투표 기간
4. 그 밖에 전자투표 실시에 필요한 기술적인 사항

> ※ **서면결의서를 제출한 후에 대리인이 직접 출석**
> 이 경우에도 「주택법 시행령」 제20조제4항 및 「주택법 시행규칙」 제7조제5항제5호에 정한 '직접 출석'에 해당한다고 봄이 타당하다(의정부지방법원 2019. 12. 11. 선고 2018가합57070 판결).

제22조(총회 운영 등) ① 총회는 본 규약 및 일반적인 의사진행의 절차(총회 운영 규정을 포함한다. 이하 같다)에 따라 운영한다.
② 의장은 총회의 안건의 내용 등을 고려하여 다음 각 호에 해당하는 자 등 조합원이 아닌 자를 총회에 참석하여 발언하도록 할 수 있다.
1. 조합직원
2. 협력업체 임직원
3. 그밖에 의장이 총회 운영을 위하여 필요하다고 인정하는 자

③ 의장은 총회의 질서를 유지하고 의사를 정리하며, 고의로 의사진행을 방해하는 발언·행동 등으로 총회 질서를 문란하게 하는 자에 대하여 그 발언의 정지·제한 또는 퇴장을 명할 수 있다.
④ 제1항과 제3항의 의사규칙은 대의원회에서 정하여 운영할 수 있다.

제23조(대의원회의 설치) ① 조합에는 대의원회를 둘 수 있고, 의장은 조합장이 된다.
② 대의원의 수는 ○인 이상 ○인 이내로 하며, 동별 조합원의 수를 고려하여 후보자가 동별로 배분되도록 노력하여야 한다.

> ※ 참고로 「도시 및 주거환경정비법」 제46조제2항은 "대의원회는 조합원의 10분의 1 이상으로 구성한다. 다만, 조합원의 10분의 1이 100명을 넘는 경우에는 조합원의 10분의 1의 범위에서 100명 이상으로 구성할 수 있다."라고 한다.

③ 대의원은 조합원 중에서 선출하고, 조합장은 당연직 대의원이며, 조합장이 아닌 조합임원은 대의원이 될 수 없다.

> ※ 다음과 같이 대의원의 임기를 규정할 수도 있다.
> - 대의원의 임기는 제14조제4항을 준용한다.
> ※ 본 규약은 임기에 대한 언급이 없으므로 종신제이다.

④ 대의원회는 조합장이 필요하다고 인정하는 때에 소집한다. 다만, 다음 각 호의 1에 해당하는 때에는 조합장은 해당일부터 14일 이내에 대의원회를 소집하여야 한다.
1. 조합원 10분의 1 이상이 회의의 목적사항을 제시하여 소집을 청구하는 때
2. 대의원 3분의 1 이상이 회의의 목적사항을 제시하여 소집을 청구하는 때
⑤ 제4항 각 호의 1에 의한 소집청구가 있는 경우로서 조합장이 14일 이내에 정당한 이유 없이 대의원회를 소집하지 아니한 때에는 감사가 지체없이 이를 소집하여야 하며, 감사가 소집하지 아니하는 때에는 제4항 각호의 규정에 의하여 소집을 청구한 자의 대표가 이를 소집·진행한다.
⑥ 제16조제4항에 의거 이사, 조합장의 자격을 정지하고자 하는 경우에는 감사가, 감사의 자격을 정지하는 경우에는 조합장이 대의원회를 소집할 수 있다.
⑦ 대의원회 소집은 회의 개최 7일 전에 회의목적·안건·일시 및 장소를 기재한 공고문을 게시판에 게시하고 대의원에게 통지하여야 한다.
⑧ 대의원의 사임·해임에 관한 사항은 제17조제1항 내지 제4항을 준용한다. 다만 제17조제4항에서 법원의 허가를 받아야 하는 부분은 제외한다. 이 경우 "임원"은 "대의원"으로 본다.
⑨ 대의원이 해임 또는 제16조제1항 각호의 사유 및 양도가 발생한 경우에는 즉시 직무수행이 정지되고, 이 경우에는 비록 이 규약에 정한 대의원의 정족수에 미달하더라도 남은 대의원이 직무를 수행할 수 있다. 다만, 이 규약에 정한 정족수의 과반수의 찬성을 얻어야 한다.

제24조(대의원회의 의결사항) ① 대의원회는 다음 각 호의 사항을 심의·의결한다.
1. 궐위된 임원(조합장은 제외한다) 및 대의원 보궐선임
2. 예산 및 결산의 승인에 관한 방법
3. 총회 의결사항이 아닌 규약의 개폐에 관한 사항
4. 총회 부의안건의 사전심의
5. 총회로부터 위임받은 사항
6. 총회의 의결로 정한 예산범위 내에서의 용역계약 등
7. 권리변동계획 또는 시공자와의 도급계약 중 조합원의 비용 부담이 되지 않는 사항
8. 조합 내부규정(행정업무규정, 선거관리규정, 예산회계규정 등을 포함한다)의 개정에 관한 사항
9. 선거관리위원회 위원 선임(다만, 창립총회의 경우에는 리모델링주택조합설립추진위원회에서 선임한다)

10. 그 밖에 이 규약에서 대의원회 의결을 거치도록 한 사항

　② 대의원회는 제23조제7항의 규정에 의하여 통지한 사항에 관하여만 의결할 수 있다. 다만, 통지 후 시급히 의결할 사항이 발생한 경우, 의장의 발의와 출석대의원 과반수 동의를 얻어 안건으로 채택한 경우에는 그 사항을 의결할 수 있다.

　③ 대의원은 자신과 관련된 사항에 대하여는 의결권을 행사할 수 없다.

제25조(대의원회의 의결방법) ① 대의원회는 관련 법령 또는 이 규약에서 특별히 정한 경우를 제외하고는 대의원 과반수 이상의 출석으로 개의하고 출석대의원 과반수 이상의 찬성으로 의결한다. 다만, 제21조제6항의 규정에 의하여 대의원회가 총회의 권한을 대행하기 위해 의결하는 경우에는 재적 대의원 3분의 2 이상의 출석과 출석대의원 3분의 2 이상의 찬성을 얻어야 한다.

　② 대의원은 대리인을 통한 출석을 할 수 없다. 다만, 서면으로 의결권을 행사할 수 있다. 이 경우 제1항의 규정에 의한 출석으로 본다.

> ※ 참고: 국토교통부 재건축표준정관 제26조제2항은 대의원은 대리인을 통한 출석을 할 수 없고, 서면으로 대의원회 출석하거나 의결권을 행사할 수 있다고 규정하고 있음

　③ 제1항에도 불구하고 경합이 발생하여 다수의 후보 중 일부를 선택하여야 하는 안건의 경우 대의원 과반수 출석과 다득표 순으로 의결할 수 있다.

　④ 제21조제4항, 제22조는 대의원회에 이를 준용한다. 이 경우 "조합원"은 "대의원"으로 "총회"는 "대의원회"로 본다.

제26조(이사회의 설치) ① 조합에는 조합의 사무를 집행하기 위하여 조합장과 이사로 구성하는 이사회를 둔다.

　② 이사회는 조합장이 소집하며, 조합장은 이사회의 의장이 된다.

　③ 이사회의 소집은 회의개최 3일 전까지 서면 또는 이메일·팩스·문자메시지·카카오톡 등으로 회의목적·안건·일시 및 장소를 통지하여야 한다.

제27조(이사회의 사무) 이사회는 다음 각 호의 사무를 집행한다.
　1. 조합의 예산 및 통상 업무의 집행에 관한 사항
　2. 총회 및 대의원회 상정안건의 심의·결정에 관한 사항
　3. 행정업무규정 등 조합 내부규정의 제정 및 개정안 작성에 관한 사항
　4. 기타 조합의 운영 및 사업시행에 관하여 필요한 사항

제28조(이사회의 의결방법) ① 이사회는 구성원 과반수 이상의 출석으로 개의하고 출석 구성원 과반수 이상의 찬성으로 의결한다.

② 이사, 조합장은 자신과 관련된 사항에 대하여는 의결권을 행사할 수 없다.

③ 이사회는 대리인 참석이 불가하며, 이사는 서면으로 의결권을 행사할 수 있다. 이 경우 제1항의 규정에 의한 출석으로 본다.

④ 제21조제4항, 제22조는 이사회에 이를 준용한다. 이 경우 "조합원"은 "이사"로 "총회"는 "이사회"로 본다.

제29조(감사의 이사회 출석권한 및 감사요청) ① 감사는 이사회에 출석하여 의견을 진술할 수 있다. 다만, 의결권은 가지지 아니한다.

② 이사회는 조합 운영상 필요하다고 인정될 때에는 감사에게 조합의 업무에 대하여 감사를 실시하도록 요청할 수 있다.

제30조(의사록의 작성 및 관리) 조합은 총회·대의원회 및 이사회의 의사록을 작성하여 청산시까지 보관하여야 하며, 그 작성기준 및 관리 등은 다음 각호와 같다. 다만, 속기사의 속기록일 경우에는 제1호의 규정을 적용하지 아니한다.

1. 의사록에는 의사의 경과, 요령 및 결과를 기재하고 의장 및 출석한 이사(대의원회의 경우에는 출석한 대의원 중 2인)가 기명날인하여야 한다.
2. 의사록은 조합사무소에 비치하여 조합원이 항시 열람할 수 있도록 하여야 한다.
3. 임원 또는 대의원의 선출과 관련된 총회의 의사록을 관할 시장에게 송부하고자 할 때에는 임원 또는 대의원 명부와 그 피선자격을 증명하는 서류를 첨부하여야 한다.

제6장. 재정

제31조(조합의 회계)★ ① 조합의 회계는 매년 1월 1일(조합설립인가를 받은 당해 연도는 법인설립등기일)부터 12월 말일까지로 한다.

② 조합의 예산·회계는 기업회계의 원칙에 따르되 조합은 필요하다고 인정하는 때에는 다음 사항에 관하여 별도의 예산회계규정을 정하여 운영할 수 있다. 이 경우 예산회계규정을 제정할 때는 총회의 인준을 받아야 한다. 다만, 예산회계규정의 개정은 대의원회 의결로 할 수 있다.

1. 예산의 편성과 집행기준에 관한 사항
2. 세입·세출 예산서 및 결산보고서의 작성에 관한 사항
3. 수입의 관리·징수 방법 및 수납기관 등에 관한 사항

4. 지출의 관리 방법 및 지급 등에 관한 사항
  5. 계약 및 채무관리에 관한 사항
  6. 그 밖에 회계문서와 장부에 관한 사항

③ 조합은 매회계연도 종료일부터 30일 이내에 결산보고서를 작성한 후 감사의 의견서를 첨부하여 대의원회에 제출하여 의결을 거쳐야 하며, 대의원회의 의결을 거친 결산보고서를 총회에 보고하거나 3개월 이상 조합사무소에 비치하거나 인터넷에 게시하는 등 조합원들이 열람할 수 있도록 하여야 한다.

④ 조합은 다음 각 호의 1에 해당하는 날부터 30일 이내에 「주식회사의 외부감사에 관한 법률」에 따른 감사인의 회계감사를 받아야 하며, 회계감사 결과는 총회 또는 조합원에게 서면으로 보고하고, 3개월 이상 조합사무소에 비치하거나 인터넷에 게시하는 등 조합원들이 열람할 수 있도록 하여야 한다.
  1. 「주택법」 제11조에 따른 주택조합 설립인가를 받은 날부터 3개월이 지난 날
  2. 「주택법」 제15조에 따른 사업계획승인(행위허가를 포함한다)을 받은 날부터 3개월이 지난 날
  3. 「주택법」 제49조에 따른 사용검사 또는 임시 사용승인을 신청한 날

> ※ 「주택법」 제14조의3, 「주택법 시행령」 제26조

⑤ 제4항에 따른 회계감사에 대하여는 「주식회사의 외부감사에 관한 법률」 제16조에 따른 회계감사기준을 적용한다.

⑥ 제4항에 따른 회계감사를 실시한 자는 회계감사 종료일부터 15일 이내에 회계감사 결과를 시장과 조합에 각각 통보하여야 한다.

⑦ (준예산) 조합은 부득이한 사유로 회계연도 개시 전까지 당해연도 예산이 성립되지 아니한 때에는 전년도의 동기간 예산에 준하여 집행할 수 있다. 이때 이미 집행된 예산은 당해 연도 예산이 성립되면 그 성립된 예산에 의하여 집행된 것으로 본다.

제32조(재원)★ 조합의 운영 및 사업시행을 위한 자금은 다음 각호에 의하여 조달한다.
  1. 조합원이 현물로 출자한 아파트등
  2. 조합원이 납부하는 사업비 등 부과금
  3. 조합이 금융기관, 시공자, 협력업체, 공공기관 등으로부터 조달하는 차입금
  4. 대여금의 이자 및 연체료 등 수입금
  5. 청산금
  6. 리모델링된 아파트등의 분양 수입금
  7. 그 밖에 조합 재산의 사용수익 또는 처분에 의한 수익금

제33조(경비의 부과 및 징수)★ ① 조합은 사업시행에 필요한 비용에 충당하기 위하여 조합원에게 공사비 등 리모델링 사업에 소요되는 비용(이하 "사업비"라 한다. 이하 같다)을 부과·징수할 수 있다.

② 제1항의 규정에 의한 사업비는 총회 의결을 거쳐 부과할 수 있으며, 사업시행단지 안의 아파트등의 위치·면적·이용 상황·환경 등 제반여건을 종합적으로 고려하여 사업시행계획 또는 권리변동계획(분담금 확정계획을 포함한다)에 따라 공평하게 부과하여야 한다.

③ 조합은 납부기한 내에 사업비를 납부하지 아니한 조합원에 대하여는 금융기관에서 적용하는 연체금리의 범위 내에서 연체료를 부과할 수 있다.

> **[주] 매몰비용 부담 여부**
> 일부 조합에서 아래와 같은 매몰비용 부담 조항을 두는 경우가 있다.
> ④시장상황, 법령개정 등 불가피한 사유로 인하여 사업추진이 어려운 경우 조합의 운영 및 사업추진을 위해 조합이 시공자, 정비회사, 금융기관 등으로부터 조달한 차입금은 조합원들이 리모델링 전 의결권(「집합건물의 소유 및 관리에 관한 법률」 제37조에 따른 의결권을 말한다) 비율에 따라 상환하기로 한다.
> **이러한 매몰비용 조항을 둘 경우 매몰비용은 빌려준 자들이 위험부담을 감수하는 것이 아니라 조합원들에게 청구할 우려가 있으므로 주의하여야 함. 위 조항이 있으면 매몰비용을 조합원들이 부담할 수도 있지만, 위 조항이 없다면 조합원들이 매몰비용을 부담할 근거가 없는 것임. 조합 임원들의 경우도 개인적으로 연대보증을 하지 않는 이상 매몰비용 부담의무는 없음

제7장. 권리변동계획

제34조(권리변동계획의 수립 기준)★ ① 조합원의 소유재산에 관한 권리변동계획은 다음 각 호의 기준에 따라 수립하여야 한다.

1. 리모델링된 아파트등의 공용면적은 「집합건물의 소유 및 관리에 관한 법률」 제12조의 전용면적 비율에 따르며, 부대·복리시설의 소유자에게는 부대·복리시설을 공급하는 것을 원칙으로 한다.

> ※ 상가의 동의를 얻기 위해서 제42조제1항제1호에 아래와 같은 내용으로 후문을 둘 수도 있다.
> "다만, 29세대 이하로 세대수가 증가하는 경우에 총회의 의결을 통하여 부대·복리시설의 소유자에게 주택을 공급할 수 있다."

2. 리모델링 사업에 따라 조합원에게 부과되는 부담금 등은 리모델링후의 면적비율에 의한다. 다만, 권리변동계획에 이를 달리 정한 경우는 권리변동계획에 따른 부담금을 납부한다.
3. 대지 및 건축물의 권리변동명세를 작성하거나 조합원의 비용분담 금액을 산정하는 때에는 감정평가법인등이 리모델링 전·후의 재산 또는 권리에 대하여 평가한 금액을 기준으로 할 수 있다.

4. 「주택법」 제76조(공동주택 리모델링에 따른 특례)에 의거 리모델링에 의하여 전유부분의 면적이 증감하는 경우에도 대지사용권은 변하지 아니하는 것으로 본다. 다만, 세대수 증가를 수반하는 리모델링의 경우에는 권리변동계획에 따른다.
5. 조합원의 리모델링된 아파트등에 대한 동·호수는 리모델링 전의 동·호수로 하는 것을 원칙으로 하되, 세대수 증가를 수반하는 리모델링의 경우에는 권리변동계획에 따른다.
6. 조합원에게 공급하고 남는 잔여 주택이 30세대 이상인 경우에는 일반에게 분양하며, 그 잔여 주택 등의 공급 시기와 절차 및 방법은 「주택 공급에 관한 규칙」이 정하는 바에 따른다.
7. 1세대가 2개 이상의 아파트등을 소유한 경우에는 소유한 아파트등의 수만큼 리모델링된 아파트등을 공급한다.
8. 리모델링으로 기존 아파트등이 소멸되는 등 불가피한 경우에는 권리변동계획에 의거 리모델링된 아파트등을 배정할 수 있다.
9. 그 밖의 권리변동계획을 수립하기 위하여 필요한 세부적인 사항은 관련 법령 등에 따라 대의원회 의결을 거쳐 시행한다.

제35조(리모델링 결의의 동의) ① 조합원은 조합이 리모델링의 허가(또는 사업계획승인)를 받기 위하여 「주택법」 제66조제2항 및 「주택법 시행령」 제75조제1항에 따른 리모델링 결의에 동의를 하여야 한다.
② 리모델링 결의에 동의하지 아니하는 조합원은 「주택법」 제22조제2항과 조합규약 제41조에 의하여 매도청구를 할 수 있다.

제36조(권리변동계획의 확정 등)★ ① 권리변동계획은 총회에서 의결을 받아야 한다. 다만, 조합원에게 비용부담이 되지 않는 사항은 대의원회에서 의결할 수 있다.
② 조합은 권리변동계획을 수립한 때에는 다음 각 호의 사항을 포함한 권리변동계획을 조합원에게 서면이나 총회책자로 제7조와 같은 방법으로 통지하여야 한다.
1. 리모델링 전·후의 대지 및 건축물의 권리변동명세
2. 조합원의 비용분담
3. 사업비
4. 조합원 외의 자에 대한 분양계획
5. 그 밖에 리모델링과 관련된 권리 등에 대하여 주택법 및 조례로 정하는 사항
③ 조합원은 제2항의 규정에 의한 통지를 받은 때에는 조합에서 정하는 기간 안에 권리변동계획에 관한 이의신청을 할 수 있다.

④ 조합은 제3항의 규정에 의하여 제출된 조합원의 이의신청 내용을 검토하여 합당하다고 인정되는 경우에는 권리변동계획의 수정 등 필요한 조치를 취하고, 그 조치 결과를 이의신청 마감일로부터 30일 안에 당해 조합원에게 통지하여야 하며, 이의신청이 이유 없다고 인정되는 경우에도 그 사유를 명시하여 당해 조합원에게 통지하여야 한다.

⑤ 조합은 이의신청에 대한 조치를 완료하면 분담금 확정계획의 공람 및 통보를 거쳐 규약에 따라 개최하는 권리변동계획 확정총회의 의결을 거쳐 확정한다.

⑥ 리모델링 허가(사업시행계획승인을 받은 경우에는 사업시행계획승인을 말한다)를 받은 후 당초 허가 신청내용의 변경, 허가조건의 이행 또는 공사비 등의 증감에 따라 제5항에 의하여 확정한 권리변동계획의 내용을 변경하여야 할 때에는 제1항부터 제4항까지의 규정에 따라 총회의 의결을 거쳐야 한다.

⑦ 조합의 권리변동계획이 확정된 후, 조합은 제7조의 방법에 따라 조합원의 리모델링 계약체결에 관한 사항을 공고·고지하고, 조합원은 조합이 정한 계약체결기간 내에 계약을 체결하여야 한다.

> ※ 리모델링 계약기간 내에 미계약자에 대한 현금청산 여부는 주의해야 함
> 일부 조합에서 아래와 같은 규정을 두고 있는 경우가 있다. 이 규정의 적법성이 문제될 것이나, 정비사업에서는 대법원 판례(2011. 7. 28. 선고 2008다91364 판결)로 인정되고 있다. 이 판결이 리모델링에서도 그대로 적용되는지에 대한 판결은 아직 찾지 못하고 있다. 아파트 가격 하락기에는 굳이 이러한 조항을 둘 필요는 없다고 본다.
> ※ 서울동부지방법원 2016. 9. 21. 선고 2015가합106590 판결(리모델링조합에 대해 현금청산을 요구하던 기간 동안 피고 등 조합원들에게 조합원의 지위에서 이탈하여 현금청산을 받을 기회를 추가로 부여하려는 취지로 단정할 수 없다.)
> ※ 아래 규정은 삭제를 권장한다.
> ③ 리모델링 계약기간 내에 계약을 체결하지 않는 경우 현금청산을 원칙으로 하되, 현금청산이 어려울 경우 제38조에 의거하여 매도청구를 한다.

제37조(아파트등의 양도 등) ① 조합원은 자신 소유의 아파트등을 양도하고자 하는 경우(조합 해산 전까지를 말한다)에는 조합에 변동 신고를 하여야 하며, 양수자에게는 조합원의 권리와 의무, 자신이 행하였거나 조합이 자신에게 행한 처분절차, 청산시 권리의무에 관한 범위 등이 포괄 승계됨을 명확히 하여 양도하여야 한다.

② 제1항의 규정에 의하여 사업시행단지 안의 아파트등에 대한 권리를 양수받은 자는 등기부등본을 첨부하여 조합에 통지하여야 하며, 조합에 통지한 이후가 아니면 조합에 대항할 수 없다.

③ 조합은 조합원의 변동이 있는 경우 관련 법령 및 규약에 의거 처리한다.

제8장. 사업시행

제38조(이주대책) ① 조합원은 사업을 시행하는 동안 자신의 부담으로 이주하여야 한다.

② 조합은 이주비의 지원을 희망하는 조합원에게 조합이 직접 금융기관과 약정을 체결하거나 시공자와 약정을 체결하여 지원하도록 알선할 수 있다. 이 경우 이주비를 지원받은 조합원은 사업시행단지 안의 아파트등을 담보로 제공하여야 한다.

③ 제2항의 규정에 의하여 이주비를 지원받은 조합원 또는 그 권리를 승계한 조합원은 지원받은 이주비를 리모델링된 아파트등에 입주하는 날 또는 입주지정기간 만료 일 중 빠른 날까지 상환하여야 한다.

④ 조합원은 조합이 정하여 통지하는 이주기한 내에 당해 아파트등에서 퇴거하여야 하며, 세입자 또는 임시거주자 등이 있을 때에는 당해 조합원의 책임으로 함께 퇴거하도록 조치하여야 한다.

⑤ 조합원은 본인 또는 세입자 등이 당해 아파트등에서 퇴거하지 아니하여 사업시행에 지장을 초래하는 때에는 그에 따라 발생되는 모든 손해에 대하여 배상할 책임을 진다.

제39조(지장물 해체) ① 조합은 이주 후 사업시행단지 안의 아파트등을 리모델링에 필요한 범위 내에서 해체할 수 있다. 다만 관련 법령에 의한 리모델링 사업계획승인(행위허가를 포함한다)을 받은 다음 날부터 해체를 할 경우에는 안전 등의 제반사항을 충분히 고려하여야 한다.

② 조합은 제1항에 의해 아파트등을 해체하고자 하는 때에는 ○○일 이상의 기간을 정하여 구체적인 해체 일정등에 관한 내용을 미리 조합원 등에게 통지하여야 한다.

③ 사업시행단지 안의 통신시설·전기시설·급수시설·도시가스시설 등 공급시설에 대하여는 당해 시설물 관리권자와 협의하여 해체 기간이나 방법 등을 따로 정할 수 있다.

④ 조합은 이주가 완료되지 않았더라도 이주가 완료된 아파트등을 대상으로 순차적으로 해체할 수 있다. 또한 조합원이 이주를 한 후에는 비록 해당 아파트등에 대한 해체동의서를 작성하지 않았더라도 조합은 이를 해체할 수 있으며, 조합원은 이에 대해서 이의를 제기할 수 없다.

> ※ 참고 : 건축물관리법이 2019. 4. 30. 제정되어, 2020. 5. 1. 시행되면서, 건축법에 있는 '철거'라는 용어가 '해체'로 개정되었다. 건축물 해체 허가도 이제 건축법이 아닌 건축물관리법 제30조에 의해 받아야 한다.

제40조(임차권 등 계약의 해지) ① 조합은 사업의 시행으로 인하여 지상권·전세권 또는 임차권의 영향을 받지 않도록 노력하며, 설정목적을 달성할 수 없는 권리자가 계약상 금전의 반환청구권을 조합에 행사할 경우 조합은 해당 금전을 지급할 수 있다.

② 조합은 제1항에 의하여 금전을 지급하였을 경우 당해 (구분)소유자에게 이를 구상할 수 있으며, 구상이 되지 아니한 때에는 해당 (구분)소유자에게 귀속될 건축물 등을 압류할 수 있다.

> ※ 주택법 일부개정법률안 : 김병욱의원 등 11인, 2023. 1. 26. 접수
> 법 제76조의2(지상권 등 계약의 해지) ① 리모델링사업의 시행으로 지상권·전세권 또는 임차권의 설정 목적을 달성할 수 없는 때에는 그 권리자는 계약을 해지할 수 있다.
>   ② 제1항에 따라 계약을 해지할 수 있는 자가 가지는 전세금·보증금, 그 밖의 계약상의 금전의 반환청구권은 리모델링주택조합 등 사업시행자에게 행사할 수 있다.
>   ③ 제2항에 따른 금전의 반환청구권의 행사로 해당 금전을 지급한 사업시행자는 해당 토지 및 건축물의 소유자 등에게 구상할 수 있다.
>   ④ 사업시행자는 제3항에 따른 구상이 되지 아니하는 때에는 해당 토지 및 건축물의 소유자 등에게 귀속될 대지 또는 건축물을 압류할 수 있다. 이 경우 압류한 권리는 저당권과 동일한 효력을 가진다. 〈신설〉

③ 조합설립인가일 이후에 체결되는 임대차계약의 계약기간에 대하여 「주택임대차보호법」 제4조제1항, 「상가건물 임대차보호법」 제9조제1항 규정은 「주택법」 제76조(공동주택 리모델링에 따른 특례)제4항에 의거 적용되지 아니한다. 다만, 임대차계약 당시에 임차인에게 조합설립인가 등의 사실을 고지하여야 한다.

제41조(매도청구) 조합은 「주택법」 제22조제2항에 의하여 리모델링 결의에 찬성하지 아니한 자와 이 규약에 의거 제명되거나 탈퇴한 자 및 규약 제11조에서 정한 조합원의 아파트등에 대하여 「주택법」 및 「집합건물의 소유 및 관리에 관한 법률」을 준용하여 매도청구를 할 수 있다. 이 경우 구분소유권 및 대지사용권은 리모델링사업의 매도청구 대상이 되는 건축물 또는 토지의 소유권과 그 밖의 권리로 본다.

> ※ **사업비 공제 여부**
> **아래와 같은 사업비 공제 조항을 두는 경우가 있으나 주의해야 함**
> ② 제1항에 따라 매도청구를 하는 경우, 해당 조합원이 조합원 지위를 유지하고 있을 때까지 발생한 사업비를 리모델링 전 의결권(「집합건물의 소유 및 관리에 관한 법률」 제37조에 따른 의결권을 말한다) 비율에 따라 매도청구대금 또는 현금청산 대금에서 공제하고 지급하기로 한다.
>
> **그러나 대법원은 2021. 4. 29. "현금청산 대상자에게 정관으로 조합원 지위를 상실하기 전까지 발생한 정비사업비 중 일부를 부담하도록 하기 위해서는 <u>정관 또는 정관에서 지정하는 방식으로 현금청산 대상자가 부담하게 될 비용의 발생 근거, 분담 기준과 내역, 범위 등을 구체적으로 규정하여야 한다. 이와 달리 단순히 현금청산 대상자가 받을 현금청산금에서 사업비용 등을 공제하고 청산할 수 있다는 추상적인 정관의 조항만으로는, 조합관계에서 탈퇴할 때까지 발생한 사업비용을 부담하도록 할 수 없다.</u>"라고 판시하였다(대법원 2021. 4. 29. 선고 2018두48762 판결). 따라서 굳이 조합원에게 부담이 되는 조항을 둘 필요는 없다.

제42조(부동산의 신탁) ① 리모델링 사업의 원활한 추진을 위하여 조합원은 사업계획승인(행위허가를 포함한다) 이후 조합원 소유로 되어 있는 아파트등에 대하여 조합이 정한 기한 내에 조합에게 신탁등기를 완료하여야 하며, 기한 내 신탁등기를 이행하지 않을 경우 조합은 신탁등기 이행의 소를 제기할 수 있다.

② 제1항의 경우 조합은 리모델링 사업시행 목적에 맞게 재산을 관리하여야 하며, 리모델링 사업이 종료되면 즉시 신탁을 해지하고 위탁자인 조합원에게 반환하여야 한다.

제9장. 완료조치

제43조(사용검사 및 입주통지 등) ① 조합과 시공자는 리모델링 공사를 완료한 때에는 시장에게 사용검사를 받아야 한다.

② 조합은 시장으로부터 사용검사필증을 교부받은 때에는 지체없이 조합원에게 입주하도록 통지하여야 한다.

③ 조합은 필요하다고 인정하는 때에는 리모델링에 관한 공사가 전부 완료되기 전이라도 공사가 완료된 동별로 임시사용검사를 받아 조합원이 입주하게 할 수 있다.

④ 제2항, 제3항의 규정에 의한 입주통지는 제7조의 방법에 따라 해당 조합원에게 고지·공지하며, 그 내용을 관련 법령에 따라 처리한다.

> ※ **부동산등기 특별조치법**
> [시행 2022. 1. 1.] [법률 제18655호, 2021. 12. 28., 타법개정]
> **제2조(소유권이전등기등 신청의무)** ①부동산의 소유권이전을 내용으로 하는 계약을 체결한 자는 다음 각호의 1에 정하여진 날부터 <u>60일 이내에 소유권이전등기를 신청하여야 한다.</u> 다만, 그 계약이 취소·해제되거나 무효인 경우에는 그러하지 아니하다.
> 1. 계약의 당사자가 서로 대가적인 채무를 부담하는 경우에는 반대급부의 이행이 완료된 날
> 2. 계약당사자의 일방만이 채무를 부담하는 경우에는 그 계약의 효력이 발생한

⑤ 조합은 사용검사일로부터 60일 이내에 소유자별로 등기신청을 할 수 있도록 필요한 조치를 하여야 한다.

⑥ 조합과 시공자는 사용검사를 받기 전에 조합원이 해당 리모델링된 아파트등을 방문하여 사전 점검을 할 수 있도록 하여야 하며, 조합원이 사전방문 점검 결과 하자가 있다고 판단하는 경우 조합원이나 조합은 시공자에게 보수공사등 적절한 조치를 해줄 것을 요청할 수 있다.

※ 사업계획승인을 받지 않고 행위허가를 통해 리모델링을 하는 경우에는 주택법 제48조의2에 의한 사전방문규정이 작용되지 않으므로, 위 규정과 같은 내용을 둘 수도 있다.

주택법 제48조의2(사전방문 등) ① 사업주체는 제49조제1항에 따른 사용검사를 받기 전에 입주예정자가 해당 주택을 방문하여 공사 상태를 미리 점검(이하 "사전방문"이라 한다)할 수 있게 하여야 한다.

② 입주예정자는 사전방문 결과 하자[공사상 잘못으로 인하여 균열·침하(沈下)·파손·들뜸·누수 등이 발생하여 안전상·기능상 또는 미관상의 지장을 초래할 정도의 결함을 말한다. 이하 같다]가 있다고 판단하는 경우 사업주체에게 보수공사 등 적절한 조치를 해줄 것을 요청할 수 있다.

③ 제2항에 따라 하자(제4항에 따라 사용검사권자가 하자가 아니라고 확인한 사항은 제외한다)에 대한 조치 요청을 받은 사업주체는 대통령령으로 정하는 바에 따라 보수공사 등 적절한 조치를 하여야 한다. 이 경우 입주예정자가 조치를 요청한 하자 중 대통령령으로 정하는 중대한 하자는 대통령령으로 정하는 특별한 사유가 없으면 사용검사를 받기 전까지 조치를 완료하여야 한다.

④ 제3항에도 불구하고 입주예정자가 요청한 사항이 하자가 아니라고 판단하는 사업주체는 대통령령으로 정하는 바에 따라 제49조제1항에 따른 사용검사를 하는 시장·군수·구청장(이하 "사용검사권자"라 한다)에게 하자 여부를 확인해줄 것을 요청할 수 있다. 이 경우 사용검사권자는 제48조의3에 따른 공동주택 품질점검단의 자문을 받는 등 대통령령으로 정하는 바에 따라 하자 여부를 확인할 수 있다.

⑤ 사업주체는 제3항에 따라 조치한 내용 및 제4항에 따라 하자가 아니라고 확인받은 사실 등을 대통령령으로 정하는 바에 따라 입주예정자 및 사용검사권자에게 알려야 한다.

⑥ 국토교통부장관은 사전방문에 필요한 표준양식을 정하여 보급하고 활용하게 할 수 있다.

⑦ 제2항에 따라 보수공사 등 적절한 조치가 필요한 하자의 구체적인 기준 등에 관한 사항은 대통령령으로 정하고, 제1항부터 제6항까지에서 규정한 사항 외에 사전방문의 절차 및 방법 등에 관한 사항은 국토교통부령으로 정한다.[본조신설 2020. 1. 23.]

제44조(대지 사용권의 변경 등) ① 조합은 공사를 완료하여 사용검사를 받은 때에는 지체없이 리모델링된 아파트등에 대하여 권리를 가진 조합원에게 리모델링사업계획 및 권리변동계획에서 정한 바에 따라 권리를 이전하여야 한다. 다만, 리모델링의 효율적인 추진을 하는데 필요한 경우에는 해당 리모델링에 관한 공사가 전부 완료되기 전이라도 완공된 부분에 대하여 사용검사를 받아 대지 또는 건축물별로 권리를 가진 자에게 교환·이전할 수 있다.

② 공동주택의 소유자가 리모델링에 의하여 전유부분(「집합건물의 소유 및 관리에 관한 법률」제2조제3호에 따른 전유부분을 말한다. 이하 이 조에서 같다)의 면적이 늘거나 줄어드는 경우에는 「집합건물의 소유 및 관리에 관한 법률」제12조 및 제20조제1항에도 불구하고 대지사용권은 변하지 아니하는 것으로 본다. 다만, 세대수 증가를 수반하는 리모델링의 경우에는 권리변동계획에 따른다.

③ 공동주택의 소유자가 리모델링에 의하여 일부 공용부분(「집합건물의 소유 및 관리에 관한 법률」제2조제4호에 따른 공용부분을 말한다. 이하 이 조에서 같다)의 면적을 전유부분의

면적으로 변경한 경우에는 「집합건물의 소유 및 관리에 관한 법률」 제12조에도 불구하고 그 소유자의 나머지 공용부분의 면적은 변하지 아니하는 것으로 본다.

> ※ 주택법 제76조제1항, 제2항

제45조(리모델링된 아파트등에 대한 권리의 확정)★ 리모델링된 아파트등에 대한 권리를 가진 조합원은 사용검사일의 다음 날에 리모델링된 아파트등(증축된 아파트등을 포함한다)에 대한 소유권을 취득한다. 이 경우 종전의 아파트등에 설정된 지상권·전세권·저당권·임차권·가등기담보권·가압류 등 등기된 권리 및 「주택임대차보호법」 제3조제1항의 요건을 갖춘 임차권은 소유권을 이전받은 리모델링된 아파트등에 설정된 것으로 본다.

> ※ 주택법 일부 개정 법률안(김병욱의원 등 11인, 2023. 1. 26.) 제76조제6항에 따르면, 이전고시, 등기절차 및 권리변동의 제한 등 여타 절차 등을 준용하는 규정을 신설. 따라서 위 법이 공포되면, 이전고시 절차를 하여야 하고, 소유권은 이전고시 다음날에 취득

제46조(등기절차 등) ① 조합은 조합원에게 사용검사 이후 소유권이전등기가 가능한 날로부터 60일 이내 신탁재산을 귀속시켜야 한다.

② 조합원에 대한 신탁해지, 조합원에게 공급하고 남은 아파트등의 분양 등에 관하여는 「민법」 제276조제1항의 예외로서 총회의 의결을 요하지 아니한다.

> ※ 민법 제276조(총유물의 관리, 처분과 사용, 수익) ①총유물의 관리 및 처분은 사원총회의 결의에 의한다.

제47조(청산금 등)★ ① 조합은 권리변동계획 및 리모델링 계약상의 분담금과 최종 정산 후 변경된 분담금의 차이가 있는 경우에는 총회의 의결을 거쳐 조합원으로부터 징수(분할 징수를 포함한다)하거나 지급(분할 지급을 포함한다)하여야 한다.

② 조합원의 분담금을 산정할 때에는 다음 각 호의 비용을 가산한다.

1. 조사·측량·설계 및 감리에 소요된 비용
2. 공사비
3. 리모델링의 관리에 소요된 등기비용·인건비·통신비·사무용품비·금융비용 및 그밖에 필요한 경비
4. 융자금이 있는 경우에는 그 이자에 해당하는 금액
5. 정비기반시설 및 공동이용시설의 설치에 소요된 비용
6. 안전진단의 실시, 설계자·정비회사 선정, 회계감사, 감정평가비용, 법무사 및 변호사 비용 등 사업추진과 관련한 용역비 등

7. 그밖에 리모델링 사업추진과 관련하여 지출한 비용으로써 총회에서 포함하기로 한 비용

제48조(청산금의 징수 및 지급방법)★ ① 조합은 청산금을 납부하지 않은 조합원이 있을 때에는 청산금 납부요청을 2회 이상 최고하고, 그럼에도 불구하고 납부를 하지 않는 경우 지체없이 소송을 제기한다.
② 청산금을 지급받을 조합원이 이를 받을 수 없거나, 거부한 때에는 조합은 그 청산금을 공탁한다.

제49조(조합의 해산) ① 조합은 사용검사 후 신탁등기를 해지하여 조합원별로 등기할 수 있도록 조치한 후 사용검사를 받은 날로부터 1년 이내에 총회를 소집하여 회계보고를 하고 총회에서 해산결의를 하여야 한다.
② 조합이 해산결의를 한 때에는 해산결의 당시의 임원이 청산인이 된다.
③ 조합이 해산하는 경우에 청산에 관한 업무와 채권의 추심 및 채무의 변제 등에 관하여 필요한 사항은 「민법」의 관계규정에 따른다.
④ 조합이 해산하는 경우 다음 각 호의 서류를 첨부하여 시장의 해산인가를 받아야 한다.
1. 주택조합 해산인가신청서
2. 조합원의 동의를 얻은 정산서
3. 그 밖에 해산인가에 필요한 서류

> ※ 주택법 일부 개정법률안 : 서영교의원 등 11인, 2022. 11. 25. 접수
> 제14조의2(주택조합의 해산 등) ① · ② (현행과 같음)
> ③ 주택조합의 조합장은 제49조제1항 또는 제3항에 따른 사용검사를 받은 날부터 1년이 되는 날까지 주택조합 해산을 위한 총회를 소집하여야 한다.
> ④ 주택조합의 조합장이 제3항에 따른 기간 이내에 총회를 소집하지 아니한 경우에는 관계 법령이나 조합규약에서 정하고 있는 절차에도 불구하고 조합원 5분의 1 이상의 요구로 소집된 총회에서 조합원 과반수의 출석과 출석 조합원 과반수의 동의를 받아 주택조합의 해산을 의결할 수 있다. 이 경우 총회 소집 요구자 대표로 선출된 자가 조합 해산을 위한 총회의 소집 및 진행을 위한 조합장의 권한을 대행한다.
> ⑤ 주택조합이 제3항에 따라 총회를 소집하도록 한 기간이 경과한 날부터 6개월 이내에 제4항에 따른 해산을 의결하지 아니하는 경우에는 시장·군수·구청장이 해당 주택조합의 설립인가를 취소해야 한다. 다만, 조합이 정당한 사유를 소명한 경우에는 해산 유예기간을 부여할 수 있다.
> 〈신설〉

제50조(청산인의 임무)★ 청산인은 다음 각 호의 업무를 성실히 수행하여야 한다.
1. 현존하는 조합의 사무종결

2. 채권의 추심 및 채무의 변제
3. 잔여재산의 처분
4. 기타 청산에 필요한 사항

제51조(채무변제 및 잔여재산의 처분)★ 청산 종결 후 조합의 채무 및 잔여재산이 있을 때에는 해산 당시 당시의 조합원에게 리모델링에 따른 부담비용 등을 종합적으로 고려하여 형평이 유지되도록 공정하게 배분하여야 한다.

제52조(관계서류의 이관) 조합은 사업을 완료하거나 폐지한 때에는 관련 법령이 정하는 바에 따라 서류를 보관 및 이관한다.

제10장. 기타사항

제53조(관련 자료의 공개와 보존) ① 조합 임원은 조합사업의 시행에 관한 다음 각 호의 서류 및 관련 자료가 작성되거나 변경된 후 15일 이내에 이를 조합원이 알 수 있도록 인터넷과 그 밖의 방법을 병행하여 공개하여야 한다. 다만, 개인비밀의 보호, 자료의 특성상 인터넷 등에 공개하기 어려운 사항은 개략적인 내용만 공개할 수 있다.
1. 조합규약
2. 시공자 선정 및 공사 계약서
3. 설계자 등 용역업체 선정 계약서
4. 조합의 총회, 이사회, 대의원회 의사록
5. 사업시행계획서
6. 해당 사업의 시행에 관한 공문서
7. 회계감사보고서
8. 분기별 사업실적보고서
9. 연간 자금운용 계획서
10. 월별 자금 입출금 명세서
11. 월별 공사 진행 상황에 관한 서류
12. 「주택법」에 따라 공급하는 주택의 분양신청에 관한 서류 및 관련 자료
13. 전체 조합원별 분담금 납부내역
14. 조합원별 추가 분담금 산출내역

② 조합은 총회 또는 중요한 회의가 있는 때에는 속기록·녹음 또는 영상자료를 만들어 이를 청산 시까지 보관하여야 한다.

③ 제1항에 따른 서류 및 다음 각 호를 포함하여 조합사업의 시행에 관한 서류와 관련자료를 조합원이 열람·복사 요청을 한 경우 조합은 15일 이내에 그 요청에 따라야 한다. 이 경우 복사에 필요한 비용은 실비의 범위에서 청구인이 부담한다.
1. 조합원 명부
2. 그 밖에 「주택법 시행령」으로 정하는 서류 및 관련 자료

④ 제1항 및 제3항에 따라 공개 및 열람·복사 등을 하는 경우에는 「개인정보보호법」에 따르며, 그 밖의 공개 절차 등 필요한 사항은 「주택법 시행규칙」에 따른다.

제54조(리모델링주택조합설립추진위원회 행위의 효력) 조합설립인가일 전에 조합의 설립과 사업시행에 관하여 리모델링주택조합설립추진위원회가 행한 행위는 관련 법령 및 이 규약이 정하는 범위 안에서 조합이 이를 승계한 것으로 본다.

> ※ 추진위원장이 아닌 제3자가 창립총회에서 조합장으로 선정되는 경우 그 이전 추진위원회에서 한 업무에 대해 창립총회에서 추인의결을 하지 않는 경우가 있는바, 이 경우 혼란을 방지하기 위해 아예 승계 규정을 두는 것임

제55조(규약의 해석) 본 규약의 해석에 대하여 이견이 있을 경우 일차적으로 이사회에서 해석하고, 그래도 이견이 있을 경우 대의원회에서 해석한다.

제56조(소송 관할 법원) 조합과 조합원 간에 법률상 다툼이 있는 경우 소송 관할 법원은 조합 소재지 관할 법원으로 한다.

제57조(다른 규정의 적용) ① 조합에 관하여는 「주택법」에 규정된 것을 제외하고는 「민법」 중 사단법인에 관한 규정을 준용한다.
② 「주택법」·「민법」, 이 규약에서 정하는 사항 외에 조합의 운영과 사업시행 등에 관하여 필요한 사항은 관련 법령 및 관련 행정기관의 지침, 지시 또는 유권해석 등에 따른다.
③ 이 규약이 법령의 개정으로 변경하여야 할 경우 규약의 개정절차에 관계없이 변경되는 것으로 본다. 그러나 관련 법령의 내용이 임의규정인 경우에는 그러하지 아니하다.

부칙

제1조(효력)
이 규약은 조합설립인가(변경인가인 경우 변경인가를 포함한다)를 받은 날부터 시행한다. 다만, 선거관리위원회 구성, 임원 자격 및 숫자, 사무소 위치 등 창립총회 개최 전에 결정하여야 하는 규정에 대해서는 리모델링주택조합설립추진위원회 의결시로부터 그 효력이 생긴다.

〈별지 1 : 리모델링주택조합설립동의서〉

리모델링주택조합설립동의서

I. 동의자 현황

1. 인적사항

성 명		생년월일	
주민등록상 현주소		전화번호 및 메일	집 : (　)　- 휴대폰 : 이메일 :

2. 소유권 현황

소유권 위치	(아파트)	번지　　아파트 동　　호
	(상가)	동　　호
등기상 건축물 지분(면적, ㎡)		등기상 대지 지분(면적, ㎡)

II. 동의 내용

1. 조합설립 및 리모델링사업 내용

가. 리모델링 설계개요

구분	대지(공부상) 면적	건축연면적	용적률	규모
리모델링 전	㎡	㎡	%	
리모델링 후		㎡	%	

나. 공사비 등 리모델링사업에 드는 비용

(단위 :원)

공사비	그 밖의 사업비용	합　계	비고

※ 상기 리모델링 비용 개산액은 리모델링 결의를 위해 최근 시행되고 있는 리모델링 사례를 검토하여 추정한 금액으로 총회에서 선정된 시공사와의 공사도급금액 평방미터당 단가에 인·허가 후 최종적으로 확정된 사업계획(안)을 근거로 건축연면적을 곱한 금액으로 최종 확정함

다. 나목에 따른 비용의 분담
 (1) 조합원별 비용분담은 조합 규약 및 조합원의 종전·종후자산 감정평가금액 및 총회 의결로 확정되는 사업계획(권리변동계획 포함)에 따라 공평하게 부과·징수하며, 분담금 확정시 가청산할 수 있으며, 조합청산 시 청산금을 최종 확정합니다.
 (2) 리모델링 허가를 얻은 연면적과 시공자와 계약한 단위 면적당 공사비에 의해 공사비가 확정된다. 다만 인·허가 과정에서 면적 증감등으로 변경될 수 있으며, 조합 사업비는 실제 지출되는 비용으로 최종 정산됩니다.
 (3) 세대별 계약면적이라 함은 리모델링 허가를 얻은 세대별 전용면적, 주거공용면적, 그밖의 공용면적(주차장, 관리사무소, 기타 복리시설)을 모두 합한 면적을 말합니다.
 (4) 조합원의 재산세, 취득세 등 각종 세금, 세대별 특화에 따른 공사비는 소유자별로 여건과 상황이 다르므로 상기 내역에서 제외합니다.
 ▶ 만일 상가도 리모델링을 한다면, 다음과 같이 둘 수도 있습니다.
 (5) 상가조합원은 상가 리모델링에 소요되는 비용을 별도 계산하여, 전유부분 비율에 따라 부담 배분하며, 층과 위치는 종전건물과 동일함을 원칙으로 한다.

라. 증축건축물 등 구분소유권의 귀속에 관한 사항
 (1) 기존 건축물과 증축건축물의 소유권은 조합규약에서 정하는 권리변동계획에 관한 기준에 따릅니다.
 (2) 증축아파트가 30세대 이상인 경우 관계법령과 조합규약이 정하는 바에 따라 일반분양합니다.

2. 조합장 선정 동의
 조합의 대표자(조합장)는 조합원총회에서 조합규약에 따라 선출된 자로 합니다.

3. 조합규약 동의 및 자필연명 동의
 본인은 조합 총회에서 의결된 조합 규약에 대해 동의하며, 본 동의서에 자필서명하여 제출함으로서 「주택법 시행령」 제20조에 규정된 조합규약에 대한 자필 연명을 대신하는 것에 찬성하고, 「주택법」 제11조 및 「주택법 시행령」 제20조에 따라 조합을 설립할 때 그 조합규약을 신의성실의 원칙에 따라 준수하며, 조합규약이 정하는 바에 따라 조합규약이 변경되는 경우 이의 없이 따릅니다.

성명 _____ (서명)

4. 개인정보 이용에 대한 동의

본인은 리모델링조합설립추진위원회 또는 리모델링조합이 리모델링 사업에 필요한 업무를 수행하기 위해 필요한 범위내에서 개인정보를 이용하는 데 동의합니다.

5. 리모델링사업 시행계획서

(   )리모델링조합설립추진위원회에서 작성한 리모델링사업 시행계획서에 따라 리모델링사업을 하는데 동의합니다.

6. 동의 내용

위와 같이 본인은 리모델링아파트단지안의 토지등소유자로서 위의 동의 내용을 숙지하고 동의하며, 「주택법」 제11조 및 「주택법 시행령」 제20조의 규정에 따른 조합의 설립에 동의합니다. 또한, 위의 조합설립 및 리모델링사업 내용은 사업계획승인(또는 행위허가)내용, 시공자 등과의 계약내용 및 제반 사업비의 지출내용에 따라 변경될 수 있으며, 그 내용이 변경됨에 따라 조합원 청산금 등의 조정이 필요할 경우 「주택법」에서 정하는 변경절차를 거쳐 사업을 계속 추진하는 것에 동의합니다.

(본 동의서를 제출한 경우에도 조합설립에 반대하고자 할 경우 대법원 판결 (2011. 2. 10. 선고 2010두20768, 20775)에 따라 「주택법」 제11조에 의한 리모델링결의의 정족수를 갖추기 전까지는 동의를 철회할 수 있으나, 그 이후에는 동의를 철회할 수 없습니다)

년   월   일

위 동의자: (서명) 지장 또는 인감날인

※ 첨부 : 조합원 인감증명서 또는 신분증 사본
※ 공동소유의 경우에는 위임을 받은 대표자가 위 내용을 숙지하고 작성하여야 하며, 대표자 선임동의서 및 각 소유자의 신분증 사본을 함께 제출하여야 합니다.

(   )아파트리모델링주택조합 귀중

〈별지 2 : 대표조합원 선임동의서〉

대표조합원 선임동의서

□ 소유권 현황

소유권 위치	동 호, 상가	번지 동 호	아파트
등기상 건축물지분(면적)	㎡	등기상 토지지분(면적)	㎡

상기 소유 물건의 공동소유자는 ○○○을 대표조합원으로 선임하고 ○○단지 리모델링사업과 관련한 소유자로서의 법률행위는 대표소유자가 행하는데 동의합니다.

　　　　　　　　　　　　　　　　　　　　　　년　　월　　일

○ 대표자(선임수락자)
　성　　명 :　　　　　　(인) 날인
　생년월일 :
　전화번호 :

○ 위임자(동의자)
① 성　　명 :　　　　　　(인)인감날인
　생년월일 :
　전화번호 :
② 성　　명 :　　　　　　(인)인감날인
　생년월일 :
　전화번호 :
③ 성　　명 :　　　　　　(인)인감날인
　생년월일 :
　전화번호 :

첨부 : 대표자 및 위임자 신분증사본 각1부

○○아파트리모델링주택조합 귀중

〈저자〉

◆ 법무법인 강산

○ 법무법인강산은 1995년부터 시작하여 2023년 현재 28년 경력 사무실임
- 1995년 김은유 변호사사무실로 출발, 2004년 법무법인강산으로 조직 전환
- 사단법인 한국리모델링협회 고문변호사
- 수원시 등 다수 고문변호사
- 세종시, 탕정지방산업단지 주민대책위 등 다수 대책위 고문변호사
- 개포2지구재건축조합, 안양예술공원주택재개발조합 등 다수 조합 고문변호사
- 서강GS아파트리모델링조합, 상록타워아파트리모델링조합 등 다수 조합 고문변호사
- 토지보상, 재개발·재건축, 도시개발 전문 로펌

◆ 임승택 변호사

- 부산대학교 법과대학 사법학과 졸업
- 홍익대학교 문화예술경영대학원 석사과정 졸업
- 사법연수원 수료(34기)
- 법무법인강산 대표변호사
- 현 국회입법자문위원(국토해양분야)
- 현 경기도시공사 계약심의위원회 심의위원, 감사옴부즈만위원
- 현 경기도경제과학진흥원 자문변호사

◆ 김태원 변호사

- 서울대학교 경제학부 졸업
- 사법연수원 수료(40기)
- 법무법인강산 구성원 변호사
- 한국도로문제연구소 연구소장
- 현 수원벤처기업지원센터 운영위원
- 현 경기도경제과학진흥원 자문변호사

◆ 김은유 변호사

- 성균관대학교 법학과 졸업
- **1989년 제31회 사법시험 합격(만22세 합격)**
- 사법연수원 수료(21기)
- 2012년 한양사이버대학원 부동산학과 석사
- 성균관대학교대학원 방재안전공학부 겸임교수
- 고양시 도시재생위원
- 서울시 종로구 계약심의위원, 공유재산심의위원
- 서울시 동작구 도시계획위원
- 아산지중해마을 프로젝트매니저
- 한국경제신문 부동산 칼럼리스트

◆ 강경호 법무사

- 1986년 건국대학교 졸업
- 1999년 제5회 법무사시험 합격
- 송죽법무사합동사무소 법무사
- 사단법인 한국리모델링협회 자문위원

동료변호사가 추천하는 법무법인 강산 저서

법무법인 강산

- E-mail : 114gs@naver.com
- 주 소 : 서울시 서초구 서초중앙로 119, 3층(서초동 1574-14 세연타워)
- T E L : 02) 592-6390 / FAX : 02) 592-6309 [㉾06644]

우리 아파트는 재건축 대신에 리모델링한다

저　　자	: 법무법인 강산, 강경호 법무사
출 판 사	: 주식회사 파워에셋
전　　화	: 02-592-6390
이 메 일	: 114gs@naver.com
기획 및 마케팅	: 박종우
홈페이지	: www.114gs.kr
가　　격	: 4만원
출 간 일	: 2023. 5. 2.

※ 파본은 구입처나 출판사에서 교환 가능합니다.